# 新经济新金融导论

中国人民银行郑州培训学院　编著

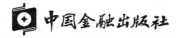

责任编辑：张怡姮
责任校对：李俊英
责任印制：陈晓川

**图书在版编目（CIP）数据**

新经济新金融导论／中国人民银行郑州培训学院编著．—北京：中国金融
出版社，2019.3
ISBN 978 – 7 – 5049 – 9976 – 4

Ⅰ.①新… Ⅱ.①中… Ⅲ.①金融—研究—中国 Ⅳ.①F832

中国版本图书馆 CIP 数据核字（2019）第 030299 号

新经济新金融导论
Xinjingji Xinjinrong Daolun
出版
发行 中国金融出版社

社址 北京市丰台区益泽路 2 号
市场开发部 （010）63266347，63805472，63439533（传真）
网上书店 http：//www. chinafph. com
 （010）63286832，62658686（传真）
读者服务部 （010）66070833，62568380
邮编 100071
经销 新华书店
印刷 北京市松源印刷有限公司
尺寸 169 毫米×239 毫米
印张 20.25
字数 350 千
版次 2019 年 3 月第 1 版
印次 2019 年 3 月第 1 次印刷
定价 58.00 元
ISBN 978 – 7 – 5049 – 9976 – 4
如出现印装错误本社负责调换 联系电话(010)63263947

# 编委会

# 前　言

　　党的十八大以来，以习近平同志为核心的党中央科学驾驭经济发展新常态，积极践行创新驱动发展理念，制定出台了一系列促进我国经济创新发展的重大战略举措，激发新的经济活力，培育新的增长动能。受此影响，近年来，新产业、新业态、新模式在我国快速成长，互联网、云计算、大数据、人工智能等新经济浪潮风起云涌，高新技术产业、高端装备制造业、战略性新兴产业、现代信息服务业等的发展渐入佳境，新旧动能转换、产业结构升级、高质量发展、全方位开放成为时代新的主题。与此相适应，金融作为现代经济的血脉和核心，各类创新活动也是层出不穷，新的金融产品、新的金融形态、新的金融服务模式等不断涌现，普惠金融、数字金融、共享金融、绿色金融、互联网金融、供应链金融、金融科技等蓬勃发展，现代经济、现代金融体系呼之欲出，金融安全、金融稳定防线稳步构建，经济金融全面开放新格局迅速形成。特别是党的十九大进一步明确提出的要坚定实施"创新驱动发展战略""加快建设创新型国家""贯彻新发展理念，建设现代化经济体系""创新和完善宏观调控""培育新增长点、形成新动能"，推动中国经济从"高速增长阶段"阔步走向"高质量发展"新阶段等一系列新的重大战略规划，更是进一步为未来我国新经济新金融的大发展指明了方向。基于以上背景，本培训教材坚持以习近平新时代中国特色社会主义思想为指引，通过系统解读我国新经济新金融发展的政策环境和重大规划，全面聚焦近年来我国新经济新金融发展的动态和成果，深入探讨未来新经济新金融发展的方向和趋势，以期能对金融系统、特别是人民银行系统广大干部职工更加全面了解我国新经济新金融发展的背景、政策、成就和趋势，增强适应新时代、实现新目标、落实新部署的能力，更好地履行实施金融调控、提供金融服务等的职能有所帮助。

本培训教材共分十章，分别对近年来我国经济金融发展中有代表性的新产业、新业态、新模式和重大经济金融政策进行了重点探讨和解读。其中，第一章紧扣党的十九大精神，对作为我国经济建设总纲领的现代化经济体系，以及与此密切相关的现代金融体系的构建进行了全面介绍；第二章围绕金融业优化功能、修补短板、更好服务实体经济的时代要求，对我国金融业坚持惠民导向，大力发展普惠金融，发挥金融在扶贫中的积极作用，推进金融精准扶贫，助力打赢扶贫攻坚战进行了深入探讨；第三章立足于互联网经济蓬勃发展、日益成为现代经济增长新引擎的现实，对互联网技术与金融快速融合而催生的第三方支付、P2P 借贷、众筹及互联网保险等互联网金融进行了重点阐述；第四章着重探讨了数字经济及其在金融领域的运用对传统经济产生的巨大变革，为了解中国数字经济及数字金融的实践、政策、监管提供了较为清晰的蓝图；第五章详细介绍了我国现代供应链的创新发展，以及我国供应链金融领域多样化的发展模式和创新服务类型；第六章系统阐述了伴随着信息技术及其创新应用，共享经济共享金融的应运而生，及其为经济社会可持续发展、包容式发展、共赢式发展所带来的革命性变革；第七章重点探讨了面对经济增长过程中生态环境不断恶化的困境，世界各国如何关注和发展绿色经济、绿色金融，以动员和激励更多的社会资本投入绿色产业，推动绿色增长，实现绿色发展，促进经济社会的绿色化转型。第八章着重阐述了在当前科技与金融深度融合、金融科技迅猛发展的形势下，必须更加重视金融业务风险与技术风险叠加后产生的扩散效应，平衡行业发展与风险监管间的关系，坚决打好防范化解重大风险的攻坚战，促进金融科技行业为服务实体经济与普惠金融发挥更大作用；第九章在综合分析当前我国金融安全形势的基础上，重点探讨了如何以国家总体安全观为统领，以深化金融体制改革为基础，以完善金融监管体制为保障，以参与全球金融治理为依托，切实守住不发生系统性金融风险的底线。第十章总结了我国经济和金融对外开放的历史经验，阐释了新时代我国推进经济开放的新战略和新举措，明确我国应更加主动融入全球金融体系，实现更大范围、更高水平的金融开放，以金融的稳健、规范发展促进经济社会的高效发展。

　　作为一本培训教材，在本书编写过程中，我们力求做到契合金融系统干部职工培训学习的特点，理论联系实际，最大限度地反映新经济新金融发展的最新动态与成果。不过，由于创新是当今社会的永恒主题，新经济新金融的发展波澜壮阔，且方兴未艾，不断会有新的政策出台、新的形态出现、新的问题产生，因此在资料收集和内容把握等方面都会有一定的困难和局限，加上时间仓促和水平有限，书中疏漏或谬误之处，敬请广大读者批评指正。

编者
2018 年 12 月

# 目　录

# 第一章　现代化经济体系与现代金融体系

**本章概要**

　　建设现代化经济体系是紧扣新时代我国社会主要矛盾转化、落实中国特色社会主义经济建设布局的内在要求，是决胜全面建成小康社会、开启全面建设社会主义现代化国家新征程的基本途径，也是适应我国经济由高速增长阶段转向高质量发展阶段，转变经济发展方式、转换发展动能和全面均衡发展的迫切需要，加快建设现代化经济体系是党的十九大提出的我国经济建设的总纲领。经济的发展离不开金融，建设现代化经济体系，必须有现代化的金融体系作为支撑。构建并不断完善现代化的金融体系，有助于更好地满足我国经济转变发展方式、优化结构、转换增长动力的要求，为建设现代化经济体系提供强有力的支撑。

## 第一节　现代化经济体系

　　党的十九大报告提出，加快建设现代化经济体系是我国经济建设的总纲领。建设现代化的经济体系要坚持质量第一、效率优先的方针；以深化供给侧结构性改革为主线，推动经济发展质量变革、效率变革和动力变革；要建设实体经济、科技创新、现代金融、人力资源四者协同的现代产业体系；要加快建设市场机制有效、微观主体有活力、宏观调控有度的社会主义市场经济体制和机制。

### 一、现代化经济体系概述

#### （一）建设现代化经济体系的时代背景

　　2016 年 9 月 3 日，国家主席习近平在出席二十国工商集团峰会时指出，中国经济发展不少领域大而不强、大而不优，长期以来主要依靠资源、资本、劳动力等要素投入支撑经济增长和规模扩张的方式已不可持续，中国发展正面临着动力转变、方式转变、结构调整的繁重任务。

目前，我国的制造业规模居于世界首位，但制造业劳动生产率仅是发达经济体的四分之一；不足 8% 的耕地养活了世界近 20% 的人口，但农业劳动生产率不到发达经济体的五分之一；在世界 500 强公司中我国企业数量居第二位，但企业投资收益率低于世界 500 强的平均值。建设现代化经济体系是跨越"大而不强""大而不优"关口的必由之路，也是适应中国社会主要矛盾变化、开启全面建设社会主义现代化国家新征程的客观要求。

经过改革开放 40 年的发展，尤其是党的十八大以来，我国经济社会发展取得了举世瞩目的成就。我国社会的主要矛盾已经由人民日益增长的物质文化需要同落后的社会生产之间的矛盾转化为人民日益增长的美好生活需要和不平衡不充分的发展之间的矛盾。在主要矛盾已经转化的背景下，党的十九大报告提出建设现代化经济体系，可谓是水到渠成、意义深远。同时，建设现代化经济战略体系与 2020 年、2035 年、2050 年的战略目标一脉相承。

## （二）现代化经济体系的基本内涵

党的十九大报告关于"现代化经济体系"的论述其核心要义可概括为一个目标：不断增强我国经济创新力和竞争力；一条主线：以供给侧结构性改革为主线；两个原则：必须坚持质量第一、效益优先；三个变革：推动经济发展质量变革、效率变革、动力变革；三有经济体制：着力构建市场机制有效、微观主体有活力、宏观调控有度的经济体制；四者协同发展的产业体系：着力加快建设实体经济、科技创新、现代金融、人力资源协同发展的产业体系。

2018 年 1 月 30 日，习近平总书记在中共中央政治局集体学习时强调，现代化经济体系，是由社会经济活动各个环节、各个层面、各个领域的相互关系和内在联系构成的一个有机整体。要建设创新引领、协同发展的产业体系，实现实体经济、科技创新、现代金融、人力资源协同发展，使科技创新在实体经济发展中的贡献份额不断提高，现代金融服务实体经济的能力不断增强，人力资源支撑实体经济发展的作用不断优化。要建设统一开放、竞争有序的市场体系，实现市场准入畅通、市场开放有序、市场竞争充分、市场秩序规范，加快形成企业自主经营公平竞争、消费者自由选择自主消费、商品和要素自由流动平等交换的现代市场体系。要建设体现效率、促进公平的收入分配体系，实现收入分配合理、社会公平正义、全体人民共同富裕，推进基本公共服务均等化，逐步缩小收入分配差距。要建设彰显优势、协调联动的城乡区域发展体系，实现区域良性互动、城乡融合发展、陆海统筹整体优化，培育和发挥区域比较优势，加强区域优势互补，塑造区域协调发展新格局。要建设资源节约、环境友好的绿色发展体系，实现绿色循环低碳发展、人与自然和谐共生，牢固树立和践行"绿水青山就是金山银山"理念，形成人与自然和谐发展现代化建设新格局。要建设多元平衡、安全高效的全面开放体系，发展更高层次开放型经济，推动开放朝着优化结构、拓展深度、提高效益方向转变。要建设充分发挥市场作用、更好发挥政府作用的经济体制，实现市场机制有效、微观主体有活力、宏观调控有度。以上几个体系是统一整体，要一体建设、一体推进。我们建设的现代化经济体系，要借鉴发达国家有益做法，更要符合中国国情、具有中国特色。

综上所述，现代化经济体系，是指一国的经济系统，在体制运行、开放程度、发展总量、速度、水平、质量、结构、要素等诸多方面的现代化水平和状态。其科学内涵体现在四个方面，即以新发展理念为指导、先进协同的产业体系、完善的市场经济体制、不断提升国家经济创新力和竞争力。

（三）现代化经济体系的特征

党的十九大报告指出："我国经济已由高速增长阶段转向高质量发展阶段，正处在转变发展方式、优化经济结构、转换增长动力的关键时期，建设现代化经济体系是跨越关口的迫切要求和我国发展的战略目标。"

1. 现代化经济体系追求更高质量和效率的经济发展

现代化经济体系追求质量和效率。更高质量和效率要以科技驱动代替要素驱动，形成以创新为引领发展第一动力的创新型国家，发展循环经济，实现经济增长与排放污染"脱钩"，建成人与自然和谐共生的绿色经济模式。这就意味着中国将进入全面创新时代、绿色发展时代，将成为包括科技强国、质量强国、航天强国、网络强国、交通强国、数字国家、智慧社会等在内的创新型国家。

按照每年5%左右的增长速度，到2050年左右，中国人均GDP、人均GNP或国民收入达到世界现代化国家的平均水平，我国的经济总量就绝对处于世界第一的位置。

2. 现代化经济体系注重平衡现代化区域和城乡发展布局结构

要构建国土资源利用效率较高、要素密集程度较大、生态容量适度、城市群落连绵、区域发展差距较小的生产力布局结构。区域协调发展机制更加成熟,生产要素的配置和流动更为有效,跨地区的转移和互助机制逐步成型,形成以城市群为主体的大中小城市和小城镇协调发展的城镇格局,广大农村地区具有较高的农业综合生产能力、完善的现代农业产业体系、融合的城乡发展体制、现代化的农业科学技术,农村居民收入与城市居民收入同步增长。

3. 现代化经济体系需要有更完善的市场经济体制

更完善的现代市场经济体制机制包括更具活力的市场调节机制、更具竞争力的国有资产管理体制、更有效率的政府服务体系以及更加安全有效的宏观调控与政策协调机制。让市场在资源配置中起决定性作用,同时更好地发挥政府的作用,使市场和政府的"两只手"同时发挥作用,是新时代中国特色社会主义市场经济主要特征。

4. 现代化经济体系是更开放更全面的经济体系

现代经济体系一定是市场化的、相互竞争的、开放的。从当前世界经济发展新格局看,建设现代化经济体系对应的是国际标准、国际规则、国际平台,是中国经济高质量"走出去"的迫切需要,是提升中国在世界经济舞台话语权,参与全球经济治理与世界经济之间形成良性循环关系的需要。

5. 现代化经济体系需要有更完善的现代化产业体系

新时代中国的现代化产业体系应当具有先进性、动态性、开放性、可持续性和以人民为中心等重要特征。现代制造业、现代装备业、新兴产业必须要在现代经济体系中占据主导地位。要按照乡村振兴战略的总要求,构建现代农业产业体系、健全农业社会化服务体系。要加快建设制造强国,培育新增长点、形成新动能。支持传统产业优化升级,加快发展现代服务业,提升服务业对国民经济的主导和引领作用。

6. 现代化经济体系的核心和基础是现代金融体系

现代金融体系在中国现代经济体系中的作用将会比以往任何时候都更重要,其核心作用也将更加突出。现代金融体系能够分散和管理风险,使实体经济和金融风险处在一个合理配置的状态,这对中国经济持续稳定增长、降低风险会有很好的促进作用。

7. 现代化经济体系是绿色的经济体系

绿色发展是现代化经济体系建设的必然选择。"绿色化"是"高科技、节约资源、保护环境,具绿色生产、绿色产业新的经济增长点"的产业结构和生产方式;是"勤俭节约、节能低碳、文明健康,力戒奢侈浪费"的绿色生活方式和消费模式；是"敬畏自然，保护生态环境，推动经济、社会、环境协调发展，实现人与自然、人与社会和谐，形成生态文明文化"的价值取向。

## 二、建设现代化经济体系：新时代重大政治课题和实践命题

建设现代化经济体系是我国发展的战略目标，也是转变经济发展方式、优化经济结构、转换经济增长动力的迫切要求。只有深刻认识建设现代化经济体系的重要性和艰巨性，科学把握建设现代化经济体系的目标和重点，才能推动我国经济发展焕发新活力、迈上新台阶。

（一）建设现代化经济体系是落实中国特色社会主义进入新时代的内在要求

中国特色社会主义进入了新时代，我国经济发展也进入了新时代，基本特征就是我国经济已由高速增长阶段转向高质量发展阶段。这就意味着经济增长重心应由"量"转"质"，国民经济进入转变发展方式、优化经济结构、转换增长动力的攻关期；经济发展进入新常态，呈现增速转轨、结构转型、动能转换的特点；改革也已进入深水区、攻坚期；全面建成小康社会进入决胜期，同时，长期积累的结构性矛盾仍然突出。只有实现高质量发展，才能推动经济建设再上新台阶。另外，世界经济复苏进程仍然曲折，国际金融危机深层次影响还在持续，保护主义、单边主义、民粹主义以及逆全球化思潮抬头，我国只有实现经济高质量发展，才能在激烈的国际竞争中赢得主动。

（二）建设现代化经济体系是紧扣我国社会矛盾转换的客观要求

改革开放40年，特别是党的十八大以来的六年，我国经济社会发展取得了历史性成就和历史性变革，党和国家事业发生了深层次、历史性、根本性的变革，新时代社会生产力水平在总体上得到显著的提高。但我国仍处于并将长期处于社会主义初级阶段的基本国情没有变，发展中仍然存在不平衡不充分的问题，解放和发展社会生产力仍是我们的根本任务，是坚持和发展中国特色社会主义的根本要求。

（三）建设现代化经济体系为实现新目标开启了新征程

习近平总书记在主持2018年中共中央政治局第三次集体学习时指出，

建设现代化经济体系，这是党中央从党和国家事业全局出发，着眼于实现"两个一百年"奋斗目标、顺应中国特色社会主义进入新时代的新要求作出的重大决策部署。国家强，经济体系必须强。只有形成现代化经济体系，才能更好地顺应现代化发展潮流和赢得国际竞争主动，也才能为其他领域现代化提供有力支撑。我们要按照建设社会主义现代化强国的要求，加快建设现代化经济体系，确保社会主义现代化强国目标如期实现。

（四）建设现代化经济体系，是跨越转变发展方式、优化经济结构、转换增长动力"三大关口"的迫切需要

中国经济已由高速增长阶段转向高质量发展阶段，建设现代化经济体系是我国发展的战略目标，是转变经济发展方式、优化经济结构、转换经济增长动力的攻关期，是跨越关口的迫切要求，是未来中国经济发展的总纲领。

要跨越"三大关口"，必须坚持质量第一、效益优先，推动经济发展质量变革、效率变革、动力变革。加快三大变革，关键是要转向创新驱动发展，核心是提高全要素生产率。创新是引领发展的第一动力，是建设现代化经济体系的战略支撑。跨越关口必须坚定不移推进供给侧结构性改革，实现供需动态平衡，大力推动科技创新和体制创新，爬坡过坎，攻坚克难，努力实现更高质量、更有效率、更加公平、更可持续的经济发展。

（五）建设现代化经济体系是增强我国国际竞争力的现实选择

随着我国综合实力的不断增强，我国对全球经济增长的贡献越来越大，全球治理体系改革的中国声音越来越多，这些变化要求我国必须加快建设现代化经济体系，进而获取更大国际话语权和提升国际竞争力。经济体系的现代化，将使中国经济越发成为世界经济发展的基石，也将进一步推进经济全球化进程。

同时，只有形成现代化经济体系，才能更好顺应现代化发展潮流和赢得国际竞争主动。只有努力建设现代化经济体系，坚持对外开放的基本国策，坚持打开国门搞建设，才能抓住新一轮经济全球化给我国带来的新的发展机遇，在高水平融入经济全球化的基础上，利用中国庞大的内需虹吸全球先进生产要素，才能促进我国产业迈向全球价值链中高端。

（六）建设现代化经济体系是构建现代化产业体系的重要依托

建设现代化经济体系的核心是构建协同发展的现代产业体系。其基本

内涵是全面构建稳固的现代农业，发达的制造业尤其是高端装备制造业，门类齐全的现代服务业，形成以现代农业为基础、先进制造业为支柱、战略性新兴产业为引领、现代服务业为主导的现代化经济体系的物质基础。构建现代化产业体系，要推动新型工业化、信息化、城镇化、农业现代化同步发展，主动参与和推动经济全球化进程，发展更高层次的开放型经济，不断壮大我国经济实力和综合国力。

（七）建设现代化经济体系是推进国家治理体系和治理能力现代化的必然选择

全面推进国家治理体系和治理能力的改革，首先要处理好政府与市场的关系。现代化经济体系需要一个行之有效并能最大限度地解放生产力的生产关系，为市场参与者创造一个统一开放、竞争有序的市场体系，能最大限度地消除生产者与消费者、商品和要素之间的各种制度性摩擦。其次，建设安全高效的全面开放体系，发展更高层次开放型经济，双向提升"引进来"与"走出去"的水平，以增强我国的国际竞争力。最后，着力构建市场机制有效、微观主体有活力、宏观调控有度的经济体制和机制，不断解决发展中遇到的新问题，不断增强我国经济的创新力和竞争力，从根本上完善发展中国特色社会主义经济体制和机制，推进国家治理体系和治理能力现代化。

## 三、现代化经济体系构建的基本方略：一体建设、一体推进

### （一）现代化经济体系建设的新发展理念

习近平总书记在党的十八届五中全会第二次全体会议上提出了"创新、协调、绿色、开放、共享"的新发展理念。新发展理念是建设现代化经济体系的"指挥棒""红绿灯"，它不仅符合我国国情，顺应新时代要求，而且对破解发展难题、增强发展动力、厚植发展优势意义重大而深远。

1. 创新发展理念

"创新"一词最早是由美国经济学家熊彼特提出的。习近平总书记在党的十九大报告中指出，创新是引领发展的第一动力，是建设现代化经济体系的战略支撑。"当今世界，科技创新已经成为提高综合国力的关键支撑，成为社会生产方式和生活方式变革进步的强大引领，谁牵住了科技创新这个牛鼻子，谁走好了科技创新这步先手棋，谁就能占领先机、赢得优势。"

"科技创新是提高社会生产力和综合国力的战略支撑，必须摆在国家发展全局的核心位置。"

2. 协调发展理念

只有牢固树立协调发展理念，坚持协调发展，才能解决我国发展中存在的区域、城乡、物质文明和精神文明、经济建设和国防建设不协调问题，促进新型工业化、信息化、城镇化、农业现代化、绿色化同步发展，在增强国家硬实力的同时提升国家软实力，不断增强发展的整体效能，进而全面建成让人民满意的小康社会。

3. 绿色发展理念

坚持人与自然和谐共生是生态文明的核心，建设生态文明，关系人民福祉，关乎民族未来。对此，我党明确指出：我们要建设的现代化是人与自然和谐共生的现代化，既要创造更多物质和精神财富以满足人民日益增长的美好生活需要，也要提供更多优质生态产品以满足人民日益增长的优美生态环境需要。建设现代化经济体系，必须坚持节约优先、保护优先、自然恢复为主的方针，形成节约资源和保护环境的空间格局、产业结构、生产方式、生活方式，还自然以宁静、和谐、美丽。

4. 开放发展理念

开放是国家繁荣发展的必由之路。我国经济发展进入新常态，迫切需要以更开阔的视野审视并确定新的发展战略。站在新时代的历史起点上，要实现"两个一百年"奋斗目标、实现中华民族伟大复兴的中国梦，必须适应经济全球化新趋势、准确判断国际形势新变化、深刻把握国内改革发展新要求，以更加积极有为的行动，推进更高水平的对外开放。面对异常复杂艰巨的高难度改革，我们需要开放，也只有牢固树立并切实贯彻开放发展理念，坚定不移地走开放发展之路，着力发展更高层次的开放型经济，才能提高我国在全球经济治理中的话语权，以对外开放的主动赢得经济发展的主动、赢得国际竞争的主动，实现中国发展与世界发展的良性互动。

5. 共享发展理念

共享发展理念的内涵应当包括四个向度：即发展是基本表现，共享是本质要求，人民是根本立场，民生是重点领域。共享是全民共享，是全面共享，是共建共享，是渐进共享。我们要建设有利于促进共享发展的现代化经济体系，必须坚持发展为了人民、发展依靠人民、发展成果由人民共享，作出更有效的制度安排，使全体人民在共建共享发展中有更多获得感。共享发展必将有一个从低级到高级、从不均衡到均衡的过程。唯有坚持共享理念，不断做大"蛋糕"、分好"蛋糕"，才能使发展成果更多更公平惠及全体人民。唯有全面推进共享发展，厚植共享的物质基础，才能在保障和改善民生的进程中持续增进人民的福祉。

## （二）现代化经济体系建设的基础任务

1. 推进供给侧结构性改革，是现阶段全面建设现代化经济体系的主攻方向和工作主线

供给侧结构性改革，就是从提高供给质量出发，重点是解放和发展社会生产力，用改革的办法推进结构调整，矫正扭曲的要素配置，减少无效和低端供给，扩大有效和中高端供给，提高供给结构对需求变化的灵活性和适应性，提高全要素生产率，更好满足广大人民群众的需要，促进经济社会持续健康发展。

党的十九大报告指出："建设现代化经济体系，必须把提高供给体系质量作为主攻方向，显著增强我国经济质量优势。"供给侧结构性改革的主要任务是振兴实体经济。具体路径和方略上除了发展实体经济外，还包括七个方面：一是要把握科技进步的基本方向，重点推动互联网、大数据、人工智能和实体经济的深度融合，培育新增长点并形成经济发展新动能。二是要运用一切手段鼓励传统产业优化升级。三是要加快发展和迅速提高现代服务业的水平。四是要重点打造若干世界级先进制造业集群。五是要重点强化基础设施网络建设。六是坚持去产能、去库存、去杠杆、降成本、补短板，优化存量资源配置，扩大优质增量供给，实现供需动态平衡。七是要激发和保护企业家精神，同时弘扬劳模精神和工匠精神。

推进供给侧结构性改革，是适应和引领经济发展新常态的重大创新，是适应国际金融危机发生后综合国力竞争新形势的主动选择，是适应我国经济发展新常态的必然要求。只有以供给侧结构性改革为主线建设现代化经济体系，才能成功构建市场机制有效、微观主体有活力、宏观调控有度的经济体制。

2. 实施乡村振兴战略和区域协调发展战略是构建现代化经济体系的基础环节和空间支撑

实施乡村振兴战略，是党的十九大作出的重大决策部署，是决胜全面建成小康社会、全面建设社会主义现代化国家的重大历史任务，是新时代"三农"工作的总抓手。对整体推进农业现代化、农村现代化和农民现代化具有举足轻重的作用。

"三农"问题是关系国计民生的根本性问题，解决不好，基础不牢，地动山摇。没有农业农村的现代化，就没有国家的现代化。实施乡村振兴战

略，是解决人民日益增长的美好生活需要和不平衡不充分的发展之间矛盾的必然要求，是实现"两个一百年"奋斗目标的必然要求，是实现全体人民共同富裕的必然要求。

（1）实施乡村振兴战略的指导思想。全面贯彻党的十九大精神，坚持把解决好"三农"问题作为全党工作重中之重，坚持农业农村优先发展，按照产业兴旺、生态宜居、乡风文明、治理有效、生活富裕的总要求，建立健全城乡融合发展体制机制和政策体系，统筹推进农村经济建设、政治建设、文化建设、社会建设、生态文明建设和党的建设，加快推进乡村治理体系和治理能力现代化，加快推进农业农村现代化，走中国特色社会主义乡村振兴道路，让农业成为有奔头的产业，让农民成为有吸引力的职业，让农村成为安居乐业的美丽家园。

（2）实施乡村振兴战略的目标任务。到 2020 年，乡村振兴取得重要进展，制度框架和政策体系基本形成。到 2035 年，乡村振兴取得决定性进展，农业农村现代化基本实现。到 2050 年，乡村全面振兴，农业强、农村美、农民富全面实现。

乡村振兴，产业兴旺是重点，生态宜居是关键，乡风文明是保障，治理有效是基础，生活富裕是根本，摆脱贫困是前提。实施乡村振兴战略，必须把制度建设贯穿其中。要以完善产权制度和要素市场化配置为重点，激活主体、激活要素、激活市场，着力增强改革的系统性、整体性、协同性。

（3）实施区域协调发展战略。党的十九大报告中明确提出了实施区域协调发展战略的三大目标：一是要实现基本公共服务均等化，实现城乡区域间基本公共服务均等化。二是基础设施通达程度比较均衡，实现区域间基础设施通达程度比较均衡。要支持产业跨区域转移和共建产业园区等合作平台，形成鼓励创新的区域合作体制机制。三是人民生活水平大体相当，最终实现国民收入分布与人口地理分布基本吻合。

作为建设现代化经济体系的重要保障，实施区域协调发展战略的关键是体制机制创新，最终目标和方向是均等、平衡。为此，我们的目标任务有五个：一是强化举措推进西部大开发形成新格局，提高对外开放和外向型经济发展水平。二是深化改革加快东北等老工业基地振兴，促进民营经济发展，实现政府职能的转变和市场化水平的提升。三是发挥优势推动中部地区崛起，培育一批有国际竞争力的特色优势产业集群。四是紧紧抓住疏解北京非首都功能这个"牛鼻子"推动京津冀协同发展，走出一条解决"大城市病"的中国特色新路子。五是以共抓大保护、不搞大开发为导向推动长江经济带发展。

### （三）现代化经济体系建设的战略支撑

党的十九大报告强调，创新是引领发展的第一动力，是建设现代化经济体系的战略支撑。按照党中央决策部署，作为现代化建设全局的战略举措，加快建设创新型国家要瞄准世界科技前沿，第一，要强化创新第一动力的地位和作用，突出以科技创新引领全面创新，强化基础研究，强化新思想、新方法、新原理、新知识的源头储备，实现前瞻性基础研究、引领性原创成果重大突破。第二，要加强应用基础研究，聚焦国家科技重大专项，组织产学研联合攻关，在信息、生物、新能源、新材料、人工智能等领域突破一批关键共性技术、前沿引领技术、现代工程技术、颠覆性技术创新，为建设科技强国、质量强国、航天强国、网络强国、交通强国、数字中国、智慧社会提供有力支撑。第三，要加强国家创新体系建设，强化战略科技力量。国家创新体系是决定国家发展水平的基础，战略科技力量是国家创新体系的中坚力量。要深化科技体制改革，建立以企业为主体、市场为导向、产学研深度融合的技术创新体系，建设一批引领企业创新和产业发展、体现国家意志、具有世界一流水平的战略科技创新基地，支持量大面广的中小企业提升创新能力，培育一批核心技术能力突出、集成创新能力强的创新型领军企业。要聚焦新能源等领域建设一批重大科技基础设施。要围绕国家战略和创新链进行布局，推动科技资源开放共享。第四，要强化知识产权创造、保护、运用。第五，要注重对人才的培养。创新驱动实质上是人才驱动，综合国力竞争归根到底是人才竞争。要建设创新型国家，就必须培养造就一大批具有国际水平的战略科技人才、科技领军人才、青年科技人才和高水平创新团队。

### （四）现代化经济体系建设的制度安排

党的十九大报告提出，建设现代化经济体系必须要"加快完善社会主义市场经济体制"，着力构建市场机制有效、微观主体有活力、宏观调控有度的经济体制。加快完善社会主义市场经济体制，是现阶段全面建设现代化经济体系的根本性制度保障和制度安排。

完善社会主义市场经济体制，就是要建设统一开放、竞争有序的市场体系，使市场在资源配置中起决定性作用。当前，根据现代化经济体系建设的总要求，加快完善社会主义市场经济体制的重点任务，是完善产权制度和优化要素市场化配置效率，实现产权有效激励、要素自由流动、价格反应灵活、竞争公平有序、企业优胜劣汰。围绕这两大重点改革任务，第一，要改革国有资产管理体制，深化国有企业改革，发展混合所有制经济，加快国有经济布局优化、结构调整、战略性重组，培育具有全球竞争力的世界一流企业。第二，要全面实施市场准入负面清单制度，清理废除妨碍统一市场和公平竞争的各种规定和做法，打破行政性垄断，防止市场垄断，加快要素价格市场化改革，放宽服务业准入限制，激发各类市场主体活力，提高资源配置效率和公平性。第三，要深化商事制度改革，完善市场监管体制。第四，要创新和完善宏观调控，发挥国家发展规划的战略导向作用，健全财政、货币、产业、区域等经济政策协调机制，尊重市场规律，消除过去"管就死，放就乱"的弊端。第五，要完善促进消费的体制机制，增强消费对经济发展的基础性作用。第六，要深化投融资体制改革，发挥投资对优化供给结构的关键性作用。第七，要加快建立现代财政制度，推进财政事权和支出责任划分改革，构建权责清晰、财力协调、区域均衡的中央和地方财政关系。第八，要深化金融体制改革，增强金融服务实体经济能力，避免经济"脱实向虚"，完善金融监管体系，守住不发生系统性金融风险的底线，深化利率和汇率市场化改革，推进金融改革与创新，维护经济金融稳定。

## 四、现代化经济体系建设的核心：现代金融体系

金融是国民经济的血液，实体经济是金融的出发点和落脚点，在现代化经济体系中起基础作用的是以现代制造业与现代装备业为代表的实体经济，但起核心作用的一定是现代金融体系。

现代化经济体系是一个有机整体。在这个有机整体中，金融是重要组成部分，要构建与现代化经济体系相匹配的现代金融体系必须做好四个方面的工作：一是建立以收益率为导向的金融资源配置机制，推进利率市场化和汇率市场化改革。完善中央银行利率调控体系，健全利率传导机制，建立并完善价格型货币政策调控框架。深化人民币汇率市场化形成机制改革，增强人民币汇率双向浮动弹性，稳步推进人民币国际化，有序实现资本项目可兑换，保持人民币汇率在合理均衡水平上的基本稳定。二是现代化经济体系意味着更集约、更可持续的经济增长方式，意味着更加优化的经济结构，经济的内生性增长动力更加充分。为服务实体经济发展、实现上述目标，金融系统要坚持以服务供给侧结构性改革为主线，建立金融与实体经济、金融与房地产、金融体系内部的良性循环，推动实体经济减债

务、房地产行业去杠杆、金融体系内部显化杠杆和持续期，发挥金融支持作用。三是完善分工合理、相互补充的多元现代金融市场体系。即构建多层次、广覆盖、有差异的银行机构体系，提高金融机构管理水平和服务质量。加强资本市场管理，促进多层次资本市场健康发展，提高直接融资比重。创新金融服务方式，推动服务方式多元化，增强金融服务实体能力，优化社会融资结构。四是必须把防范和化解金融风险放到更加重要的位置，坚持主动防范、系统应对、标本兼治、守住底线，牢牢守住不发生系统性和区域性金融风险的底线，不断完善金融安全防线和风险应急处置机制。

# 第二节　现代金融体系

## 一、现代金融体系概述

### （一）现代金融体系的内涵

现代金融体系是指一个经济体中资金与资产流动的基本框架，由专门的体制、机制、制度和规范共同制约；它以资本市场为基础，具有支付清算、资源配置、信息传递、控制风险与管理财富的功能。结构合理、功能完善和安全高效是现代金融体系的总要求。其成熟度和完备性可通过经营能力、资源配置能力、政策传导能力、资产流动能力、资产定价能力以及发展创新能力等来反映。在经济全球化的大背景下，现代金融体系已成为现代市场经济的核心，是经济社会发展的基础。现代金融体系一般由现代金融市场体系、现代金融调控体系、现代金融监管体系以及现代金融环境体系四个方面构成。

我国要建设现代化经济体系，必须要有现代化的金融体系作为支撑。衡量金融体系效率高下，归根到底还是要看其服务实体经济的能力和效率的高下。金融行业应当围绕社会主要矛盾和行业基本矛盾转变提出的新需求，紧紧抓住国民财富丰饶、储蓄率仍处于高位、信息技术普及发展的有利机遇期，深化供给侧结构性改革，加强能力建设，在防范系统性风险的基础上提高服务实体经济的效率，加快构建现代金融体系。

### （二）现代金融体系的基本构成要素

党的十九大报告指出，现代化经济发展的着力点在实体经济，经济发展离不开金融。面对新时代的伟大征程，金融不仅要回归实体经济本源，发挥相伴相随、共生共荣的作用，还要全力服务建成质量高、效率优、创新强、体制活、协调性好的经济环境，更好地服务于解决人民日益增长的美好生活需要和不平衡不充分的发展之间的矛盾。因此，建立与经济高质量发展相适应的现代金融体系，发挥金融在现代经济体系中的核心作用尤为关键。

1. 现代金融体系应当以服务实体经济为导向

金融是实体经济的血脉，现代金融应当在经济高质量发展过程中发挥关键作用。"十三五"时期对金融业的要求之一，即为提高金融服务实体经济效率和支持经济转型的能力。一是构建多层次的资本市场体系，大力发展场外交易，显著提高中小微企业直接融资的比重。二是建立多层次的商业融资体系，形成多元竞争的银行市场主体，在利率市场化过程中重视从供给端发力。三是完善多层次的天使投资、风险投资、私募股权投资体系，大力发展直接股权投资，让更多的"闲钱"和"游资"进入实体经济。四是构建多层次的金融担保体系，使担保体系回归公益性，建立风险分担和补偿机制，推进政府金融公共服务发展。五是完善多层次的财政扶持体系和政策金融体系，应对市场"无形之手"失灵的影响。

2017 年 7 月召开的第五次全国金融工作会议提出了金融工作服务实体经济的七项要求。第一，为实体经济服务。为实体经济服务是金融的天职、金融的宗旨，也是防范金融风险的根本举措。第二，贯彻新发展理念，树立质量优先、效率至上的理念，更加注重供给侧的存量重组、增量优化、动能转换。这是做好金融供给侧结构性改革的根本所在。第三，发展直接融资。要把发展直接融资放在重要位置。形成融资功能完备、基础制度扎实、市场监管有效、投资者合法权益得到有效保护的多层次资本市场体系。第四，改善间接融资结构。推动国有大银行战略转型，发展中小银行和民营金融机构。第五，加强保险业作用。促进保险业发挥长期稳健风险管理和保障的功能。第六，建设普惠金融体系。加强对小微企业、"三农"和偏远地区的金融服务，推进金融精准扶贫，鼓励发展绿色金融。第七，降成本。促进金融机构降低经营成本，清理规范中间业务环节，避免变相抬高实体经济融资成本。

2. 现代金融体系应当积极发挥市场配置作用

党的十八届三中全会指出，使市场在资源配置中起决定性作用。金融资本作为一种重要的生产要素，必须依靠市场提供有效的信号和激励机制，引导资源向经济效益和社会效益最大化的领域配置。

现代金融体系是高度市场化的，金融资源是越来越多地通过市场来配置，而不是通过机构来配置。目前，要实现市场化配置应具备两个前提条件：一是产权问题，完善产权制度是推进市场化配置的重中之重。二是价格问题，利率、汇率等金融的基本要素渗透到金融体系的各个环节，价格扭曲的市场不可能健康、持续发展，必须深化利率汇率市场化改革。现代金融体系应该充分发挥市场的力量，防止资源错配，提高资源配置效率。

坚持市场化改革方向，发挥市场在金融资源配置中的决定性作用，同时发挥好政府监管部门的作用。处理好政府和市场关系，完善市场约束机制，提高金融资源配置效率。加强和改善政府宏观调控，健全市场规则，强化纪律性。随着金融体制改革的不断深化，金融市场化进程的不断推进，最终中国将形成以市场供求状况为基准，中央银行进行宏观调控，以"看不见的手"来引导经济资源配置的现代金融体系。

3. 现代金融体系应当是高科技的金融体系

由金融科技武装起来的金融体系才能称为真正的现代金融体系，它对现代化经济体系的发展能起到重要深刻的作用。随着新一代信息技术蓬勃发展，大数据、人工智能、移动互联网、区块链等技术运用成熟，科技巨头和金融机构也都从不同的切入点彼此融合。加快构建现代金融体系必须抓好三个方面的工作：一是着力提升新技术应用能力，切实提升对新技术应用的洞察力和敏感度。二是持续提升产品创新能力。主动适应互联网环境下市场需求的快速变化，提高金融产品创新的技术支撑水平。三是切实提升风险防范能力。金融的本质在于经营风险，运用新科技，要始终紧绷防范风险这根弦，牢固树立以安全为根基的发展理念。强化科技应用风险管理，准确掌握和有效处理应用过程中出现的问题，切实防范科技自身风险和应用风险传导。

4. 现代金融体系应当是开放的金融体系

第五次全国金融工作会议指出，要扩大金融对外开放，深化人民币汇率形成机制改革，稳步推进人民币国际化，稳步实现资本项目可兑换。党的十九大报告提出，中国开放的大门不会关闭，只会越开越大。

金融改革开放可以增强金融机构的市场竞争力，竞争力的提升又有助于金融市场的风险防范。一方面，引进国外优秀的金融机构可以优化国内金融机构的公司治理，提高其风险管理和风险承受的能力；另一方面，外国竞争者进入可以发挥"鲇鱼效应"，竞争将迫使中国金融机构改善服务，促使市场形成良好的竞争秩序，更好地为实体经济和公众服务。

近年来，随着我国经济发展和金融市场深化，金融业对外开放取得了一系列实质性进展。开放型经济新体制逐步健全，对外贸易、对外投资、外汇储备稳居世界前列，人民币的国际地位越来越高。金融业开放水平不断提高，提升了行业整体管理效率和业务创新能力。

5. 现代金融体系应当有完善的金融监管体系

"健全金融监管体系，守住不发生系统性金融风险的底线"是党的十九大对当前我国金融工作提出的具体要求和目标。2018 年的政府工作报告将"防范化解重大风险"，特别是防控金融风险作为决胜全面建成小康社会的三大攻坚战之首。2018 年 4 月 2 日召开的中央财经委员会第一次会议对打好防范化解金融风险攻坚战提出了新要求。从防范系统性金融风险的角度看，在健全金融监管体系过程中，构建"双支柱"调控框架是重中之重，而加强监管统筹与协调是实现宏观审慎管理的有效途径。目前，我国金融监管体制的新格局"国务院金融委 + 央行 + 两会"，正是顺应监管需要的制度设计。

要强化宏观审慎管理和系统性风险防范职责，切实落实部门监管职责。统筹系统性风险防控与重要金融机构监管，全面建立功能监管和行为监管框架，强化综合监管，强化监管的专业性、穿透性。统筹政策力度和节奏，防止叠加共振。同时，发挥中央和地方的积极性，坚持全国一盘棋，努力做到监管的统一性和权威性。

## 二、深化金融机构改革，完善金融机构体系

《中华人民共和国国民经济和社会发展第十三个五年规划纲要》（以下简称《"十三五"规划纲要》）提出要丰富金融机构体系。构建多层次、广覆盖、有差异的银行机构体系，扩大民间资本进入银行业，发展普惠金融和多业态中小微金融组织。规范发展互联网金融。稳妥推进金融机构开展综合经营。推动民间融资阳光化，规范小额贷款、融资担保机构等发展。提高金融机构管理水平和服务质量。

习近平总书记在第五次全国金融工作会议上强调，要坚定深化金融改革。要优化金融机构体系，完善国有金融资本管理，完善外汇市场体制机制。要完善现代金融企业制度，完善公司法人治理结构，优化股权结构，建立有效的激励约束机制，强化风险内控机制建设，加强外部市场约束。他指出，金融机构体系改革的重点是资本结构、内控机制、治理机制和风险处置等。

### （一）优化金融机构体系，完善国有金融资本管理体制

党的十八大以来，推动形成多层次、广覆盖、差异化的金融机构体系，一直是我国发展金融市场的重要目标。近年来，我国深化金融机构改革，在构建组织多元、服务高效、监管审慎、风险可控的金融体系，推动大型商业银行改革和政策性、开发性金融机构改革方面虽迈出了坚实的步伐，但间接融资主导体系仍占据上风，与经济高质量发展的矛盾日益凸显，与进入新发展阶段的实体经济不匹配，需要进一步优化。具体包括：要优化融资结构，建设直接融资和间接融资协调发展的金融市场体系，把发展直接融资放在重要位置，积极有序发展股权融资，稳步提高直接融资比重，拓展多层次、多元化、互补型股权融资渠道。改革股票发行制度，减少市场价格（指数）干预，加强对中小投资者权益的保护，完善市场化并购重组机制，从根本上消除利益输送和腐败滋生土壤。通过多层次资本市场的发展，有效降低我国企业的杠杆率，防止系统性金融风险发生。要统一监管标准，深化市场互联互通，完善金融基础设施。用好市场化法治化债转股利器，发展多元化投资主体，切实帮助企业降低杠杆率，推动"僵尸企业"市场出清。要继续深入推进利率市场化改革，进一步完善人民币汇率市场化形成机制。面对高度复杂的金融形势，从根本上解决金融业脱实向虚的不当趋向，使我国经济正常运行，除了强调金融的商业性之外，还要坚持政策性金融、开发性金融和合作性金融合理分工，联动互补，协调发展。大力发展担保和再担保体系，加快建立政策性担保公司、行业担保公司、再担保公司等，完善风险补偿和分担机制。引导风险投资、小额贷款公司规范发展，鼓励探索小企业互助基金、政府种子基金等新的融资方式。促进商业保险发挥长期稳健投资的作用，发挥好经济减震器和社会稳定器功能。规范发展互联网金融，创新金融＋互联网服务模式，依托传统金融的金融风控能力、产品研发能力和线下渠道资源，结合人工智能、大数据和云计算等先进技术打造"线上＋线下""金融＋商业"模式的智能金融。要立足于建立公平开放透明的市场规则，实行统一的市场准入制度，在符合监管要求的条件下，鼓励和引导民间资本进入金融服务领域，允许具备条件的民间资本依法发起设立中小型银行等金融机构，为实体经济提供必要的竞争性金融供给，解决部分基层地区和小微企业金融服务供给不足的问题。

21世纪以来，伴随着经济体制和金融体制改革的不断深化，我国金融业进入快速发展期，金融国有资产管理体制也逐步形成，其在金融国有资

产保值增值、金融风险防范、金融秩序稳定等方面发挥了积极的作用，但在发展中也逐渐暴露出体制机制方面的相关问题，如权益过于分散催生决策高成本、法律依据与授权机制不健全、经营自主受限与"监管套利"并存等问题。

严格资本管理制度是金融国有资产管理的核心。完善国有资产管理体制需要以管资本为主加强国有资产监管。

第一，以统一管理平台为切入点，理顺授权机制，构建规范的金融资产管理体系。按照权责匹配的原则及结束"九龙治水"局面的现实需要，需明确一家单位代表国家出资对金融国有资产实施集中统一管理。

第二，以现代企业制度为着力点，完善治理机制，构建长效的金融国有资产管理体系。依照《公司法》要求，规范出资人代表职责，完善派出董事、监事管理机制，增强派出董事、监事的履职行权能力，突出企业制度现代化要求；减少行政干预，提高金融国企的市场化水平；推进薪酬收入体系市场化改革，实现有效约束与有效激励并重。

第三，以保障改善民生为落脚点，优化收益处置机制，构建普惠的金融国有资产管理体制，真正让民众分享金融业高增长带来的回报。

## (二) 完善现代金融企业法人治理结构

完善现代金融企业法人治理结构，要求金融机构要建立健全股东大会、董事会、监事会和经理班子治理架构，使决策、监督、执行分工明确、相互制约、相互监督。建立有效的激励约束机制，加强对高级管理人员和普通员工的约束，建立相应的正向激励机制，避免短视化行为。完善风险管理框架，强化风险内控机制建设，提高金融企业的资产质量、降低不良资产比例，提高金融机构经营的稳定性、盈利能力和服务水平，推动金融机构真实披露和及时处置风险资产。要稳步推进金融业综合经营试点，提高我国金融机构的竞争能力。加强外部市场约束，增强会计、审计等机构自律性、公正性和专业化水平。优化金融结构，完善金融市场、金融机构、金融产品体系，推动金融企业面向市场、树立以客户为中心的经营意识，提高综合服务水平和盈利能力。培育可持续的盈利模式，提高金融机构的经营能力和竞争实力。坚持质量优先，引导金融业发展同经济社会发展相协调，促进融资便利化、降低实体经济成本、提高资源配置效率、保障风险可控。要进一步完善银行业机构体系，促进金融市场体系健康发展，通过整治同业业务，统一资管产品监管标准，把更多资金以规范形式引导到多层次股本市场和债券市场。积极探索有中国特色的现代银行制度，把党的领导嵌入公司治理结构之中。

## 三、加强金融市场建设，健全金融市场体系

党的十八届三中全会通过的《中共中央关于全面深化改革若干重大问题的决定》（以下简称《决定》）明确提出要"完善金融市场体系"。《"十三五"规划纲要》进一步强调要健全金融市场体系。积极培育公开透明、健康发展的资本市场。健全利率、汇率市场决定机制，更好发挥国债收益率曲线定价基准作用。推动同业拆借、回购、票据、外汇、黄金等市场发展。积极稳妥推进期货等衍生品市场创新。加快发展保险再保险市场，探索建立保险资产交易机制。

建设现代金融市场体系是实现金融体系对标高质量发展的必然要求。金融市场在完善公司治理、增强信息揭示和加强风险管理等方面具有比较优势：金融市场通过较高的信息披露要求和透明度建立有力的外在约束，通过明确的所有权和经营权分离构建更有效的内在激励，同时发展金融市场可通过资金要素的市场化配置有力促进其他要素市场的市场化发展。

建设现代金融市场体系是贯彻新发展理念的必然要求。"创新、协调、绿色、开放、共享"的新发展理念以创新为首，而创新发展以发达的金融市场为有力支撑。只有金融市场形成比较完备的资本投资机制以及相配套的中介服务体系，才有可能加速科技创新成果向现实生产力的转化，推动科技创新创业企业从无到有、从小到大，形成新的经济增长点。

建设现代金融市场体系是"去杠杆"的必然要求。要从源头上降低债务率，必须完善储蓄转化为股权投资的长效机制。关键是发展金融市场，通过大力发展股权融资补充实体经济资本金。

建设现代金融市场体系是货币政策由数量型调控为主向价格型调控为主转变的必然要求。价格型调控为主的货币政策传导以金融市场为基础。金融市场合理定价、市场之间紧密关联，能够实现资金价格的联动和传导，是货币政策转向价格型调控为主的重要前提。

建设现代金融市场体系是金融业对外开放的必然要求。有弹性的人民币汇率需要具有广度和深度的外汇市场。有弹性的汇率是有效抵御外部冲击、保持本国货币政策自主性的重要保障，关键在于市场的深度和广度。

人民币国际地位的提升也亟须金融市场的快速发展。发达的金融市场能有效满足境外居民持有人民币资产的多元化需求，会极大地提升人民币的吸引力，促进人民币在贸易投资中的计价结算功能的发展。

### （一）主动引领，全面推进我国金融市场体系建设

完备、发达、具有影响力的金融市场对一个国家的金融体系至关重要。实践表明，我国的金融市场有效地支持了国民经济发展，配合了国家宏观调控的实施，促进了社会融资结构的优化，并在推进金融机构和国有企业改革、推动利率市场化和汇率市场化、扩大人民币境外使用、抵御国际金融危机冲击和维护金融稳定方面发挥了重要作用。目前，我国经济社会发展仍将处于重要战略机遇期，既面临难得的发展机遇，也面对诸多风险和挑战。只有牢牢把握金融服务实体经济的本质要求，坚持市场配置金融资源的改革导向，坚持创新与监管相协调的发展理念，全面推动金融改革、开放和发展，才能构建和完善种类齐全、结构合理、服务高效、安全稳健的现代金融市场体系。

党的十八大以来，我国积极推动建立健全多层次、多功能的金融市场体系，不断完善金融市场基础设施，全面推进债券、货币、外汇、黄金和金融衍生品等市场建设，金融市场体系配置资源和服务实体经济的能力不断增强，金融市场逐步成熟、发展和壮大。目前已经形成了覆盖本币与外币、短期与长期产品、现货与衍生品、分层有序、互为补充的多层次金融市场体系。

1. 利率市场化改革加速，人民币汇率双向浮动弹性明显增强

2015 年 10 月 23 日，中国人民银行在宣布"双降"人民币存贷款利率和存款准备金率的同时，宣布放开存款利率上限。这标志着我国的利率管制已经基本放开，改革迈出了非常关键的一步，利率市场化进入新的阶段。在加快推进利率市场化的同时，我国还按照主动性、可控性和渐进性原则，推进人民币汇率市场化改革，完善人民币对美元汇率中间价报价机制，建立以市场供求为基础、有管理的浮动汇率制度。

2. 多元化资本市场体系建设速度加快

党的十八大以来，我国进一步建立健全了多层次资本市场。债券发行与市场交易量不断增长，品种创新和多样化步伐加快。在银行间债券市场和交易所债券市场，债券品种不断丰富，近期又积极推出和完善双创债、绿色债等债券品种，发展可交换债、可续期债等股债结合融资方式，为企业提供多样化的直接融资服务。稳步推进股票发行注册制改革，主板、中小板、创业板市场融资功能不断强化，新三板改革逐步深化，区域性股权市场规范发展，为各种类型的企业股权融资提供了支持。

3. 金融机构改革持续深化，金融业综合化经营发展迅速

近年来，我国不断深化金融机构改革，在构建组织多元、服务高效、监管审慎、风险可控的金融体系，推动大型商业银行改革和政策性、开发性金融机构改革方面迈出了坚实的步伐。目前民营银行获批数量已达 14 家。与此同时，包括 P2P、众筹等在内的互联网金融发展得如火如荼，在满足小微群体金融需求方面发挥了积极作用。2015 年 5 月 1 日，我国《存款保险条例》正式施行；到 2016 年 3 月 31 日，全国 3 658 家吸收存款的银行业金融机构已全部办理投保手续。这对于完善我国金融安全网、理顺政府与市场的关系、深化金融改革、维护金融稳定和提升我国金融业竞争力具有重要作用。

4. 货币市场机制不断完善，参与主体不断丰富

随着金融产品创新的增多，定价功能不断加强，参与主体不断丰富，一定程度上适应了城乡居民金融财产性收入运作的要求和金融市场发展的内在要求。银行间外汇市场引入询价交易机制和做市商制度，形成了统一联动的外汇市场价格传导机制；逐步推出了利率、汇率和信用衍生产品，不断丰富外汇产品，扩展了外汇市场的广度和深度。

5. 监管协调工作规范化和制度化水平不断提升

金融监管机制进一步强化，监管协调有所改进，加强了跨行业、跨市场的金融监管规则建设，日益强化对跨界传染和系统重要性金融机构的监管，为金融稳定与安全提供了有力保障。金融监管协调部际联席会议制度功能得以充分发挥，货币政策与金融监管政策、交叉性金融产品与跨市场金融创新的协调得到加强，金融信息实现了共享，减少了监管真空和监管重复，形成了监管合力。

## （二） 立足实体，全面构建和完善我国多层次资本市场体系

按照党的十八届三中全会、十八届四中全会关于"建设统一开放、竞争有序的市场体系，让市场在资源配置中起决定作用"和"健全多层次资本市场体系，推进股票发行注册制改革，多渠道推动股权融资，发展并规范债券市场，提高直接融资比重"的内容要求，坚持市场配置金融资源的改革导向，加快完善种类齐全、结构合理、服务高效、安全稳健的现代金融市场体系，充分发挥金融市场在金融资源配置，特别是社会资本聚集和市场配置中的决定性作用，积极发展直接金融机制和创新直接金融产品，对加快推进中国金融体系改革和发展意义重大。

具体而言，构建我国多层次资本市场体系应从以下六个方面展开：

1. 提升直接融资比重，优化直接融资内部结构

当前我国融资结构基本上是以银行为主的间接融资占主导地位，股市市值、政府债券和非政府债券余额占金融总存量的比例相对较低，直接融资不仅从总量上有待提升，在内部结构上也需要进一步优化。"十三五"时期，应着力加强多层次资本市场投资功能，优化企业债务和股本融资结构，使直接融资特别是股权融资比重显著提高。要大力发展股票市场、债券市场等资本市场，拓宽企业直接融资渠道，优化社会融资结构；大力发展各类机构投资者，推动金融市场、金融产品、投资者及融资中介的多元化；坚持规范发展的理念，健全相应的金融调控、金融法律、金融监管和财税等政策框架。

2. 推进证券发行交易制度改革

以充分信息披露为核心，减少证券监管部门对发行人资质的实质性审核和价值判断；加强事中事后监管，进一步完善上市公司退市制度，通过优胜劣汰，提高上市公司质量，切实保护投资者合法权益。加大打击证券违法违规行为的力度，强化对市场参与者的市场和诚信约束，促进市场参与各方归位尽责，维护证券市场"三公"原则。

3. 多渠道推动股权融资

股票交易所市场是多层次资本市场的压舱石，要继续完善和壮大主板市场，丰富产品和层次，完善交易机制。建立和完善独立运作、层次清晰、协调互动和交易活跃的多层次股票市场体系。第一，要深化注册制改革，分立股票发行市场与交易市场。第二，要调整和明晰股票交易规则，进一步完善多层次股票交易市场体系。第三，要改革创业板制度，在设定一定财务门槛的同时，还应引入市场化指标，与新兴企业的发展新特点相适应。第四，要加快建设新三板市场，拓宽民间投资渠道，加快完善以机构为主、公开转让的中小企业股权市场，缓解中小微企业融资难问题。第五，要在清理整顿的基础上，将地方区域性股权市场纳入多层次资本市场体系。第六，要建立健全不同层次市场间的差别制度安排和统一的登记结算平台，改革完善并严格执行退市制度，推动形成有机联系的股票市场体系。第七，要健全做市商机制，强化对投资者合法权益的保护。

4. 规范和发展债券市场，进一步推动其市场化改革

第一，应进一步丰富债券品种，方便发行人和投资人自主选择发行交易市场，进一步培育和完善投资者结构，提高市场化水平。第二，推进金融产品创新和多元化，加大发展资产证券化的力度，盘活存量资金，优化资源配置，促进融资结构调整。第三，健全国债收益率曲线，完善金融产

品价格的市场基准，不断优化资金配置效率，进一步增强市场配置资源的决定性作用，加快推进经济发展方式转变和结构调整。第四，积极利用债券市场为城镇化建设融资，防范地方政府债务风险和金融风险。第五，完善监管体系，改革发行制度，建立债券市场主体的信用责任机制，稳步扩大债券市场规模，保障债券市场整体健康发展。第六，加强债券市场基础设施建设，进一步促进银行间市场和交易所市场协调发展。第七，稳步推进人民币国际化和债券市场开放，助力"一带一路"重大战略。以合格机构投资者和场外市场为主发展债券市场，有序拓展境外机构参与银行间债券市场的主体范围和规模，扩大境内机构境外发行债券的主体类型和地域范围，放宽境外机构境内发行人民币债券限制。第八，发挥公司信用类债券部际协调机制作用，加强债券管理部门的协调配合，提高信息披露标准，落实监管责任。

5. 鼓励金融创新，丰富金融市场层次和产品

金融产品创新是金融资源供给与需求各方金融要求多样化、金融交易制度与金融技术创新的必然结果。一方面，金融产品的创新活动最大限度地动员和分配了可支配的金融资源，满足了社会经济发展对金融资源的需要；另一方面，金融产品创新适应了社会财富不断增长的背景下，金融投资者对投资产品的多样化需要和投资风险管理的各种要求。

在基础性金融市场逐渐发展完善的条件下，适当增强金融创新也是金融发展的应有之义，这既是改善风险管理、进一步提升市场效率的内在要求，也为参与国际竞争并进一步开放金融市场准备条件。中共十八届三中全会审议通过了《中共中央关于全面深化改革若干重大问题的决定》，在阐述完善金融市场体系时，提出鼓励金融创新，丰富金融市场层次和产品。金融创新是优化金融资源配置和提升金融市场运作效率的关键。

实施创新驱动发展战略，稳步推动金融市场机制、组织、产品和服务模式创新，形成长效创新机制，拓展股票、债券、保险、票据等市场发展的深度和广度，丰富其层次和产品，努力建设一个品种丰富、运行高效、功能完备，具有相当规模，与社会主义市场经济体制相适应的金融市场体系。同时，要积极稳妥发展商品期货及金融衍生品市场，完善期货品种体系，审慎推动金融衍生品创新，优化投资者结构。要始终把防范风险贯穿金融创新全过程，处理好创新、发展与风险之间的关系，防止以规避监管为目的和脱离经济发展需要的创新。

（三）完善资金价格形成机制，稳步推进汇率和利率市场化改革

市场在配置资源方面的决定性作用主要通过价格机制来实现，客观上要求完善主要由市场决定价格的机制，凡是能由市场形成价格的都交给市场，政府不进行不当干预。在金融体系内也不例外，金融产品价格体系是否正常有效就成为能否充分发挥市场机制作用的关键。在金融产品价格体系中，反映市场供求关系的国债收益率曲线占据着市场基准的地位，它的完善程度直接决定了金融产品价格体系的完善程度。为此，要发挥收益率曲线在金融资源配置中的重要作用，就要完善国债发行，优化国债期限结构；完善债券做市支持机制，提高市场流动性；进一步丰富投资者类型，稳步提高债券市场对内对外开放程度，降低以买入并持有到期为主要目的的银行与保险机构等投资者的比重，增加交易需求；改进曲线编制技术，加大宣传和应用推广力度。

利率作为要素市场的重要价格，是有效配置国内国际资金的决定性因素。推进利率市场化改革，完善中央银行沟通机制，引导市场预期，提高货币政策有效性，让市场在人民币利率形成和变动中发挥决定性作用。选择和培育中央银行政策利率体系，坚持以建立健全由市场供求决定的利率形成机制为总体方向，以完善市场利率体系和利率传导机制为重点，以提高央行宏观调控能力为基础，着力健全市场利率定价自律机制，提高金融机构自主定价能力；做好贷款基础利率报价工作，为信贷产品定价提供参考；推进同业存单发行与交易，逐步扩大金融机构负债产品市场化定价范围，加快推进利率市场化改革。

稳步推进汇率市场化改革，要完善人民币汇率市场化形成机制，发挥市场供求在汇率形成中的基础性作用，提高国内国外两种资源的配置效率，不断优化资金配置效率，增强市场配置资源的决定性作用，加快经济发展方式转变和结构调整，促进国际收支平衡。要发展外汇市场，丰富外汇产品，拓展外汇市场的广度和深度，保持人民币汇率在合理均衡水平上的基本稳定，更好地满足企业和居民的需求。同时，还要按照主动性、可控性和渐进性原则，进一步发挥市场汇率的作用，央行基本退出常态式外汇市场干预，建立以市场供求为基础、有管理的浮动汇率制度。

（四）坚持开放发展理念，构建金融业双向开放新体制

开放是国家繁荣发展的必由之路。全方位对外开放是金融发展的必然

要求。金融业作为竞争性行业，全方位开放有利于在更高水平上引入竞争机制，加快国内外金融市场深度融合，增强中国在国际金融市场的竞争力、影响力和规则制定权，实现人民币的国际化。同时，扩大金融业对外开放也有助于引入先进的经营管理理念和技术，促使金融机构更加重视资本和风险管理，促进国内国际要素有序流动、金融资源高效配置，提高运行效率。

1. 有序实现人民币资本项目可兑换

推进人民币资本项目可兑换，是构建开放型经济新体制的本质要求，其根本目的在于促进贸易投资便利化，为扩大企业及个人对外投资、确立企业及个人对外投资主体地位创造有利条件，是进一步加快发展各项跨境金融业务、体现金融支持实体经济发展、落实"走出去"战略、加快经济结构调整和产业转型升级的要求。应抓住人民币资本项目可兑换的有利时间窗口，在统筹国内需求与国际形势的基础上，加快实现人民币资本项目可兑换。

2. 转变跨境资本流动管理方式，便利企业"走出去"

进一步转变外汇管理方式，推动对外投资便利化。减少外汇管理中的行政审批，从重行政审批转变为重监测分析，从重微观管制转变为重宏观审慎管理，从"正面清单"转变为"负面清单"。方便企业"走出去"过程中的投融资行为，逐步提高境内企业向境外提供人民币和外币信贷及融资担保的便利程度，加大支持企业"走出去"的力度。

3. 推动资本市场双向开放，有序提高跨境资本和金融交易可兑换程度

推进资本市场双向开放，改进并逐步取消境内外投资额度限制。提升股票、债券市场对外开放程度，有序拓展境外机构参与银行间债券市场的主体范围和规模，扩大境内机构境外发行债券的主体类型和地域范围，放宽境外机构境内发行人民币债券限制。建立与国际金融市场相适应的会计准则、监管规则和法律规章，提升金融市场国际化水平。有序提升个人资本项目交易可兑换程度，进一步提高直接投资、直接投资清盘和信贷等的可兑换便利化程度，在有管理的前提下推进衍生金融工具交易可兑换。

（五）健全存款保险制度，完善金融机构市场化退出机制

优胜劣汰是市场经济运行的规律之一。当某银行因经营不善而在市场竞争中处于劣势并继而出现资不抵债等情况时，只要不危及整个金融体系的稳定，原则上就应当允许其破产。然而由于银行不同于一般企业，作为经营货币资金的特殊机构，其破产倒闭将影响到广泛的人群，尤其在中国，

必须谨慎对待银行破产，并设计出合理的退出机制。

存款保险制度就是一种金融保障制度，它是指由符合条件的各类存款性金融机构集中起来建立一个保险机构，各存款机构作为投保人按一定存款比例向其缴纳保险费，建立存款保险准备金，当成员机构发生经营危机或面临破产倒闭时，存款保险机构向其提供财务救助或直接向存款人支付部分或全部存款，从而保护存款人利益，维护银行信用，稳定金融秩序的一种制度。

存款保险制度通过建立市场化的风险补偿机制，合理分摊银行倒闭带来的财务损失，能将退出的负面效应降到最低，因而存款保险制度有助于为银行建立安全有效的市场退出通道，同时也能保护为数众多的中小存款者的经济利益，降低政府及监管机构的监管支出。在此基础上，存款保险制度将放大资本金风险，繁荣整个金融市场，优化金融体系结构。

金融机构市场化退出机制也是我国金融市场化改革的重点、难点。目前我国法律规定虽然涉及了金融机构退出的规定，但是，由于缺乏专门立法，理论上和实务上对金融机构破产过程中的一些问题存在不少争议，部分领域还存在法律适用空白，使得金融机构市场退出面临法律适用上的不确定性。国家对现有商业银行存在着或多或少的隐性担保，出现了金融机构经营失败而不倒、发生危机而不死、最后要由中央银行和各级财政实施救助的道德风险问题，这加大了政府的负担，也增强了市场的不确定性。实践表明，有效的存款保险制度有利于强化市场约束，厘清政府和市场的边界，加强市场约束，防范道德风险，减轻政府负担，及时防范和处置金融风险，维护金融体系稳定，从根本上防止金融体系风险的累积。

## 四、坚持底线思维，健全金融监管体系

《"十三五"规划纲要》第十六章"改革金融监管框架"部分提出：加强金融宏观审慎管理制度建设，加强统筹协调，改革并完善适应现代金融市场发展的金融监管框架，明确监管职责和风险防范处置责任，构建货币政策与审慎管理相协调的金融管理体制。统筹监管系统重要性金融机构、金融控股公司和重要金融基础设施，统筹金融业综合统计，强化综合监管和功能监管。完善中央与地方金融管理体制。健全符合我国国情和国际标准的监管规则，建立针对各类投融资行为的功能监管和切实保护金融消费者合法权益的行为监管框架，实现金融风险监管全覆盖。完善国有金融资本管理制度。加强外汇储备经营管理，优化外汇储备运用。有效运用和发

展金融风险管理工具，健全监测预警、压力测试、评估处置和市场稳定机制，防止发生系统性、区域性金融风险。

党的十九大报告提出，要"健全金融监管体系"，2017 年 12 月 18 日召开的中央经济工作会议进一步明确要"坚决打击违法违规金融活动，加强薄弱环节监管制度建设"。可以预见的是，要打赢"防范化解重大风险"这一攻坚战，金融监管将永远在路上，而以穿透式监管为特征的综合监管将扮演重要角色。只有不断强化监管统筹协调、实施穿透式监管，才能实现"三个良性循环"，重塑金融与经济关系，守住不发生系统性金融风险的底线。

第五次全国金融工作会议召开及国务院金融稳定发展委员会成立，标志着以综合监管、功能监管、协调监管为特征的金融监管新时代正在到来。强化监管统筹协调、实施穿透式监管，是金融监管新时代的核心内容。

2018 年全国"两会"期间，《中共中央关于深化党和国家机构改革的决定》（以下简称《决定》）提出，加强和优化金融管理职能，增强货币政策、宏观审慎政策、金融监管协调性，优化金融监管力量，健全金融监管体系，守住不发生系统性金融风险的底线，维护国家金融安全。这是健全我国金融监管体系的最新"顶层设计"，同时，也是对党的十九大报告首次提出的"健全货币政策和宏观审慎政策双支柱调控框架"，以及第五次全国金融工作会议提出的"设立国务院金融稳定发展委员会，强化人民银行宏观审慎管理和系统性风险防范职责"等重要改革方针与方案的落实与深化，对于新时代加强我国金融管理职能、优化金融监管力量、提升金融监管效率、维护国家金融安全具有深远意义和重要现实作用。

2018 年的政府工作报告将"防范化解重大风险"，特别是防控金融风险作为决胜全面建成小康社会的三大攻坚战之首。中央财经委员会 2018 年度第一次会议对打好防范化解金融风险攻坚战也提出了新要求。从防范系统性金融风险的角度看，在健全金融监管体系过程中，构建货币政策和宏观审慎政策双支柱调控框架是重中之重，而加强监管统筹与协调是实现宏观审慎管理的有效途径。

## （一）强化金融监管协调，实施穿透式监管

随着金融业混业经营的不断深化，不同金融机构业务关联性增强，新金融业态层出不穷，金融风险跨行业、跨市场的传染性也在不断增强。金融领域近些年出现部分乱象、违纪违法案件高发频发。一些金融机构和企业利用监管空白或缺陷"打擦边球"，套利行为严重。理财业务多层嵌套，资产负债期限错配，存在隐性刚性兑付，权责利扭曲。各类金融控股公司

快速发展，部分实业企业热衷于投资金融业，通过内幕交易、关联交易等赚快钱。部分互联网企业以普惠金融为名，行"庞氏骗局"之实，线上线下非法集资多发，交易场所乱批滥设，极易诱发跨区域群体性事件。少数金融"大鳄"与握有审批权监管权的"内鬼"合谋，火中取栗，实施利益输送，个别监管干部被监管对象俘获，金融投资者消费者权益保护尚不到位（周小川：《守住不发生系统性金融风险的底线》）。发生上述乱象的原因是多方面的，其中很重要的一点就是金融监管职责不清晰、监管责任不落实、监管协调不顺畅、交叉监管和监管空白同时存在等体制机制问题，特别是在新业态、新机构、新产品快速发展，金融风险跨市场、跨行业、跨区域、跨境传递更为频繁的形势下，监管协调机制不完善问题显得更加突出。"铁路警察，各管一段"的监管方式，导致同类金融业务监管规则不一致，助长了监管套利行为。

做好金融风险防范，是保障经济安全的内在要求，也是经济发展的前提条件。今后五年可能是我国发展面临的各方面风险不断积累甚至集中显露的时期，要把主动防范化解系统性金融风险放在更加重要的位置，科学防范，早识别、早预警、早发现、早处置，着力防范化解重点领域风险，着力完善金融安全防线和风险应急处置机制，力争不出现重大风险或在出现重大风险时扛得住、过得去。

为了确保不发生系统性金融风险，就必须从四个方面着力加强金融监管方面的统筹协调。一是统筹系统重要性金融机构和金融控股公司，尤其是对这些机构审慎管理的统筹；二是统筹各类金融基础设施和金融信息数据，比如支付、清算、交易等基础设施，使之能够为整个金融体系所共享；三是统筹协调监管机构之间、监管机构与其他部门之间的权责利，以及交叉性金融产品的监管；四是统筹协调中央与地方的风险分担和监管职责。

只有加强金融监管方面的统筹协调，加之货币政策、监管政策与财政政策、产业政策的紧密配合，才能从源头上控制系统性金融风险滋生蔓延，真正守住不发生系统性风险的底线。随着金融稳定发展委员会的成立和银监会与保监会的合并，金融监管的统筹与协调将进一步细化。从当前的金融市场业态及发展趋势看，统筹协调工作的重点将围绕以下几个方面展开。一是中央监管部门要统筹协调。在国务院金融稳定发展委员会的领导下，强化人民银行宏观审慎管理和系统性风险防范职责，切实落实部门监管职责。充分利用人民银行的机构和力量，统筹系统性风险防控与重要金融机构监管，统筹监管重要金融基础设施，统筹金融业综合统计，全面建立功能监管和行为监管框架，强化综合监管。统筹政策力度和节奏，防止叠加共振。二是加强中央监管和地方监管的统筹协调。中央金融监管部门进行统一监管指导，制定统一的金融市场和金融业务监管规则，对地方金融监管有效监督，纠偏问责。地方负责地方金融机构风险防范处置，维护属地金融稳定，不得干预金融机构自主经营。三是深化金融监管的区域和国际合作，保障中国参与国际金融监管协调中的金融稳定与安全。四是严格监管持牌机构和坚决取缔非法金融活动要统筹协调。金融监管部门和地方政府要强化金融风险源头管控，坚持金融是特许经营行业，不得无证经营或超范围经营。五是一手抓金融机构乱搞同业、乱加杠杆、乱做表外业务、违法违规套利，一手抓非法集资、乱办交易场所等严重扰乱金融市场秩序的非法金融活动。六是稳妥有序推进互联网金融风险专项整治工作。七是监管权力和责任要统筹协调。建立层层负责的业务监督和履职问责制度。

总之，只有不断强化监管统筹协调、实施穿透式监管，才能实现金融和实体经济、金融和房地产、金融体系内部的良性循环，重塑金融与经济的关系，守住不发生系统性金融风险的底线。

### （二）健全"双支柱"调控框架，实施监管改革新标准

健全货币政策和宏观审慎政策双支柱调控框架，这是反思国际金融危机教训并结合我国国情提出的金融政策举措，对于提高我国货币政策的有效性，防范系统性金融风险，切实维护宏观经济稳定和国家金融安全，都有十分重要的意义。

党的十九大报告提出要"健全货币政策和宏观审慎政策双支柱调控框架"，突出了宏观审慎政策的重要性。新的金融监管改革方案提出将银监会和保监会现有的审慎监管基本制度的职责划入央行，使得央行集货币政策职能和宏观审慎职能为一身，其"双支柱"调控框架也会通过本轮改革逐渐清晰。央行应继续健全"双支柱"调控体系，继续完善货币政策框架，强化价格型调控和传导，发挥金融价格杠杆在优化资源配置中的决定性作用；继续完善宏观审慎政策框架，将更多金融活动、金融市场、金融机构和金融基础设施纳入宏观审慎政策的覆盖范围；完善货币政策和宏观审慎政策治理架构，推进金融治理体系和治理能力的现代化。

"双支柱"互相协调可以增强金融宏观调控的前瞻性、有效性，较好地维护金融稳定。随着我国金融体系的杠杆率、关联性和复杂性不断提升，要更好地将币值稳定和金融稳定结合起来。货币政策主要针对整体经济和总量问题，保持经济稳定增长和物价水平基本稳定。宏观审慎政策则直接和集中作用于金融体系，着力减缓因金融体系顺周期波动和跨市场风险传

染所导致的系统性金融风险。

### (三) 转变监管模式,提升监管效率

第五次全国金融工作会议强调,以强化金融监管为重点,以防范系统性金融风险为底线,加快相关法律法规建设,完善金融机构法人治理结构,加强宏观审慎管理制度建设,加强功能监管,更加重视行为监管。此次会议确认监管模式为"功能监管、行为监管",这是监管模式的重大转变,标志着"机构监管"将成为过去式,这意味着监管交叉,监管真空、监管套利等一直存在的监管问题有可能得到根本改善。新的监管模式就是在加强监管协调的基础上,按照功能监管、行为监管对所有金融业务先摸清风险底数,再全部纳入监管范围内。

功能监管就是对相同功能、相同法律关系的金融产品按照同一规则由同一监管部门监管。在混业经营环境中,对不同类型金融机构开展的相同或类似业务进行的标准统一或相对统一的监管。这一监管模式关注的是金融机构所从事的业务活动,而不是金融机构本身。比如,就信贷类业务来讲,无论这些业务是由商业银行、投资银行还是保险公司提供的,银行业监管部门都对所有的这类业务实施统一监管。再比如,银行销售基金产品要获得证监会基金销售牌照。

功能监管强调跨机构、跨市场的监管,这有利于缓和监管职能冲突,减少监管真空及监管重叠,消除监管套利,适应了混业经营趋势下防控交叉金融风险的需要,能够实现对金融体系的全面监管。

行为监管指的是监管部门通过制定公平的市场规则,对金融机构的经营活动及交易行为实施监督管理,包括禁止误导销售及欺诈行为、信息披露充分、个人金融信息保护、实现合同及交易公平、打击操纵市场及内幕交易、规范业务流程等。

行为监管致力于降低金融市场交易中的信息不对称,推动金融消费者保护及市场有序竞争目标的实现。由于大多数银行业务和保险业务都属于间接融资,在金融混业发展的趋势下,其相互之间的融合和交叉十分突出,而两者从属不同的监管机构,已经造成了一些监管真空和灰色地带的出现。将银监会与保监会合并,是统筹协调银行和保险领域监管的最有效和最直接的方法,也在一定程度上适应金融业发展的新需要。

相同金融产品不按照同一原则统一监管是造成监管空白、监管套利的重要原因,也是当前金融秩序混乱的重要原因。因此,功能监管与行为监管是金融稳定的重要基石。

在当下金融监管架构改革的大背景下，强化行为监管必然会成为改革的一个重要方向，具体的工作应包括以下几个方面：一是推进立法建设，完善顶层设计。我国实施行为监管及金融消费者保护在法律上并无明确的依据，应当加速推进立法建设，使行为监管工作有法可依、有章可循。二是重塑监管理念，坚持双峰并重。我国长期以来存在"重审慎监管、轻行为监管"的现象，出现了双峰跛行的情况，导致金融机构行为失范、金融市场无序发展、金融消费者利益受损等一系列问题。第五次全国金融工作会议明确提出要更加重视行为监管，为重塑监管理念及完善监管体制指明了方向。今后必须坚持审慎监管与行为监管并重的理念，寻求两者之间关系的有机平衡，实现双峰的平行发展。三是完善协调机制，促进监管协同。在现行监管体制下，应首先提高消费者保护部门的独立性，明确其对金融活动实施统一行为监管。国务院金融稳定发展委员会作为我国最高层级的金融监管统筹和协调机构，可以在加强横向部际监管协调、消除纵向监管分割等方面发挥重要的作用。四是优化资源配置，提升监管能力。一方面，应尽快建立标准化的行为监管流程，丰富并完善监管手段及工具，将产品干预等相关内容纳入行为风险监管框架，着重对问题金融进行干预，将传统上在销售与服务环节实施的监管扩展到产品开发设计、销售过程和售后维权的整个环节，实现监管关口的全覆盖，切实提升行为监管能力。另一方面，强化行为监管执法。对于扰乱市场秩序或侵害金融消费者权益的市场乱象，加大行政处罚力度，树立行为监管的权威性及震慑性，确保金融机构经营行为守法合规，营造公平有序的金融市场环境并保护金融消费者合法权益。

 **思考题**

1. 现代化经济体系的内涵和基本特征是什么？
2. 建设现代化经济体系的战略目标是什么？
3. 如何理解建设现代化经济体系的新发展理念？
4. 为什么说现代金融体系是现代化经济体系的核心？
5. 现代金融体系的基本构成要素有哪些？
6. 如何优化和完善我国现有金融机构体系？
7. 如何健全和完善我国金融市场体系？
8. 如何健全我国金融监管体系？
9. 如何才能守住不发生系统性金融风险的底线？

# 参考文献

［1］石建勋．新常态新金融新未来［M］．北京：清华大学出版社，2018．

［2］迟福林．建设现代化经济体系［M］．北京：中国工人出版社，2018．

［3］吴敬琏，许善达，刘鹤，易纲，吴晓灵，蔡昉．中国经济新时代［M］．北京：中信出版社，2018．

［4］刘晓星．全球化条件下中国新型金融监管体系构建研究［M］．北京：中国金融出版社，2015．

［5］胡鞍钢，张新．现代化经济体系：发展的战略目标［EB/OL］．中国经济网，2017－10－30．

［6］张占斌．现代化经济体系体现出七个新特征［N］．中国经济时报，2017－11－15．

［7］熊园．做好建设现代化经济体系大文章［N］．经济参考报，2018－02－17．

［8］张杰．中国将如何全面建设现代化经济体系？［EB/OL］．新华网，2017－10－19．

［9］陈希琳，许亚岚，于佳乐．全面解读现代化经济体系 六大特征、三个难点、五条路径［EB/OL］．经济网，2017－12－19．

［10］何立峰．贯彻新发展理念 建设现代化经济体系［N］．光明日报，2017－11－28．

［11］刘志彪．建设现代化经济体系：新时代经济建设的总纲领［J］．山东大学学报，2017－11－05．

［12］吴晓求．建设现代化经济体系的五大要素［EB/OL］．新浪财经，2017－10－29．

［13］宁吉喆．跨越关口 建设现代化经济体系［N］．人民日报，2017－12－03．

［14］沙吉会，杨晓猛．深化对建设现代化经济体系的认识［N］．大连日报，2018－01－31．

［15］王伟光，吉国秀．深刻理解现代化经济体系建设的科学内涵［EB/OL］．光明网，2017－10－31．

［16］王东京．推进现代化经济体系建设［N］．学习时报，2017 - 11 - 10．

［17］张鹏．现代化经济体系的构成框架与运行要求［EB/OL］．求是网，2018 - 03 - 04．

［18］吴黎华．以创新驱动强化现代化经济体系战略支撑［N］．经济参考报，2018 - 02 - 08．

［19］余东华．准确理解现代化经济体系的科学内涵［N］．大众日报，2017 - 12 - 02．

［20］刘铮，王文迪．金融"十三五"规划目标是建立现代金融体系［EB/OL］．新华社，2016 - 04 - 25．

［21］刘宾，胡瑞华．全面把握现代金融发展要义［EB/OL］．人民网，2018 - 01 - 22．

［22］吴晓求．如何构建现代经济体系和与之相匹配的现代金融体系［EB/OL］．经济观察网，2017 - 11 - 02．

［23］程实．中国金融新阶段［EB/OL］．财新网，2017 - 12 - 11．

［24］李苍舒．中国现代金融体系的结构、影响及前景［J］．数量经济技术经济研究，2015（5）．

［25］王国刚，林楠．金融体系改革需解决五大关联问题［N］．中国证券报，2014 - 12 - 22．

［26］张菀航，高研蕊．"十三五"时期着力构建现代金融体系［EB/OL］．人民网 - 理论频道，2016 - 05 - 11．

［27］李扬．如何建立现代金融体系，治理现代化与现代金融［EB/OL］．BRI 观察，2017 - 11 - 29．

［28］王立民．深入学习贯彻习近平新时代中国特色社会主义金融思想［EB/OL］．中国社会科学网，2018 - 01 - 15．

［29］王国刚，董裕平．完善中国金融市场体系的改革方案研究［J］．金融评论，2016（2）．

［30］杨国民．加快建设现代金融 服务高质量发展［EB/OL］．光明网，2018 - 04 - 14．

［31］史玉强．现代金融体系的提出及构建［EB/OL］．方塘智库，2018 - 02 - 27．

［32］李扬．建设现代金融体系 以服务实体经济为基本导向［EB/OL］．一财网，2018 - 02 - 05．

［33］徐林．现代经济体系需改革完善现代金融服务和监管［EB/OL］．

财新网，2017 - 12 - 06.

　　[34] 周小川. 守住不发生系统性金融风险的底线 [EB/OL]. 人民网，2017 - 11 - 07.

　　[35] 吴晓求. 科技创新推动中国金融的未来变革 [J]. 环球金融杂志，2018 - 01 - 07.

　　[36] 周小川. 牢记使命担当　建设现代金融体系 [EB/OL]. 紫光阁网，2017 - 12 - 07.

　　[37] 翟立宏. 如何丰富我们的金融机构体系 [EB/OL]. 普益标准，2016 - 05 - 30.

　　[38] 徐洪才. 学习贯彻十九大精神　加快建设现代金融体系 [J]. 中国发展观察，2017 - 11 - 18.

　　[39] 王一峰. 完善金融市场建设　化解金融供给矛盾 [J]. 金融博览，2017（12）.

　　[40] 赵洋. 如何以改革完善金融市场体系 [N]. 金融时报，2013 - 11 - 23.

　　[41] 何川. 加快多层次资本市场体系建设，改变过度依赖银行局面 [N]. 经济日报，2017 - 08 - 18.

　　[42] 周小川. 全面深化金融业改革开放　加快完善金融市场体系 [EB/OL]. 人民网，2013 - 11 - 28.

　　[43] 胡滨. 加强监管统筹协调　健全金融监管体系 [N]. 学习时报，2018 - 04 - 08.

　　[44] 曾刚，贾晓雯. 强化行为监管，完善金融监管体系 [N]. 21世纪经济报道，2018 - 03 - 08.

　　[45] 董希淼. 金融管理部门加强统筹协调　穿透式监管不断加强 [N]. 金融时报，2018 - 01 - 04.

　　[46] 韩伟. 完善金融市场体系，推进金融市场化改革 [J]. 金融经济，2014，（16）.

　　[47] 周琰. 建立健全多层次多功能金融市场体系 [N]. 金融时报，2017 - 06 - 20.

　　[48] 王国刚. 加快多层次资本市场体系建设 [N]. 经济参考报，2015 - 08 - 31.

　　[49] 周小川. 解读"十三五"：规范发展互联网金融　构建新金融体系 [EB/OL]. 互联网金融，2015 - 11 - 10.

　　[50] 牛绮思. 全国金融工作会议上的新概念：功能监管与行为监管 [J]. 中国经济周刊，2017 - 07 - 24.

# 第二章　普惠金融与金融精准扶贫

本章概要

　　发展普惠金融，推进金融精准扶贫，是当前我国金融领域的两大热点和关切，是金融业优化功能、修补短板、更好地服务实体经济的客观要求，是推动经济发展方式转型升级、助力脱贫攻坚、增进社会公平、促进社会和谐发展的必然选择。近年来，在党中央、国务院的高度重视和大力推动下，我国金融业坚持惠民导向，大力推进普惠金融服务，深入探索金融精准扶贫之道，不断提升以可负担成本为有真实金融需求的社会阶层群体提供适当、有效、有尊严、可持续金融服务的能力，不断强化金融扶贫济弱、帮助贫困人口脱贫致富的功能，取得了显著的成效，为完善我国金融体系、提升我国金融服务、推进脱贫攻坚、加快全面小康社会建设提供了强有力的金融保障。

　　大力发展普惠金融，推动金融精准扶贫，是我国全面建成小康社会的必然要求，是助推经济发展方式转型升级、助力脱贫攻坚、增进社会公平、促进社会和谐发展的迫切需要，是金融业进一步完善体系、优化功能、提升服务、增强可持续发展能力、更好地服务于实体经济的重要途径。近年来，在党中央、国务院的高度重视和大力推动下，经各方共同努力，普惠金融与金融精准扶贫工作在我国得到了快速发展，取得了显著成效，对新时代我国经济、社会及金融业的快速发展都产生了积极而深远的影响。

## 第一节　现代金融的惠民导向与普惠金融发展

　　在服务实体经济的同时，突出金融的惠民导向，是现代金融有别于传统金融的重要特征之一。习近平总书记在党的十九大报告中强调"必须始终把人民利益摆在至高无上的地位，让改革发展成果更多更公平惠及全体人民，朝着实现全体人民共同富裕不断迈进""必须多谋民生之利、多解民生之忧，在发展中补齐短板，促进社会公平正义"。这一惠民理念正是普惠金融的核心要义所在。金融业要践行惠民理念，就必须建设普惠金融体系、发展普惠金融服务，以可负担的成本，为有真实金融需求的社会各个阶层和群体，提供适当、有效、有尊严的金融服务。

## 一、普惠金融的概念与基本理论

虽然国内外有关普惠金融的探索有着久远的历史，但普惠金融概念的明确提出及其快速发展却是最近十多年来的事情。

### （一）普惠金融的概念

1. 普惠金融的定义

关于普惠金融的概念，国内外不同组织、机构或学者有着不同的解读。

联合国在 2005 年国际小额信贷年首次提出"普惠金融体系"（Inclusive Financial System）的概念，并赋予其"能够以可负担的成本，有效、全方位地为社会所有阶层和群体提供服务的金融体系"的定义。该定义反映出传统的金融体系并没有为社会所有阶层和群体提供有效的服务，因此希望通过普惠金融的发展，以有效的方式使金融服务惠及每一个人，尤其是那些通过传统金融体系难以获得金融服务的弱势群体。

2006 年，世界银行扶贫协商小组定义普惠金融体系是"通过各种渠道为社会上任一阶层提供金融服务的体系"，其核心是强调让所有人特别是弱势群体享有平等的金融权利。

2014 年，世界银行《全球普惠金融发展报告》将普惠金融定义为"使用金融服务的个人和企业的比例"，这一解读突出了普惠金融的覆盖性即"普"的特征。

2015 年 12 月 31 日，我国发布《推进普惠金融发展规划（2016—2020年)》，明确普惠金融是"立足机会平等要求和商业可持续原则，以可负担的成本为有金融服务需求的社会各阶层和群体提供适当、有效的金融服务"。

维基百科认为，普惠金融，又称包容性金融，与金融排斥相对，是指以可负担的成本为社会弱势群体和低收入者提供的金融服务。

综观上述各个定义，虽其侧重点各有不同，但也包含了一些各方都认同的、共性的东西。这些共性之处，构成了普惠金融的以下基本内涵。

（1）普惠金融是一种理念。它强调的是每个人特别是处于弱势地位的群体都应该有获得金融服务机会的权利，其实质是信贷和融资渠道等的公平性问题。

（2）普惠金融是一种责任。其核心任务是为传统金融服务覆盖不到的低端客户或弱势群体（如小微企业、农民、城镇低收入人群、贫困人群及残疾人、老年人等）提供金融服务。

（3）普惠金融是一个系统。它是一个以惠民为导向，体现公平与发展的金融生态系统。其健康发展，离不开完善的法律制度、金融政策、金融机构、金融产品、金融基础设施及金融监管机制等的配合。

（4）普惠金融是一种创新。需要不断加强经营理念、服务方式、组织机构、产品种类、业务模式、运作机制、技术手段、风险防控等方面的创新，以更好地适应市场发展的需要。

2. 普惠金融的核心要素

普惠金融的核心要素主要是可得性、合理性、便利性、安全性和全面性。

（1）可得性。这是普惠金融最基本的要素指标，主要是指金融网点或金融产品在地域和空间上的覆盖密度，或相关金融服务在总人口（或成年人）中的获得比率。

（2）合理性。这是针对金融服务或产品定价的指标。强调的是：既要让消费者感觉价格实惠优惠，不存在价格排斥或歧视；又要让金融机构成本可负担、可承受，商业可持续。

（3）便利性。即在具有可得性的前提下，客户获得金融服务的时间成本、空间成本和交易成本要合理适度，以方便客户便捷高效地获取所需要的金融服务。

（4）安全性。即金融机构提供的普惠金融服务要具有合法性，客户账户、资金等要有安全保障，发生纠纷时对金融消费者的正当权益要有有效的保护。

（5）全面性。即要能为消费者提供存、取、贷、汇、保等多样性基础金融服务，以及投资、融资、理财、担保、支付、结算、征信、金融教育、权益保护等更高层次的金融服务。

## （二）普惠金融的基本理论

在金融业漫长的发展演变过程中，始终存在着庞大的群体被正规金融体系排斥在外的现象。普惠金融的产生与发展，在很大程度上正是源于这种排斥的长期存在。金融排斥揭示了普惠金融产生的根源，普惠金融则从正面回答了如何消除金融排斥。

1. 金融排斥

金融排斥理论最初研究的重点是金融机构及其服务的地理指向性。1993年，莱申（Leyshon）和思里夫特（Thrift）提出这一概念，特指银行关闭分支机构而影响民众对银行服务的可获得性。之后，越来越多的研究开始关注某些特定社会阶层无法获得现代支付及其他金融服务的情况，金融排斥的外延不断扩展。

目前，金融排斥（Financial Exclusion）通常被认为是指社会中的某些群体缺少相应的途径或方式接近金融机构，没有能力进入金融体系并以恰当的形式获得必要的金融服务的情形或状态。如贫穷、收入低、技能差、住房差、遭受失业、家庭分裂、身体不健康的群体或犯罪率高的环境中的群体等，往往会被排斥在金融服务体系之外。

虽然随着金融业的快速发展，金融服务的可获得性总体上在不断提升，但金融排斥的现象却依然大量存在，甚至在某些领域或环节还十分突出。目前，世界上仍有大量人口被排斥在正规金融服务门槛之外。据世界银行估计，到 2017 年底，全球仍有大约 17 亿名成年人得不到任何正规的金融服务。

金融排斥的结果，使得相关阶层或群体不能或难以以合适的形式获得必要的金融产品或服务。金融排斥的存在会给社会带来多方面的危害，如人们会因无法获得可负担的信贷而转向寻求高利贷，并产生连锁反应；缺乏必要的保险、储蓄等金融服务会使许多家庭十分脆弱，难以抵御意外事件侵扰；缺乏银行账户会限制人们的支付活动，有时公用事业提供者对其他支付方式收取更高价格，会使"穷人在无现金经济中支付得更多"；金融排斥有时甚至还会引发更进一步的社会排斥，等等。

2. 金融排斥催生普惠金融

金融排斥的存在，使大量低收入群体或弱势群体无法有效获取所需的金融服务，极大地限制了金融服务的可得性，制造了金融服务的不公，阻碍了金融服务功能的充分发挥和经济社会的健康发展。为克服金融排斥，普惠金融逐渐得以萌生和发展。普惠金融与金融排斥相向而生，是人类对金融排斥现象认识不断深化与反思的成果。

普惠金融奉行共享理念，强调以可负担的成本将金融服务扩展到欠发达地区、弱势或低收入人群，从而使受排斥者在需要时能够获得价格合理、公平透明、方便快捷的金融服务，提高金融服务的可获得性。可以说，普惠金融就是要将被传统金融所排斥的人群纳入金融服务体系。普惠金融的实现过程，就是克服金融排斥，实现金融包容乃至金融公平的过程。

## 二、普惠金融在国外的发展实践

普惠金融的理念在国外由来已久。从最初的萌芽、到后来的壮大、再到今天的发展，普惠金融演进已有数百年的历史，大致来看，可分为"小额信贷—微型金融—普惠金融"三个阶段。

### （一）小额信贷发展阶段

小额信贷（Microcredit）在国际上专指为穷人、低收入者和个体家庭企业（微型企业）提供的小额信用贷款。在传统的金融体系中，由于正规金融机构对抵押品的要求，穷人被排斥在正规的信贷服务之外，而小额信贷则成了穷人能够获得金融服务的重要来源。

历史上，小额信贷曾主要以高利贷的形式存在于民间，它在提供服务的同时，也因高额利息而增加了穷人的负担。15世纪之后，意大利一些天主教堂通过成立典当行等开展信贷业务，服务社区穷人，抵制高利贷活动。18世纪初，爱尔兰建立贷款基金体系，重点向没有抵押的贫困农户提供小额贷款。19世纪，欧洲和日本出现了规模更大、更正规的储蓄贷款机构、邮政金融服务机构和信贷合作机构，致力于向乡村和城市贫困人口提供金融服务。

为改善对穷人的金融服务，20世纪70年代，现代意义上的小额信贷开始出现，初期主要是向贫穷农户提供小额贷款。1976年尤努斯在孟加拉国创办的乡村银行——格莱珉银行（Grameen Bank）是其典型代表。到20世纪80年代，小额信贷开始为微型企业提供小额贷款服务，并在南亚、非洲和拉丁美洲的许多发展中国家取得成功。

### （二）微型金融发展阶段

小额信贷的发展有两大脉络。一是从消除贫困的社会目的出发，由社会发展机构创立和推动的"福利主义"小额信贷；二是从拓展金融市场的目的出发，由金融机构和投资机构推动的"制度主义"小额信贷。20世纪90年代之后，福利主义和制度主义的小额信贷逐渐融合，人们开始将关注的焦点从企业和家庭转向金融机构及其持续和广泛地提供金融服务的能力，微型金融（Microfinance）的概念开始出现，并逐渐替代小额信贷成为主流。

微型金融是为小额信贷客户群体提供包括信贷、储蓄、保险、支付等更广泛金融服务的金融形态。微型金融的服务对象和宗旨与小额信贷基本一致，但与小额信贷相比，其又具有以下特征：①服务领域更广，不仅向客户提供小额信贷，同时也提供包括储蓄、保险、支付、汇款及信托等在内的多元化的金融服务。②服务对象更多，覆盖性更强，服务对象开始向中小企业领域延伸，中小企业融资成为其重要业务内容。③更加重视社会目标与商业目标协调统一的双底线原则，在为客户提供更全面服务的同时，也更加注重商业可持续。

微型金融出现后，获得了迅速的发展。微型金融的成功，一方面，推动了微型金融机构向正规金融机构的转型，使微型金融机构逐步融入正规金融机构体系；另一方面，其巨大的潜在商业价值和发展前景也吸引了包括国际著名商业银行在内的各类金融机构的进入，而这又进一步推动了微型金融的发展。

### （三）普惠金融的提出与发展

为"根除极度贫困和饥饿"，20世纪末21世纪初，联合国提出"千年发展目标"，并把小额信贷和微型金融视为可利用的有效方式和手段。1998年12月15日，联合国大会确定2005年为国际小额信贷年，倡议"促进金融多样性服务，帮助贫困人口改善生活"。

在2005年国际小额信贷年，联合国正式提出了涵盖小额信贷和微型金融、但内容更为广泛的普惠金融（Inclusive Finance）这一新的金融发展概念，强调要"能够以可负担的成本，有效、全方位地为社会所有阶层和群体提供金融服务"，目的在于弥补以前的金融体系未能为社会所有阶层和群体提供有效服务的不足。

与小额信贷和微型金融相比，普惠金融是包容性更强、服务面更宽、内涵更丰富的金融服务，强调每个人都应该有平等地享受金融服务的权利。其目标是要建立一个以小额信贷和微型金融为核心，能够消除金融排斥，为社会所有阶层和群体、尤其是中低收入群体和微型企业提供各种有效金融服务的金融体系。

此后，联合国又与世界银行、全球普惠金融合作伙伴组织、普惠金融联盟等多个国际组织共同推动普惠金融的发展。特别是2008年国际金融危机爆发后，普惠金融得到二十国集团（G20）、国际货币基金组织和世界银行等国际组织的大力推动。当前，绝大多数的发展中国家都在大力推进普惠金融，越来越多的国家在致力于构建国家层面的普惠金融体系。

在各方的共同努力下，近年来，普惠金融已发展成为全球范围内的一项重要金融实践，国际社会在促进普惠金融进展方面取得了长足的进步。据 2018 年 4 月世界银行发布的全球普惠金融指数报告，截至 2017 年底，全球约 38 亿个成年人拥有银行或移动支付账户，占比为 69%，这个比例比 2011 年时的 51% 和 2014 年的 62% 有了明显的提高。其中，仅过去 3 年，就有 5.15 亿个成年人开设了某种金融服务账户，金融服务的可得性大大提升。

## 三、普惠金融在我国的发展探索

近年来，"普惠金融"逐渐成为我国经济社会发展和金融改革创新中的一个热词。从 2013 年党的十八届三中全会正式提出"发展普惠金融"，到 2015 年国务院制定《推进普惠金融发展规划（2016—2020 年）》，再到 2017 年第五次全国金融工作会议上习近平总书记提出"建设普惠金融体系"，普惠金融日益受到全社会的广泛关注。

### （一）我国发展普惠金融的时代背景与重大意义

1. 我国发展普惠金融的社会背景

改革开放以来，我国金融业发展迅速，整体实力不断增加，服务水平不断提升。但与此同时，金融发展不充分、金融服务不平衡等问题也始终未能得到很好的解决。其主要表现：一是传统的金融资源供给，带有很强的向国有部门倾斜、政府信用背书、偏好实物性抵押、爱大嫌小、爱富嫌贫的特征，弱势群体的融资需求很难得到满足。二是基层金融服务总体上仍是供给不足。特别是在广大农村地区，机构网点覆盖率低，体制机制不完善，服务供给不充分，特别是农民"贷款难"等问题仍没有得到根本性改变。

在此背景下，普惠金融日益受到各方关注，发展普惠金融成为一种重要选择。普惠金融的核心任务是立足机会平等和商业可持续原则，通过加大政策引导扶持、加强金融体系建设、健全金融基础设施等，实现以可负担的成本为有金融服务需求的社会阶层和群体提供适当、便利、有效的金融服务。普惠金融的发展，不仅关系到我国金融服务水平的提升，更关系到能否"促进社会公平正义、增进人民福祉"。

2. 我国发展普惠金融的重要意义

我国发展普惠金融，具有多方面的重大意义。

一是深化我国金融业改革发展的重要内容。普惠金融也被称为包容性金融，其核心是提升金融服务的可获得性，为欠发达地区、低收入群体、中小微经济体提供价格合理、安全便捷的金融服务。发展普惠金融对完善我国金融架构，提升金融服务覆盖面和渗透率，促进我国金融体系向更包容、全覆盖、有竞争的方向发展，并进一步提升金融业服务实体经济的能力，推动我国经济持续健康发展，都有着十分重要的意义。

二是金融业更好地服务群众的重要体现。金融业作为一国的重要服务行业，与人民群众利益密切相关。当前，我国金融服务可获得性与人民群众的需求仍有一定的差距，人民群众对改善金融服务有着迫切的需求。发展普惠金融体现了政府对人民群众需求的高度重视，体现了金融惠民的思想导向。更好地发展普惠金融，就是要让广大人民群众能够享有平等获取金融服务的机会和途径。

三是为金融业自身更好地创新发展提供了更广阔的空间。伴随着我国经济的持续快速发展，多样性、差异化的金融需求不断涌现，对金融业的要求越来越高。特别是如何解决好金融服务覆盖弱势群体和边远地区带来的成本和效率问题，实现可持续发展，成为摆在金融业面前的一大课题。普惠金融的出现，对金融业来讲，既是重大挑战，更是重要机遇。发展普惠金融，就是要适应金融服务需求的增长和变化，尤其是原本薄弱环节的迫切需求，通过不断地发展，在最大限度地满足各种需求的同时，也为自身的发展赢得更大的空间。

## （二）我国发展普惠金融的主要历程和重要举措

与国外相似，我国普惠金融的发展，也是沿着小额信贷—微型金融—普惠金融的历程逐步走过来的。我国普惠金融发展到目前，主要经历了三个阶段：

### 1. 孕育阶段（1993—2004 年）

1993 年至 1996 年，受国际援助力量、民间组织和政府部门尝试解决农户特别是农村地区中低收入农户贷款难问题努力的驱动，小额信贷开始在我国起步。1997 年，国家层面正式接纳了小额信贷（或微型金融）的理念，意图借鉴国际经验开展扶贫贷款试验，政府大规模地在全国贫困地区推进以政府贴息、担保等形式对贫困农户的小额扶贫贷款。在此过程中，微型金融的理念也被逐步接受。2000 年以后，对农户进行信用评级并发放对应额度贷款以及格莱珉银行的联保模式被广泛实践。

### 2. 萌芽阶段（2005—2011 年）

2005 年，联合国正式提出普惠金融的概念后，这一概念也被迅速引入国内，并受到金融理论、实务和监管等部门的高度重视。从 2005 年开始，联合国开发计划署与我国商务部国际经济技术交流中心、中国人民银行等合作，推进"建设中国普惠金融体系"项目。2006年，人民银行课题组和小额信贷联盟联合翻译了联合国2006年"建设普惠金融体系"蓝皮书，标志着中国政府正式接纳普惠金融的理念。2006年3月，在北京召开的亚洲小额信贷论坛上，我国首次正式使用了"普惠金融体系"的概念，提出了建设中国普惠金融体系的主张。这是我国金融理论的一大突破，改变了过去金融支持贫困群体、弱势企业和微小型企业的惯性思维，提出了将零散的微型金融机构和微型金融服务，发展成为金融整体发展战略一部分的创新性理念，将原来被传统金融拒之门外的农村地区、城乡贫困群体、微小型企业纳入正规金融服务体系，致力于通过政策、立法和规章制度的支持，建立一个持续的、可以为不同层次的社会群体和企业提供合适产品和服务的金融体系，并逐步缩小城乡间的金融服务差异。此后，普惠金融的理念逐渐在我国生根发芽，并得到较快发展。

3. 快速发展阶段（2012年至今）

2012年6月19日，时任国家主席胡锦涛在G20墨西哥峰会上指出："普惠金融问题本质上是发展问题，希望各国加强沟通和合作，提高各国消费者保护水平，共同建立一个惠及所有国家和民众的金融体系，确保各国特别是发展中国家民众享有现代、安全、便捷的金融服务。"这是我国领导人第一次在公开场合正式使用普惠金融的概念、发出发展普惠金融的倡议，标志着普惠金融逐步进入我国政策框架的视野。

党的十八大之后，党中央、国务院更加重视普惠金融的发展，将发展普惠金融视为一项国策、上升至国家战略层面，出台了一系列政策措施，为普惠金融发展铺就肥沃土壤。

2013年11月12日，党的十八届三中全会通过的《中共中央关于全面深化改革若干重大问题的决定》正式发出"发展普惠金融，鼓励金融创新，丰富金融市场层次和产品"的政策宣言，为我国金融业指明了新的发展方向，拉开了我国普惠金融快速发展的序幕。

2015年10月29日，党的十八届五中全会通过的《"十三五"规划建议》明确提出，要"发展普惠金融，着力加强对中小微企业、农村特别是贫困地区金融服务"。2016年3月16日，《"十三五"规划纲要》进一步明确要"发展普惠金融和多业态中小微金融组织"。

2015年12月31日，国务院印发《推进普惠金融发展规划（2016—2020年）》，这是我国关于普惠金融发展战略的纲领性文件，首次将普惠金融提升到了国家战略的高度。

2017 年 7 月 14 日，习近平总书记在第五次全国金融工作会议上强调"要建设普惠金融体系，加强对小微企业、'三农'和偏远地区的金融服务，推进金融精准扶贫，鼓励发展绿色金融"。

2018 年 1 月 2 日，我国指导"三农"工作的第 15 份中央一号文件《中共中央国务院关于实施乡村振兴战略的意见》明确："普惠金融重点要放在乡村。"

2018 年 3 月 5 日，李克强总理在《政府工作报告》中明确提出要"改革完善金融服务体系，支持金融机构扩展普惠金融业务"。这是自 2014 年以来，普惠金融连续五年被写入《政府工作报告》。

（三）我国普惠金融发展取得的主要成就、面临的挑战及发展举措

1. 我国普惠金融发展取得的主要成就

在各方共同努力下，近年来普惠金融在我国得到了较快的发展，取得了显著的成效。

（1）鼓励普惠金融发展的政策导向日益明确。从中央到地方、再到各职能和监管部门，从区域试点到全面推进，有关激励普惠金融发展的政策举措密集出台，推动普惠金融发展的政策体系初步形成。

（2）普惠金融服务主体日趋多元。社会各界对普惠金融的重视程度不断提高，激励机制不断完善，发展普惠金融、分享普惠金融红利的积极性得到极大调动。无论是国有、民营、全国性、地方性金融机构，还是银行、保险、证券、信托、基金、租赁、期货、担保、征信等各类金融主体纷纷投身普惠金融市场，开展普惠金融服务。

（3）普惠金融服务覆盖面不断扩大，金融服务可获得性和人民群众的金融获得感持续提升。基础金融服务已覆盖到绝大部分乡村，金融网点乡镇覆盖率和基础金融服务行政村覆盖率都达到 96% 以上；人均持有银行账户（存款）数量、银行网点密度及 ATM 和 POS 机具的数量逐年增加，基础金融服务水平已达到国际中上游水平，移动支付技术处于先进水平；各项普惠金融发展指标稳步增长；"三农"、小微等薄弱领域的金融服务明显改善。

（4）金融服务的质量和效率明显提高，融资成本得到合理控制。金融消费纠纷解决机制基本建立，个人、企业、农户信用档案建档率逐年提升；各金融机构积极利用大数据、云计算等新技术，大力提升服务效率；减免各种收费项目，合理控制贷款利率，利率水平总体上稳中有降，缓解小微

企业和"三农"融资贵，有效降低融资成本。

2. 我国普惠金融发展中面临的主要问题与挑战

在看到成绩的同时，也应清醒地认识到，当前我国普惠金融发展仍面临诸多问题与挑战。如：对普惠金融的认识仍有差异和误区，普惠金融理念有待深化；普惠金融的相关政策分散在不同部门，整体合力不强；金融服务均等化水平依然较低，广度深度有待提升；普惠金融配置资源的能力不均衡、不充分，金融服务效率仍然不高；金融基础设施建设有待加强，"数字鸿沟"需要有效化解；金融法律法规体系尚不完善，风险管理和监管面临挑战；等等。这些问题与挑战的存在，决定了我国普惠金融的发展将任重而道远。

3. 进一步推动我国普惠金融发展应采取的对策举措

面对问题与挑战，今后，应当采取多种措施，加快推动我国普惠金融的发展。

（1）不断深化改革，打造适合普惠金融发展的体制机制，激发金融机构内在改革红利，引导金融机构进一步聚焦基层，回归金融本源，构建多元化竞争性普惠金融供给体系。

（2）完善政策支撑体系，加快推动相关领域立法，补齐制度短板。加强国家层面的顶层设计，完善支撑普惠金融发展的制度体系、监管环境、技术平台和运作机制；强化政策引导，优化金融资源配置；增强财政和货币政策的协调性，形成政策合力；完善普惠金融法律体系，确保普惠金融服务有法可依、有章可循。

（3）坚持需求导向，强化产品和服务创新，突出服务适当性和需求匹配性，用好数字普惠金融工具，提高客户精准识别准确度，降低获客成本，完善风险管理体系。

（4）健全风险防范和监管体系，强化金融机构风险防范的主体责任，完善普惠金融监管工具箱，优化监管协调，提升监管水平。

（5）完善消费者教育保护体系，加强信息披露和市场透明度建设，健全消费者权益保护制度办法。

（6）健全社会信用体系，推动全国征信体系和信用平台建设，推进政府机构公共数据资源的规范管理和公平开放，营造有利于普惠金融健康发展的良好信用环境。

## 第二节 我国普惠金融发展的政策与实践创新

扎实推进普惠金融发展，是党中央、国务院提出的重大政治任务，是新时代我国金融业转型发展的内在要求。近年来，按照中央决策部署，我国积极落实《推进普惠金融发展规划（2016—2020 年）》，着力做好开展普惠金融改革试点、完善普惠金融体系、推进数字普惠金融发展等重点工作，全面推动普惠金融发展。

### 一、先行先试：我国普惠金融改革试验区建设

采取"先试点、再总结、后推广"的模式，将"自上而下"的顶层设计与"自下而上"的实践探索有机结合，以区域性改革探路，为全国层面的整体改革积累经验，是我国金融改革的重要经验和路径选择。近年来，各地坚守金融服务实体经济的根本要求，科学设计制订改革方案，积极稳妥推进改革创新，从金融改革创新试点中的普惠金融探索到普惠金融综合示范区建设、再到国家级普惠金融改革试验区建设，通过先行先试、分步实施，先易后难、稳步推进，充分发挥改革试点和示范区、试验区建设的先行、示范和引领作用，大力探索普惠金融发展之路，为普惠金融的全面发展积累了大量可复制、可推广的经验和做法。

### （一）区域金融改革创新试点中的普惠金融探索

区域金融改革是我国整体金融改革的重要内容和组成部分。改革开放以来，我国十分重视区域金融改革的试点与探索。特别是 2012 年以来，为配合"自上而下"的全局性金融改革，加快探索全面深化改革的新模式和新途径，在党中央、国务院领导下，中国人民银行根据金融运行客观规律和区域经济特征，联合相关部门有针对性地选择一些基础条件较好的地区，大力推进各类区域金融改革试点。这些改革，大都以不同的视角、不同的形式触及了对普惠金融的探索。

1. 衢州农村金融改革中的普惠金融探索

早在 1997 年，浙江省衢州市就开始探索以"农户小额信用贷款"为主要内容的农村普惠信贷，致力解决农民致富中的金融帮扶问题；2002 年，开始探索以"金融支持百家重点中小企业"为主要内容的小微企业普惠金

融，努力解决小微企业融资难、融资贵的问题；2003 年开始，着重探索以"下岗失业再就业担保贷款"为主要内容的城镇普惠金融，努力解决低收入群体的再就业和增收的问题。2011 年，中国人民银行衢州市中心支行组织辖内农村合作金融机构、邮政储蓄银行在农村地区推广银行卡助农服务，在全市无银行机构网点的行政村设立银行卡助农服务点，基本实现"基础金融服务不出村、综合金融服务不出镇"的目标。

之后，衢州市农村金融改革不断走向深化，普惠金融服务逐渐形成特色。其主要做法包括：突出"农"字特色，精准聚焦"三农"和小微企业，注重县域及以下金融服务渗透；服务农村、实体、智慧和绿色四大主体，构建农村渠道、服务、产品、生态和平台五大体系，创新农户小额信用贷款、粮食订单质押贷款、林权抵押贷款、农村住房抵押贷款等金融新产品、新服务；实现更便利、更包容、更长效等发展目标，全面提高农村普惠金融质量，支持地方经济社会发展，打造具有衢州特色的普惠金融。

2. 温州金融综合改革试验区的普惠金融探索

2012 年 3 月，国务院决定设立温州金融综合改革试验区，这是我国设立的首个国家级金融综合改革试验区。温州金融综合改革试验区通过规范民间融资、发展新型金融组织、创新体制机制等，构建与经济社会发展相匹配的多元化金融体系，提升金融服务实体经济的能力，为全国金融改革提供经验。此后，温州市按照国务院确定的 12 项改革任务，以金融服务实体经济为目标导向，构建金融组织、产品和服务、资本市场、地方金融监管"四大体系"的基本框架，有效地推动了经济金融互动发展，普惠金融探索取得显著成果。

3. 丽水农村金融改革试点中的普惠金融探索

早在 2006 年，浙江省丽水市就以林权抵押贷款、农村信用体系建设和银行卡助农取款服务"三大亮点工程"为依托，通过重点实施信贷支农、信用惠农、支付便农、创新利农四大金融支农工程，推进农村金融改革探索，有效破解"三农"发展资金瓶颈，积极打造金融惠民的"丽水模式"。

2012 年 5 月，中国人民银行和浙江省政府采取"行省共建"模式，在丽水市启动了国内首个农村金融改革试点，探索把丽水建成全国农村金融改革的先行区和金融创新的示范区。丽水农村金融改革试点重点围绕创新农村金融组织服务体系、丰富农村金融产品体系、强化金融惠农政策体系、健全农村金融市场体系、完善农村金融信用体系、搭建金融服务平台体系、改进农村支付服务体系、优化农村金融生态体系"八大体系"建设，加快发展村镇银行、小额贷款公司、农村资金互助社等新型农村金融机构或组织，引导社会资本和民间资本进入金融领域，引导各金融机构拓展涉农业务范围，加大支农力度，更多、更广、更深地服务"三农"，促进农村地区金融服务包容性发展，探索可持续、可复制、城乡金融服务均等化的"普惠型"农村金融发展之路。

4. 珠三角金融改革创新综合试验区的普惠金融探索

2012 年 7 月，经国务院批准，中国人民银行、国家发展改革委等八部委联合印发了《广东省建设珠三角金融改革创新综合试验区总体方案》，该试验区由珠三角地区城市金融改革创新综合试验区、环珠三角的梅州市建设农村金融改革创新综合试验区和环珠三角的湛江市统筹城乡发展金融改革创新综合试验区三大部分组成，涉及范围大、覆盖内容广，涵盖民间资本进入、农村金融改革、粤港澳金融合作等多个领域。此后，江门、梅州分别获批全国小微企业信用体系建设试验区和全国农村信用体系建设试验区。

珠三角金融改革创新综合试验区的普惠金融探索主要围绕农村金融、民生金融、产业金融和科技金融等主线展开：一是在粤东西北和惠州、江门、肇庆等 15 个市开展农村普惠金融"八项行动"，以强化农村信用体系建设为核心，深入开展农村普惠金融探索；二是以解决中小微企业融资难为导向，成立前海微众银行，建立商业银行小微支行，设立小微企业专营中心，发展创新创业金融街，探索创新有效服务中小微企业的金融手段和措施；三是在 10 个国家级高新区开展金融、科技、产业融合创新发展工作试点，创建全国首个"互联网＋"众创金融示范区，探索设立科技金融综合性服务中心、科技保险、科技小贷、科技担保资金池、科技金融基金等新模式，从拓宽多元化融资渠道、建设金融平台和机构体系、完善金融保障机制等方面，不断强化"双创"融资服务。

5. 泉州市金融服务实体经济综合改革试验区的普惠金融探索

2012 年 12 月，福建省泉州市金融服务实体经济综合改革试验区获得国务院批准。泉州金改目标是紧紧围绕金融服务实体经济，着力将泉州打造成为海峡西岸乃至全国的"台港澳侨资集聚中心"和"实体金融服务中心"。主要任务包括：建立健全服务实体经济的多元化金融组织体系，加大对小微企业及民生的金融支持力度，提升农村金融服务能力，加强泉台港澳侨金融合作，规范发展民间融资，扩大直接融资规模，提升保险服务水平，完善金融风险防控机制等。其中，围绕实体经济特别是小微企业的金融需求做大做强区域金融、加快农村普惠金融扩面、深化农村普惠金融综合服务站（点）建设、实现行政基础金融服务全覆盖等，都涉及对普惠金融的有益探索。

6. 武汉城市圈科技金融改革创新试验区的普惠金融探索

2015 年 7 月，经国务院同意，武汉城市圈获批成为国内首个科技金融改革创新试验区。试验区建设以实施科技金融战略为核心，以科技金融创新为主线，以科技金融普惠推动科技资源与金融资源的有效对接，加快形成多元化、多层次、多渠道的科技投融资体系。主要任务包括：统筹协调科技金融资源，搭建科技金融合作平台，推进科技与金融联姻，促进科技与金融融合发展，完善科技金融组织体系，深化科技金融产品和服务创新，拓宽科技创新发展的融资渠道，创新科技金融市场体系，深化区域科技金融合作，为科技型企业提供全生命周期的金融服务，激发高新科技企业创新活力。

7. 成都市农村金融服务综合改革试点中的普惠金融探索

2015 年 7 月，《成都市农村金融服务综合改革试点方案》印发，成都成为又一个国家级农村金融综合改革试验区。成都市农村金融服务综合改革试点，立足于成都市作为全国首批统筹城乡综合配套改革试验区的政策优势，承担着完善金融组织体系、创新金融产品和服务方式、培育发展多层次资本市场、推动农村信用体系、健全配套政策措施五个方面的十九项金融改革任务。在试点过程中，人民银行成都分行把农业生产流通领域贷款这一农村金融最薄弱的环节作为深化农村金融改革的突破口，以区县创新发展为主体，以人民银行支农再贷款为主线，以市县资源整合为主导，大力完善农村金融体系、创新农村金融产品、推进农村信用体系建设、构建整合各项支农惠农政策的"农贷通"平台，促进财政政策与金融政策相融合，探索能满足涉农信贷需求、可持续的长效工作机制，打造农村普惠金融综合服务新模式。

8. 浙江台州小微企业金融服务改革创新试验区、吉林省农村金融综合改革试验中的普惠金融探索

2015 年 12 月，国务院常务会议决定，建设浙江省台州市小微企业金融服务改革创新试验区，通过发展专营化金融机构和互联网金融服务新模式、支持小微企业在境内外直接融资、完善信用体系等举措，探索缓解小微企业融资难题；在吉林省开展农村金融综合改革试验，围绕分散现代农业规模经营风险、盘活农村产权，对农村金融组织、供应链金融服务、扩大农业贷款抵质押担保物范围、优化农业保险产品等进行探索。这些改革，重在切实降低企业融资成本，支持实体经济增长，而在传统金融服务难以覆盖到的农村地区，则可以通过互联网金融及供应链金融等创新金融模式，

来增加金融供给，进一步推动普惠金融的发展。

此外，山东、湖北等许多地方也都先后出台相关方案，启动地方金融改革，探索建设与当地经济社会发展相适应的普惠金融服务体系。虽然各地的区域金改定位各不相同、侧重也各有差异，但都将顶层设计和基层创新有机结合，充分发挥了基层改革的原动力和首创精神，为上下联动探索构建可持续、可复制、可推广的普惠金融发展之路作出了积极的贡献。

### （二）普惠金融综合示范区建设

为更好地落实党的十八届三中全会提出的"发展普惠金融"的政策要求，进一步探索可复制推广的经验，突出示范带动，从2015年10月到2016年8月，中国人民银行相继在浙江省宁波市、陕西省宜君县和青海省设立三大普惠金融综合示范区，试点建立与全面建成小康社会相适应的，多层次、广覆盖、有差异、可持续发展的普惠金融服务和保障体系。

1. 宁波普惠金融综合示范区试点

2015年10月，中国人民银行批复宁波在全国率先探索普惠金融综合示范区试点，探寻普惠金融商业可持续发展之路。

宁波普惠金融综合示范区试点以"政府引导、市场为主，立足特色、综合推进，促进竞争、保护权益"为原则，积极探索运用数字技术促进普惠金融发展，构建普惠金融发展"六大体系"，走出了一条具有宁波特色的普惠金融发展道路。

（1）数字化的金融服务体系。通过各种创建示范，开发建设普惠金融（移动）公共服务平台，整合加载各类移动金融应用，使数字化的支付手段在农（渔）产品交易、农村公交、村级财务和农民日常生活等领域得到广泛应用。

（2）平台化的社会信用体系。人民银行宁波市中心支行在完善小微企业与农户信用信息数据库的基础上，建设推进普惠金融信用信息服务平台，信用体系建设得到进一步加强，有效缓解了小微企业与农户融资服务中的信息不对称问题。

（3）多元化的融资服务体系。先后开发6大类、近200个小微金融创新产品，助解小微企业"融资难"；推出"多权一房"等农村金融创新产品，惠及广大农户；打造"匠人贷""人才积分贷""蓝领通"等小额信用贷款产品，强化对产业工人的金融服务。

（4）层次化的组织机构体系。各金融机构立足市场定位和业务特色，在各自领域发挥普惠功能，贴近一线，服务经济社会薄弱环节和经济转型升级。全市各行政村设立 3 000 多家助农金融服务点，为农民提供存取款、汇款、代缴费等基础金融服务，并逐步推广电子支付代理、贷款申请与还款、电子商务等新功能，使助农服务点成为开在农民家门口的"银行"。

（5）系统化的政策引导体系。人民银行宁波市中心支行积极运用定向降准、支农支小再贷款、再贴现等货币信贷政策工具支持普惠金融试点建设。宁波市政府制定下发《关于建设普惠金融综合示范区的实施意见》，先后出台金融支持小微企业"11 条"、小额贷款保证保险、文化科技风险池等一系列扶持政策，促进完善政府性融资担保体系。积极发挥公共财政在试点建设、中小企业贷款风险补偿等方面"保基本、有重点、可持续"的作用。

（6）机制化的权益保护体系。持续开展金融知识普及和消费者教育，大力实施"金融普惠　校园启蒙"国民金融素质教育提升工程，提升消费者的金融素养和自我保护能力。畅通各类诉求渠道，构建金融消费纠纷人民调解委员会，形成多元化的金融消费纠纷化解机制，在发展普惠金融的过程中有效维护消费者权益，防范潜在风险。

2. 宜君县农村普惠金融综合示范区试点

2016 年 4 月，中国人民银行批复在陕西省铜川市宜君县开展农村普惠金融综合示范区试点工作，这是我国在中西部地区设立的首个县域农村普惠金融综合示范区。该示范区建设，既是人民银行为激发农村金融市场活力、提升农村金融服务水平而采取的有益尝试，更是推动金融精准扶贫的重要举措，对广大中西部地区发展普惠金融、实现全面小康社会具有重要的探索和示范意义。

宜君县农村普惠金融综合示范区试点建设主要举措包括：

（1）以完善农村金融基础设施建设为重点，推动建立与市场经济发展相适应的普惠金融服务体系，使广大群众能以合适的价格享受到及时、便捷、高质量的农村金融服务。

（2）充分发挥地方政府"组织者"、人民银行"推动者"、金融机构"参与者"的作用，紧紧围绕各项试点建设要求，成立试点建设领导小组、推进小组及普惠金融办公室，制订示范区试点方案、实施意见、任务分解表及农村信用体系建设、农村金融综合服务站、教育培训基地建设、评估指标体系等多项制度，加强对试点工作的组织领导，做好试点工作动态监测和定期评估，使金融政策引导优势、行政资源优势和金融资源运用优势得到发挥。

（3）按照"市场主导、政府扶持，创新机制、激发活力，示范先行、全面覆盖，防范风险、持续发展"的原则，推进"三大工程"，构建"三个体系"。包括推进"金融服务创新工程"，创新构建金融站点体系和金融产品体系，完善普惠金融服务体系；推进"金融知识扫盲工程"，从知道、懂得、会用、获得四个维度出发打造普惠金融教育体系；推进"金融基础设施工程"，以"移动支付建设＋普惠信用建设＋环境评估建设"为核心，建设"三位一体"便捷高效的金融基础设施体系；等等。

3. 青海省普惠金融综合示范区试点

2016年6月，中国人民银行批准青海省开展普惠金融综合示范区试点，青海成为继浙江宁波和陕西宜君之后全国第三个获批开展普惠金融综合试点的地区。试点举措主要包括：

（1）构建和完善多层次、广覆盖、差异化、可持续的普惠金融服务体系，以精准扶贫、绿色发展为重点，着力为社会各阶层和群体提供全方位的金融服务，到2020年构建起与全面建成小康社会相适应的普惠金融服务和保障体系，以普惠金融的健康发展助力全省生态环境保护、脱贫攻坚、民族地区发展。

（2）按照"市场导向、政策支持、精准发力、防范风险"的试点原则，试点工作承担着深化金融支持精准扶贫、推动绿色金融发展、推广金融科技运用、完善基础金融服务、加强宣传教育和科学组织推进等七个方面总计23项任务，重点是改进对小微企业、"三农三牧"、城镇低收入人群、贫困人群和特殊人群等的金融服务。其中，探索金融支持精准扶贫、推动绿色金融发展，是其试点工作的最大特色和核心任务。

（3）从创新普惠金融工作机制、突出普惠金融发展重点、完善普惠金融组织体系、提高普惠金融服务质量和效率、优化普惠金融发展环境五大领域入手，推进建立普惠金融发展的长效机制和保障措施，推动试点工作全面深入开展。

青海普惠金融综合示范区试点是我国首次突破普惠金融综合试点的县域、市域限制，将一个省全部纳入试点范围，青海也由此成为我国第一个省级普惠金融综合示范区。青海集西部、民族、贫困地区等特点于一身，具有地广人稀、多民族聚居、生态价值重要、生态建设任务艰巨、经济发展相对落后、脱贫攻坚难度大等特殊省情，其普惠金融试点工作是推动精准扶贫和改善生态的双赢举措，是激发民族地区金融市场活力、提高金融服务水平的有益尝试。青海试点的探索创新与成功经验，无论对青海还是广大西部民族地区发展普惠金融，推进脱贫攻坚，实现"创新、协调、绿色、开放、共享"发展都具有特殊而重要的示范意义。

## （三）国家级普惠金融改革试验区建设

为贯彻落实《推进普惠金融发展规划（2016—2020 年)》，支持兰考县探索以改革促进县域发展、创新金融支持扶贫和"三农"模式，2016 年 12 月 28 日，经国务院同意，兰考县成为全国首个国家级普惠金融改革试验区。

1. 兰考县普惠金融改革试验区建设的重要意义

兰考是传统农业县，也是历史上有名的贫困县，是我国欠发达县域经济的典型代表，具有微缩河南、微缩中国的样本价值。在兰考探索可持续、可复制推广的普惠金融发展之路，充分运用金融力量统筹推动解决好脱贫攻坚、"三农"和县域发展问题，既可有力推动兰考经济社会发展，也可为河南乃至全国提供有价值的经验借鉴。

同时，兰考也是焦裕禄精神的发源地、习近平总书记第二批党的群众路线教育实践活动联系点。创建兰考普惠金融改革试验区，探索金融扶贫、金融支持县域经济可持续发展的新路子，不仅对兰考实现"率先脱贫、如期小康，争当全省县域发展排头兵"的奋斗目标具有重要作用，而且对彰显焦裕禄精神的时代性、更好地发挥联系点示范作用也具有重大意义。

2. 兰考县普惠金融改革试验区建设的主要探索与实践

兰考县普惠金融改革试验区建设坚持市场主导和政府引导，注重落实县域普惠金融发展的"最后一公里"。主要举措包括大力推进包括"普惠通APP"数字金融平台、信用信息体系、以"普惠授信"为核心的金融产品体系、县乡村三级金融服务体系和风险防控体系在内的"一平台四体系"建设、完善县域普惠金融服务体系、强化精准扶贫金融服务、优化新型城镇化金融服务、充分利用多层次资本市场、大力发展农村保险市场、深化农村支付服务环境建设、强化要素服务平台建设、强化配套政策支持、加强金融消费权益保护、建立工作保障机制等。目标是经过 5 年左右的努力，把兰考县建设成为全国普惠金融改革先行区、创新示范区、运行安全区，在兰考县形成多层次、广覆盖、有差异、可持续发展的金融组织体系，基本建成与普惠金融发展相协调的财政等配套政策体系，农村各类产权要素有效盘活，金融生态环境持续优化，金融服务覆盖率、可得性和满意度稳步提高，金融服务县域经济和"三农"、小微企业、贫困人群等社会发展薄弱环节的水平显著提升，为贫困县域探索出一条可持续、可复制推广的普惠金融发展之路，助力兰考县如期实现全面建成小康社会的宏伟目标。

3. 兰考县普惠金融改革试验区建设取得的初步成效

经过近两年的努力，兰考县普惠金融改革试验区建设已初见成效。普惠金融不断发力，助力兰考主要经济指标持续居于全省第一方阵，已实现在全国首批、全省率先脱贫；全县普惠金融发展指数大幅提升，2017 年末在全省 107 个县（市）的排名第二，城乡居民金融服务的获得感不断增强，覆盖面、可得性、满意度明显改善；"一平台四体系"模式在省内初步复制推广，河南栾川、确山、淅川、商水等地复制兰考做法，都取得较好效果。

## 二、全面推进：中国特色普惠金融体系的构建

适应普惠金融发展需要，遵循普惠金融发展规律，借鉴国际经验，立足国情，复制试点经验，近年来，我国从以下几个方面入手，大力推进普惠金融体系建设，取得明显成效。

1. 完善普惠金融政策体系

发展普惠金融，提高金融服务的包容性、公平性和尽责性，不但有助于满足普罗大众的金融服务需求，而且对于金融体系的稳定和经济增长均有重要意义。虽然普惠金融在我国的正式起步较晚，但党中央、国务院历来高度重视小微企业、农民、城镇低收入人群、贫困人群和残疾人、老年人等群体的金融服务需求，尤其是针对小微企业、"三农"等薄弱环节的金融服务工作，出台了一系列财税金融政策，改善基层金融服务，促进金融包容，提升金融资源的可获得性，推动普惠金融发展。中国人民银行、银保监会、证监会以及其他相关政府职能部门和各级地方政府也都纷纷出台政策举措，支持普惠金融发展，推动普惠金融业务落地。如加强信贷、产业、财税、投资政策的协调配合，综合运用再贷款、再贴现、差别准备金动态调整等货币政策工具和财政贴息、税收优惠、差别税率、先税后补等财税政策工具，提高金融资源配置效率，推动普惠金融发展。目前，我国已初步形成了正向激励的财税、金融政策相结合的扶持政策体系，为普惠金融发展营造了良好的政策环境。

2. 健全普惠金融机构体系

近年来，我国不断加强对普惠金融机构体系建设的组织和规划，充分利用大机构规模优势明显和风控能力强、小机构地缘优势突出和服务灵活的特点，积极发挥各金融机构在普惠金融发展中的作用，加快创新发展普惠金融机构体系，为普惠金融发展奠定了良好的组织基础。在国家政策和监管部门的大力推动下，包括商业银行、政策性金融机构、非银行金融机构以及金融科技企业等在内的各类金融机构近年来纷纷加快布局，发力普惠金融。截至 2017 年末，全部银行业金融机构营业网点 22.86 万个，网点

的乡镇覆盖率和基础金融服务行政村覆盖率都超过了90%；农业保险乡村服务网点已达36万个，网点乡镇覆盖率达到95%，村级覆盖率超过50%。一个多层次、多元化、广覆盖、有竞争、可持续的普惠金融机构体系在我国已初步建立起来。

3. 创新普惠金融制度体系

适应普惠金融快速发展的需要，近年来，我国加快构建普惠金融发展相关制度体系。如在宏观层面，推进金融宣传教育制度，广泛开展丰富内容、形式多样的金融知识普及和教育活动，提升消费者金融素养和风险防范技能，强化各界对普惠金融的正确认识；完善金融消费者权益保护制度，构建多元化金融消费纠纷解决机制，加强金融消费权益保护；优化普惠金融监管制度，按照开放性、包容性、适应性要求，坚持鼓励和规范并重、培育和防险并举、维护良好秩序与促进公平竞争等原则，做好对普惠金融的适度监管；完善普惠金融风险防控制度，不断加强对普惠金融各个领域的风险管理，营造安全可靠的普惠金融运作环境；等等。在微观层面，各家金融机构立足长远发展，着力完善制度，改进经营，积极构建与普惠金融运作有关的组织架构、经营运作、营销拓展、授信审批、合规经营、风险管理、成本控制、考核评价等制度体系和体制机制，为普惠金融业务的健康发展奠定好制度基础。

4. 丰富普惠金融产品和服务体系

随着金融普惠化趋势的不断加深，普惠金融经营的日益红火，各家金融机构依托渠道优势，发挥自身特色，针对不同需求，借力金融科技，深度聚焦小微企业、"三农"、贫困人群等普惠金融重点服务群体的需求"痛点"，不断加快小微企业金融产品、涉农金融产品、民生金融产品等各类普惠金融产品和服务的再造与创新。近年来，我国普惠金融市场上，基础类、特色类、贸易类、结算类等各类金融产品不断涌现，小微贷、抵押贷、创新贷、云税贷、创客贷、惠农贷等众多融资工具应运而生，信用型、担保型、综合型、超市型等服务模式接连亮相，储蓄、信贷、保险、支付、汇兑、租赁、投资理财、管理咨询、财务顾问、现金管理等金融产品与服务日益丰富，为普惠金融的高效发展提供了有力的保证。

5. 优化普惠金融基础设施体系

近年来，我国采取多种有效举措，大力完善金融基础设施，改善基础金融服务条件，推进金融基础设施升级，提高基础金融服务水平，优化普惠金融生态环境。一是加强征信体系建设，完善社会信用体系。在不断强化人民银行征信系统建设、发挥好央行征信系统作用的同时，及时出台相关举措，引导市场化征信机构依托客户的金融交易、社交、行为等方面的数据，通过大数据技术构建征信数据系统，开展数字化个人征信业务运作，全面推进社会信用体系建设。二是创新建设覆盖城乡的金融服务网络，不断扩大金融服务的覆盖面和渗透率。三是强化支付体系建设，大力发展移动支付，利用网络银行、手机银行等新型支付工具和手段，为客户提供更加便捷、高效、优质的现代金融服务。2017年，我国仅农村地区完成的移动支付就达1 295.09亿笔，规模达到42.9万亿元。四是推进光纤入户工程，提升公众互联网使用比率，规范发展数字金融、移动金融，积极运用现代金融科技手段，支持普惠金融产品创新。五是完善普惠金融宣传教育机制，加大金融知识教育普及力度，营造诚实守信的良好社会风尚。六是加强金融消费者权益保护，稳步推进金融消费权益保护工作。

### 6. 构建普惠金融指标体系

普惠金融服务有着成本高、风险大等特点，客观上需要有一套科学的评价体系来衡量其发展成效。我国一直十分重视普惠金融指标体系的建设工作。2014年，中央全面深化改革领导小组就提出要研究建立我国的普惠金融指标体系。2015年，国务院印发的《推进普惠金融发展规划（2016—2020年）》明确要求要"建立健全普惠金融指标体系"。2016年，G20峰会通过了我国主导制定的升级版《G20普惠金融指标体系》，为国内普惠金融指标体系的构建提供了有益的参照。2016年12月，中国人民银行正式下发《中国普惠金融指标体系》，初步建立起符合我国国情、具有中国特色的普惠金融指标体系。

《中国普惠金融指标体系》共涵盖金融服务的可得性、使用情况和质量3个维度，包含20类51项指标。该指标体系充分参照了国际上普惠金融指标体系建设的先进经验，注重将国际性、前瞻性和中国特色相结合，能较好反映我国普惠金融发展水平，为我国更好地开展普惠金融工作提供了衡量标准和努力方向。

### 7. 严格普惠金融考核体系

在完善指标体系的同时，我国也在抓紧构建普惠金融的考核体系，严格普惠金融考核评估。包括采取激励和差异化监管政策，将普惠金融列为对银行等金融机构监管的重要内容，实行有针对性考核；对小微企业、"三农"贷款设立差别化风险权重，放宽对不良贷款率的容忍度，提升银行做好普惠金融的积极性；在银行内部设立专门部门，制订专门的信贷计划，设置有针对性的考核指标，对基层工作人员给予特别的激励；等等。

### 三、超越传统：数字普惠金融的崛起与快速发展

党的十九大提出，要发展数字经济，培育新增长点、形成新动能。近年来，数字技术、数字经济的崛起，正深刻改变着传统的产业形态与服务模式，重构着现代经济的各个领域，普惠金融的发展也正在赶乘数字技术的大潮，快速步入数字普惠金融时代。

#### （一）数字普惠金融的含义与特征

1. 数字普惠金融的含义

数字普惠金融是指以数字化方式提供普惠金融服务，是普惠金融在数字技术驱动下的创新与发展。2016 年，全球普惠金融合作伙伴组织首先提出了数字普惠金融的概念，认为数字普惠金融是"泛指一切通过使用数字金融服务以促进普惠金融的行为"。

《G20 数字普惠金融高级原则》进一步强调，数字普惠金融就是"通过数字技术为原来的受限人群提供一系列适宜的、负责任的金融服务，包括支付、转账、储蓄、信贷、保险、证券、金融规划和账户报表等，提供服务的金融机构成本可控，在商业上可持续"。

2. 数字普惠金融的特征

与传统的普惠金融相比较，数字普惠金融具有以下显著特征：

（1）数字普惠金融是以移动互联网、云计算、大数据等现代数字技术为基础、为支撑的普惠金融，是快速发展的数字技术在普惠金融领域广泛应用的结果，是数字技术与普惠金融深度融合的产物，体现了普惠金融从人工到数字技术的跃升。

（2）数字普惠金融能够提供包括支付、转账、储蓄、信贷、保险、证券、金融规划、投资理财和账户报表等在内的各类金融产品和服务，使普惠金融最大限度地满足弱势群体金融需求的愿望变成了现实。

（3）数字技术的先进与便捷，为金融机构有效控制成本、实现商业上的可持续提供了强有力的支持，从而极大地拓展了普惠金融的发展空间。数字技术就像是普惠金融的动力和翅膀，正在推动普惠金融飞速发展。

#### （二）数字普惠金融是普惠金融发展的必然选择

1. 传统普惠金融面临的困境与挑战

虽然近年来普惠金融在全球的发展成就斐然，但至今尚未从根本上改

变弱势群体金融服务受限、金融服务需求得不到有效满足的困境。根据世界银行的估算，截至 2017 年底，全球仍有 17 亿个成年人没有银行账户，无法享受到最基础的金融服务。究其原因，主要在于受技术水平、操作手段、物理条件等的影响，传统普惠金融发展一直面临着一系列其自身难以化解的约束与挑战，其中最核心的有三个方面，即成本高、信息不对称和商业可持续性差。

这些问题的存在，使得普惠金融长期难以获得与实际需要相匹配的充分发展，难以真正做到以可负担的成本向有真实需求的弱势群体有尊严地提供适当而有效的金融服务。而数字技术的迅速发展及其广泛应用，则为普惠金融解决这些问题提供了可能，为普惠金融破解束缚与挑战带来了希望。

2. 数字普惠金融是普惠金融发展的必由之路

数字技术的创新和应用，为普惠金融降低成本、提高效率、规模经营、向低收入群体提供更广泛的金融服务提供了可能，为普惠金融的发展指明了方向、带来了新的路径选择。

（1）数字技术有助于普惠金融降低成本、提升效率。随着数字技术的快速发展，以此为依托的各类金融业务的成本大幅度降低。数据显示，我国手机银行的业务成本，仅为面对面处理业务所需成本的 1/5、网点和代理点成本的 1/35；在支付领域，随着移动支付的普及，目前我国的支付费率已经降到了千分之六甚至更低，远低于美国 3% 的水平；在资损率方面，传统银行卡的资损率一般为万分之二，而数字金融则仅有百万分之几的水平，目前我国支付宝的资损率已低于百万分之一。

（2）数字技术能够极大地改善信息的搜集与信用的获取。信息搜集方便快捷、信用获取及时有效是普惠金融良性发展的重要助推因素，传统金融机构之所以不愿向小额金融服务需求者提供服务，重要原因之一就在于其获取信息和信用的成本高、难度大。而大数据、云计算等数字技术，能够追溯使用者的交易记录和信用足迹，为每个人建立信用数据库，并通过对数据的综合分析，作出信用评估与判断，从而为经营者开展各类金融服务提供支持。数字普惠金融改变了传统普惠金融的运作逻辑，使"数字即信用"的理念成为现实。

（3）数字技术创新有助于解决金融机构了解用户、甄别风险、降低成本及提供多样化服务等难题，包括以数字化、线上化方式提高金融服务可获性，通过大数据、智能风控反欺诈、降风险、提升效益等，从而推动普惠金融实现商业可持续。

总之，数字技术在普惠金融领域的应用，促进了信息共享，减少了信息不对称，降低了交易成本和服务门槛，扩大了金融服务覆盖面，提升了金融服务的便捷性和可得性，促进了个性化金融服务创新，解决了普惠金融实践中的风控难题，使得普惠金融能够更好地为各阶层、各群体提供优质的金融服务。可以说，数字技术在普惠金融的发展中扮演着越来越重要的角色，数字普惠金融正日益成为普惠金融的正道。

### （三）发展数字普惠金融的原则与条件

#### 1. 发展数字普惠金融应遵循的基本原则

2016 年 9 月，G20 峰会在杭州召开，普惠金融被列为峰会的重要议题之一。我国作为峰会主席国，在分享过往普惠金融发展经验的同时，向峰会提交并推动通过了《G20 数字普惠金融高级原则》，携手各国共同推动全球普惠金融的进步与发展。

《G20 数字普惠金融高级原则》提出了各国发展数字普惠金融应遵循的 8 项原则，这是国际社会首次在数字普惠金融领域推出的高级别的指引性文件，对我国数字普惠金融的发展也具有重要的指导意义。其内容主要包括：

（1）倡导利用数字技术推动普惠金融发展。强调要促进数字金融服务成为推动包容性金融体系发展的重点，措施包括采用协调一致、可监测和可评估的国家战略和行动计划等。

（2）平衡好数字普惠金融发展中的创新与风险。即在实现数字普惠金融的过程中，平衡好鼓励创新与识别、评估、监测和管理新风险之间的关系。

（3）构建恰当的数字普惠金融法律和监管框架。即针对数字普惠金融，各国应充分参考 G20 和国际标准制定机构的相关标准和指引，构建恰当的数字普惠金融法律和监管框架。

（4）扩展数字普惠金融服务基础设施生态系统。包括加快金融和信息通信基础设施建设，用安全、可信和低成本的方法为所有相关地域（尤其是农村和缺乏金融服务的地区）提供数字金融服务。

（5）采取负责任的数字金融措施保护消费者。倡导创立一种综合性的消费者和数据保护方法，重点关注与数字金融服务相关的具体问题。

（6）重视消费者数字技术基础知识和金融知识的普及。根据数字金融服务和渠道的特性、优势及风险，鼓励开展提升消费者数字技术基础知识和金融素养的项目并对项目开展评估。

（7）促进数字金融服务的客户身份识别。途径是通过开发客户身份识别系统，提高数字金融服务的可得性，该系统应可访问、可负担、可验证，并能适应以基于风险的方法开展客户尽职调查的各种需求和各种风险等级。

（8）监测数字普惠金融进展。即通过全面、可靠的数据测量评估系统监测数字普惠金融的进展。该系统应利用新的数字数据来源，使利益相关者能够分析和监测数字金融服务的供给和需求，并能够评估核心项目和改革的影响。

2. 发展数字普惠金融应具备的基本条件

数字普惠金融的发展，离不开相关条件，尤其是以下三大支柱的支撑。

（1）金融合规。合法合规是金融业稳健运行的必要条件，是数字普惠金融健康发展的基础，数字普惠金融仍然是金融，其经营运作必须与法律、规则和准则等的要求相一致。金融合规所需要的身份认证、反洗钱、信息披露以及风险控制流程等，都不可缺少。

（2）技术驱动。数字普惠金融的发展，是数字技术迅速发展及其在普惠金融领域广泛应用的结果。如移动互联让金融能够随时、随地、有效地触达普罗众生；云计算技术大大降低了金融创新的成本，让金融更"惠"；大数据、生物识别、机器学习等技术使信息收集与处理、风险甄别与控制的能力大大提高。可以说，没有数字技术的支持，也就没有数字普惠金融的今天。数字普惠金融要想得到更好的发展，必须要有更好的技术提供引领与驱动。

（3）场景依托。场景依托是指普惠金融要以用户为产品和服务设计的出发点，挖掘用户需求，为用户解决问题。数字普惠金融拥有的好的技术，如果不能和生活场景有机结合，就很难有效地触达用户、甄别风险。金融的目的，就是为生活和商业场景服务的，数字普惠金融的发展，必须立足于有效的场景依托。

（四）我国数字普惠金融的发展与探索

在技术驱动及各方共同努力下，数字普惠金融近年来发展迅速，在不少方面已取得显著成效，如数字普惠金融的发展路径日渐明晰、以数字化技术为支撑的新型金融监管与风控体系正在得以构建、吸引着越来越多的金融机构加入普惠金融服务行列、数字普惠金融服务的整体水平在不断提升等。但在同时，信息安全与隐私保护薄弱、征信体系建设滞后、金融基础设施存有短板、数字金融素养普遍不高、监管框架尚不完善等问题的存在，也在很大程度上制约着数字普惠金融的发展。今后，我们应当继续大力推进普惠金融国家战略，做好数字普惠金融顶层设计，坚持科技引领，强化技术驱动，堵漏洞补短板，完善金融基础设施，完善监管体系，加强数字普惠金融监管，以更好地推动数字普惠金融的发展。

# 第三节　脱贫攻坚呼唤金融精准扶贫

脱贫攻坚是党的十九大提出的"三大攻坚战"之一。打好扶贫脱贫攻坚战事关全面小康社会建设，事关人民群众福祉。大力发挥金融在扶贫中的积极作用，推进金融精准扶贫，既是金融业的重要使命，更是打赢扶贫攻坚战的必然要求。

## 一、新时代我国脱贫攻坚与金融精准扶贫

改革开放以来，我国持续大力推进扶贫开发，取得巨大成效。新时代的脱贫攻坚，任务依然艰巨繁重，离不开金融业的参与和支持，离不开金融精准扶贫的有效实施。

### （一）打赢扶贫攻坚战，决胜全面建成小康社会

消除贫困、改善民生、逐步实现共同富裕，是社会主义的本质要求，是我们党的重要使命。目前，我国扶贫攻坚正在步入"深水区"，迫切需要举国上下凝心聚力，不断加压加力，早日打赢扶贫攻坚战，助力全面小康社会建设。

1. 我国扶贫开发的探索与成效

党中央、国务院始终高度重视扶贫工作，改革开放 40 年、特别是过去 5 年来，我国持续强力推进扶贫工作，实施大规模扶贫开发，帮助贫困人口脱贫脱困，取得了丰硕的成果。一是充分发挥我国的政治优势和制度优势，构筑了全社会扶贫的强大合力，建立了具有中国特色的较为完善的脱贫攻坚制度体系，为脱贫攻坚提供了强大的制度保障。二是形成了脱贫攻坚的良性运行机制，保证了精准扶贫、精准帮扶、精准退出、资金项目管理、分类施策等重点工作的有序推进。三是贫困人口显著减少，贫困发生率持续下降，农村地区基本实现了从普遍贫困向整体消除绝对贫困的转变，解决区域性整体贫困迈出坚实步伐，贫困地区群众生产生活条件显著改善、获得感显著增强，脱贫攻坚取得决定性进展，创造了我国减贫史上的最好成绩。

按当年价现行农村贫困标准衡量，1978 年末我国农村贫困发生率约 97.5%，以乡村户籍人口作为总体推算，农村贫困人口规模 7.7 亿人；2017 年末农村贫困发生率为 3.1%，贫困人口规模为 3 046 万人。从 1978 年到 2017 年，我国农村贫困人口减少 7.4 亿人，年均减贫近 1 900 万人，农村贫困发生率下降了 94.4 个百分点。特别是党的十八大以来，5 年累计减少贫困人口 6 853 万人，年均减贫 1 371 万人，力度之大、影响之深世所罕见。这些举世瞩目伟大成就的取得，不仅使得我国农村地区的经济社会面貌发生了翻天覆地的巨变，使得人民群众的生活水平不断改善、幸福指数节节攀升，更为全球减贫事业贡献了中国智慧和中国方案，谱写了人类反贫困历史上的辉煌篇章。

2. 大力推动精准扶贫是决胜全面建成小康社会的必然要求

虽然过去 40 年的扶贫工作成效巨大，但目前我国扶贫攻坚依然任务艰巨。究其原因，一是贫困问题尚未得到根本性解决。截至 2017 年底，我国还有 3 046 万人未摆脱贫困，还存在着 3.1% 的贫困发生率，特别是中西部一些地区贫困人口规模依然较大。这与我国到 2020 年全面建成小康社会，实现全面小康路上"一个不能少，一个不能掉队"的目标要求还有较大的差距。二是扶贫攻坚的难度在不断加大。目前，我国还有约 120 个贫困发生率超过 18% 的深度贫困县，2.98 万个贫困发生率超过 20% 的深度贫困村。这些深度贫困地区贫困人口的致贫原因更复杂，贫困程度较深，减贫成本更高，脱贫难度更大，可以说是脱贫攻坚的"坚中之坚"、难啃的"硬骨头"。三是目前我国贫困问题的特征正由绝对贫困向相对贫困转变，对扶贫脱贫的针对性、精准性要求更高。四是距中央提出的到 2020 年"让贫困人口和贫困地区同全国一道进入全面小康社会"的目标要求时间十分紧迫，任务相当繁重。这些复杂因素的叠加，决定了我国扶贫攻坚正在走向"深水区"，要实现既定扶贫目标，就必须创新扶贫开发战略和方式方法，提高扶贫瞄准度和精准度，大力推进精准扶贫、精准脱贫。

2013 年 11 月，习近平总书记在湘西调研扶贫工作时提出，扶贫"要实事求是，因地制宜""不断提高精准性、有效性和持续性""要精准扶贫，切忌喊口号，也不要定好高骛远的目标"，这是我国领导人首次提出"精准扶贫"的概念。2013 年 12 月 18 日，中办、国办印发《关于创新机制扎实推进农村扶贫开发工作的意见》，把精准扶贫工作机制确立为国家新阶段扶贫开发工作的六大机制之一。从此，我国开始在全国范围内推动精准扶贫工作，精准扶贫政策也成为我国现阶段扶贫脱贫工作的核心。2017 年 10 月，党的十九大再次强调要坚持精准扶贫、精准脱贫，坚决打赢脱贫攻坚战。

精准扶贫概念的提出是相对于过去的粗放型扶贫而言的，重点强调了扶贫工作要从过去的"大水漫灌"转为"精确滴灌"，要针对不同贫困区域环境、不同贫困农户状况，运用科学有效程序对扶贫对象实施精确识别、精确帮扶、精确管理和精准考核，引导各类扶贫资源优化配置，让扶贫资金有效地使用到该用的地方，促进贫困地区真正脱贫致富。

精准扶贫、精准脱贫战略思想的提出，是对我国原有扶贫机制的创新和完善，是新时代扶贫战略的凝练和升华，是打赢扶贫攻坚战、如期实现2020年脱贫目标、决胜全面建成小康社会的必然要求。

## （二）推进金融精准扶贫，助力扶贫攻坚

扶贫攻坚需要全党全国全社会力量的共同参与，金融业必须肩负起历史的重任，发挥好自身优势，大力实施金融精准扶贫，为打赢扶贫攻坚战贡献应尽之力。

1. 金融精准扶贫是扶贫攻坚的重要抓手和组成部分

实施"精准扶贫、精准脱贫"战略，有效开展扶贫攻坚，早日实现扶贫脱贫目标，是一项复杂的社会系统工程，需要社会各方的共同参与。2015年6月18日，习近平总书记在部分省区市党委主要负责同志座谈会上特别强调："扶贫开发是全党全社会的共同责任，要动员和凝聚全社会力量广泛参与。""要增加金融资金对扶贫开发的投放，吸引社会资金参与扶贫开发。要积极开辟扶贫开发新的资金渠道，多渠道增加扶贫开发资金。"

习近平总书记的讲话，不仅对金融业开展扶贫工作提出了新的期待和更高要求，更为金融业如何在扶贫攻坚中更好地发挥作用指明了方向。金融是现代经济的核心，金融扶贫是"三位一体"大扶贫格局中行业扶贫的重要内容和组成部分，要加强精准脱贫攻坚行动的支撑保障，就必须不断加大金融精准扶贫的支持力度。

2. 普惠金融与金融精准扶贫

普惠金融不等于扶贫金融，普惠金融的发展，不仅要体现"普"和"惠"的特色，更要体现商业可持续性。但是，普惠金融以服务"三农"、小微企业和弱势群体为主的发展定位及其近年来在我国的成功探索和实践，决定了其在金融精准扶贫中大有用武之地。

2017年7月14日，习近平总书记在第五次全国金融工作会议上反复强调：要建设普惠金融体系，加强对小微企业、"三农"和偏远地区的金融服务，推进金融精准扶贫。2018年4月25日，国务院总理李克强在主持召开

国务院常务会议，部署普惠金融服务监管考核工作时也强调，要采取措施"使普惠金融助力小微企业发展和脱贫攻坚"。党和国家领导人的这些重要讲话，深刻阐释了普惠金融与精准扶贫精准脱贫的内在关系，明确了普惠金融必须助力精准脱贫的功能定位。大力发展普惠金融，积极探索金融精准扶贫之道，是破解扶贫脱贫难题的金钥匙，是打赢脱贫攻坚的重要保障。

目前，我国正处于经济转型和发展的关键期，"精准扶贫、精准脱贫"的攻坚期。到 2020 年，必须实现让 3 000 多万名深度贫困人口脱困、共同进入全面小康社会的宏伟目标，而这些贫困人口，大都生活在农村或偏远地区，尤其渴望得到便捷、安全、可负担的普惠金融服务。在此背景下，进一步落实中央关于大力发展普惠金融的要求，加速构建能够满足贫困群众金融需求、推动贫困地区经济社会发展的金融服务体系，让普惠金融在经济发展、社会转型和扶贫攻坚中发挥多方面的更大作用，无疑具有重要的理论和现实意义。

## 二、金融精准扶贫的探索与长效机制构建

近年来，金融业认真落实中央决策部署和工作要求，大力推进金融精准扶贫各项工作，取得积极成效。下一步，应着力构建金融精准扶贫长效机制，坚决打赢金融精准扶贫脱贫攻坚战。

### （一）我国金融精准扶贫的探索与成效

党的十八大以来，特别是 2015 年底中央扶贫开发工作会议召开以来，金融系统高度重视精准扶贫脱贫的金融服务工作，充分发挥金融扶贫的重要作用，积极推进金融精准扶贫的政策和实践探索，不断加大对脱贫攻坚的支持力度，取得显著成效。

1. 明确政策要求，构建并不断完善金融精准扶贫的政策体系

以习近平总书记为核心的党中央高度重视金融在扶贫脱贫攻坚中的重要作用。习近平总书记在有关扶贫工作的讲话中多次强调金融扶贫的重要性。2018 年 2 月 12 日，总书记在成都主持召开的打好精准脱贫攻坚战座谈会上，再次要求要增加金融资金对脱贫攻坚的投放。党中央、国务院在党的十八大以来印发的《关于创新机制扎实推进农村扶贫开发工作的意见》《关于打赢脱贫攻坚战的决定》《关于打赢脱贫攻坚战三年行动的指导意见》等文件中，都将加强金融服务作为"强化政策保障，健全脱贫攻坚支撑体系"的重要内容，从运用多种货币政策工具、鼓励金融产品和服务创新等

多个方面,对加强金融精准扶贫服务、加大金融扶贫力度提出明确要求。

为落实习近平总书记的重要指示精神和党中央、国务院的部署要求,近年来,中国人民银行作为金融扶贫工作的牵头单位,会同银保监会、证监会等部门,先后出台《关于建立连片特困地区扶贫开发金融服务联动协调机制的通知》《关于金融助推脱贫攻坚的实施意见》《关于全面做好扶贫开发金融服务工作的指导意见》《关于银行业金融机构积极投入脱贫攻坚战的指导意见》《关于做好保险业助推脱贫攻坚工作的意见》《关于发挥资本市场作用服务国家脱贫攻坚战略的意见》《关于促进扶贫小额信贷健康发展的通知》《关于金融支持深度贫困地区脱贫攻坚的意见》等一系列金融扶贫政策举措,不断完善金融扶贫的政策体系,加强金融扶贫的顶层设计,为金融精准扶贫工作的有效开展铺平了政策通道。

2. 发挥牵头作用,全面推动金融精准扶贫工作高效开展

在政策指引下,人民银行主动发挥金融扶贫牵头和主体作用,紧紧围绕"精准扶贫、精准脱贫"基本方略,聚焦深度贫困地区,搭建金融精准扶贫宏观制度框架,完善金融精准扶贫工作机制,推进金融精准扶贫探索,提升金融精准扶贫实际效果。

一是完善金融精准扶贫顶层设计,优化金融精准扶贫工作机制。除牵头制定上述一系列金融精准扶贫的重大政策举措外,还组织制定了《支农再贷款管理办法》《扶贫再贷款管理细则》等制度办法,指导、规范金融扶贫工作有序开展。加强组织领导,成立人民银行扶贫开发工作领导小组及相关专项工作小组,指导分支机构牵头建立金融扶贫工作机构,督促全国性金融机构和地方法人金融机构制定"十三五"金融扶贫规划。多次组织召开金融精准扶贫工作座谈会、经验交流、工作推进会,推动金融精准扶贫工作不断走向深入。支持国家开发银行、中国农业发展银行设立扶贫金融事业部,深化中国农业银行"三农"金融事业部改革,支持中国邮政储蓄银行设立"三农"金融事业部,优化金融精准扶贫工作机制。

二是综合运用再贷款、再贴现、抵押补充贷款和差别存款准备金率等多种货币政策工具,加强信贷政策指导,增强金融机构支持扶贫开发的能力,引导金融机构加大对贫困地区的支持力度。根据宏观调控形势合理增加支农、支小再贷款额度,重点向深度贫困地区倾斜。创设扶贫再贷款,实行比支农再贷款更优惠利率,引导地方法人金融机构扩大对贫困地区信贷投放。细化扶贫再贷款管理,推动扶贫再贷款政策顺利实施,助推实现脱贫攻坚目标。充分发挥宏观审慎评估的结构引导作用,积极运用差别化存款准备金率政策,加大支小支农再贷款支持力度,对贫困地区金融机构

发放的支农再贷款利率在正常支农再贷款利率基础上降低1个百分点，引导金融机构增加有效信贷投放。

三是强化金融精准扶贫信息共享、统计监测和政策效果评估。推动金融精准扶贫信息对接共享，开发完善"金融精准扶贫信息系统"，实现建档立卡贫困户基础信息和金融扶贫信息的精准对接，全面动态反映贫困户贷款及使用情况；按照精准、穿透、动态原则，制定金融精准扶贫贷款专项统计制度，构建金融精准扶贫信贷核心指标体系，夯实金融精准扶贫信息基础；制定金融精准扶贫政策效果评估办法，开展金融精准扶贫政策效果评估，督促金融扶贫政策落地见效。

四是推动贫困地区金融产品和服务创新。推动扶贫贴息贷款发放，加大扶贫小额信贷、创业担保贷款、助学贷款、康复扶贫贷款政策实施力度，大力发展订单、仓单质押等产业链、供应链金融，稳妥推进贫困县农村承包土地经营权和农民住房财产权等农村产权融资业务，拓宽贫困地区抵押担保物范围，支持特色产业发展和贫困人口创业就业。推进贫困地区普惠金融服务，将普惠金融定向降准政策拓展并延伸至脱贫攻坚领域，将农户生产经营、建档立卡贫困人口、助学等纳入普惠金融服务范畴，金融支持贫困户脱贫致富的力度持续加大。

五是理顺易地扶贫搬迁金融服务工作机制，做好易地扶贫搬迁相关资金筹措和管理服务。相继制定出台易地扶贫搬迁信贷资金筹措方案、衔接投放以及管理服务等文件，为国家开发银行、中国农业发展银行发行易地扶贫搬迁专项金融债提供基础保障。要求发债募集资金专款专用，保证资金及时支付，积极推动金融机构做好搬迁安置配套金融服务，支持建档立卡人口实现"搬得出、稳得住、有事做、能致富"。

六是加强贫困地区金融基础设施建设，优化贫困地区金融生态环境，着力提升贫困地区金融服务的可及性和便捷度。加强贫困地区支付基础设施建设，大力普及结算账户，积极推广网络支付、手机支付等新型支付方式，构建多层次、广覆盖的支付服务网络，深化银行卡助农取款和农民工银行卡特色服务，不断扩大基础金融服务的覆盖面，提升贫困农户金融服务便利度。积极开展"信用户""信用村""信用乡（镇）"创建活动，加快贫困地区农村信用体系和中小企业信用体系建设。加强金融知识普及宣传，提高金融消费者的金融素养和风险意识，优化贫困地区金融生态环境，为金融支持扶贫开发营造良好的环境。

在各项政策措施的支持下，扶贫开发金融和普惠金融发展取得了显著成效，金融助推脱贫攻坚的作用日益增强，贫困地区金融服务水平明显提升。

3. 形成扶贫合力，打实打好金融精准扶贫"组合拳"

在中央扶贫攻坚政策推动和人民银行金融精准扶贫政策的引导下，银行、证券、保险等各类金融监管及经营机构发挥各自优势，争相发力深度贫困地区和贫困人口的扶贫脱贫工作，金融精准扶贫"组合拳"精彩纷呈。

银保监会（包括原银监会、保监会）精准对接贫困地区融资需求，从扶贫专项资金规模、信贷结构、保险保障、网点覆盖等方面强化指导，要求银行业保险业各金融机构准确把握定位，不断推进金融创新，促进金融资源与脱贫攻坚精准对接。证监会通过为贫困地区企业上市和发债融资开辟绿色通道、鼓励上市公司开展贫困地区产业并购重组、鼓励资本市场各类主体因地制宜分类施策开展结对帮扶等，积极推进金融扶贫各项行动。

商业银行充分发挥其在资金、科技、产品、网点等方面的优势，通过设立专门机构、制定专门规划、投入专门资源、实施专门考核、落实专门政策等，构建金融扶贫专业化工作机制，创新探索全方位、立体式的"金融＋"扶贫模式，聚焦"精""准"，探索可持续扶贫之路，通过重点支持扶贫地区水、电、路、网等基础设施建设，重点支持贫困地区的主导产业、重点客户和骨干项目等，着力实施基础设施扶贫、产业扶贫，增强贫困地区自我"造血"功能，实现贫困人口稳定的脱贫致富。

开发类政策类金融机构如国开行、农发行充分发挥开发性和政策性金融在扶贫开发中的重要作用，设立扶贫金融事业部，搭建"融制、融商、融资、融智"扶贫平台，实施深度贫困地区脱贫攻坚、东西部扶贫协作、定点扶贫帮扶等，精准对接脱贫资金需求，加强信贷扶持。截至 2017 年底，国开行累计发放精准扶贫贷款 1.36 万亿元，覆盖 987 个国家级和省级贫困县。农发行"十三五"以来累计发放精准扶贫贷款 11 203 亿元，2018 年 4 月末精准扶贫贷款余额达到 13 108 亿元。

农村各类金融机构充分发挥服务一线的主力军作用，通过深入开展"双基联动"、推进贫困户建档、摸准贫困户金融需求、创新金融扶贫服务模式、完善金融扶贫产品体系、深化信用工程建设、践行普惠金融等，推动精准扶贫工作稳步开展。

4. 措施精准有力，金融精准扶贫取得积极成效

在各方的共同努力下，近年来金融精准扶贫取得了巨大的成效。以扶贫贷款、扶贫再贷款、金融债为主导，金融精准扶贫信贷投入不断增加。截至 2017 年底，发放支农再贷款余额 2 564 亿元，支小再贷款余额 929 亿元，扶贫再贷款余额 1 616 亿元，再贴现余额 1 829 亿元；针对建档立卡贫

困户发展产业增收需求，发放小额扶贫信贷 4 300 多亿元，惠及 1 100 多万户建档立卡贫困户。此外，"分红型""就业型"等各种形式的企业扶贫贷款也都快速发展，截至 2018 年 3 月末，建档立卡贫困人口及已脱贫人口贷款余额 6 353 亿元，产业精准扶贫贷款余额 9 186 亿元。国家开发银行和农业发展银行先后发行金融债 3 500 多亿元，专项用于支持易地扶贫搬迁。与此同时，金融精准扶贫模式日益多元，产品和服务更加丰富，贫困地区基础金融服务水平、金融精准扶贫覆盖率大幅度提升，贫困人口金融服务受益面不断扩大，金融精准扶贫的社会效果日益显现。

### （二）金融精准扶贫面对的挑战与努力的方向

近年来，金融精准扶贫工作取得了积极成效，但也存在诸多不容忽视的问题与挑战。如部分金融机构扶贫主动性不强，一些地区扶贫贷款增长乏力，个别金融机构过度强调风险防范，抬高扶贫信贷条件，有些地方贷款风险分担补偿机制不完备，部分金融机构创新服务的能力不强等。面对这些问题与挑战，要确保中央提出的 2020 年脱贫目标的如期实现，金融系统必须进一步转变观念，提升认识，采取更加积极有效的举措，构建金融精准扶贫长效机制，为打赢扶贫攻坚战贡献更大的金融力量。

1. 提升思想认识，提高政治站位，深刻领会、准确把握金融精准扶贫的时代意义

实现到 2020 年的精准脱贫目标，打赢扶贫攻坚战，是党的十九大提出的新时代"三大攻坚"任务之一。认真执行党中央的决策部署，履行好应尽的义务，全力以赴做好扶贫工作，是金融系统义不容辞的责任。从现在到 2020 年，只有不到三年的时间，脱贫攻坚已进入"啃硬骨头"的冲刺期、攻城拔寨的关键期。在此背景下，金融机构须认真落实中央部署安排，把金融精准扶贫作为必须完成的重大政治任务和头等大事，以高度的责任感和担当精神，肩负起金融扶贫的神圣使命，积极发挥金融在精准扶贫中不可替代的作用，通过不断完善政策、健全机制、创新产品、增加投入等，精准对接多元化融资需求，切实推动金融扶贫工作再上新台阶，为打赢脱贫攻坚战、决胜全面建成小康社会提供强力高效的金融支撑。

2. 完善金融精准扶贫政策体系，做好金融精准扶贫顶层设计

整个金融系统要重点围绕脱贫攻坚的新形势、新任务、新要求，结合贫困地区脱贫攻坚实践中的新需求和已有政策落实过程中的新情况，进一步聚焦深度贫困，加强金融扶贫政策的顶层设计和衔接协调，统筹各类金融资源，构建联运机制，打好各种金融政策的"组合拳"，将中央关于金融

扶贫的各项政策要求落到实处。

3. 加强对金融扶贫工作的指导，推动金融扶贫工作精准高效开展

人民银行、银保监会、证监会等金融宏观调控与监管部门要继续落实党中央、国务院部署，加强协调统筹，指导银行、保险、证券等各个金融行业、各类金融机构狠抓各项政策措施落地，持续加大对重点领域扶贫开发的金融支持力度。要精准把握脱贫攻坚关键阶段的庞大资金需求，运用多种货币政策工具，鼓励和引导商业性、政策性、开发性、合作性各类金融机构持续加大扶贫资金投入，将金融资源优先向深度贫困地区倾斜，着力支持深度贫困地区扶贫产业发展，满足深度贫困地区扶贫小额贷款有效信贷需求，做好深度贫困地区易地扶贫搬迁金融服务。要切实下沉服务重心，完善机构设置，延伸服务触角，优化深度贫困地区基层金融服务，实现金融扶贫进村入户。要健全金融精准扶贫各项制度，完善金融精准扶贫工作机制，使金融精准扶贫在扶贫开发中发挥更大的作用。

4. 创新金融扶贫产品和服务，提升金融扶贫的精准性有效性

要不断推进金融精准扶贫创新，进一步丰富金融扶贫产品，优化金融扶贫服务，更好地满足贫困地区贫困人口的金融需求。要重视并发挥好普惠金融在金融精准扶贫中的重要作用，大力推进数字普惠金融发展，助力脱贫攻坚。要精准识别金融扶贫对象、科学搭建金融扶贫平台、创新优化金融扶贫模式，解决好"扶持谁""谁来扶""怎么扶"等根本问题。要更加精准聚焦聚力，解决好以往扶贫中存在的"大水漫灌""普遍撒钱"等的不足，大力推进"号准脉搏""对症下药""精确滴灌"式扶贫，不断提高金融扶贫的精准性和实效性。

5. 科学构建金融扶贫评估考核体系，激发金融机构精准扶贫内生动力

要不断完善金融精准扶贫政策导向效果评估，加强评估结果运用，引导金融机构加大对贫困地区和薄弱环节的信贷投放。优化监管与审慎评估指标，打破传统业绩评价体系藩篱，建立符合扶贫要求和特点的专门信贷考核框架，激发金融机构精准扶贫的内生动力。运用好财税调节手段，从优惠税率、不良贷款核销等方面给予扶贫金融机构更多的支持，充分调动金融机构扶贫工作积极性。

6. 强化风险防范，确保金融精准扶贫持续健康发展

在党的十九大确定的"三大攻坚战"中，排在第一位的就是要防范化解重大风险。金融助力脱贫攻坚，在满足扶贫脱贫金融需求的同时，也必须把防范风险摆在重要位置，特别是要坚决杜绝打着脱贫攻坚的旗号，加重政府债务风险的倾向。要发挥好金融机构的专业优势，做好风险识别、

预防、防范与化解，增强金融扶贫可持续性。要深入开展金融扶贫领域作风问题整治，净化优化金融精准扶贫环境，确保金融精准扶贫健康推进。

总之，回顾党的十八大以来我国扶贫攻坚所走过的历程，付出满满，收获多多；展望决胜全面建成小康社会的新征程，"精准扶贫、精准脱贫"意义重大、使命神圣、任务艰巨、责任厚重，是一场没有退路、必须打赢的硬仗。金融业立足潮头，必须与时代同呼吸共命运，履行好社会职责，担负起历史重任，落实好中央决策部署，提供好金融精准扶贫服务，为全面打赢脱贫攻坚战贡献最大的智慧和力量。

## 思考题

1. 什么是普惠金融？其基本内涵是什么？

2. 普惠金融的核心要素有哪些？

3. 我国为什么要大力发展普惠金融？其重大意义是什么？

4. 发展数字普惠金融应遵循哪些基本原则？

5. 如何理解"精准扶贫、精准脱贫"？我国脱贫攻坚的基本目标是什么？

6. 我国金融精准扶贫有哪些重大政策举措？取得的积极成效主要有哪些？

# 参考文献

[1] 贝多广，李焰. 数字普惠金融新时代 [M]. 北京：中信出版集团，2017.

[2] 焦瑾璞，王爱俭. 普惠金融基本原理与中国实践 [M]. 北京：中国金融出版社，2015.

[3] 田剑英. 金融改革试验区普惠金融发展的模式与路径 [M]. 北京：中国财政经济出版社，2017.

[4] 中国人民银行金融消费权益保护局. 2017 年中国普惠金融指标分析报告 [DB/OL]. http：//www. financialnews. com. cn/sj_ 142/jrsj/201808/t20180813_ 144028. html？from = singlemessage，2018 – 08 – 13.

[5] 潘功胜. 牢记重托 砥砺前行 全力做好金融精准扶贫工作 [N]. 金融时报，2018 – 05 – 26.

［6］孙天琦．国际主要普惠金融指标体系解析［N］．金融时报，2016－08－09．

［7］张韶华，张晓东．普惠金融　一个文献综述［J］．比较，2015（1）．

［8］姜欣欣．兰考普惠金融改革探索的理论实践［N］．金融时报，2018－03－05．

［9］中国人民银行，世界银行集团．全球视野下的中国普惠金融：实践、经验与挑战．http：//www．3mbang．com/p－351968．html，2018－02－01．

［10］重点聚焦深度贫困地区　提升金融精准扶贫可持续性——金融精准扶贫经验交流暨工作推进会发言摘登［N］．金融时报，2018－05－26．

# 第三章　互联网经济与互联网金融

互联网是 20 世纪最伟大的发明之一，互联网与经济发展相结合为经济增长带来新的活力，对经济发展有极大促进作用。互联网经济正在成为经济增长的新引擎，有利于变革传统服务方式、激活创新市场、促进产业全面转型升级。随着互联网技术与金融的快速融合，互联网金融得到快速发展，并成为普惠金融的重要实现途径。第三方支付业务、P2P 借贷、众筹和互联网保险等金融业务逐渐成熟，不仅弥补了传统金融业务的不足，而且带动整个金融行业获得巨大增量。我国互联网金融行业面临着巨大的发展机遇，同时还需要不断规范发展，以期实现自身的持续、健康发展，真正造福于社会大众。

## 第一节　互联网经济及其发展

互联网经济是依托信息网络，以信息、知识、技术等为主导要素，通过经济组织方式创新，优化重组生产、消费、流通全过程，提升经济运行效率与质量的新型经济形态。互联网经济发展水平正在成为衡量一个国家或地区是否具有经济发展主导权的主要标志。

### 一、互联网经济及其类型

互联网经济又称网络经济、知识经济、信息经济、数字化经济等，或统称为新经济。互联网经济是在互联网基础上，以现代信息科学技术为核心，促使传统产业、传统经济发生质的飞越和革命性变革，而建立的一种新的经济形态。一般而言，狭义的互联网经济是指基于互联网的经济活动，如网络企业、电子商务以及网络消费、网络投资等网上经济活动；广义的互联网经济则泛指以信息网络为基础或平台、以信息资源与信息技术的应用为特征、信息与知识起重大作用的各类经济活动。

### (一) 互联网技术发展对经济的作用

互联网经济是自 20 世纪 90 年代以来伴随着信息技术迅猛发展而产生的新的经济形式。互联网的发展带动了行业间跨界融合步伐的加速，互联网信息技术产业已成为发达国家经济新的增长点，是人类社会迈入知识经济时代的加速器。

第一，互联网行业给经济带来了巨大的价值，尤其是对于 GDP 的贡献，超过了许多被视作"经济引擎"的传统行业。互联网行业包含了成千上万的交互网络，参与运营维护的有服务供应商、企业、大学、政府与其他机构。在互联网经济时代，经济主体的生产、交换、分配、消费等经济活动，以及金融机构和政府职能部门等主体的经济行为，都越来越多地依赖信息网络。一方面许多交易行为也直接在信息网络上进行；另一方面要从网络上获取大量经济信息，依靠网络进行预测和决策。

第二，互联网技术能够帮助消费者提高市场效率，缩短交易与调查的时间，降低机会成本，并在很大程度上解决信息不对称的问题。新的互联网驱动型企业、行业乃至整个服务业也从互联网消费者的习惯和需求出发，用直接有效的商业策略来回馈对方。

第三，互联网技术可以扩展企业的销售渠道、降低企业的融资成本，也会使企业的效益提高并对未来的企业创新提供支持。随着互联网技术的发展，企业的各个生产环境、营销环节、领导层的决策、规章制度、部门之间的协作、售后服务以及与其他企业或相关部门交流都离不开互联网信息技术及互联网经济的发展。

### (二) 互联网经济的类型

互联网经济是基于互联网所产生的经济活动的总和。目前互联网经济主要包括电子商务、互联网金融、即时通信、搜索引擎和网络游戏五大类型：

第一，电子商务。电子商务通常是指相关经济主体依托开放的网络环境，基于浏览器、服务器的广泛应用，买卖双方不谋面地进行各种商贸活动，实现消费者的网上购物、商户之间的网上交易和在线电子支付以及各种商务活动、交易活动、金融活动和相关的综合服务活动的一种新型的商业运营模式。电子商务主要的运营模式有：B2B（Business to Business）、

B2C（Business to Customer）、C2C（Customer to Customer）、B2M（Business to Marketing）、M2B（Maker to Business）、B2A（Business to Administrations）、O2O（Online to Offline）等。

第二，即时通信。即时通信是一种终端服务，一种基于互联网的即时交流消息的业务，该业务允许两人或多人使用网络即时地进行文字信息、档案、语音与视频等的交流。它是目前互联网当中最流行的一种通信模式。随着互联网应用的不断创新，通信服务软件也层出不穷，目前全世界主要的即时通信工具有：微信、QQ、MSN、UC等。

第三，互联网金融。互联网金融是指传统金融机构与互联网企业利用互联网技术和现代信息通信技术实现资金融通、交易、支付、投资和信息中介服务或互联网机构开展金融业务活动的新型金融业务模式。互联网金融是互联网技术和金融功能的有机结合，依托大数据和云计算在开放的互联网平台上形成的功能化金融业态及其服务体系，包括基于网络平台的金融市场体系、金融服务体系、金融组织体系、金融产品体系以及互联网金融监管体系等，并具有普惠金融、平台金融、信息金融和碎片金融等相异于传统金融的金融模式。

第四，网络游戏。网络游戏又称"在线游戏"，指以互联网为传输媒介，以游戏运营商服务器和用户计算机为处理终端，以游戏客户端软件为信息交互窗口的旨在实现娱乐、休闲、交流和取得虚拟成就的具有可持续性的个体性多人在线游戏活动。

第五，搜索引擎。这是指根据一定的策略、运用特定的计算机程序从互联网上搜集信息，在对信息进行组织和处理后，为用户提供检索服务，将用户检索的相关信息展示给用户的系统。搜索引擎包括全文索引、目录索引、元搜索引擎、垂直搜索引擎、集合式搜索引擎、门户搜索引擎与免费链接列表等形态。

## 二、我国互联网经济的发展状况

随着经济的发展和社会的进步，在技术创新的引领下，互联网已经深入社会经济生活的方方面面，正在给人类社会带来深刻、难以想象、超乎意料的变革。

### （一）互联网经济对我国的重要作用

互联网经济的发展带动了我国行业间跨界融合步伐的加速，传统产业在互联网影响下找到新的发展空间，缔造了新的经济增长点。互联网经济的重要作用，主要有以下三个方面。

第一，互联网经济有助于促进产业全面转型升级。随着云计算、大数据、人工智能的发展，实体企业对数字经济的投资不断加大，未来互联网企业和传统企业的界限将日渐模糊。中国互联网经济转向质量提升阶段，在此阶段，小到定制服装、家电，大到企业全球拓展业务，互联网发展将与制造业深度融合，推动制造业提质增效，促进实体经济转型升级。如工业互联网则是推动传统制造业向数字化、智能化方向发展，并在未来提供规模化的个性化产品定制，提高生产效率，促进制造业借助互联网技术转型升级，而且互联网时代的网络营销也将给制造业产品推广带来新的思路和方向；农业互联网将多样化的互联网技术融入农业全程生产活动，积极推动农产品电商营销平台建设，为涉农企业或农民提供全方位咨询服务与解决方案，提高了农业生产效率，促进了农业转型升级；服务业互联网更是以愈加成熟的商业模式、更低的成本及更及时高效的时间概念不断提高该行业的服务水平与能力。

第二，互联网经济有助于变革传统服务方式。互联网经济正在将互联网的技术成果大规模应用于传统服务业，不断创新消费、支付等服务方式，以高效便捷、低成本的优势将传统服务业带入新的高度。传统服务业市场涉及居民衣食住行的各个环节，诸多互联网企业不断推出基于个人 PC、手机等的客户端，将用户的需求集成于便捷的应用软件，从时间、成本等多角度为用户提供最适合的便捷服务，从而改变着人们的生活、消费方式，推动互联网技术与服务业更深层次融合。从目前创新成果来看，金融、教育、零售、广告、媒体等领域的互联网经济发展已卓有成效，不仅整合了交通、旅游等行业资源，提高了服务的效率和水平，更重要的是，互联网经济的发展，便捷与高效吸引了众多用户群体。随着互联网经济发展的日趋成熟，消费人群、消费规模在日趋扩大，吃穿住用行一键搞定。这无疑将增加社会有效需求，从而促进社会生产，促进全社会经济健康发展。

第三，互联网经济有助于激活创新市场。互联网技术对经济的促进作用给了亿万创业者以极大的信心，在由"中国制造"向"中国创造"转型的过程中，技术进步是关键环节，而互联网技术与经济的结合也将先进的技术融入到社会发展的诸多领域，将创新贯穿于技术进步与技术运用的各个环节。互联网经济的发展将高效推动各地区人才、资本、技术、知识的合理流动，汇聚亿万民众的创新激情，营造浓厚的大众创业、万众创新氛围，集人民群众的力量为新常态下的全面深化改革提供智力支持，推动中国经济走向新的创新征程。互联网经济将互联网融进传统产业的发展进程，找到产业全面转型升级的关键入口，促使传统产业焕发新的活力与生命力，走出一条互联网创新驱动高效发展的新路子。中国经济已进入"新常态"，全面深化改革正在有序进行，互联网技术将助力中国经济再一次腾飞，推动"中国梦"早日实现。

## （二）我国互联网经济的主要类型及其发展

互联网经济代表一种新的经济形态和产业发展新的业态，即充分发挥互联网在生产要素中的优化和集成作用，将互联网的创新成果深度融合于经济社会各领域之中，提升实体经济的创新力和生产力，形成更加广泛的以互联网为基础设施和实现工具的经济发展新形态。近 20 年来，互联网技术快速发展，相关的产品与服务已经深入人民生产生活的方方面面。

### 1. 电子商务的发展

1998 年，阿里巴巴、中国制造网等 B2B 电子商务企业成立；2003 年，淘宝网、京东商城等 B2C 电子商务平台崛起，中国电子商务开启了快速发展的二十年。电子商务是网络技术与通信技术在商务领域中的应用，是企业参与国际市场竞争的有效工具。电子商务代表新的经济增长点、有着广泛的市场前景。总体来看，我国电子商务呈现服务化、多元化、国际化、规范化的发展趋势。

第一，线上线下深度融合，电子商务转变为新型服务资源。围绕消费升级和民生服务，电子商务的服务属性更加明显。电商数据、电商信用、电商物流、电商金融、电商人才等电子商务领域的资源在服务传统产业发展中发挥越来越重要的作用，成为新经济的生产要素和基础设施。以信息技术为支撑、以数据资源为驱动、以精准化服务为特征的新农业、新工业、新服务业加快形成。

第二，"丝路电商"蓄势待发，电子商务加快国际化步伐。"一带一路"高峰论坛成功召开进一步促进了沿线国家的政策沟通、设施联通、贸易畅通、资金融通、民心相通，为电子商务企业拓展海外业务创造了更好的环境和发展空间。商务部会同国家发展改革委、外交部等围绕"一带一路"战略，加强与沿线国家合作，深入推进多层次合作和规则制定，推动"丝路电商"发展，服务跨境电商企业开拓新市场。

第三，网络零售提质升级，电子商务发展呈现多元化趋势。随着人民生活水平的提升和新一代消费群体成长为社会主要消费人群，消费者从追求价格低廉向追求产品安全、品质保障、个性需求及购物体验转变。社交电商、内容电商、品质电商、C2B 电商成为市场热点，新技术应用更快，电子商务模式、业态、产品、服务丰富多元化。

第四，治理环境不断优化，电子商务加快规范化发展。电子商务相关政策法律陆续出台，为加强电子商务治理提供了组织保障。把支持和促进电子商务持续健康发展摆在首位，拓展电子商务的空间，推进电子商务与实体经济深度融合，在发展中规范，在规范中发展。

### 2. 即时通信的发展

即时通信工具是互联网与技术发展结合的产物，除了传统的通信工具，也逐渐涌现出在线客服、智能机器人、离线包等通信工具。这些使用便捷、功能齐全的即时通信工具给人们的生活、工作带来了极大的便利。从目前的技术发展现状来看，即时通信工具主要向着以下方面发展。

第一，精细化。随着即时通信工具的定位由通信软件向互联网业务综合平台转变，未来即时通信市场将向精细化方向发展。用户逐渐显示出细分特性，即时通信服务定位差异化发展趋向显著。届时不可能出现一家即时通信通吃市场的情况，而可能会出现你中有我、我中有你，回到专业化分工各有所长的局面。即通过即时通信服务用户的职业结构、收入情况、学历水平等来分析、设计更专业、更方便、更快捷、更安全的即时通信工具。

第二，多元化。即时通信工具提供的服务更加多元化，用户的在线生活圈逐渐形成。包括 QQ 在内的即时通信工具不断增加新的增值应用服务，如新闻资讯、博客、邮箱、音乐、网络游戏、虚拟服装、C2C 等，为即时通信用户提供了众多的娱乐和资讯服务选择，在增加盈利的同时，不断强化用户黏性。即时通信工具仅仅是整个平台的最基本的服务，新的应用和服务将继续增加进来，用户的在线生活圈逐渐形成。

第三，垂直化。即时通信工具市场发展迅速，综合类即时通信与垂直类即时通信格局即将形成。垂直类即时通信工具发展迅速，以淘宝旺旺、贸易通为代表的专业型即时通信软件发展迅速，它们的出现有助于各自领域业务的发展，降低了交易、交流成本。综合类即时通信与垂直类即时通信格局即将形成。

除了以上三个方向以外，即时通信工具的发展将极大地促进移动网、互联网和固网之间的拓展、互通和融合。除了样式和功能以外，即时通信工具作为企业网络营销的重要工具，将越来越贴合互联网营销的需求，成为网络营销的有效工具。

3. 互联网金融的发展

互联网金融出现在 20 世纪 90 年代中期，以美国 1995 年出现的安全第一网络银行（Security First Network Bank，SFNB）为标志，互联网金融诞生，开启了金融发展的新纪元，此后互联网金融迅速在世界各地区发展起来。我国互联网金融发展主要有三个阶段。

第一，萌芽阶段。我国互联网金融萌芽在 2005 年以前，这一时期真正意义上的互联网金融形态尚未出现，主要是传统的金融机构简单地把金融业务搬到互联网上，利用互联网开展业务。1993 年，电子商务作为一种全新的商务运作模式应运而生，人类的商务活动被互联网带入全面的电子化时代。银行等传统金融机构为了在未来的竞争中胜出，开始探索金融创新，转变传统的经营观念、支付方式和运营模式以迎合金融业网络化的发展趋势。自此，网上转账、网上证券开户、网上买保险等互联网金融业务相继出现，种种变革给传统金融模式带来了巨大冲击，也预示着互联网金融时代的到来。

第二，起步阶段。2005 年到 2012 年是我国互联网金融发展的起步阶段，金融和互联网的结合从早期的技术层面逐步深入到业务领域，第三方支付、P2P 网贷、众筹等互联网金融业务形态相继出现。为了解决电子商务、货款支付不同步而导致的信用问题，作为买卖双方交易过程中信用中介的第三方支付平台应运而生，并迅速发展。随着移动通信的快速普及，第三方支付的应用范围逐步拓展到了生活服务领域。此时，互联网金融另一个标志性的业务形态——P2P 网贷在这一时期也得到了发展，网贷于 2007 年在我国开始出现。由于利率市场化及金融脱媒的趋势加速，进入 2010 年以后，P2P 网贷呈现快速增长态势。但由于监管步伐没能跟上，随着 P2P 网贷的快速发展，大量劣质的 P2P 网贷公司出现在市场中，导致各种违规、跑路的事件不断出现，严重损害了金融信誉和消费者利益。市场自发淘汰了一批不正规的和竞争力弱的劣质企业，互联网金融行业得到一定的整合和发展。

第三，高速发展期。2013 年被称为互联网金融发展元年，以"余额宝"上线为代表，我国互联网金融开启了高速发展模式。第三方支付逐步走向成熟化，P2P 网贷呈爆发式增长，众筹平台开始起步，互联网保险和互联网银行相继获批运营，同时，券商、基金、信托等也开始利用互联网开展业务，网络金融超市和金融搜索等应运而生，为客户提供整合式服务，我国互联网金融进入高速发展期。行政部门和监管部门纷纷出台政策，加强对互联网金融行业及业务模式进行引导和规范，互联网金融进入了高速发展阶段。

### 4. 网络游戏的发展

就我国网络游戏近年来的发展来看，现如今已经拥有了一个庞大的发展群体，我国网络游戏的发展，大概可以分为以下几个方面：

第一，网络游戏将与技术进行整合。任何网络游戏都要进行技术整合，就目前网络游戏的发展趋势来看，其已遍及各个领域，例如电视游戏也演变为网络游戏，通俗来说就是只要有互联网出现的地方，就有网络游戏的存在，网络游戏要求的技术较普通游戏高。随着无线网络技术的发展，网络游戏的硬件将向无线信息终端大拓展，而且可通过掌上电脑或手机来进行网络游戏，最终向"网络游戏移动时代"发展大型的网络游戏。

第二，网络游戏媒体化进程加速。网络游戏的发展还有一个重要的项目就是广告宣传，网络时代下，游戏的宣传大多都采用媒体的形式，例如代言、打广告等手段来传播网络游戏。在广告宣传的同时也将广告与网络游戏巧妙地结合在一起，从而形成了以游戏为传播载体的广告新形式。

总而言之，网络游戏产业是我国经济增长的一个强有力的点，网络游戏是互联网获得经济效益以及推广的重点建设项目。网络的迅猛发展和普遍应用使得网络游戏已蓬勃发展并形成大规模产业，它是新经济的产物，并且将有效促进互联网等数字通信业和 IT 制造业的发展，成为带动相关产业发展的新的经济增长点，相关网络游戏开创人员就应不断前进，不断进行创新研究，走出中国特色的网络游戏产业。

### 5. 搜索引擎的发展

互联网信息时代高度发达的今天，搜索引擎在互联网时代占据着重要的发展地位，是人们在互联网时代最为依赖必不可少的使用工具。搜索引擎强大的搜索功能带给人们非常方便快捷的信息数据获得渠道和帮助，这也是搜索引擎在互联网时代发展成功的最重要原因。

近十五年间，与互联网的发展趋势息息相关的是搜索引擎得到了快速的发展，迎来了以互联网用户的个性化和社交化为中心的趋势。与此同时，移动设备的不断增加及个性化、社交化两大趋势的融合催生出了许多新型应用。搜索引擎的重要性所带来的巨大的互联网潜力商机促使更多的公司也开始高度关注和转投搜索引擎领域的发展，发展到今天，搜索引擎已经不再是百度、谷歌独霸天下的格局，近几年来，相继出现了腾讯、360、搜狗、新浪、微软、雅虎等公司的搜索业务开始与百度、谷歌这样的搜索巨头展开竞争。随着互联网的不断发展，搜索引擎业务领域将不再是一家公司独领风骚的"一枝独秀"，而会出现越来越多的搜索引擎公司，搜索引擎业务领域的竞争将会变得越来越激烈。

搜索引擎的实时性与移动性方面的要求较高。我们可以随时通过搜索引擎，搜寻大千世界的种种，小至你我个体。当我们能够马上获得数以万笔的搜寻信息，进一步再将这些搜寻的结果加以筛选运用在各自的生活领域的时候，我们对新型互联网的搜索不仅仅是依赖，更多需要一份期待和惊喜。

未来的搜索引擎功能将在激烈的竞争下变得越来越复杂，未来的搜索引擎是一款非常复杂的产品，它可能融合了大量数据、语音识别、自然语言处理、人工智能等多种高端 IT 技术。搜索引擎工程师们希望能够在符合时代发展潮流的情况下，推出更多形式的搜索方式，让搜索方式多元化，让搜索方式变得更加新鲜起来。搜索引擎还可以利用云计算技术，更便捷地获取更多的信息。

# 第二节　第三方支付与 P2P 网络借贷及其发展

互联网金融是指借助于互联网技术、移动通信技术实现资金融通、信息中介和支付等业务的新兴金融模式，既不同于商业银行间接融资，也不同于资本市场直接融资的融资模式。互联网金融是一种全新的金融形态，它的存在形式多种多样，其中最常见的有：第三方支付、P2P 网络借贷、互联网众筹、互联网保险等，本节主要探讨第三方支付与 P2P 网络借贷及其发展状况。

## 一、第三方支付

第三方支付作为新金融基础设施之一，影响力及行业渗透力进一步凸显。在大消费时代背景下，以重资产模式为代表的传统产业逐渐退居幕后，科技、金融等轻资产产业悄然走上台前。第三方支付，以交易为切入点，凭借数据连接起了传统金融与数字普惠金融，成为了新金融基础设施之一。

### （一）第三方支付概述

第三方支付是指具备一定实力和信誉保障的独立机构，采用与各大银行签约的方式，通过与银行支付结算系统接口对接而促成交易双方进行交易的网络支付模式。在第三方支付模式（如图 3-1 所示），买方选购商品后，使用第三方平台提供的账户进行货款支付，此时货款是支付给第三方，然后第三方通知卖家货款到账、要求发货；买方收到货物，检验货物，并且进行确认后，再通知第三方付款；第三方再将款项转至卖家账户。在第三方支付出现以前，完成一笔交易后的支付主要由客户与商业银行之间建立联系，再通过商业银行与中央银行进行清算。由于客户不能直接与中央银行支付清算，产生了周转时间长、清算效率低的问题。第三方支付公司成为了客户与各商业银行间的桥梁，第三方支付公司通过在不同银行开立的中间账户对大量交易资金实现轧差。中国国内的第三方支付产品主要有支付宝、微信支付、百度钱包、PayPal、中汇支付、拉卡拉、财付通、融宝、盛付通、腾付通、通联支付、易宝支付、中汇宝、快钱、国付宝、物流宝、网易宝、网银在线、环迅支付 IPS、汇付天下、汇聚支付、宝易互通、宝付、乐富等。

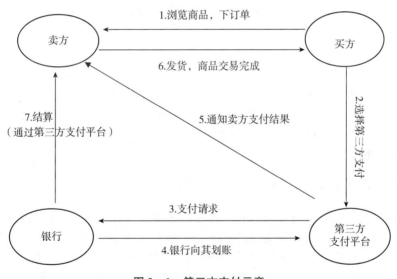

**图 3 - 1　第三方支付示意**

## （二）第三方支付的特点

第三方支付平台是当前所有可能的突破支付安全和交易信用双重问题中较理想的解决方案。其特点有以下三个方面。

第一，有助于打破银行卡壁垒。由于目前我国实现在线支付的银行卡各自为政，每个银行都有自己的银行卡，这些自成体系的银行卡纷纷与网站联盟推出在线支付业务，同时商家网站也必须装有各个银行的认证软件，这样就会制约网上支付业务的发展，第三方支付服务系统可以很好地解决这个问题。

第二，提供多种应用接口。第三方支付将多种银行卡支付方式整合到了一个界面，消费者和商家不再需要向多个银行开设不同的账户，第三方支付负责交易结算和与银行对接。第三方支付平台采用了与众多银行合作的方式，同时提供多种银行卡的网关接口，从而大大地方便了网上交易的进行，可以帮助银行节省网关开发费用，并为银行带来一定的潜在利润。对于商家来说，不用安装各个银行的认证软件，从一定程度上简化了费用和操作，使网上购物更加快捷、便利。消费者和商家不需要在不同的银行开设不同的账户，可以帮助消费者降低网上购物的成本，帮助商家降低运营成本。

第三，可以有效降低信用风险。第三方支付平台本身依附于大型的门户网站，且以与其合作的银行的信用作为信用依托，因此第三方支付平台能够较好地突破网上交易中的信用问题，有利于推动电子商务的快速发展。在交易的过程中，第三方支付能够进行资金的传递并可以对交易双方进行约束和监督。第三方支付平台可以同步定制个性化的支付结算服务。帮助商家网站解决实时交易查询和交易系统分析，提供方便及时的退款和止付服务。第三方电子支付平台可以对交易双方的交易进行详细的记录，从而防止交易双方对交易行为可能的抵赖以及为在后续交易中可能出现的纠纷问题提供相应的证据。

## （三）第三方支付模式

如今的第三方支付已不仅仅局限于最初的互联网支付，而是成为线上线下全面覆盖、应用场景更为丰富的综合支付工具，从第三方公司的功能特色来看，目前市场上第三方支付公司的运营模式可以归为三大类。

第一，有电子商务平台的第三方支付网关模式。这种类型的网上支付平台是指由电子商务平台建立起来的支付网关，不同于第二种模式，这里的电子商务平台往往是指独立经营且提供特定产品（虚拟产品或实体产品）的商务网站。支付网站最初也是为了满足自身配送商品和实时支付而研发搭建的，逐步扩展到提供专业化的支付产品服务。这种类型的在线支付企业进入时间早，又依附于成熟的电子商务企业，拥有坚实的后盾和雄厚的资金，占有了一大部分在网上进行买卖的客户源，其典型代表是云网支付网。

第二，独立的第三方网关模式。独立的第三方网关，是指完全独立于电子商务网站，由第三方投资机构为网上签约商户提供围绕订单和支付等多种增值服务的共享平台。这类平台仅仅提供支付产品和支付系统解决方案，平台前端联系着各种支付方法供网上商户和消费者选择，同时平台后端连着众多的银行。由平台负责与各银行之间的账务清算，同时提供商户的订单管理及账户查询等功能。这种模式国外以 CyberSource、WorldPay 公司为代表，国内有首信易支付、百付通等典型代表。

第三，有电子交易平台且具备担保功能的第三方支付网关模式。这种类型的第三方支付平台，是指由电子交易平台独立或者合作开发，同各大银行建立合作关系，凭借其公司的实力和信誉承担买卖双方中间担保的第三方支付平台，利用自身的电子商务平台和中介担保支付平台吸引商家开展经营业务。买方选购商品后，使用该平台提供的账户进行货款支付，并由第三方通知卖家货款到达、进行发货；买方检验物品后，就可以通知付款给卖家，第三方再将款项转至卖家账户。这类第三方支付工具在国内颇具代表性。尤其支付宝和安付通独占市场鳌头。易趣的贝宝和腾讯的财付通短期内也有非常好的表现。

## （四）第三方支付的发展

第一，早期或自由发展期（1999—2004 年）。早在 1999 年成立的北京首信和上海环迅两个企业是中国最早的第三方支付企业，由于电子商务在中国的缓慢发展，其影响力一直不大。直到 2004 年 12 月阿里巴巴公司支付宝的推出，在淘宝购物平台的强大影响下，其业务取得了突飞猛进的发展，第三方支付的交易规模也呈飞速增长趋势，仅用 4 年时间便以超过 2 亿使用用户的绝对优势胜过美国的 PayPal，成为全球最大的第三方支付平台。此阶段由于第三方支付还处于早期发展阶段，其影响力和覆盖范围均有限，因此也没有相关政策措施出台。

第二，强力发展期（2005—2013 年）。继阿里巴巴公司的支付宝推出后，国内相继出现了一系列类似的支付平台，如安付通、买卖通、微信支付、e 拍通、网银在线等产品均以较高的收益回报率和服务便捷性被亿万用户使用；此外，以拉卡拉为代表的线下便民金融服务提供商的出现，以及银联电子支付推出的银联商务等多项金融服务的衍生，使得最近 10 余年中国的第三方支付平台呈现迅猛的发展态势，第三方支付企业进入了持续稳定的"黄金"增长期。

第三，审慎发展期（2014 年至今）。"风险与利益并存"这一准则在市场中被反复检验和证实。由于国内的第三方支付发展迅速，存在片面发展和安全风险隐患等问题，国家政策逐渐明确，相关条例相继出台，并不断完善。

从第三方支付的发展历程和变化可以看出，第三方支付作为一种新兴的金融服务行业，在我国经济发展、金融支付基础设施建设过程中起到了越来越重要的作用。第三方支付已经成为中国现代化支付体系不可或缺的一部分，满足了新兴经济发展中日益增长的支付需求，大大降低了整个社会的交易成本。

### （五）第三方支付发展中存在的问题

我国的第三方支付还处于非常浅显的萌芽状态，在这种状况下，目前的第三方支付还存在着一些问题，主要有以下几个方面：

第一，业务革新问题。因为支付服务客观上提供了金融业务扩展和金融增值服务，其业务范围必须要明确并且要大胆推行革新。到目前为止，全球拥有手机的人多于拥有电脑的人，相对于单纯的网上支付，移动支付领域将有更大的作为。所以第三方支付能否趁此机遇改进自己的业务模式，将决定第三方支付最终能否走出困境，获得发展。

第二，电子支付经营资格的认知、保护和发展问题。第三方支付结算属于支付清算组织提供的非银行类金融业务，银行将以牌照的形式提高门槛。因此。对于那些从事金融业务的第三方支付公司来说，面临的挑战不仅仅是如何盈利，更重要的是能否拿到将要发出的第三方支付业务牌照。

第三，恶性竞争问题。电子支付行业存在损害支付服务甚至给电子商务行业发展带来负面冲击的恶意竞争的问题。国内很多电子支付公司与银行之间采用纯技术网关接入服务，这种支付网关模式容易造成市场严重同质化，也容易挑起支付公司之间激烈的价格战。由此直接导致了这一行业利润削减快过市场增长。

第四，风险问题。付款人的银行卡信息将暴露给第三方支付平台，如果这个第三方支付平台的信用度或者保密手段欠佳，将带给付款人相关风险。在第三方支付那里保存着大量的用户支付信息，如果第三方支付服务器数据库被攻破，将导致用户账号信息泄露。另外，在电子支付流程中，资金往往会在第三方支付服务商处滞留即出现所谓的资金沉淀，如缺乏有效的流动性管理，则可能存在资金安全和支付的风险。同时，第三方支付机构开立支付结算账户，先代收买家的款项，然后付款给卖家，这实际已突破了现有的诸多特许经营的限制，它们可能为非法转移资金和套现提供便利，因此形成潜在的金融风险。

第五，第三方支付平台缺乏独立性。我国的第三方支付平台大多是与网络经销商或网络商务平台捆绑在一起，用户在一个网络商务平台购物时，必须要使用该网络商务平台提供的第三方支付平台，而在另一个网络经销商或网络商务平台处购买商品时又必须要使用指定的第三方支付平台。这样对于用户来讲，需要在众多的第三方支付平台上频繁注册，才可能顺利地实现支付，这给用户带来了不必要的麻烦，用户需要记住大量的第三方支付平台注册信息。

第六，第三方支付还不适宜在 B2B 中进行。在 B2B 模式下采用第三方支付方式，供应商将会有大量的资金沉淀在第三方支付服务商处，等到采购商获得商品并确认后，资金才可流入企业。一般企业在 B2B 中不会使用第三方支付方式，财务人员更重视资金占用的时间成本，调节资金的流动和资金的收益。而第三方支付的资金的时滞性将阻碍其在 B2B 中的发展。

## （六）第三方支付的监管

目前，我国对第三方支付的监管由中国人民银行及其分支机构来负责，近年来人民银行加大执法检查力度、实施分类评级、发展行业自律组织等，多管齐下，将现场检查和非现场监督有机整合，适应行业发展，不断提高监管的针对性和有效性。监管法规如表 3 - 1 所示。

表 3 - 1　　　　　　　　近几年第三方支付的相关监管法规

| 发布时间 | 发布部门 | 监管法规 | 目的 |
|---|---|---|---|
| 2015. 12 | 中国人民银行 | 《非银行支付机构网络支付业务管理办法》 | 规范非银行支付机构网络支付业务，防范支付风险，保护当事人合法权益 |
| 2016. 4 | 中国人民银行等 14 部委 | 《非银行支付机构风险专项整治工作实施方案》 | 推动支付服务市场健康发展，提升支付行业服务质量和服务效率，切实防范支付风险 |
| 2017. 1 | 中国人民银行 | 《中国人民银行办公厅关于实施支付机构客户备付金集中存管有关事项的通知》 | 明确第三方支付机构在交易过程中，产生的客户备付金，今后将统一交存至指定账户，由央行监管，支付机构不得挪用、占用客户备付金 |

续表

| 发布时间 | 发布部门 | 监管法规 | 目的 |
|---|---|---|---|
| 2017.11 | 中国人民银行 | 《关于进一步加强无证经营支付业务整治工作的通知》 | 针对无证支付机构进行集中整治，同时颁发了持证支付机构自查内容和无证机构的筛查重点以及认定标准说明 |
| 2017.12 | 中国人民银行 | 《关于规范支付创新业务的通知》 | 对银行业务金融机构、非银行支付机构的业务创新、竞争秩序、收单管理等业务进行规范管理 |
| 2017.12 | 中国人民银行 | 《中国人民银行关于印发〈条码支付业务规范（试行）〉的通知》 | 对个人客户的条码支付业务进行限额管理 |

## 二、P2P 网络借贷

P2P 网络借贷属于民间借贷的一种创新形式，这种借贷形式以互联网为媒介，增强了资金双方的信息透明度，提高了资金融通的效率，已逐渐成为我国资金融通的一个重要补充形式。

### （一）P2P 概述

P2P 网贷又称 P2P 网络借款。P2P 是英文 Peer to Peer 的缩写，意即"个人对个人"，即点对点信贷，是一种将小规模的资金集合起来借贷给资金需求方的资金融通模式。利率则是联系借款人和投资者的重要纽带。其典型的模式为：网络信贷公司提供平台，由借贷双方自由竞价，撮合成交。资金借出人获取利息收益，并承担风险；资金借入人到期偿还本金，网络信贷公司收取中介服务费。P2P 网贷最大的优越性，是使传统银行难以覆盖的借款人在虚拟世界里能充分享受贷款的高效与便捷。

P2P 公司在互联网上建立中介平台如图 3-2 所示，融资人在平台上发放借款标的，出借人进行竞标并向融资人发放贷款。P2P 公司在互联网上建立中介平台，融资人在平台上发放借款标的，出借人进行竞标并向融资人发放贷款。在一个 P2P 网贷平台系统中，涉及的主体包括借款人、投资者和平台本身。

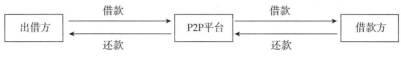

**图 3 - 2　P2P 行业的基本业务模式**

## （二）P2P 网络借贷的特点

互联网金融的核心是金融脱媒，P2P 网络借贷作为互联网金融的主流模式，在国内呈爆发式增长。国内的 P2P 行业主要特点包括：

第一，P2P 能有效提高资金运用效率，降低借款人成本、提高出借人收益。P2P 是"互联网 + 普惠金融"的一部分，P2P 是将有融资需求的人和有闲余资金的人直接匹配起来，围绕服务实体经济、助力金融普惠，这也是其未来发展之路。

第二，P2P 在一定程度上降低了市场信息不对称程度，由于其参与门槛低、渠道成本低，在一定程度上拓展了社会的融资渠道。

第三，P2P 平台的客户群体数量较多、单笔贷款金额较小。P2P 平台的融资人主要为信用良好但缺少资金的创业者和小微企业主等，资金的主要用途是用于融资人的兼职创业、培训、购物等，单笔融资金额较小。

第四，P2P 平台以信息系统为工具，以互联网作为业务开展的媒介。与国内众多电子商务网站一样，P2P 平台为融资人提供了一个展示借款标的的互联网平台、出借人通过互联网登录平台，搜索借款标的，并进行相应的投资，交易过程的自动化程度高，客户群体不受 P2P 平台及其分支机构所在地的地域限制，分布较广。

## （三）P2P 的运营模式

P2P 借贷是民间借贷模式的规范化、规模化和创新发展。其运行模式是通过平台将理财人和借款人直接接触，目前已经出现了以下几种运营模式。

第一，以交易参数为基点，结合 O2O（将线下商务的机会与互联网结合）的综合交易模式。这种小贷模式创建的 P2P 小额贷款业务凭借其客户资源、电商交易数据及产品结构占得优势，其线下成立的两家小额贷款公司对其平台客户进行服务。线下商务与互联网结合在了一起，让互联网成为线下交易的前台。

第二，担保机构担保交易模式。此类平台作为中介，平台不吸储，不放贷，只提供金融信息服务，由合作的小贷公司和担保机构提供双重担保。此类平台的交易模式多为"1 对多"，即一笔借款需求由多个投资人投资。

此种模式的优势是可以保证投资人的资金安全，由国内大型担保机构联合担保，如果遇到坏账，担保机构会在拖延还款的第二日把本金和利息及时打到投资人账户。

第三，债权合同转让模式。可以称为"多对多"模式，借款需求和投资都是打散组合的，甚至有最大债权人将资金出借给借款人，然后获取债权对其分割，通过债权转让形式将债权转移给其他投资人，获得借贷资金。债权转让模式能够更好地连接借款者的资金需求和投资者的理财需求，主动地批量化开展业务，而不是被动等待各自匹配，从而实现了规模的快速扩展。

第四，微信金融模式。随着互联网金融和移动互联网的迅猛发展，两者的结合产品也开始出现，目前在微信平台已经出现了一些 P2P 产品。"快速、高效、移动化、无空间限制"等优势，决定了闪电借款模式的成功，且微信金融在风控上有自己完整的体系，首先是完备的信息管理和大数据风控，借款者除了必须认证个人金融信息，包括个人银行卡和信用卡等，还会考察社交关系。其次是用短期小额来分散风险。

第五，保本保息的模式。国务院法制办发布《网络借贷信息中介机构业务活动管理暂行办法（征求意见稿）》，明确网贷平台的 12 项禁止行为。其中规定：P2P 网贷平台不能自融，不能做资金池归集资金，不能提供担保或承诺保本保息。

### （四）发展历程

P2P 网贷模式的雏形，是英国人理查德·杜瓦、詹姆斯·亚历山大、萨拉·马休斯和大卫·尼克尔森 4 位年轻人共同创造的。2005 年 3 月，他们创办的全球第一家 P2P 网贷平台 Zopa 在伦敦上线运营。如今 Zopa 的业务已扩至意大利、美国和日本，平均每天线上的投资额达 200 多万英镑。Zopa 是"可达成协议的空间"（Zone of Possible Agreement）的缩写。在 Zopa 网站上，投资者可列出金额、利率和想要借出款项的时间，而借款者则根据用途、金额搜索适合的贷款产品，Zopa 则向借贷双方收取一定的手续费，而非赚取利息。网络信贷起源于英国，随后发展到美国、德国和其他国家。

第一阶段以信用借款为主的初始发展期（2007—2012 年）。我国 P2P 网贷行业诞生于 2007 年，第一家 P2P 网贷平台是成立于 2007 年 8 月的"拍拍贷"。行业诞生初期发展缓慢，关注者甚少，直到 2010—2011 年我国迎来了第一次 P2P 网贷热潮，之后行业热度逐年提升，2011 年，网贷平台进入快速发展期，一批网贷平台踊跃上线。

第二阶段以地域借款为主的快速扩张期（2012—2013 年）。2012 年我国网贷平台进入了爆发期，网贷平台如雨后春笋般成立，比较活跃的有 400 家左右。

第三阶段以自融高息为主的风险爆发期（2013—2014 年）。进入 2013 年，网贷平台更是蓬勃发展，以每天 1～2 家上线的速度快速增长，平台数量大幅度增长所带来的资金供需失衡等现象开始逐步显现。发展至今由 P2P 的概念已经衍生出了很多模式。

第四阶段以规范监管为主的政策调整期（2014 年至今）。为保障 P2P 行业的良性发展，政府出台了诸多监管细则，互联网金融专项整治工作也在持续进行中，这些都表明我国网贷行业正式步入清理整顿阶段。

（五）P2P 网络平台面临的主要问题

由于网贷平台实质上只是中介机构，进入门槛低，审批手续比较简单，注册资金较低。因此，网贷平台正处于鱼龙混杂的格局。新平台不断涌现，伴随着业内出现不少问题。主要问题有以下几点：

第一，运营模式方面。目前国内的网贷平台的运营模式不尽相同。大多数平台为降低投资人风险提供了担保公司垫付、风险准备金垫付等垫付模式，这两种方式在实际运营中容易出现一些问题，对平台来说也有一定风险。

第二，管理方面。网贷平台在成立并确定了运营模式后，平台的管理方式就成为了平台能否健康发展的重要因素，对市场竞争的控制和平台透明度等容易出现风险点。

第三，道德方面。有部分平台以借贷的名义开办平台，但事实上却将投资人的资金用于其他用途，如留作自用，也就是"自融"。

第四，资金方面。作为一家 P2P 网贷平台，投资人的资金流向也是至关重要的，但是往往资金的真实流向投资人无法明确核实；不少网贷平台不仅没有采取第三方资金管理平台，还可以动用投资人的资金。而目前最为安全的做法则是将投资人的资金置于第三方支付平台进行监管，作为平台要严控其动用投资人资金，唯有这样才能给投资人的资金增加保障。

第五，资质方面。网贷不同于金融机构，金融机构是"净资本"管理，无论是银行还是信托公司都要有自己的注册资本，其注册资本少则几亿元，多则十几亿元甚至几十亿元，且注册资本不是用来经营的，而是一种担保、是一种"门槛"。目前市场上的 P2P 网贷的信誉参差不齐，加上门槛不是很高，很容易导致自己所选择的 P2P 网贷公司没有赔偿和经营的能力。

第六，评估系统方面。P2P 平台缺乏权威的个人信用评估系统，保障投资人资金安全方面有待提高。P2P 针对的主要还是小微企业及普通个人用户，资信相对较差、贷款额度相对较低、抵押物不足，并且因为人民银行个人征信系统暂时没有对 P2P 企业开放等原因，不少 P2P 平台坏债率一直居高不下。

第七，管理方面。P2P 网贷属于新兴产业，是金融行业的创新模式，市场并没有达到成熟的地步。很多投资人及借款人都没有正确对待这种金融产品，只是冲着高收益而去，而资金需求者则奔着套现而去。作为网贷公司本身，由于开设的初衷只是为了牟利，其组织架构中缺乏专业的信贷风险管理人员，不具备贷款风险管理的知识、资质，因此很难把握和处理好平台运营过程中所出现的问题，产生大量的坏账，最终只能倒闭。

第八，技术方面。信息技术的进步，常引发新的、更多形式的安全威胁手段与途径，随着网贷行业的蓬勃发展，各平台多为购买模板，存在安全隐患，技术漏洞的存在，在进行技术改造时不能保证完全成熟和完善，导致恶意攻击风险不断。如电脑黑客入侵、修改投资人账户资金、攻击平台、虚拟充值真提现等问题开始逐步显现。特别是由于网贷属于新兴业务，相关的法律法规条文非常缺乏，黑客大肆攻击、要挟平台事件频繁出现，严重影响了平台的稳定运行。

## （六）政策监管

随着互联网金融的火爆，创业热情的高涨，众多的 P2P 网贷平台若想在竞争中取胜，一方面是要积累足够的借、贷群体；另一方面要建立良好的信誉，保证客户的资金安全。监管部门可以考虑指定托管机构对中间资金账户进行专营专管，使平台本身只能查看账户明细，而不能随意调用资金。此外，成立专业的认证机构对独立于 P2P 平台的资金安全进行认证也可以尝试。作为第三方监管方的商业银行对 P2P 平台的监管内容包括：

（1）监管客户沉淀资金无法被 P2P 平台挪用，客户在 P2P 平台账户的资金都存放在 P2P 平台在银行开立的结算账户，由第三方商业银行保证资金不会被 P2P 平台挪用。

（2）监管 P2P 平台的贷款总金额，对于通过风险准备金、担保公司、抵押物等覆盖风险的 P2P 平台，通过第三方商业银行保证 P2P 平台设立的风险准备金、引入的担保公司、抵押物可以覆盖 P2P 平台的贷款总金额。

（3）监管 P2P 平台的单笔贷款金额，P2P 平台的业务模式必须是小额的、分散性的，P2P 平台贷款符合正态分布才能做到风险可控，通过第三方商业银行保证单笔的贷款资金不高于一定的金额（如50万元）。

（4）监管资金无法出借至信用黑名单客户，对借款人的信用情况进行评估，通过第三方商业银行建立信用黑名单的方式保证出借人的资金不会被借给高风险的借款人。

（5）监管出借资金及时到借款方，当P2P平台完成撮合以后，通过第三方商业银行保证出借人的资金及时到达借款人而无法被P2P平台截留。

（6）监管特殊用途资金的投向，对特殊消费等用途的借款，由第三方商业银行通过核对发票、合同等方式，监管资金直接汇向资金的实际投向，防止借款人掩盖真实用途，挪用资金。

（7）监管借款人的还款及时到达出借人，当借款人还款后，通过商业银行保证还款资金及时到达出借人而无法被P2P平台截留。

（8）实名制认证，P2P平台的客户通过商业银行进行实名制认证，保证资金流向的可追溯性。

总之，随着对P2P平台的监管加强，平台资金交由银行托管，平台本身不参与资金的流动是必然趋势。因此，中间资金账户通过监管资金流的来源、托管、结算、归属，详细分析信贷活动实际参与各方的作用，以及对中间资金账户进行"专户专款专用"监控，可以避免P2P网贷平台介入非法集资或者商业诈骗的可能性，也利于相关部门进行社会融资统计和监测分析。由于P2P网贷在我国尚属新兴产业，P2P网贷业务对解决中小微企业的资金问题是有帮助的，作为民间借贷的一种，尽管贷款成本较高，但资金到账时间快、贷款门槛相对银行更低都是企业选择的原因，特别对解决短期临时性资金周转有很大意义。政府对P2P的政策出台之后，对P2P平台来说是一种机遇，守法经营、利用技术创新提高民间资金利用效率的优质平台将迎来政策红利期，进入快速扩张阶段；与之相反，劣质平台的美梦将结束，逐渐会被市场淘汰。下面为近几年政府对P2P的最新政策的相关信息，如表3-2所示。

表 3 - 2                            近几年 P2P 政策监管法规

| 发布时间 | 发布部门 | 监管法规 | 目的 |
|---|---|---|---|
| 2016.2 | 国务院 | 《关于进一步做好防范和处置非法集资工作的意见》 | 为做好对涉嫌非法集资可疑资金的监测工作 |
| 2016.4 | 教育部、银监会 | 《关于加强校园不良网络借贷风险防范和教育引导工作的通知》 | 加强对校园不良网络借贷平台的监管和整治 |
| 2016.8 | 银监会、工业和信息化部等 | 《网络借贷信息中介机构业务活动管理暂行办法》 | 为加强对网络借贷信息中介机构业务活动的监督管理，促进网络借贷行业健康发展 |
| 2016.9 | 中国人民银行、银监会、证监会、保监会等 | 《关于促进互联网金融健康发展的指导意见》 | 促进互联网金融健康发展 |
| 2016.10 | 国务院 | 《关于促进互联网金融健康发展的指导意见》 | 鼓励和保护真正有价值的互联网金融创新 |
| 2016.10 | 中国人民银行等 | 《通过互联网开展资产管理及跨界从事金融业务风险专项整治工作实施方案》 | 做好通过互联网开展资产管理及跨界从事金融业务（P2P 网络借贷、股权众筹、互联网保险、第三方支付另有规定）风险专项整治工作 |
| 2016.10 | 银监会等十五部门 | 《P2P 网络借贷风险专项整治工作实施方案》 | 促进网贷行业规范有序发展 |
| 2016.10 | 国家发展改革委 | 《促进民间投资健康发展若干政策措施》 | 进一步解决制约民间投资发展的重点难点问题 |
| 2017.6 | 中国银监会、工业和信息化部等 | 《网络借贷信息中介机构备案登记管理指引的通知》 | 为建立健全网络借贷信息中介机构备案登记管理制度，加强网络借贷信息中介机构事中事后监管 |
| 2016.10 | 中国互联网金融协会 | 《互联网金融信息披露个体网络借贷指引》 | 为更好地服务行业发展，协会依据信息披露指引，对从业机构信息、平台运营信息、项目信息等披露指标进行了适应性完善 |

| 发布时间 | 发布部门 | 监管法规 | 目的 |
|---|---|---|---|
| 2017.6 | 中国银监会、教育部等 | 《关于进一步加强校园贷规范管理工作的通知》 | 为进一步加大校园贷监管整治力度 |
| 2017.6 | 人民银行 | 《关于进一步做好互联网金融风险专项整治清理整顿工作的通知》 | 进一步做好互联网金融风险专项整治清理整顿工作 |

注：这里的银监会是在银保监会成立之前的称谓。

# 第三节　互联网众筹与互联网保险及其发展

互联网金融产品及其功能呈现多样化的发展趋势，发展互联网金融，建立普惠金融体系，就是要在金融体系上进行大量的创新，包括制度创新、机构创新和产品创新，从而让每个人都获得参与和享受金融服务的机会。当前的中国，互联网众筹、互联网保险的兴起，极大地丰富了普惠金融发展的内涵。

## 一、互联网众筹

互联网众筹最重要的意义不仅在金融创新本身，而在于对传统金融领域和金融业态提出的挑战，并且在一定意义上具有颠覆性。众筹的模式大大改变了融资形态，应该从战略高度来认知。

### （一）互联网众筹概述

众筹，来自英文"Crowdfunding"一词，即大众筹资或群众筹资，指发起人将需要筹集资金的项目通过众筹平台进行公开展示，感兴趣的投资者可对这些项目提供资金支持。众筹是指项目发起人通过利用互联网和社交网络传播的特性，发动公众的力量，集中公众的资金、能力和渠道，为中小企业、创业者或者个人进行某项活动或者某个项目或者创办企业提供必要的资金援助的一种融资方式。众筹主要包括三个参与方：筹资人、平台运营方和投资人。其中，筹资人就是项目发起人，在众筹平台上创建项目，介绍自己的产品、创意或需求，设定筹资期限、筹资模式、筹资金额和预期回报率等；平台运营方就是众筹网站，负责审核、展示筹资人创建的项目，提供服务支持；投资人则通过浏览平台上的各种项目，选择适合的投资目标进行投资。

### （二）创新价值

众筹是金融创新的大事件，是具有里程碑意义的事情。众筹这种模式早已有之，但是区别于过去的是，互联网众筹是基于"互联网＋金融"所创新的一种模式。它最重要的意义不仅在于金融创新本身，而在于对传统金融领域和金融业态提出挑战，并且在一定意义上具有颠覆性，互联网众筹体现出四点创新价值。

第一点创新价值是提供新的融资渠道模式。互联网金融的价值不仅仅是借助大数据渠道的价值，它真正的价值在于用互联网模式充分地创新，提供新的融资渠道模式。众筹这个模式真正把社会底层的资金都给撬动起来，无论是闲置也好半闲置也好或者储备也好，都能给激发出来，这具有战略性的意义。

第二点创新价值就是真正体现了人人都是投资者。对创新尤其创业都有积极促进作用。那么在这个创新过程中，它的驱动创业功能、力度可能会更大。

第三点创新价值就是更加体现了目标金融的特征。众筹一方面有技术导向，另一方面还有一个目标导向。导向清楚，投资就精准，也会大大提高投资效益，减少金融资本挫折。众筹比较精准，效率较高，解决了投资的效率和精准性问题，减少了金融资源浪费问题。

第四点创新价值是商业模式的创新。它不仅仅是一个筹资模式的创新，还是一个商业模式创新，强化了金融在整个创新创意中的重要作用，互联网金融的模式或者金融业态是新金融的出现。沿产业链布局创新链，以资金链来引导创新链，进一步支撑产业链和优化就业链来提升价值。

### （三）众筹的分类

目前，众筹行业主要有四种发展模式（如表3－3所示）：股权众筹（Equity－based crowd－funding）、债权众筹（Lending－based crowd－funding）、权益众筹（Reward－based crowd－funding）和公益众筹（Donate－based crowd－funding）。在我国，股权众筹模式的典型平台有天使街、原始会、投融界等；债权众筹模式，根据借款人即发起人的性质可分为自然人借贷（P2P）和企业借贷（P2B），尚未出现真正意义上的债权众筹平台；

权益众筹模式是我国众筹行业最主要的发展模式，典型平台有京东众筹、众筹网、淘宝众筹等；公益众筹模式尚未形成代表性平台，主要以公益项目的形式分布在综合性权益类众筹平台中。

表 3 - 3　　　　　　　　　　中国四种主流的众筹模式

| 类别 | 含义 |
|---|---|
| 股权众筹 | 投资者对项目或者公司进行投资，获得其一定比例的股权 |
| 债权众筹 | 投资者对项目或公司进行投资，获得其一定比例的债券，未来获取利息收益并收回本金 |
| 权益众筹 | 投资者对项目或公司进行投资，获得产品或服务 |
| 公益众筹 | 投资者对项目或公司进行无偿捐赠 |

## （四）众筹的特点

众筹的发展如火如荼，从股权众筹、债权众筹、权益众筹到公益众筹等，范围越来越广，众筹具有以下特点：

（1）依靠大众力量。众筹使投资人不局限于公司、企业或是风险投资机构，普通民众也可以成为众筹项目的投资人和支持者，扩大了资金获取的渠道。

（2）注重信息公示与双方互动。筹资人为了吸引投资人投资项目，通过设计图、成品、策划、视频等方式展示项目，还要及时公布项目的进程。为了使项目产品更符合大众需要，筹资人还要与投资人进行互动，以改进完善项目。

（3）准入门槛低。众筹项目发起人可以是公司，也可以是个人，没有身份、地位、职业、年龄、性别等条件的差别和限制，只要项目足够吸引人，具有创造力和发展潜力，谁都可以发起项目，享有获得项目资金的机会。

（4）项目丰富多样。众筹项目具有多样性，既包括实物众筹，也包括权益众筹，比如产品开发、民间集资、公益捐助、创业募资、艺术创作、软件开发、设计发明、科学研究、公共专案，影视漫画、游戏摄影等，能够满足人们多样化的需求。

（5）规则性强。筹资项目要设定筹资金额、预设时间、回报方式等，而且必须在筹资人预设的期限内达到或超过目标金额才众筹成功，如果项目筹资失败，那么已获资金全部退还投资者。

除了上述共性特点，不同类型的众筹也各有特点。

股权众筹，依托互联网为单个项目或者整个企业提供融资，参与股权众筹的股东共担风险，共享收益，能够促进中小企业快速成长壮大。

债权众筹，借贷双方依托互联网实现资金融通，实现了传统间接融资模式的去中介化，比传统信贷风险更高，收益也相对较高，融资项目以短期为主。

### （五）众筹融资的运作

众筹模式根据项目发起人、出资人与平台三部分，具体运作流程如下：

第一步：需要资金的项目发起人将项目策划交给众筹平台，经过相关审核后，通过视频短片、图片、文字介绍等形式在平台上发布创意项目，而出资人在平台中选择自己中意的项目。

第二步：项目发起人在平台筹集资金，设定筹资项目的目标金额以及筹款的截止时间，对项目感兴趣的出资人在目标期限内进行一定数量的资金支持。

第三步：在项目到达截止时间时，如果成功达到目标金额，项目融资即算成功，创意者将获得融资资金，支持者确认资助；如果未达到目标金额，项目融资即算失败，将撤回创意者融资资金，返还给支持者。

第四步：项目发起人开始运行项目，出资人对项目进行监管并获得项目产品作为回报，对实物产品项目的融资，其回报即为产品，对购买股权进行的融资，其回报即为企业的股权。

### （六）众筹行业的发展

如图 3-3 所示，2011—2013 年是中国众筹萌芽起步阶段；2014—2015 年是爆发增长阶段。行业洗牌阶段有两层含义，第一层是该阶段中，股权型众筹融资金额及项目数急剧下滑，行业观望气氛浓重；第二层含义是指权益和物权型众筹虽然项目数及融资额仍在大幅上升，但是众筹平台的数量却急剧下降，市场集中度开始提高，经营不善的平台退出市场，而少量平台探索出自己的路子，开始大力扩张，市场占有率迅速提高。

1. 众筹产品走向复杂化

第一，金融产品复杂化将加剧风险，金融创新将加剧金融业的表外风险。

第二，以众筹为代表的互联网金融产品日趋复杂。未来众筹产品（特别是股权众筹）会走向复杂化。

第三，结构型金融产品迅速占领市场。综观全球金融市场，金融产品日趋复杂，结构型金融产品开始大面积占领市场。

| 2009年 → | 2011年 → | 2013年 → | 2014年 → | 未来 |
|---|---|---|---|---|
| 世界第一家众筹网站kickstarter诞生于美国，截至2012年末，融资规模达到3.2亿美元 | 中国首家众筹网站"点名时间"成立，引起社会广泛关注 | 中国众筹行业处于起步阶段，基本形成股权众筹、权益众筹、公益众筹等众筹发展模式 | 中国众筹行业快速发展，众筹网站数量过百家，10月，京东众筹诞生国内首个千万级项目 | 中国众筹行业将继续保持高速增长，形成不同发展模式，行业将逐步进入规范化发展时期 |

**图 3 - 3 众筹行业发展历程**

2. 大数据将发挥重要作用

随着大数据和云计算的不断发展，未来众筹或将实现用户需求的自动匹配，根据投资人的投资偏好和风险承受差别，推荐不同的众筹产品。

3. 众筹主体呈现多样化特征

第一，筹资人和投资人多样化。更多中小企业和个体商户参与其中；投资人参与度全面提升。

第二，服务多样化。除了提供信息交流，平台还可以提供咨询、评级等多元化服务。

第三，参与者多样化。传统银行、券商、传统行业龙头企业（房地产等）相继加入。

第四，筹资项目多元化。涵盖更多新兴领域和垂直细分领域。

4. 股权众筹二级市场发展壮大

"退出机制"不完善是目前股权众筹市场面临的难题之一，政府应该鼓励并从法律上支持构建股权众筹二级市场。构建股权众筹二级市场需要解决的问题：创建标准化的资产和合约，是建立二级市场流通体制的必要条件，未来股权众筹产品或将实现标准化。自由交易的前提是对资产标的物进行合理的定价，未来与股权众筹相关的第三方估值定价机构或将迎来发展机遇。

（七）众筹行业面临的问题

众筹行业的蓬勃发展给初创企业带来了福音，较低的融资成本、丰富的融资平台、较高的融资效率吸引着中小企业的眼球。但是众筹平台发展模式并不成熟，对于待融资项目的风险审核机制也不够完善，存在风险隐患。

1. 国内信用制度不健全，信息不对称现象严重

第一，缺乏征信大数据支持，我国信用制度仍处于建设阶段，由于缺乏明确的监管主体，众筹很难被纳入央行的征信系统。第二，传统调查方式抬升风控成本。众筹平台只能依赖有限的人力和手段，采用传统方法调查融资方资信能力，风控成本高、效果差。第三，欺诈现象屡有发生，项目发起人可以利用虚假信息进行圈钱，领投人也很可能是同谋。第四，和成熟的机构投资者不同，众筹中大量的个人投资者并没有能力和经验来正确判断项目投资价值。第五，融资方比如企业家，占有与企业有关的更多信息，并且清楚地知道企业的潜力和质量。

2. 盈利模式不清晰

国内众筹市场尚处于培育阶段，项目本身也具备资金规模小、周期短、可持续性差等问题，绝大部分众筹平台仍然处于亏损状态，盈利对大多数众筹而言仍然只能是一个目标。不同盈利模式的优劣势分析如表 3 - 4 所示。

表 3 - 4　　　　　　　　　　不同盈利模式的影响

| | | 优势 | 劣势 |
|---|---|---|---|
| 佣金模式 | 投资人 | 平台为赚取退出投资人服务费，持续挑选优质项目 | 损失收益 |
| | 融资方 | 一次性支付，后顾无忧 | 损失现金，实际融资额降低 |
| | 平台 | 简单、快捷、有保障 | 抽取的佣金实际非常有限，容易在佣金战中失去市场 |
| 股权模式 | 投资人 | — | — |
| | 融资方 | 融资时避免支付现金 | 一旦估值倍增，将支付巨额服务费 |
| | 平台 | 长远来看，随着融资项目不断壮大，收益可观 | 短期内难以盈利 |
| 免费模式 | 投资人 | 避免付费，锁定收盈 | — |
| | 融资方 | 避免付费，锁定盈利 | — |
| | 平台 | 抢占市场份额，迅速积累优质项目和用户 | 持续亏损 |

## （八）众筹监管政策

众筹进入中国以来，其创新的模式迅速纳入顶层设计的视野。2015 年和 2016 年连续被写入《政府工作报告》。2011 年众筹在中国落地，历经 7 年的发展，众筹行业发展前景被普遍看好。但中国众筹行业距离规范发展还有很长的路要走，宏观层面上，政策监管应该是帮助众筹平台找到正确的发展态势，引导中国互联网投融资的发展。国家加大对众筹的监管与鼓励力度，不断规范与相应政策的出台如表 3-5 所示。

表 3-5　　　　　　　　　　近几年众筹的监管法规

| 发布时间 | 发布部门 | 监管法规 | 目的 |
|---|---|---|---|
| 2015.9 | 国务院 | 《关于加快构建大众创业万众创新支撑平台的指导意见》 | 大力推进众创、众包、众扶、众筹等新模式、新业态发展 |
| 2016.4 | 中国证监会等十五部门 | 《股权众筹风险专项整治工作实施方案》 | 稳步开展股权众筹风险专项整治，促进互联网股权融资规范发展，切实保护投资者合法权益 |

# 二、互联网保险

互联网保险是新兴的一种以计算机互联网为媒介的保险营销模式，作为一项新兴事物，互联网保险在我国发展的历史只有短短十几年时间。但在这十几年间，互联网正深刻影响着保险业的方方面面。

## （一）互联网保险概述

互联网保险是指实现保险信息咨询、保险计划书设计、投保、交费、核保、承保、保单信息查询、保全变更、续期交费、理赔和给付等保险全过程的网络化。有别于传统的保险代理人营销模式。互联网保险是指保险公司或新型第三方保险网以互联网和电子商务技术为工具来支持保险销售的经营管理活动的经济行为。简单来讲，互联网保险也就是保险业务网络化。网络保险无论从概念、市场还是经营范围，都有广阔的空间以待发展（见图 3-4）。

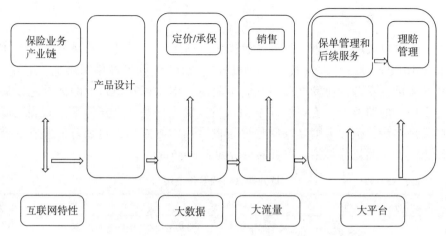

图3-4 互联网化对保险行业的产品设计变革将贯穿始终

## (二) 互联网保险的特点

随着互联网技术及其应用的迅速发展和普及,保险业也在逐步向互联网寻求新的发展空间,互联网保险的内涵已经由单纯的销售渠道拓展逐渐转向经营理念和经营方式的彻底变革,互联网保险具体的特点有:

第一,互联网积累了海量、高维度数据,保险公司能够更加精准定价。互联网为保险公司经营、管理提供了更大的平台,保险公司能够将保单管理、客户服务、理赔管理等环节全部互联网化,纯粹互联网化的保险公司可能出现。

第二,互联网将帮助整个保险价值链降低成本。保险公司可以通过互联网,提供全天候随时随地的服务。免去了代理人和经纪人等中介环节,缩短了承保、投保、保险金支付和保费支付等进程的时间,提高了销售、管理和理赔的效率,使得规模经济更加突出,有利于保持保险企业的经营稳定性。通过互联网销售保单,保险公司开业免去了机构网点的运营费用和支付代理人或经纪人佣金,直接大幅节约了公司的经营成本。

第三,互联网保险拉近了保险公司与客户之间的距离,增强了双方的交互式信息交流。客户可以方便快捷地从保险服务系统获得公司背景和具体险种的详细情况,还可以自由选择、对比保险公司的产品,全程参与到保单服务中来。相比传统保险推销的方式,客户可以在线比较多家保险公司的产品,保费透明,保障权益也清晰明了,这种方式可让传统保险销售的退保率大大降低。

### （三）互联网保险发展的四种模式

目前看中国互联网保险发展大体分为四种模式。

第一，保险公司自建网络平台模式。目前国内主要保险公司都建立了自有的网络销售平台，自建网络平台进行保险营销的好处在于，通过品牌宣传，增加客户的体验。同时可以将自有产品选择上线或者开展专门的网络保险，产品线比较丰富。客户进行网络购买体验后，增加客户对公司的黏性，从而继续在网站购买产品。

第二，电商平台模式。目前淘宝、苏宁、京东、腾讯、网易等电商平台均已涉足保险销售。按照险种分类，目前有汽车保险、意外保险、健康医疗保险、少儿女性保险、旅游保险、财产保险、投资型保险等大类。

第三，专业的第三方保险销售网站。不属于任何保险公司，由保险经纪公司、保险代理公司等保险中介及兼业代理公司建立的网络保险平台，提供保险服务。目前做得比较好的专业第三方保险代理平台包括优保网、慧择网、中民保险网等。

第四，网络展业模式。网络保险公司的建立是互联网保险开展的里程碑，抛弃了传统建立分支机构的模式，只通过网络展业模式，成为保险电子商务开展里程碑式的标杆。

### （四）互联网保险的发展

我国互联网保险的发展始于 1997 年，在过去近 20 年时间里，我国互联网保险发展主要分为四个阶段：萌芽期、探索期、全面发展期和爆发期（如表 3 - 6 所示）。

表 3 - 6　　　　　　　　我国互联网保险发展的主要阶段

| 阶段 | 时间 | 主要事件 |
|---|---|---|
| 萌芽期 | 1997—2007 年 | 1997 年底互联网保险信息公司诞生；2000 年 8 月太保与平安开通全国性网站；2000 年 9 月泰康在线开通；2005 年《电子签名法》颁布 |
| 探索期 | 2008—2011 年 | 电商平台兴起；保险网站如慧择网、向日葵网等纷纷涌现并获取风投 |
| 全面发展期 | 2012—2013 年 | 互联网保险依托官网网站、保险超市、门户网站、O2O 平台、第三方电商平台等多渠道展开；理财型保险引入第三方电商平台，销售火爆 |
| 爆发期 | 2013 年以后 | 保险电商化成为趋势，进军移动端，向无纸化、智能化、定制化、智能保险系统发展 |

未来，小型互联网保险初创企业将会继续深耕细作，深挖保险产业链环节。目前保险初创企业已经分布在保险产业链的各端，涵盖全产业链，对资本及资源要求较高，大多数企业难以覆盖。而仅仅进行单一环节的简单互联网化，例如简易的比价或者罗列不能对用户产生任何吸引力，且无法获得资本的支持。因此初创企业会继续深挖保险产业链，找准自身立足点和优势。

传统保险公司开展互联网营销渠道将成为必然选择，互联网保险在销售简易类寿险和财产保险时，在整体提高效率、节约成本方面还是具有明显优势的，随着互联网保险业务的开展，未来保险公司开展互联网业务会成为必然选择。

场景保险将成为互联网保险未来重要发展方向。现阶段众多保险公司也将保险产品嵌入消费者生活场景之中，在用户还未养成保险消费的习惯时通过场景让消费者主动接触保险，这一类产品思路也将会成为未来互联网保险的重要发展方向。

伴随着技术的发展，传统保险理赔难的痛点将在互联网保险上得到有效改善。大多数情况下仅需系统自动识别即可作出赔付，赔付速度快、准确度高、用户体验明显提高。伴随着技术的不断成熟，便捷理赔将成为部分互联网保险又一大卖点，很大程度上克服了传统保险的不足。

## （五）互联网保险发展中存在的主要问题

相对传统保险而言，互联网保险最大的特点是方便、快捷、跨地域，由于中国网民基数巨大，我国互联网保险发展迅速，但这种高速发展暴露出很多问题和风险，主要体现在以下几个方面：

第一，相关法制不健全以及法律纠纷解决机制匮乏。中国银保监会曾连续出台几个与互联网保险业务相关的监管文件，但从整体法律环境上看，法律法规层面仍存在缺位现象。正因为互联网保险法规的不健全，互联网保险纠纷问题也不断出现，主要表现在跨地域投保纠纷、保险赔付额小和数量多，以及保险赔付证据电子化的法律效力等问题。

第二，客户流量及忠诚度转化为实际消费需求存在一定难度。建立保险的互联网平台仅仅是第一步，关键在于如何吸引客户流量，提升客户忠诚度，将用户浏览量转化为实际销售量。由于保险产品的特殊性，一般互联网用户不会主动登录其平台，所以需要加大宣传力度，利用传统媒体、大型搜索引擎等平台加强公众认知。

第三，保险产品同质化严重以及保险公司间缺乏差异性。保费规模虽然在以较高的速度增长，但我国的互联网保险市场有着明显的初级阶段特征，各方面还不够成熟，主要体现在产品种类单一，局限于条款相对简单、责任义务明确、期限较短的产品。开发更具竞争力的保险产品以及便捷式服务，突破现有模式的桎梏，创造更为广阔的平台，是互联网保险当前面临的最大挑战。

第四，新兴业务的监管缺乏以及对潜在风险的监管不到位。互联网保险监管的宽松环境促进创新发展，但宽松的环境会因过度创新带来不良竞争。从保护消费者利益出发，在市场行为规范、机构管理、系统性风险、市场退出机制等方面对开展互联网保险业务的公司和机构进行监管，尤其应注重公司的偿付能力，通过产品审批、单独核算等制度确保其有足够的偿付能力。

## （六）互联网保险监管政策

互联网保险监管主要遵循原则包括：一是促进互联网保险业务健康发展。发展与规范并重，在支持和鼓励互联网保险创新的同时，开展适度监管，促进互联网保险业务健康发展。二是切实保护互联网保险消费者权益。结合互联网保险自主交易的特点，强化信息披露、客户服务，重点保护保险消费者的知情权、选择权以及个人信息安全等。三是线上与线下监管标准一致。互联网保险没有改变保险的根本属性，互联网保险业务监管应与传统保险业务监管具有一致性。四是强化市场退出管理。根据"放开前端、管住后端"的监管思路，强化保险机构和第三方网络平台的市场退出管理，为互联网保险业务的发展营造良好的市场环境。

相较于互联网保险的发展，监管方面相对而言稍显滞后，甚至在2011年以前，市场上还没有出现单独的规范性文件正式对互联网保险提出监管上的要求。2015年之后，互联网保险开始进入规范监管时代，文件对经营主体、经营方式、自营网络平台条件、三方网络平台条件、经营险种、信息披露、经营规则等主要方面均做出了较为明确的要求，为互联网保险的规范提供了依据，有利于行业长久健康发展。近些年与互联网保险相关的政策法规，如表3-7所示。

表 3 - 7 近几年与互联网保险相关的政策法规

| 发布时间 | 发布部门 | 监管法规 | 内容 |
|---|---|---|---|
| 2015.7 | 中国保监会 | 《互联网保险业务监管暂行办法》 | 为规范互联网保险经营行为，保护保险消费者合法权益，促进互联网保险业务健康发展 |
| 2016.1 | 中国保监会 | 《关于加强互联网平台保证保险业务管理的通知》 | 针对互联网平台保证保险业务存在的问题，重点对互联网平台选择、信息披露、内控管理等提出明确要求 |
| 2016.4 | 中国保监会等十五部委 | 《互联网保险风险专项整治工作实施方案》 | 互联网保险风险专项整治 |
| 2016.7 | 中国保监会 | 《关于商业车险条款费率管理制度改革试点全国推广有关问题的通知》 | 将商业车险费改推广到全国 |
| 2016.8 | 中国保监会 | 《中国保险业发展"十三五"规划纲要》 | 到 2020 年，全国保险保费收入争取达到 4.5 万亿元左右，保险深度达到 5%，保险密度达到 3 500 元/人，保险业总资产争取达到 25 万亿元左右 |

注：这里的保监会是银保监会成立之前的称谓。

**思考题**

1. 互联网经济的类型是什么？
2. 互联网金融面临的主要风险是什么？
3. 如何规范引导互联网金融健康发展？
4. 第三方支付的优点是什么？
5. 众筹融资的运作流程是什么？
6. 互联网保险的优势是什么？

# 参考文献

［1］陈鹏全.互联网金融从入门到精通［M］.北京：化学工业出版社，2016.

［2］皮天雷，赵铁.互联网金融：范畴、革新与展望［J］.财经科学，2014（6）.

［3］姜伟.中国互联网经济发展现状和问题［J］.中国发展观察，2015（7）.

［4］李稻葵.中国互联网经济模式为何不同于美国、德国［J］.新财富，2017（9）.

［5］李东荣.互联网金融行业自律任重道远［J］.中国金融，2018（8）.

［6］巴曙松，熊婉芳，左伟.当前P2P平台的贷款利率定价：现状、挑战与趋势［EB/OL］.http：//www.weiyangx.com/285074.html，2017－04－20.

［7］李鹏彬.互联网保险在新时代的三大特征［EB/OL］.http：//www.dzwww.com/finance/baoxian/bxzx/201610/t20161008_14987048.html，2016－10－08.

［8］缴文超，罗晓娟.互联网保险方兴未艾，渠道之争衍生模式之变［R］.平安证券，2015.3.

［9］缴文超、陈雯.从蚂蚁金服看我国互联网保险的发展［R］.平安证券，2017.1.

# 第四章　数字经济与数字金融

**📖 本章概要**

云计算、大数据、移动互联网、物联网和人工智能等信息技术的蓬勃发展，创造了数字经济这一新的经济形态。数字经济作为信息文明时代的标志性产物，正依托数字信息技术的高速发展，日益广泛而深刻地渗透于经济社会各个领域，影响着人们生产、生活和思维的方式，推动着传统经济活动发生划时代的变革。作为数字经济的重要内容和载体，近年来数字金融在数字征信、数字货币、数字普惠金融、智能金融服务等领域的快速兴起，提升了金融效率，推动了金融创新，重塑了金融业态，并对金融监管提出了新的挑战和要求，推动着金融监管不断走向规范和完善。

当今世界，大数据、云计算、人工智能、物联网、区块链等新技术密集涌现，数字信息技术的变革正在创造一个新的时代，即数字经济时代。数字经济成为继农业经济、工业经济之后一种新的经济社会发展形态，推动着各领域向数字化转型。在金融领域，数字信息技术的运用大幅提升了金融效率，推动了创新发展，实现了价值增值，但同时也对金融监管提出了新的挑战。

## 第一节　数字经济概述

数字经济作为信息文明的标志性经济形态，依托于网络信息技术的高速发展，在经济社会领域得到迅速、广泛的渗透应用，重塑着人们生产、生活和思维的方式。由于数字经济更容易实现规模经济和范围经济，因此，也日益成为全球经济发展的新动能。

## 一、数字经济概念与特征

1996 年，美国学者泰普斯科特在《数字经济时代》一书中正式提出数字经济的概念。随着各类数字技术的发展和应用，这一概念得到迅速传播和广泛接受。

### （一）数字经济的概念

数字经济有一个广泛的相似概念群，包括信息经济、信息技术经济、互联网经济、网络经济、赛博经济等，因此，不同时期、不同学者或机构对数字经济定义并不相同。按照 2016 年《G20 数字经济发展与合作倡议》对数字经济的定义，数字经济是指以使用数字化的知识和信息作为关键性生产要素、以现代信息网络作为重要载体、以信息通信技术的有效使用作为效率提升和经济结构优化的重要推动力的一系列经济活动。数字经济的核心要素是数字资源，主要驱动力是信息技术，通过信息网络连接进行生产、分配、交换、消费。

### （二）数字经济主要特征

作为一种全新的经济形态，数字经济不仅指以知识为核心的信息技术产业的兴起和快速发展，也包括由信息技术推动的传统产业、传统经济部门的深刻革命和飞跃性发展。数字经济并非独立于传统经济之外的虚拟经济，而是在传统经济基础上产生的、经过现代信息技术提升的高级经济发展形态，但同时数字经济又呈现出有别于传统经济的独有特征，具体表现在以下四个方面。

1. "云 + 网 + 端"是数字经济的核心基础设施

其中"云"技术是指在广域网或局域网内将硬件、软件、网络等系列资源统一起来，实现数据的计算、储存、处理和共享的一种托管技术，具有资源共享、可扩展性、高可用性、高容错率、快速部署、按需付费、集约高效等优势，使各类用户便捷、高效、低成本地使用各类网络计算资源成为可能。"网"不仅包括原有的互联网，还包括物联网、5G 通信网络、高速宽带网络、IP 地址、域名等网络基础设施。高速、移动、安全、泛在的新一代信息基础设施，将形成万物互联、人机交互、天地一体的网络空间，网络通信速度、质量、网络成本成为制约数字经济发展的重要因素。"端"则是用户直接接触的个人电脑、移动设备、可穿戴设备、传感器，以及以软件形式存在的应用。"端"是数据的来源,也是服务提供的界面。"云+网+端"的数字基础设施通过对传统物理基础设施进行数字化改造,使得传统农业基础设施(土地、水利设施等)和工业基础设施(交通、能源等)趋向智能。

### 2. 数据资源是数字经济的关键生产要素

数据的流动与共享,推动着商业流程跨越企业边界,编织出全新的资源网络、生态网络和价值网络。随着移动互联网和物联网的蓬勃发展,人与人、人与物、物与物的互联互通得以实现,数据量呈现爆发增长、海量集聚的特点,对经济发展、社会治理、国家管理、人民生活都产生了重大影响。经济创新的核心是对用户、环境等各类数据资源的获取和分析能力,因此,数据资源也逐步成为企业乃至国家最为重要的战略资产,被喻为"新石油"资源。

### 3. 平台经济是数字经济的主流商业模式

2007年全球市值前十的公司中互联网公司仅有微软一家,2017年全球市值前十的公司变成了苹果、谷歌、微软、Facebook、亚马逊、阿里巴巴、腾讯等基于平台的互联网公司主导的天下。平台创造了全新的商业环境,各种类型、各种行业、各种体量的企业通过接入平台获得了直接服务消费者的机会,海量的消费者和服务商是平台经济的主体,他们通过平台进行连接,完成信息交换、需求匹配、资金收付、货物交收等经济活动,这些都使经济组织结构趋向扁平化,处于网络端点的生产者与消费者可直接联系,降低了传统的中间商层次存在的必要性,显著降低了交易成本,提高了经济效益,为中小企业的创新发展提供了土壤,从而推动了数字经济的可持续发展。

### 4. 多元共治是数字经济的科学治理方式

"开放"是大数据时代的最强音,数字经济是一种可以人人参与,共享共建的经济模式。数字经济时代,海量主体参与市场竞争,线上线下融合成为常态,跨行业跨地域竞争日趋激烈,老问题在线上被放大,新老问题交织会聚,仅依靠政府监管难以应对,将平台、企业、用户和消费者等数字经济生态的重要参与主体纳入治理体系,通过合作、协商、伙伴关系、确定共同的目标等途径,发挥各方在治理方面的比较优势,构建多元协同治理方式,已经成为数字经济治理创新的新方向。

## 二、数字经济发展沿革

"数字经济"的概念出现后，1998 年，美国商务部发布《浮现中的数字经济》系列报告，提出数字经济是 20 世纪 90 年代中后期美国经济繁荣增长的重要因素，并从政府角度判断数字经济时代的到来，开始设计测量指标、搜集数据，将数字经济纳入官方统计。这一系列报告引起了经济界和未来学家广泛争论，争论的焦点主要在于数字经济是否颠覆了新古典经济学为主流的经济学框架，同时这些报告也对数字经济的发展起到了极大的助推作用，数字经济概念开始被广泛使用。

然而，从整体网络信息技术的发展演进来看，数字经济可以追溯到 20 世纪中叶，其发展大致经历了四个典型阶段，分别是数字化阶段、网络化阶段、数据化阶段和智能化阶段，这四个发展阶段有一定的先后关系，但基本是以一种彼此促进相互融合的模式演进。

### （一）数字化阶段

数字化阶段是以二进制的形式来表示和处理信息的，20 世纪中叶，计算机的发明标志着数字化的起步。早期的数字化就是从口头或纸质媒介记载的信息变为存储器计算的"0 - 1"语言，这种指令化语言更便于对数据和信息的加工和处理，具备可复制、格式化、跨越空间和时间等特点，提高了信息的快速传播和准确处理，并且将人类从一部分重复计算的脑力劳动中解放出来，得以进一步加强对知识和创新的关注。这一时期主要的商业模式是芯片生产和制造、计算机生产和制造、操作系统开发、相关软件开发等。

### （二）网络化阶段

这一阶段通过网络通信技术实现了人与人、人与物、物与物之间的实时连接。20 世纪 60 年代末，阿帕网的诞生标志着网络化的萌芽，20 世纪 90 年代以后互联网的全球普及为数字经济发展构筑了至关重要的基础设施。2000 年，全球互联网用户数达到 3.669 亿户，并保持近 50% 的年增长率，至此，桌面互联网连接的数字世界形成。

### （三）数据化阶段

21 世纪以后，移动通信技术迅猛发展，移动通信设备推陈出新，移动智能终端快速普及，移动互联网在全球实现了突破性的发展。全球移动互联网的增长速度远远高于桌面互联网的增长速度，各类智能设备和产品都处于持续加速增长中，至此，互联网和移动互联网不仅突破了时间和空间的限制，还创新了信息搜集来源和方式，创造了移动互联的数字世界。

### （四）智能化阶段

2015 年以来，大数据、云计算、人工智能以及众多新兴技术一起，打开了通向未知的智能世界的大门。各类数据资源被广泛采集、深度挖掘，人工智能研究在多个领域实现突破，数字经济进入以智能化为核心的发展阶段。

## 三、新时代的数字经济

近两年，随着移动通信技术的迅猛发展、移动通信设备的推陈出新和移动智能终端的快速普及，移动互联网在全球实现了突破性的发展，人们对数字经济的理解、认识也再次升华，主要国际组织和各国政府开始将政策重心转向数字经济，纷纷加大对数字经济的研究，希望以数字经济为抓手促进产业创新、拉动经济增长。2017 年底，全球最具权威的 IT 研究与顾问咨询公司高德纳（Gartner）发布《2018 年全球首席信息官调查报告》，通过对 98 个国家、15 个主要行业的首席信息官（CIO）进行调研，得到了 3 160 个回复，被调研企业总收入达到 13 万亿美元，IT 支出达到 2 770 亿美元，其中有 75 位 CIO 来自中国，基本覆盖了调研的所有行业。报告显示，在过去五年，中国每年 IT 支出增速几乎都在 10% 左右，位列全球第一；2018 年，全球 IT 预算将增长 3%。在 2015 年，20% 的企业已经或者计划要实施物联网，到 2018 年，这一比例将会变成 36%，增幅为 80%；人工智能由 10% 增加到 25%，增幅为 150%；3D 打印从 10% 增加到 17%，增幅为 70%；机器人从 12% 增加到 16%，增幅为 33%。95% 的 CIO 认为"安全的威胁会越来越大"；95% 的 CIO 认为，数字化时代改变了工作内容，CIO 正在从交付为主转向业务为主——也就是从控制费用和提高进程转向开发数据、拉动收入和扩展数字化业务。

### （一）"数字经济"炙手可热

数字经济的发展在信息革命引发的世界经济版图重构过程中，越来越体现着极端的重要性，信息时代的核心竞争力越来越表现为一个国家和地区的数字能力、信息能力、网络能力。世界各国都把推进数字经济发展作为实现创新发展的重要动能，它不仅有助于解放旧的生产力，更重要的是能够创造新的生产力。根据经合组织（OECD）发布的《2015 数字经济展望报告》，截至 2015 年末，80% 的 OECD 成员国家都制定了数字经济国家战略框架。2016 年 9 月，二十国集团（G20）杭州峰会发布的《G20 数字经济发展与合作倡议》，成为全球首个由多国领导人共同签署的数字经济政策文件。G20 国家数字经济发展研究报告显示，2016 年，美国数字经济规模全球领先，达到 10.8 万亿美元，占 GDP 比重达到 58.3%；中国数字经济增速高达 16.6%，位居世界第一，规模排世界第二，为 3.4 万亿美元，占 GDP 比重为 30.3%，2017 年这一比重上升为 32.9%。

从全球影响力来看，响应 G20 和 OECD 等国际机构的倡议，全球主要经济体纷纷加入推动消灭数字鸿沟和分享数字红利的行动中，世界各国都把推进经济数字化作为实现创新发展的重要动能，在前沿技术研发、数据开放共享、隐私安全保护、人才培养等方面做了前瞻性布局。从国际经贸合作来看，各国尤其是中美两大巨头，正在以"数字经济"奠定贸易合作的新基石，可以预见的将来，美国和中国合力将会实现数字经济的双轮驱动。美国是数字信息技术发源地，是全球数字经济的核心引擎；中国拥有世界最大的消费市场，消费升级将成为未来中国经济的长期主线。中美在相互竞争和合作中发挥全球数字经济的双驱动作用，数字经济将重塑世界经济。

从我国战略部署来看，党的十九大以来，习近平总书记多次强调，大数据是信息化发展的新阶段，世界各国都把推进经济数字化作为实现创新发展的重要动能，我国要推动大数据技术产业创新发展，构建以数据为关键要素的数字经济，关键在于运用大数据提升国家治理现代化水平并促进保障和改善民生，切实保障国家数据安全。对领导干部而言，善于获取数据、分析数据、运用数据，是做好工作的基本功。

（二）数字经济引发变革

当前，数字技术正在加速与社会、经济各领域的深度融合，数字经济正在不断促进着实体经济的转型。未来数字经济的内涵和外延都将持续扩展，互联网与制造业的融合不仅会带来技术和模式的创新，还将掀起制造业的数字化革命。数字经济主要模式将从消费互联网主导转向产业互联网主导，进而重构全球工业体系，带来生产力的深刻变革。

数字经济将推动公共治理变革。数字经济发展将不断推动组织从层级结构向网络化和扁平化发展，进而打破组织内外部的边界，形成平台化、社会化的新型组织。在数字经济浪潮下，政府也将积极向社会公众开放公共数据并形成数据驱动的社会治理模式，进而改变和重塑传统的经济和社会结构，推动国家治理体系和治理能力向现代化发展。

数字经济将颠覆现有就业结构。数字经济是技术进步驱动下的经济形态，未来，随着人工智能等技术的发展，大量单一领域的重复性工作将被取代，比如富士康这种定点生产代工企业，用机器替代人工的趋势日益明显。除了流水线工人，翻译、记者、会计、司机等专业工作者也将大大减少。2017年8月，咨询公司Opimsa发布研究报告称，到2025年，金融业中的23万个工作岗位将会消失。与此同时，数字经济智能化发展也会创造新的工作岗位，就业结构的变化要求教育、社会保障等领域加快变革，并做好培训以避免结构性失业导致的社会风险。

（三）数字经济面临挑战

随着数字经济的发展，数据资源成为驱动商业模式创新和发展的核心资源，全社会进入数据驱动的时代，围绕数据的竞争日趋激烈，由此会产生一系列的安全、法律、社会与商业伦理问题。比如，从安全方面来看，网络系统和用户数据的价值不断凸显，重要信息系统和关键基础设施面临重大威胁，物联网的发展将带来前所未有的安全挑战，安全保障的覆盖面和复杂度都将远超互联网。安全事故不仅会导致财产损失，还会威胁大量民众的生命安全。从社会发展来看，沙特开全球先例，将公民权授予一位人工智能机器人索非亚，人类可能被机器全方位替代，无论体力还是智力，个人的价值在哪里？机器人的身份与伦理问题让人类陷入了迷思。

# 第二节　数字经济引领世界变革

新时代，数字经济已不再是单纯的互联网经济和电子商务，它既包括信息网络技术产业，也包括数字资源、数字技术相关的其他产业；既包括生产活动的变革，也包括消费活动以及公共治理能力的变革。数字经济正引领真实世界发生翻天覆地的变化，并引发传统理论和实践面临着新的发展、新的突破、新的提升。

## 一、理论构建：新形态、新融合、新机制

数字经济作为一种新的经济形态，技术进步不断深入，多部门经济互相渗透融合，形成了一种全新的机制，因此传统经济理论也面临着新的挑战。

### （一）数字资产价值凸显

数字经济时代，数字化信息本身成为资产的重要形式（即数字资产），由此价值的生产形态逐渐从有形的"物质"生产走向无形的"数字"生产。相关报告显示，到2020年，全球产生并采集的数据量预计将是2010年的50倍。一方面，信息的广泛生产、传播与应用，提升了信息的经济价值。在企业中，这种价值集中体现为信息作为资产的力量，使企业的资产结构产生了较大变化，从而对企业生产经营和持续发展产生深远影响。《英国信息安全管理体系规范》（BS7799标准）明确提出："信息是一种资产，像其他重要的业务资产一样，对组织具有价值，因此需要妥善保护。"另一方面，数字资产又不同于以往的物质资产而具有独有的特征，比如共享性、规模经济性、快速更迭性、创新驱动性等。

### （二）部门融合打破界限

传统经济学一般遵循克拉克的三部类划分法，即把人类全部经济活动分为第一产业（农业）、第二产业（制造业、建筑业）和第三产业（广义的服务业）。1962年马克卢普提出"知识产业"，明确指出克拉克的三大部类划分法无法安放属性不同的知识产业，其所指的知识产业包括教育、研究开发、通信媒介、信息设备、信息服务等内容。时至今日，数字经济或者说信息经济的渗透性和融合性已远远超出了想象，数字经济已经跨过了单一部类的投入产出法则，虽然在全球的统计目录中仍没有单独的"信息经济"或"数字经济"门类，但全面理解和科学量化跨部门的经济价值势在必行。

### （三）大数据转移价值分配重点

大数据的发展推动数字经济的进阶，进一步加速制度变革，重构企业组织和产业结构，降低交易成本，新的制度安排将推动分配制度从要素为主向创新为主转变。一方面，数字经济贡献更主要来自创新，创新也将成

为分配的核心元素。数字经济的诞生和发展，使生产关系发生了变革，数字信息、数字技术、数字产业、信息技术服务等创新产品和业态在经济中的比重不断增加，技术创新、模式创新、应用创新、投资创新还在持续。可以预期，未来创新对经济的贡献率仍将提升。生产关系的革命性变革必然带来分配关系的变革。创新逐渐融入传统要素中，创新驱动成为经济发展的核心动力，创新正在打破要素的界限，改变着劳动力、资本、土地等传统要素，突出对价值分配的主导作用。另一方面，数字经济改变了消费者效用预期，"需求创造"参与产品和服务价值分配。以 iPhone 和 iPod 等为代表的新兴智能产品是数字经济的重要产物，这些产品和服务为消费者带来了非凡享受，而这些产品的革命性和颠覆性不断加剧，使新产品、新服务的更新周期缩短，消费者的效用预期不断改变，产品和服务的价值在新兴技术和产品出现后发生了剧变，"需求创造"逐渐成为价值分配的重要准则。

### （四）技术进步提升政府治理水平

其一，大数据时代，政府所能获得和提供的数据更加原始和真实，政府决策过程在科学技术的支撑下变得高效与可考证化，决策结果中不确定因素所带来的风险大大降低，因此，政府在差别定价、竞争政策、政府直接干预等方面的管理方式和手段也会相应发生变化。其二，数字经济丰富了政府管理的工具和方式。政府通过对结构化信息的分析处理和非结构化信息的管理，可以更明确宏观经济调整的方向，为调节稀缺资源、精准对接供需、提升公共服务水平提供了全新的思维和工具。其三，数字经济的核心问题是权力的多中心化以及由此引发主体多元化、结构网络化、过程互动化和方式协调化的诉求。此时，将大数据应用到政府治理中将加速政府治理的创新，可以产生"倍增"效应，同时，政府治理实现数字化、在线化、智能化，大大提升了工作效率，改变了许多协作关系，为服务带来更多可能性，降低了国家和社会的运行成本。

### 二、商业形态：新信息、新产业、新经济

从商业部门来看，由于信息传递渠道的不断拓宽，新信息形态、新产业形态、新经济形态不断涌现，对旧有的商业运行模式不断形成冲击。用数字技术改造生产、管理和销售流程，降低成本，聚焦品质，同时降低中小企业吸收新技术的门槛，将成为新的商业形态。

### （一）数字化激发信息数量与形态变革

由于信息生产成本与信息规模无关，在数字资产定价中，数字资产的边际使用成本不断下降，接近于零。这种近乎零边际成本的特征，拓宽了文字信息、语言信息、图形信息等的形态，同时，信息传递和消费的零边际成本属性增强了数字的经济意义。性能的成倍提升或价格的成倍下降，使数字化信息比其他任何资产更加具有时效性，即使科技类数字化信息备受知识产权保护，但技术更新换代越来越频繁，数字化信息保护期限越来越短，数字化信息的共享特征越发明显。

### （二）数字化拓展产业链条和产业生态

从产业发展来看，一方面数字化使行业产生了新的分类，数字化比例高的行业被称为知识产业或创新产业，与之相对应的则是传统行业；另一方面，数字化使产业竞争形态发生变化，快速的数字流动使行业之间的边界变得模糊，竞争不再局限于同一产业或同一行业，产业发展与竞争出现跨界融合和加速转型的趋势。由李斌、刘强东、李想、腾讯、高瓴资本、顺为资本等发起，淡马锡、百度资本、红杉、厚朴、联想集团等投资的电动汽车"蔚来"就是数字化时代产业跨界融合的最好例证。

从产业结构来看，数字化正在实现知识驱动的经济发展模式，由于计算机与数字技术带来的高效生产效率，一方面是传统产业不断加强与信息产业的前向联系和后向联系，以便拥有更强的产业竞争力和创造更高的产业附加值；另一方面，计算机和软件服务、互联网信息服务等新兴服务业迅速崛起，知识化、信息化、智能化成为全球服务业未来发展的新方向。

### （三）数字化变革传统经济运行模式

数字经济时代，数字网络技术的创新及广泛应用推动了全球产业结构进一步知识化、高科技化，知识和技术等"软要素"正替代传统经济中的劳动力、资本、土地而成为基本生产要素和重要战略资源，相比传统产业，数字经济对市场的应变速度快，且投资门槛低，生产环节相对简单，成本较低。在基于平台的共享模式下，商业价值和社会效益实现级数递增；数字经济驱动创新活动走向开放与协同，商业创新的源泉从组织内部逐渐转向外部多源信息；"精准＋"模式成为数字经济的最佳实践；数字经济与教育、医疗、扶贫等产业和项目结合，帮助弱势群体获取资源与服务，释放数字红利的普惠价值；数字经济还能避免传统经济活动对自然资源和能源的过度消耗及环境污染。所以数字经济不但能实现低投高产，还有利于经济社会的可持续发展。

### 三、政府角色：新管理、新服务、新安全

全球数字经济进入新的发展阶段，其影响不仅在经济层面，同时也推动着政府管理职能的转型。在 2017 年中国"互联网＋"数字经济峰会"智慧决策普惠民生"政务分论坛上，国务院发展研究中心联合腾讯公司发布的《"互联网＋"支撑环境研究》报告，全面阐述了数字经济对各个领域，特别是政务领域的影响，为国家未来深入推进简政便民改革提供了理论支持。

#### （一）数字技术支持管理升级

数字化升级带来公共管理的创新与升级，特别在全球经济发展进入新常态，需求结构、生产结构、企业组织结构、产品结构、商业模式都在进行较大幅度调整的态势下，数字经济有利于解决供给和需求的不平衡，加强精准对接，科学分析比较优势，为经济转型提供新的突破口，政府不断创新调控方式和工具，以期实现更精准的调控效果。社会治理的模式正在从单向管理向双向互动，从线下转向线上线下融合，从单纯的政府监管向更加注重社会协同治理转变。

#### （二）数字经济促使政府转型

政府是数字经济基础设施的提供者，这个基础设施既包括我们传统的硬件基础设施，也包括软件基础设施，所以支撑体系全面的"互联网＋"化、智能化，才能更好地发挥政府的作用。

数字经济时代，一方面为政府提供了实现便捷高效服务的工具。以深圳为例，数据显示，"我的深圳"APP 把政务服务和医食住行玩的端口集结其中，帮助用户实现 50% 的政务办事事项由平均跑 3 次降低到 1 次，办事材料从平均提交 8 份缩减为 1 份。不仅如此，数字技术有力地支撑了包括智慧政务、民政、财政、安防、交通、口岸、教育、医疗、房产、环保、养老等多个政府管理领域。另一方面，数字经济也通过快速的信息传递挑战着政府的权威，促使政府真正从权威式和管理式政府向服务型政府转型。可以预见的是数字经济程度越高，政府资源的配置越科学，社会资源配置越高效，政府工作成效越突出。

### （三） 大数据环境引发安全问题

一方面，信息安全、网络犯罪已经成为数字经济发展的神经系统，也成为政府管理的重大挑战。2017 年 5 月，WannaCry 勒索病毒的全球大爆发，至少 150 个国家、30 万名用户中招，造成损失达 80 亿美元，影响到金融、能源、医疗等众多行业，造成严重的危机管理问题。数据显示，2016 年共发生 1 800 起数据泄露事件，近 14 亿条记录外泄；而据估算，2016 年，因垃圾短信、诈骗信息、资料泄露等原因，造成网民的经济损失高达 915 亿元。目前，中国针对网络社会和虚拟社区的相关道德准则和法律规范仍处于起步阶段，对于其犯罪的表现形式、犯罪原因以及综合防控对策的研究也还不够充分，未来，政府在网络社会中必须扮演重要角色。另一方面，大数据环境下，政府通过增强对现象发生小概率的关联与研究，可以有效减少社会危机发生的不确定性，增强风险预警能力，降低社会危机带来的危害。

## 四、公众生活：新渠道、新身份、新能量

随着信息技术的不断变革和发展，随之而来的是传播者与受众传播需求、表达需求、创造需求等方面的变化。

### （一） 数字技术拓宽信息获取渠道

数字媒体的拓展实现了信息的快速传播，开拓了信息传递和交流的双向渠道。美国的 Whatsapp、韩国的 KaKao Talk、日本的 Line、中国的微信等不仅成为公众获取信息，实现人际沟通交流的重要工具，同时，移动社交应用也为公众提供了随时随地传达意见和交流的新工具，使公众掌握了更快速的信息反馈渠道，公众在信息传播中的作用日益增强，主动性大幅度提高，对政府和企业的决策起到至关重要的作用。

### （二） 网络平台支持"草根"梦想

得益于网络平台的开放性，普通民众也有了开设线上营销的机会，特别是"网红"作为互联网上拥有大量粉丝或高关注度的群体，通过线上营销、广告代言等形式实现经营性创收，创造了"网红经济"的新经济模式。被称为"2016 年第一网红"的 Papi 酱，凭借原创短视频内容融资 1 200 万元人民币，估值 3 亿元。同时，消费者＋传播者＋服务者＋创业者的微商经

营模式也成为很多网民的新身份特征。中国电子商会微商专委会发布的《2016—2020 年中国微商行业全景调研与发展战略研究报告》显示，截至 2016 年底，微商从业者近 3 000 万人，微商品牌销售额达到 5 000 亿元。2017 年保持了 70% 以上的增速，释放出 8 600 亿元。

### （三）巨量信息亟待正面引导

在信息技术支撑作用下，数字经济时代的每个公民都是网络公民，网络社会匿名、开放、高度自治等内在特点决定了对其管控存在较大难度，多元利益诉求汇集网络，既可能传播正能量，也可能出现负面的言论抑或是恶意欺骗乃至犯罪行为。因此，在网络社会治理中，增强主流舆论在网络空间的话语权，对热点问题及时客观公正地进行报道分析，引导网络社会舆论，让公众在这个虚拟世界中接收，从而激发和传播正能量至关重要。

## 第三节　数字金融的创新发展

2008 年国际金融危机后，世界经济的低均衡困境，迫使传统国际金融体系改革和创新转型，而此时数字技术在金融领域越来越多的应用，使得数字金融概念渐渐浮现。

### 一、数字金融的演化及未来展望

正如大数据与交通、商业、科技等行业的联系一样，其与金融行业同样产生了关系，并大大推动了金融业的发展。最初，金融科技的表现是"金融＋IT"，也就是传统金融业"上网"。进一步的发展是大数据与金融深度融合，形成金融互联网化，依靠互联网渠道的优势，搭建在线平台，为资金资产实现任意组合搭建中介平台。大数据的支撑、互联网的便捷让金融能够获得更加精准的用户数据、交易数据，从而让金融行为更加精准和专业，有助于实现跨地经营、跨客户经营、跨产品经营，提升客户体验。从我国情况来看，2014 年起，我国互联网金融规模每年翻番，实现了四个跨越：一是从中产阶级投资者跨越到小企业主，降低成本，加快流通速度；二是从一级城市跨越到二、三级城市，优化资源分配；三是从保险、证券、P2P 等行业跨越到移动端的一站式投资与支付；四是从中国跨越到全球。"双十一"当天，八成的订单通过移动客户端完成，97.5% 的电话或咨询通过人工智能完成，峰值每秒钟处理的订单达到 12 万笔……互联网金融深刻地改变着人们的消费方式，改变着金融的模式，降低了金融的成本，提升了市场效率。2017 年，五家国有大型商业银行和多家股份制商业银行分别与蚂蚁金服、腾讯、京东等科技企业达成战略合作。

但是，互联网金融还只是前奏和基础，未来的核心是数据和处理数据的能力，智能才是方向。数字金融有着巨大的成长空间，其发展又会推动行业向技术驱动模式的整体转型。以投资为例，所有的风险会有评级，可以根据时事的变化实时给出投资建议，从而实现个性化匹配投资，达到投资回报最优化，金融产品也会实现动态定价。同时，互联网金融时代饱受质疑的投资标的不明、投资资金去向成谜等问题也不会再是困扰金融机构的大问题，一切投资行为将会基于智能数据产生，投资失误将会大大降低。

数字金融时代的金融将更加智能，无论是科技发展还是生活方式的改变，智能都将会是一个重要的发展方向，表现为数字科技深度参与金融机构行为当中，并借助大数据、云计算、人工智能、区块链等新技术为金融机构的发展带来新的思考和方向。

## 二、大数据发展与征信体系创新

人无信不立，信用是现代人安身立命的通行证。大量学术研究表明，征信体系的健全和完善有助于降低借贷成本，帮助金融机构更加有效地防范信用风险，降低不良贷款比率，扩大金融机构借贷规模，从而提高金融市场的运行效率。

我国征信行业市场化以来，在不长的时间里涌现出几百家征信机构，但拥有自己的信用历史数据且数据覆盖面达到相当规模的企业，只有少数几家。同时，数据显示，截至 2016 年 6 月底，中国人民银行征信中心已收录企业和其他组织 2 160 多万家，收录自然人 8.9 亿人，但其中具有信贷记录的个人只有 3.6 亿人，征信体系的覆盖面还远不能适应社会经济金融活动的需求。分散保存在许多不同机构的征信数据，很难实现其应有的价值，信贷机构很难凭借碎片化的信用信息准确判断借款人的信用状况，信息不对称引发逆向选择和道德风险。对于低收入人群和中小微企业而言，信息不对称更会阻碍其获得可负担的信贷服务。

然而，随着信息技术的发展，依托大数据和云计算，一些基于数据处理和建模的大数据公司逐渐参与到征信行业中来，很多金融科技公司做了很多大数据尝试，通过这些大数据的分析得出了很好的信用信息。以芝麻信用为例，芝麻分最初考量的维度包括用户信用历史、行为偏好、履约能力、身份特质、人脉关系等，后来又有众多用户上传学历、工作、车辆、LinkedIn 账户等信息，数据逐渐涵盖了信用卡还款、网购、转账、理财、水电煤缴费、租房信息、住址搬迁历史、社交关系等，另外还接入了公安网、市场监督管理、教育部等公共机构以及合作伙伴数据，芝麻信用也作为第一家市场化的征信机构接入了最高法的"老赖"数据，在此大量数据基础上，由云计算打分算出用户的信用评分。分值越高，意味着信用度越高，芝麻分几年内迅速应用于"零押金，酒店信用住""信用租车""无人售卖超市""网上相亲"等生活场景之中。

实践证明，大数据为征信体系的建设带来了新的发展机遇。其一，从征信数据的来源看，有来自政府的公开信息，也有从市场采集的信息，大数据的应用降低了数据采集和存储的成本，高效的数据挖掘能力凸显了数据规律，信用评估从传统的因果判断变为相关性判断。其二，从征信数据的数据种类看，有金融交易数据、市场交易数据，也有不少社交行为数据，大数据为征信提供了更加广泛的测评维度，也大大扩展了征信覆盖人群。其三，从数据结构看，有结构化的数据，如数据库里的行数据，也有非结构化的数据，如视频、图像、文本，数据风控产品的应用场景大大扩展。

但是，2018 年之前，很多信用信息数据还是分散掌握在各个机构手中，在征信领域，只有信息充分共享，才有效率，要完善社会征信体系，亟待将大数据信息纳入征信系统。

为此，国务院在《社会信用体系建设规划纲要（2014—2020 年）》中指出，社会信用体系是社会主义市场经济体制和社会治理体制的重要组成部分，加快社会信用体系建设是全面落实科学发展观、构建社会主义和谐社会的重要基础，是完善社会主义市场经济体制、加强和创新社会治理的重要手段，对增强社会成员诚信意识，营造优良信用环境，提升国家整体竞争力，促进社会发展与文明进步具有重要意义。社会信用体系建设已经上升为国家战略。

2018 年 2 月，百行征信有限公司（即信联）获得中国人民银行个人征信业务的许可决定书。这意味着，自 2015 年 1 月央行同意 8 家社会机构开展个人征信业务以来，国内首张个人征信牌照终于下发。百行征信有限公司俗称"信联"，是由中国互联网金融协会牵头，与芝麻信用、腾讯征信、深圳前海征信等 8 家市场机构共同出资成立的一家市场化个人征信机构，主要业务是在银、证、保等传统金融机构以外的网络借贷领域开展个人征信活动。信联的数据来源于 200 多家网贷公司、8 000 多家县域的小贷公司、消费金融公司等，聚焦于互联网信贷数据。信联将央行征信中心未能覆盖到的个人客户金融信用数据纳入其数据体系，与侧重传统银行的央行征信中心形成差异化互补，从而构建了一个国家级的基础数据库。

### 三、数字货币与区块链技术

货币是经济运行的基本要素，现代经济生活中，货币已经融入并影响着经济运行的方方面面。数字货币的出现，不仅节省了发行、流通带来的成本，同时提高了交易或投资的效率，提升了经济交易活动的便利性和透明度，对于推动金融基础设施建设、促进经济提质增效升级作用日益凸显。

#### （一）数字货币的发展演化

货币的演变经历了从实物货币、商品货币到信用货币、电子货币的过程。近年来，随着互联网的发展，区块链技术、云计算、大数据等科技与金融深度融合，又催生了数字货币。2008 年 11 月，天才黑客——中本聪，在一个讨论信息加密的邮件组中发表了一篇文章，用一种非常缜密的口吻描绘了一种"几近完美"的货币，这就是比特币。

迄今为止，主要国家的央行都对数字货币表现出了浓厚的兴趣。关于数字货币的定义，现在并没有统一的标准。通常认为，广义的数字货币包括法定货币的电子化（即通常所说的电子货币）、互联网公司发行的互联网代币（即虚拟货币，如 Q 币等）、非法定数字货币（如比特币等），以及各国正在研究的法定数字货币等。目前人们所熟知的私人数字货币主要有比特币、莱特币、瑞波币和以太坊等。2010 年，美国佛罗里达一位名为 Laszlo Hanyecz 的程序员，用 1 万枚比特币买了两个"约翰爸爸"（Papa John）的披萨优惠券，一枚比特币价格仅为 6 美分，到了 2017 年 12 月，比特币已经达到 2 万美元的峰值。同月，芝加哥期权交易所（CBOE）、芝加哥商业交易所（CME）相继上线交易比特币期货。2018 年 4 月，继罗斯柴尔德家族对数字货币进行投资、索罗斯家族基金宣布内部批准投资数字货币后，洛克菲勒家族掌管的全球顶级风投 Venrock 合伙人也宣布 Venrock 将与数字货币投资以及孵化团队 CoinFund 达成合作关系，并且以此进军投资数字货币资产以及区块链项目，数字货币已经成为全球关注的焦点。

#### （二）数字货币挑战传统货币体系

首先，从私人数字货币看，作为一种支付方式，它们对传统货币体系形成了挑战。从本质上来说，比特币等数字货币不具有法偿性与强制性等货币属性，并不是真正意义的货币。同时，比特币的交易效率极低。但是，这些数字货币使用的一系列新技术，对金融体系的渗透力极强，如果比特币等在常规支付中得到更广泛的应用，并与实体经济产生更大的联系，将会对央行维护价格稳定、金融稳定造成威胁，甚至对现代经济金融运行带来冲击。另外，虽然比特币等网站切实履行客户身份识别、可疑交易报告等法定反洗钱义务，但是其用户是直接参与系统，并不受中央银行的监督，势必面临信用风险、流动性风险、操作风险和法律风险，对央行维护支付系统稳定造成威胁。

这种情况下，央行法定数字货币逐渐成为各国货币当局的共识。为了维护货币体系乃至整个金融体系的稳定，货币当局也必须使用同等甚至更先进的技术和设计来研究发行央行数字货币。"央行的央行"——国际清算银行（BIS）在其发表的央行数字货币研究报告中指出，央行数字货币能够降低现金带来的支付系统中流动性风险和信用风险，并帮助清算系统显著提高效率，其可追溯性也可大大增强央行追踪市场活动的能力，防范资金不被洗钱犯罪组织、恐怖组织等利用。同时，BIS也指出，央行数字货币只是引进一种货币形态满足不同人的需求，就像有些人对现金有需求一样，央行数字货币不会对目前央行选择的支付以及落实货币政策的技术、资产信用风险以及流动性等产生挑战。

但同时，央行数字货币的发行也存在诸多问题。一方面，如果央行发行了具有吸引力的央行数字货币，商业银行可能在很大程度上无法同客户面对面交流，其了解客户的权利逐渐丧失。引入央行数字货币后，央行的影响力将在金融体系中扩大，压力时期，可能引发迅速、大规模的避险性资金流动，商业银行将面临长期信贷的流动性风险。另一方面，央行数字货币会强化央行在市场中的地位，这意味着央行能在资源分配上发挥更大作用，此时央行一旦在资源分配方面效率低于私营部门，就会造成总体经济的损失。

## （三）区块链技术

随着比特币名声大噪，其背后依托的区块链技术也逐渐被推到前台。区块链技术又叫分布式账本技术，是分布式存储、点对点传输、加密算法、共识机制等计算机技术的融合应用，它具有去中心化、无须中心信任、不可篡改和加密安全等特性，弥补了传统互联网在信任机制上的先天缺陷，在不需要第三方认证的情况下能够解决陌生人之间的诚信问题，为人们在互联网上建立可信赖的契约关系提供了可靠便捷的方式。区块链技术的独有优势，使比特币得以脱离传统金融体系，成为真正不可复制的资产和数字金融变革的重要组成部分。

与比特币相伴而生，自带金融基因，注定了区块链技术天然地适用于交易转账等金融领域。但如今，区块链技术的发展早已超出了比特币范畴，其独有的信任建立机制，切中了很多行业的应用痛点，高冗余存储、去中心化、安全可信的特点使其特别适合存储和保护重要隐私数据，而其带有的时间戳、各个节点共同验证、不可篡改的特点又使区块链可以应用于各类数据的公正和审计。近年来，区块链已经成为全球信息技术创新和应用的热点方向，在物流、互联网、政务、医疗等领域区块链已经进入应用阶段，越来越多的领域开始尝试通过区块链技术改变行业生态，未来区块链技术可以被广泛应用于金融和社会领域，它有可能是未来建立金融信任的比较关键的手段。

## 四、人工智能在金融领域的运用

人工智能（Artificial Intelligence，AI）是研究、开发用于模拟、延伸和扩展人的智能的理论、方法、技术及应用系统的一门新的技术科学。近年来，人工智能技术不断精进，逐渐从实验室走向生活领域，不断渗透到各行各业中去。包括美国在内的很多国家都在积极投资人工智能项目，最大的两个领域一个是军工国防，另一个是金融。当前，在金融领域应用人工智能蔚然成风，从智能客服到反欺诈，从商家营销到贷款模型，从财经资讯推送到智能投顾，从车险图像定损到保险对话机器人等，一些基层的、重复性的金融工作正在逐渐被人工智能取代，美国华尔街金融机构的台前幕后正加速自动化，机器人交易员、智能投顾大显身手。

### （一）智能客服

用户的不断使用、机器的自我学习，让客服变得越来越"聪明"。花旗集团从2012年起开始运用人工智能电脑来完善客户服务，其技术提供方IBM的人工智能电脑沃森（Watson），可以用人类的认知方式来推断和演绎各类问题的答案，向客户提供诸如产品需求分析、未来经济形势分析等服务，还可结合投资者的投资履历中诸如风险偏好、资产运作周期等参数制定出个性化的投资计划。

无论支付宝还是京东，越来越多的平台开始用机器人代替人工客服，回答客户提问，或是接收语音指令。测试数据显示，支付宝客服平台小蚂完成 5 轮问答所需时间大概为 1 秒钟，比人工客服的效率高 30～60 倍，每天可以处理 200 万～300 万个用户咨询。2017 年，小蚂回答客户满意率比人工客服还高出了 3 个百分点。人工智能客服能自我学习，在不同的语境中学习调整提升，问题回答得越多，越精准，尤其对于口语化、表述不够完整的提问，能够主动理解。

### （二）智能交易

2017 年初，高盛集团曾表示，在过去十多年中，高盛纽约总部有 600 个交易员岗位被 200 个电脑工程师取代，人工智能交易已逐渐在高盛集团的市场交易中占据主导地位。

以智能信贷为例，人工智能在信贷中的应用贯穿于信贷全过程，包括风险定价、反欺诈、客户行为预测、贷后管理等。传统零售信贷的审批流程大约需要 1 周时间，但人工智能与大数据结合后，时间大大缩短。贷款前，智能信贷不需要烦琐的触客、初审和录入，贷款人只要简单填写十几个信息，系统就能在线迅速搜集、加工、分析数据；审批授信过程中，人工智能会通过人脸识别与设备指纹来判定用户真伪。由于多数客户来自移动端，每个手机都有自己独一无二的标识、编号，人工智能可以监测到同一个设备发出的指令，同一设备有没有当天申请多笔？或者不同的申请人使用同一个设备申请？这些设备指纹信息可以作为额外的反欺诈标签被捕捉。同时，通过异地登录、设备指纹、GPS、时点、IP 地址一些指标，预测用户风险，发放贷款前后只要 15 分钟。授信后，智能信贷流程并未结束，会时刻监测受信人业务数据，跟踪学习用户和企业行为模式变化，预测客户贷中风险，据此调整客户授信额度。

### （三）智能定价

在理想情况下，如果一个金融市场里的参与者全都能够捕获巨量的高频数据，且拥有具备大数据能力的人工智能，同时人工智能全部采用经典的资本资产定价模型去定价，则金融市场一定是趋于完美的，就像金融理论所预测的那样，出现一个完全理性且有效的市场。随着人工智能在金融领域的进一步发展，它不断提高金融机构准确预测的能力，市场上的定价会越来越准确，越来越能够符合资产组合理论或者资本资产定价模型等经典金融理论的预测。人工智能会给整个金融市场的定价带来一个全新的变化。

### （四）智能投资

Rebellion Research 是美国一家运用机器学习进行全球权益投资的量化资产管理公司。2007 年 Rebellion Research 推出了第一个纯人工智能（AI）投资基金。该公司的交易系统是基于贝叶斯机器学习，结合预测算法，响应新的信息和历史经验从而不断演化，利用人工智能预测股票的波动及其相互关系，创建一个平衡的投资组合风险和预期回报，利用机器的严谨超越人类情感，有效地通过自学完成全球 44 个国家在股票、债券、大宗商品和外汇上的交易。

2016 年第二季度，美国花旗银行的一份行业研究报告指出，从 2012 年到 2015 年底，美国智能投资顾问管理的资产规模从 0 上升至 290 亿美元，而且其管理的资产规模将在未来十年中呈现几何级数的上升，预计 2025 年将达到 5 万亿美元的水平。智能投资具有速度快、精度高以及执行交易敏捷等优势。

## 五、数字普惠金融

普惠金融的概念是联合国在 2005 年的"国际小额信贷年"的宣传中提出来的，它包含两个基本要素：一是"为社会所有阶层和群体特别是中小企业和低收入者服务"，它强调的是机会平等，也就是要改善对小微企业和低收入者的金融服务；二是"商业可持续原则基础上可负担的成本"，这表明普惠金融不是扶贫、不是慈善，必须遵循市场化的运作规则。

然而，在传统金融中，这两个要素很难融合，普惠金融客观上要求金融机构转变业务模式，下沉金融服务，为有金融服务需求的社会各阶层和群体提供适当、有效的金融服务，让小微企业、农民、偏远地区居民、城镇低收入人群等弱势群体和传统金融服务的边际人群都能够享受到广泛、便利、快捷的金融服务，提高金融服务的深度、广度、便利性与可得性。但事实上，金融是有成本的，包括获取用户的成本，风险甄别的成本，经营成本，资金成本等。受成本效率的约束，金融业必然是嫌贫爱富的，低收入人群远不能获得高效、便捷的金融服务。世界经济论坛《2017 年包容性增长与发展报告》指出，在 2008—2013 年（最新有数据可循的时间段），全球有超过 20 亿人口（其中三分之一在亚洲）无法获取基本的金融工具，甚至包括银行账户、信贷和保险。

但数字技术的进步正在改变这种情况，数字金融具备共享、便捷、低成本、低门槛等特点，在促进普惠金融发展方面具有天然优势，其普及速度远远超出了以往的技术。数字金融体现了金融与科技的不断融合，数字金融主要定位在"小微"层面，"海量交易笔数、小微单笔金额"这种小额、快捷、便利的特征，具有普惠金融的特点和促进包容性增长的功能，加之云计算成本与传统 IT 的成本之比是 1∶10，成本降低了 90%，这些都深刻地改变了人们触达金融的方式。

世界银行在题为《数字红利》的报告中指出，截至 2016 年底，发展中国家中，80% 的人拥有移动电话。全球最贫穷的 20% 的低收入人群可能没有厕所或者清洁用水，但是超过 70% 的人拥有移动电话。网络使整个世界紧密联系起来，突破了传统时间、空间的界限，信息传输、经济往来以接近于实时的速度收集、处理和应用信息，节奏大大加快了。2017 年，中国第三方网络支付规模达到 154.9 万亿元，而支付宝单笔支付的成本早已不足2 分钱。偏远地区的居民也有可能足不出户就享受到便捷、丰富、高效的金融服务。近十年中，数字金融已经成功地提高了各国妇女、穷人、年轻人、老年人、农民、中小企业和其他未获得充分服务的消费者群体金融服务的可得性，数字普惠金融面临不可多得的发展良机。

# 第四节　数字金融监管

数字金融的发展实实在在地满足了实体经济的一些需求，但是发展数字金融的过程中也存在诸多难题，这些都对金融监管形成了巨大挑战，因此推进数字金融监管长效机制建设，发挥数字信息技术独特优势，引导数字金融健康发展意义重大。

## 一、数字金融的风险与挑战

伴随着技术的进步，无论是根植于数字技术的金融业务还是传统金融的数字化，都蕴含着巨大的金融风险，金融监管形势异常严峻。

### （一）数字金融风险凸显

随着数字金融的迅猛发展，各类风险事件不断暴露，国家互联网金融安全技术专家委员会数据显示，截至 2018 年 4 月末，其互联网金融风险分析技术平台发现了 21 624 个存在异常的互联网金融网站和 1 362 个互联网金融网站漏洞。以 P2P 为例，监测结果表明我国 P2P 用户超 5 000 万人，人均投资金额 2.27 万元，主要分布在广东、浙江、江苏等地，截至 2018 年 6 月 30 日，我国在运营 P2P 平台共 2 835 家，2018 年上半年新增 P2P 平台 36 家，消亡 721 家，消亡的数量远远高于新增的数量。在 721 家平台中，长时间网站无法访问的平台 511 家，占比 70.87%；"僵尸" 网站 85 家，占比 11.79%；"跑路"、经侦立案 67 家，占比 9.29%；主动退出 18 家，占比 2.50%；其他类型 40 家，占比 5.55%。2018 年 7 月，短短 9 天就有高达 32 家互金平台暴雷，集中出现了逾期、提现困难、"跑路"、清盘、停业等状况。再如，在区块链虚拟社区发行代币众筹融资的 ICO 项目，在我国都没有经过监管审批，很多 ICO 项目可能涉嫌非法的金融活动。种种金融乱象极大地破坏了金融市场秩序，也造成了恶劣的社会影响。

另外，在运营过程中，许多金融机构将其 IT 业务的核心要素外包给第三方（例如处理支付系统），依赖第三方提供商来转向更先进的 IT 平台，一旦技术提供商存在问题，这种安排就可能损害整个机构的运作。

（二）数字金融监管面临的挑战

一方面，数字金融监管必须要平衡创新与稳定之间的关系，既保证数字金融行业的快速发展，又不造成重大的金融、社会风险，起到真正支持实体经济的作用。如果对数据管制过严，大数据分析就无从谈起；如果听任商业机构任意侵犯个人隐私，也会造成严重后果。另一方面，如何保证 "机会平等" 和 "商业可持续" 两大原则；如何让市场机制在数字金融发展中发挥决定性作用；如何提高信息透明度、降低风险管理成本；如何打破 "信息孤岛"、消除 "数据死角"；如何强化信息网络和数据安全，构建信息数据 "安全网" 等都对金融监管提出了新的挑战。

## 二、数字金融的监管实践

数字金融参与人员多，范围广，出现问题危害大，为此监管当局也作出了一些实践和探索。

（一）破解 "分业监管" 与 "混业经营" 错配

随着互联网、云计算、大数据等新的数字技术应用于信息的采集、存储、分析和共享过程，金融创新产品的属性和边界越来越模糊，金融业混业经营格局进一步加剧，但是对这些新兴金融业态的行为和风险监管却长期缺位。例如，网络小额贷款、P2P 等，大多由地方政府金融管理部门负责准入，但中央监管机构和地方金融管理部门的沟通、协调也不到位，导致出现不少金融风险事件。"分业监管"与"混业经营"错配造成了多个领域的监管空白和沟通成本增加。为了进一步加强监管的协调性，防范监管空白和监管套利，同时进一步加强监管部门之间的相互制约，2018 年 3 月，第十三届全国人民代表大会第一次会议审议通过了国务院机构改革方案，同意银监会和保监会合并组建中国银行保险监督管理委员会，同时，将银监会和保监会拟定银行业、保险业重要法律法规草案和审慎监管基本制度的职责划入中国人民银行。银行与保险统一监管是顺应综合经营趋势的必然选择，有利于集中整合监管资源、充分发挥专业化优势，落实功能监管并加强综合监管，提高监管质量和效率。

### （二）金融创新与金融监管的协调

随着各类产品和服务的多样化，传统金融监管中定期送报表、现场检查等做法显然已经不能适应风险性更高，风险传导范围广、速度快、越来越复杂的数字金融市场。面对更多的不确定性，金融监管会存在一定的滞后，金融的高度发展和相应的监管出现了脱节，放松监管可能会导致风险加剧，而严格控制风险又可能抑制金融创新，二者如何达到平衡挑战当局的管理水平。

从大的方向上看，未来监管一定是积极支持金融创新的同时又要严密防范风险，尤其对普惠金融而言，构建新的数字金融监管框架，必须考虑尽可能在两者之间求得平衡。首先，创新金融监管方式尤为重要，可以考虑将数字技术运用到金融监管上来，比如考虑将监管信息系统和互联网金融公司的数据库直接对接，监管部门可以实时监测运行状况，分析金融风险。其次，可以考虑采用"监管沙盒""创新中心"和"创新加速器"等做法。以"监管沙盒"为例，根据英国金融行为监管局（FCA）的定义，"监管沙盒"是一个"安全空间"，在这个安全空间内，企业可以测试其创新的金融产品、服务、商业模式等，而不会立即受到监管规则的约束。"监管沙盒"十分注重对金融消费者权益的保护，FCA 要求进入"监管沙盒"的公司只能对已经同意参加测试的客户测试他们的新产品，在此之前，客户会被充分告知潜在风险和可获得的补偿。借鉴沙盒原理，在数字金融监管中，监管部门可以给网络金融公司发放有限的牌照，允许创新，如果成功，可以发放完全牌照并推广到全行业；如果不成功，则取消牌照，从而保证创新在控制风险的前提下进行。此外，"监管沙盒"也有助于更好地暴露相关产品或服务的缺陷和风险，以避免面向社会大规模推出后所带来的损失。

### （三）为数字金融创建良好市场环境

发展数字金融，不仅要求金融监管体系本身要创新，同时也要求有一个良好的市场机制和法律环境。

**1. 中央政策指明方向**

2018 年 7 月 31 日，中共中央政治局会议提出要做好包括稳金融在内的"六稳"工作，要把防范化解金融风险和服务实体经济更好结合起来，要通过机制创新，提高金融服务实体经济的能力和意愿。

**2. 监管机构出台措施**

2018 年 7 月，人民银行会同互联网金融风险专项整治工作领导小组有关成员单位召开互联网金融风险专项整治下一阶段工作部署动员会指出，防范化解重大风险是中央确定的三大攻坚战之首，防范化解重大风险尤其是金融风险是当前及今后一段时间的首要工作任务，要用 1~2 年时间完成互联网金融风险专项整治，化解存量风险，消除风险隐患，同时初步建立适应互联网金融特点的监管制度体系。央行表示要明确政策界限，聚焦重点业态、区域和机构，完善整治方式，强化整治力度；要引导机构无风险退出，同时开展行政处罚和刑事打击，稳妥有序加速存量违法违规机构和业务活动退出。

**3. 法律法规不断跟进**

数字金融发展过程中不断面临各类法律风险，例如网络借贷中的担保问题，互联网众筹中的证券豁免机制问题等，这就要求配套法律法规及时跟进，包括基础法律体系的配套性创新，金融法律体系的配套性创新等。当前，我国已经制定了互联网消费金融、网络借贷信息披露、互联网金融云计算标准等，但对于区块链金融监管等尚处于探索阶段。对信息数据的归属、应用和管理等也应制定明确的法律规范。

**4. 政策稳定性预期持续加强**

市场政策的稳定性预期是数字金融参与者的最大关切，政策的稳定性预期包括明确确认数字金融具体业务的合法性，确认合法而推行的监管政策，并保持其监管宗旨与整体制度的稳定。同时，应积极推进数据资源共享平台创建，建立统一标准的金融统计制度和金融数据库，建立互联共享的金融数据应用系统，形成能够支持穿透式金融审慎监管的基础设施。

## 思考题

1. 数字经济与互联网经济有何不同？
2. 数字经济在经济活动中有哪些体现？
3. 数字经济引发了怎样的生活变化？
4. 大数据怎样更好地运用于征信体系之中？
5. 比特币等私人货币会取代央行货币吗？
6. 数字普惠金融发展面临哪些机遇和挑战？

# 参考文献

［1］王振. 全球数字经济竞争力发展报告［M］. 北京：社会科学文献出版社，2017.

［2］李艺铭，安晖. 数字经济：新时代 新起航［M］. 北京：人民邮电出版社，2017.

［3］马文彦. 数字经济 2.0［M］. 北京：民主与建设出版社，2017.

［4］徐晨，吴大华，唐兴伦. 数字经济：新经济 新治理 新发展［M］. 北京：经济日报出版社，2017.

［5］陈莹莹. 数字金融应坚持服务实体经济方向［N］. 中国证券报，2017 - 11 - 06.

［6］胡滨. 数字普惠金融的价值［J］. 中国金融，2016（22）.

［7］中美 FinTech 对话：美国金融科技发展到哪步了［EB/OL］. http://idf. pku. edu. cn/index/news/2017/0831/33471. html，2017 - 08 - 31.

［8］数字金融讲坛第一讲："后整治期的数字普惠金融"［EB/OL］. http://idf. pku. edu. cn/index/news/2017/0831/33471. html，2017 - 03 - 26.

［9］发展改革委：将重点实施四大举措促数字经济健康发展［EB/OL］. http://news. cnstock. com/theme，1890. html，2018 - 01 - 22.

［10］政商参阅：韭菜再见！央行突然宣布大事件！［EB/OL］. http://baijiahao. baidu. com/s? id = 1605570380111966645&wfr = spider&for = pc，2018 - 07 - 10.

［11］李礼辉. 应制定常态化数字金融审慎监管制度［EB/OL］. 第一财经 APP，2018 - 01 - 07.

# 第五章　现代供应链与供应链金融

## 本章概要

　　党的十九大报告提出，要在中高端消费、创新引领、绿色低碳、共享经济、现代供应链、人力资本服务等领域培育新增长点、形成新动能。可以说，加快供应链创新，建设现代供应链，已成为深化供给侧结构性改革、建设现代化经济体系的重要内容，具有极其重要的意义。而供应链金融作为一种新型的金融服务模式在我国发展迅速，已成为中小企业拓展发展空间和融资渠道的重要方式，有效缓解了其长期以来所面临的融资难和融资贵等问题。近年来，在互联网浪潮带动下，供应链金融出现了一些新变化和新趋势。可以预见，今后我国的供应链金融领域必将产生更加多样化的发展模式和创新服务类型，从而成为我国产业结构调整和国民经济发展转型的重要抓手。

## 第一节　现代供应链

　　新时代、新机遇、新挑战，当前我国正处于经济转型发展的关键阶段，供应链跨行业、跨企业的协同整合，既可以有效降低企业经营成本和交易成本，提高各环节的协同效益，也有利于打通生产和消费的环节，促进供需匹配、优化配置。因此，创新发展供应链是认识和把握我国发展阶段的必然要求，是时代赋予我国的重要使命，也是目前推进供给侧结构性改革的重要系统性抓手。

### 一、现代供应链的内涵与重要意义

　　2014 年 11 月，习近平总书记在亚太经合组织第 22 次领导人非正式会议记者会上表示，此次会议决定实施全球价值链、供应链领域的合作倡议。

2017 年 10 月 13 日，国务院办公厅印发了《关于积极推进供应链创新与应用的指导意见》，部署供应链创新与应用有关工作，推动我国供应链发展水平全面提升。2017 年 10 月 18 日，党的十九大报告提出"在中高端消费、创新引领、绿色低碳、共享经济、现代供应链、人力资本服务等领域培育新增长点、形成新动能"，提出要将"现代供应链"作为推动供给侧结构性改革的重要手段。从这一系列的论断可以看出，现代供应链的发展与创新越来越受到重视。

## （一）现代供应链的内涵

现代供应链是以客户需求为导向，以提高质量和效率为目标，以整合资源为手段，实现产品设计、采购、生产、销售、服务等全过程高效协同的组织形态。

## （二）现代供应链的重要意义

### 1. 现代供应链是落实新发展理念的重要举措

现代供应链具有创新、协同、共赢、绿色、开放、共享等特征，推进现代供应链创新发展，有利于加速产业融合、深化社会分工、提高集成创新能力，有利于建立现代供应链上下游企业合作共赢的协同发展机制，有利于建立覆盖设计、生产、流通、消费、回收等各环节的绿色产业体系。

### 2. 现代供应链是供给侧结构性改革的重要抓手

现代供应链通过资源整合和流程优化，促进产业跨界和协同发展，有利于加强从生产到消费等各环节的有效对接，降低企业经营和交易成本，促进供需精准匹配和产业转型升级，全面提高产品和服务质量。

### 3. 现代供应链是引领全球化、提升竞争力的重要载体

推进现代供应链全球布局，加强与伙伴国家和地区之间的合作共赢，有利于我国企业更深更广地融入全球供给体系，推进"一带一路"建设落地，实现合作国家之间的政策沟通、设施联通、贸易畅通、资金融通和民心相通，打造全球利益共同体和命运共同体。建立基于现代供应链的全球贸易新规则，有利于提高我国在全球经济治理中的话语权，保障我国资源能源安全和产业安全。

### 4. 现代供应链能够实现产业组织方式的变革

我国庞大的产业集群存在地理上集聚，行业性信用难以有效建立、很多集群限于价格战等问题，必然会导致产能过剩。通过现代供应链这一新的组织方式，能够让集群的企业形成主辅分工清晰、产业配套性强、创新

力活跃、开放性良好的新格局，从而实现产业组织方式的改进。

5. 现代供应链能够使产业要素结构更趋合理化

现代供应链强调商流、物流与资金流的有机融合，用产业来带动金融的发展，同时通过让资本回归实体产业，进一步优化产业运营过程，推动产业发展，这必然能够使产业和金融之间形成良性循环，优化投融资结构，实现资源优化配置与优化再生。

## 二、现代供应链的运行机制

供应链管理实际上是一种基于竞争—合作—协调机制的，以分布企业集成和分布作业协调为保证的新的企业运作模式。供应链运作的表象是物流、信息流、资金流（即人们通常所说的"三流"），供应链的成长过程实质包含两方面的含义：一是通过产品（技术、服务）的扩散机制来满足社会的需求，二是通过市场的竞争机制来发展壮大企业的实力。

当考察一个供应链成长过程时，我们不仅应该看到企业有形的力量在壮大，更应该看到企业无形的能量在升华，因此供应链的成长过程既是一种几何（组织）生长过程，也是一种能量的集聚过程和思想文化的变迁过程。供应链成长过程体现在企业在市场竞争中的成熟与发展之中，通过供应链管理的合作机制（Cooperation Mechanism）、决策机制（Decision Mechanism）、激励机制（Encourage Mechanism）和自律机制（Benchmarking）等来实现满足顾客需求、使顾客满意以及留住顾客等功能目标，从而实现供应链管理的最终目标——社会目标（满足社会就业需求）、经济目标（创造最佳利益）和环境目标（保持生态与环境平衡）的合一。

### （一）合作机制

供应链合作机制体现了战略伙伴关系和企业内外资源的集成与优化利用。基于这种企业环境的产品制造过程，从产品的研究开发到投放市场，周期大大地缩短，而且顾客导向化（Customization）程度更高，模块化、简单化产品、标准化组件，使企业在多变的市场中柔性和敏捷性显著增强，虚拟制造与动态联盟提高了业务外包（Outsourcing）策略的利用程度。企业集成的范围扩展了，从原来的中低层次的内部业务流程重组上升到企业间的协作，这是一种更高级别的企业集成模式。在这种企业关系中，市场竞争的策略最明显的变化就是基于时间的竞争（Time‑based）和价值（Value Chain）及价值让渡系统管理或基于价值的供应链管理。

## （二）决策机制

由于供应链企业决策信息的来源不再仅限于一个企业内部，而是在开放的信息网络环境下，不断进行信息交换和共享，达到供应链企业同步化、集成化与控制的目的，而且随着 Internet/Intranet 发展成为新的企业决策支持系统，企业的决策模式将会产生很大的变化，因此处于供应链中的任何企业决策模式应该是基于 Internet/Intranet 的开放性信息环境下的群体决策模式。

## （三）激励机制

归根到底，供应链管理和任何其他的管理思想一样都是要使企业在 21 世纪的竞争中在"TQCSF"上有上佳表现（T 为时间，指反应快，如交货迅速等；Q 指质量，控制产品、工作及服务质量高；C 为成本，企业要以更少的成本获取更大的收益；S 为服务，企业要不断提高用户服务水平，提高用户满意度；F 为柔性，企业要有较好的应变能力）。缺乏均衡一致的供应链管理业绩评价指标和评价方法是目前供应链管理研究的弱点和导致供应链管理实践效率不高的一个主要问题。为了掌握供应链管理的技术，必须建立健全业绩评价和激励机制，使我们知道供应链管理思想在哪些方面、多大程度上能够给予企业改进和提高，以推动企业管理工作不断完善和提高，也使得供应链管理能够沿着正确的轨道与方向发展，真正成为能为企业管理者乐于接受和实践的新的管理模式。

## （四）自律机制

自律机制要求供应链企业向行业的领头企业或最具竞争力的竞争对手看齐，不断对产品、服务和供应链业绩进行评价，并不断地改进，以使企业能保持自己的竞争力和持续发展。自律机制主要包括企业内部的自律、对比竞争对手的自律、对比同行企业的自律和比较领头企业的自律。企业通过推行自律机制，可以降低成本，增加利润和销售量，更好地了解竞争对手，提高客户满意度，增加信誉，缩小企业内部部门之间的业绩差距，提高企业的整体竞争力。

### 三、我国现代供应链发展与应用的战略布局

#### （一）指导思想

全面落实党的十九大精神，深入贯彻习近平总书记系列重要讲话精神和治国理政新理念新思想新战略，认真落实党中央、国务院决策部署，统筹推进"五位一体"总体布局和协同推进"四个全面"战略布局，坚持以人民为中心的发展思想，坚持稳中求进工作总基调，牢固树立和贯彻落实创新、协调、绿色、开放、共享的发展理念，以提高发展质量和效益为中心，以供应链与互联网、物联网深度融合为路径，以信息化、标准化、信用体系建设和人才培养为支撑，创新发展供应链新理念、新技术、新模式，高效整合各类资源和要素，提升产业集成和协同水平，打造大数据支撑、网络化共享、智能化协作的智慧供应链体系，推进供给侧结构性改革，提升我国经济全球竞争力。

#### （二）发展目标

到 2020 年，形成一批适合我国国情的供应链发展新技术和新模式，基本形成覆盖我国重点产业的智慧供应链体系。供应链在促进降本增效、供需匹配和产业升级中的作用显著增强，成为供给侧结构性改革的重要支撑。培育 100 家左右的全球供应链领先企业，重点产业的供应链竞争力进入世界前列，使中国成为全球供应链创新与应用的重要中心。

#### （三）重点任务

1. 推进农村第一、第二、第三产业融合发展

（1）创新农业产业组织体系。鼓励家庭农场、农民合作社、农业产业化龙头企业、农业社会化服务组织等合作建立集农产品生产、加工、流通和服务等于一体的农业供应链体系，发展种养加、产供销、内外贸一体化的现代农业。鼓励承包农户采用土地流转、股份合作、农业生产托管等方式融入农业供应链体系，完善利益联结机制，促进多种形式的农业适度规模经营，把农业生产引入现代农业发展轨道。

（2）提高农业生产科学化水平。推动建设农业供应链信息平台，集成农业生产经营各环节的大数据，共享政策、市场、科技、金融、保险等信息服务，提高农业生产科技化和精准化水平。加强产销衔接，优化种养结

构，促进农业生产向消费导向型转变，增加绿色优质农产品供给。鼓励发展农业生产性服务业，开拓农业供应链金融服务，支持订单农户参加农业保险。

（3）提高质量安全追溯能力。加强农产品和食品冷链设施及标准化建设，降低流通成本和损耗。建立基于供应链的重要产品质量安全追溯机制，针对食用农产品、农业生产资料等将供应链上下游企业全部纳入追溯体系，构建来源可查、去向可追、责任可究的全链条可追溯体系，提高消费安全水平。

2. 促进制造协同化、服务化、智能化

（1）推进供应链协同制造。推动制造企业应用精益供应链等管理技术，完善从研发设计、生产制造到售后服务的全链条供应链体系。推动供应链上下游企业实现协同采购、协同制造、协同物流，促进大中小企业专业化分工协作，快速响应客户需求，缩短生产周期和新品上市时间，降低生产经营和交易成本。

（2）发展服务型制造业。建设一批服务型制造公共服务平台，发展基于供应链的生产性服务业。鼓励相关企业向供应链上游拓展协同研发、众包设计、解决方案等专业服务，向供应链下游延伸远程诊断、维护检修、仓储物流、技术培训、融资租赁、消费信贷等增值服务，推动制造供应链向产业服务供应链转型，提升制造产业价值链。

（3）促进制造供应链可视化和智能化。推动感知技术在制造供应链关键节点的应用，促进全链条信息共享，实现供应链可视化。推进机械、航空、船舶、汽车、轻工、纺织、食品、电子等行业供应链体系的智能化，加快人机智能交互、工业机器人、智能工厂、智慧物流等技术和装备的应用，提高敏捷制造能力。

3. 提高流通现代化水平

（1）推动流通创新转型。应用供应链理念和技术，大力发展智慧商店、智慧商圈、智慧物流，提升流通供应链智能化水平。鼓励批发、零售、物流企业整合供应链资源，构建采购、分销、仓储、配送供应链协同平台。鼓励住宿、餐饮、养老、文化、体育、旅游等行业建设供应链综合服务和交易平台，完善供应链体系，提升服务供给质量和效率。

（2）推进流通与生产深度融合。鼓励流通企业与生产企业合作，建设供应链协同平台，准确及时传导需求信息，实现需求、库存和物流信息的实时共享，引导生产端优化配置生产资源，加速技术和产品创新，按需组织生产，合理安排库存。实施内外销产品"同线同标同质"等一批示范工程，提高供给质量。

（3）提升供应链服务水平。引导传统流通企业向供应链服务企业转型，大力培育新型供应链服务企业。推动建立供应链综合服务平台，拓展质量管理、追溯服务、金融服务、研发设计等功能，提供采购执行、物流服务、分销执行、融资结算、商检报关等一体化服务。

4. 积极稳妥发展供应链金融

（1）推动供应链金融服务实体经济。推动全国和地方信用信息共享平台、商业银行、供应链核心企业等开放共享信息。鼓励商业银行、供应链核心企业等建立供应链金融服务平台，为供应链上下游中小微企业提供高效便捷的融资渠道。鼓励供应链核心企业、金融机构与人民银行征信中心建设的应收账款融资服务平台对接，发展线上应收账款融资等供应链金融模式。

（2）有效防范供应链金融风险。推动金融机构、供应链核心企业建立债项评级和主体评级相结合的风险控制体系，加强供应链大数据分析和应用，确保借贷资金基于真实交易。加强对供应链金融的风险监控，提高金融机构事中事后风险管理水平，确保资金流向实体经济。健全供应链金融担保、抵押、质押机制，鼓励依托人民银行征信中心建设的动产融资统一登记系统开展应收账款及其他动产融资质押和转让登记，防止重复质押和空单质押，推动供应链金融健康稳定发展。

5. 积极倡导绿色供应链

（1）大力倡导绿色制造。推行产品全生命周期绿色管理，在汽车、电器电子、通信、大型成套设备及机械等行业开展绿色供应链管理示范。强化供应链的绿色监管，探索建立统一的绿色产品标准、认证、标识体系，鼓励采购绿色产品和服务，积极扶植绿色产业，推动形成绿色制造供应链体系。

（2）积极推行绿色流通。积极倡导绿色消费理念，培育绿色消费市场。鼓励流通环节推广节能技术，加快节能设施设备的升级改造，培育一批集节能产品销售于一体的绿色流通企业。加强绿色物流新技术和设备的研究与应用，贯彻执行运输、装卸、仓储等环节的绿色标准，开发应用绿色包装材料，建立绿色物流体系。

（3）建立逆向物流体系。鼓励建立基于供应链的废旧资源回收利用平台，建设线上废弃物和再生资源交易市场。落实生产者责任延伸制度，重点针对电器电子、汽车产品、轮胎、蓄电池和包装物等产品，优化供应链逆向物流网点布局，促进产品回收和再制造发展。

6. 努力构建全球供应链

（1）积极融入全球供应链网络。加强交通枢纽、物流通道、信息平台等基础设施建设，推进与"一带一路"沿线国家互联互通。推动国际产能和装备制造合作，推进边境经济合作区、跨境经济合作区、境外经贸合作区建设，鼓励企业深化对外投资合作，设立境外分销和服务网络、物流配送中心、海外仓等，建立本地化的供应链体系。

（2）提高全球供应链安全水平。鼓励企业建立重要资源和产品全球供应链风险预警系统，利用两个市场两种资源，提高全球供应链风险管理水平。制订和实施国家供应链安全计划，建立全球供应链风险预警评价指标体系，完善全球供应链风险预警机制，提升全球供应链风险防控能力。

（3）参与全球供应链规则制定。依托全球供应链体系，促进不同国家和地区包容共享发展，形成全球利益共同体和命运共同体。在人员流动、资格互认、标准互通、认可认证、知识产权等方面加强与主要贸易国家和"一带一路"沿线国家的磋商与合作，推动建立有利于完善供应链利益联结机制的全球经贸新规则。

（四）保障措施

1. 营造良好的供应链创新与应用政策环境

鼓励构建以企业为主导、产学研用合作的供应链创新网络，建设跨界交叉领域的创新服务平台，提供技术研发、品牌培育、市场开拓、标准化服务、检验检测认证等服务。鼓励社会资本设立供应链创新产业投资基金，统筹结合现有资金、基金渠道，为企业开展供应链创新与应用提供融资支持。

研究依托国务院相关部门成立供应链专家委员会，建设供应链研究院。鼓励有条件的地方建设供应链科创研发中心。支持建设供应链创新与应用的政府监管、公共服务和信息共享平台，建立行业指数、经济运行、社会预警等指标体系。

研究供应链服务企业在国民经济中的行业分类，理顺行业管理。符合条件的供应链相关企业经认定为国家高新技术企业后，可按规定享受相关优惠政策。符合外贸企业转型升级、服务外包相关政策条件的供应链服务企业，按现行规定享受相应支持政策。

2. 积极开展供应链创新与应用试点示范

开展供应链创新与应用示范城市试点，鼓励试点城市制定供应链发展的支持政策，完善本地重点产业供应链体系。培育一批供应链创新与应用示范企业，建设一批跨行业、跨领域的供应链协同、交易和服务示范平台。

3. 加强供应链信用和监管服务体系建设

完善全国信用信息共享平台、国家企业信用信息公示系统和"信用中国"网站，健全政府部门信用信息共享机制，促进商务、海关、质检、工商、银行等部门和机构之间公共数据资源的互联互通。研究利用区块链、人工智能等新兴技术，建立基于供应链的信用评价机制。推进各类供应链平台有机对接，加强对信用评级、信用记录、风险预警、违法失信行为等信息的披露和共享。创新供应链监管机制，整合供应链各环节涉及的市场准入、海关、质检等政策，加强供应链风险管控，促进供应链健康稳定发展。

4. 推进供应链标准体系建设

加快制定供应链产品信息、数据采集、指标口径、交换接口、数据交易等关键共性标准，加强行业间数据信息标准的兼容，促进供应链数据高效传输和交互。推动企业提高供应链管理流程标准化水平，推进供应链服务标准化，提高供应链系统集成和资源整合能力。积极参与全球供应链标准制定，推进供应链标准国际化进程。

5. 加快培育多层次供应链人才

支持高等院校和职业学校设置供应链专业和课程，培养供应链专业人才。鼓励相关企业和专业机构加强供应链人才培训。创新供应链人才激励机制，加强国际化的人才流动与管理，吸引和聚集世界优秀供应链人才。

6. 加强供应链行业组织建设

推动供应链行业组织建设供应链公共服务平台，加强行业研究、数据统计、标准制修订和国际交流，提供供应链咨询、人才培训等服务。加强行业自律，促进行业健康有序发展。加强与国外供应链行业组织的交流合作，推动供应链专业资质相互认证，促进我国供应链发展与国际接轨。

## 第二节　新经济环境下的供应链金融

供应链金融是基于整个产业供应链角度推出的新型融资模式，以供应链中的核心企业为中心，对其上下游企业进行有效资金注入，从而保证产业链条上、中、下游"供—产—销"运营模式的正常运作。对于银行来说，它是一种信贷业务；对于中小企业来说，它是一种有效的融资渠道。在当前经济发展背景下，发展供应链金融成为银行和企业的重要选择。

## 一、供应链金融的内涵及其特征

### (一) 供应链金融的内涵

所谓"供应链金融",是指银行从整个现代供应链角度出发,开展综合授信,把供应链上相关企业作为一个整体,根据交易中构成的链条关系和行业特点设定融资方案,将资金有效注入供应链上的相关企业,提供灵活运用的金融产品和服务的一种融资模式。该模式的核心理念是银行在信贷市场上通过寻找多个参与者或者利益相关者,建立起一种特殊的机制,来共同分担中小企业贷款中的风险。

一般来讲,一个特定商品的供应链从原材料采购,到制成中间品及最终产品,最后送到消费者手中,将供应商、制造商、分销商、零售商及最终用户连成了一个有机整体,任何企业都可以在供应链上找到自己的位置,任何企业都不可能脱离供应链而独立存在。大型企业常常以自己强大的实力和良好的品牌形象,吸引一批以其材料采购和产品销售为主营业务的中小企业,形成一个相对安全、稳定的企业商务生态链。在整个供应链中,竞争力较强、规模较大的核心企业因其强势地位,往往在交货、价格、账期等贸易条件方面对上下游配套中小企业要求苛刻,并将相当部分的管理成本和资金成本转嫁到它们身上,结果造成上下游中小企业资金紧张、周转困难,使整个供应链出现资金失衡。而供应链金融则通过银行对产业链中的企业提供全面的金融服务,来促进供应链核心企业及上下游配套企业"产—供—销"链条的稳固和流转畅顺,从而解决了供应链中资金分配不平衡的问题。

实际上,实施供应链金融的关键在于,这些想要得到银行融资的中小企业必须和一家值得银行信赖的大企业发生业务往来,从而就获得了"某种资格认定",使其达到银行认可的资信水平,即大企业利用其良好的信誉和实力及与银行稳固的信贷关系为中小企业提供了间接的信用担保,帮助中小企业获得银行贷款。

### (二) 供应链金融的特征

与一般金融活动相比,供应链金融有以下主要特征。

1. 供应链金融服务从核心企业入手研究整个供应链，改变了过去银行等金融机构针对单一企业主体的授信模式

银行在开展授信业务时，不是只针对某个企业本身来进行，而是要在其所在的供应链中寻找出一个大的核心企业，并以此为出发点，从原材料供应到产品生产、销售，为整个供应链提供各种金融服务和金融支持。银行一方面将资金有效注入了处于相对弱势地位的上下游配套中小企业，解决了中小企业融资难和供应链资金失衡的问题；另一方面，将银行信用融入上下游企业的购销行为，保证了原材料供应、产品生产和销售全部环节的顺利完成，避免了风险的发生，促进中小企业与核心企业建立起长期的战略协同关系，提升了供应链的竞争能力。

2. 供应链金融从新的视角评估中小企业的信用风险

打破了原来银行孤立考察单一企业静态信用的思维模式，使银行从专注于对中小企业本身信用风险的评估，转变为对整个供应链及其交易的信用风险评估；从关注静态财务数据转向对企业经营的动态跟踪；在考察授信企业资信的同时更强调整条供应链的稳定性、贸易背景的真实性以及授信企业交易对手的资信和实力，从而有利于商业银行更好地发现中小企业的核心价值，真正评估了业务的真实风险，使更多的中小企业能够进入银行的服务范围。

3. 供应链金融以供应链企业之间真实的商品或服务为基础

供应链金融强调交易的连续性和完整性，强调贷后的实时监控和贸易流程的操作管理；同时，这些融资产品都具有突出的自偿性特点，均以授信合同项下商品的销售收入作为直接还款来源，在融资授信金额、期限上注重与真实交易相匹配。供应链金融主要基于对供应链结构特点和交易细节的把握，借助核心企业的信用实力或单笔交易的自偿程度与货物流通价值，对供应链单个企业或上下游多个企业提供全面的金融服务。

## 二、供应链金融的功能与业务模式

### （一）供应链金融的功能

在一个协作的供应链环境里，一方的采购通常涉及另一方的销售，因而连续的检验采购、生产和销售容易发生混淆。基于此，需要指出的是，在供应链金融环境下，我们所关注的金融功能具体是指协作供应链职能而非单个组织的职能。具体来说，供应链金融的功能主要有：

### 1. 追踪供应链资金流

不同供应链成员间金融资源的流动是供应链金融的核心。对于财务流的精确测量或者是基于现金的会计核算是识别内部金融资源的基础。使资源重新分配到更有效率的地方的一个重要前提是可以追踪资金的流动情况。想要识别、测量、交流组织真实的现金流数字，需要追溯支付的发生点。而基于静态的资产负债表和收入表的方法不能综合地反映既定期间的现金流动情况。另一个是企业间金融协作以及信息随时可得对供应链金融的必要性。静止的会计方法总以周期为单位，季度、半年或者年，而基于支付数字的现金流的计算则是持续的。尤其是为了在两个网络实体间创造价值而寻找加速现金流的方法时，及时的信息则是相当必要的。建立正确的会计核算体系——权责发生制与以现金流为基础的会计核算体系的混合，用于追踪协作成员间金融资源的流动，这应该说是使供应链金融成功实施的一个基本的驱动因素。这意味着链上成员需要追踪发生在价值创造活动过程中的支付交易。协作成员需要共同建立一个会计核算中心用于获得相应的财务信息。如果合适的会计核算体系没有建立，就有可能引起信息的偏误，这会引致分歧或不信任，以及供应链金融运行的巨大风险。

### 2. 灵活、有效地运用金融资金

协作投资可能发生在所有的物流职能上，遍及整个物流子系统，像订单处理、持有库存、包装及运输过程。当对不同的投资选择进行决策时，需要同时考虑投资的花费和投资所产生的收益。那么，在供应链协作环境下的投资有何独特性呢？有两个需要考虑的问题：一是协作投资意味着参与者联合投资于某一对象，这当然不是一家企业可以考虑的事，投资备选方案的数量也因此增加了。考虑一家生产型企业：为了加强采购流程，这个公司从其自身角度来说可以投资新建仓库或者引入货物处理流程。与这家企业有着金融协作的最重要的供应商提供了一种新的选择：对供应商分销仓库的联合投资可能更有益于加强企业的采购流程。二是现在最好的投资选择是能向所有的协作伙伴提供最高价值的那个方案。这就需要在权衡不同的方案时考虑不同成员的现金流情况。例如，一个供应商面临 A 和 B 两种订单跟踪体系的选择，A 在财务上更具吸引力。但从协作的角度考虑，它的顾客和合作伙伴所使用的体系更接近于 B，B 系统使得其与伙伴发生联系且从顾客的角度来说节省了相当的行政费用。那么，协作的结果是 B 将是更好的选择。

### 3. 扩大金融资源的源泉

供应链成员及服务提供商之间所提供的商品和服务需要进行支付，因而产生了融资的需求。一般来说，债权融资和内部融资是两种常用的方式。债权融资有三种形式：长期借贷、短期借贷和信贷替代品。企业债权融资主要受公司的信用等级、证券价格以及债权人的意愿等因素的影响。基于此，由于知识及资本的集中，供应链金融提高了链上成员获得资本及在金融市场上融资的可能性，也因此增加了债权融资的可选择性，改善了链上企业融资的境况。从另一个层面上讲，供应链金融的一个本质特征在于流动。传统上企业内部融资的分类是静态的，其来源于以年为单位的资产负债表。这意味着在资产负债表上，内部融资来源于企业的自有资金、未分配利润、折旧以及资产置换。当我们以流动的视角看待这一问题时，这种分类便不存在了，因为没有发生资金的支付。资金的来源仅代表了一种直接的现金流入，或者说，会计利润不是现金，因为它们不能用于花费。不过，可以通过节税变现产生现金。

## （二）供应链金融的业务模式

企业在正常生产经营中会产生大量的资金需求缺口：在采购阶段需要预付资金、在生产阶段中以存货保证作业流程、在销售阶段产生大量应收账款等。企业的资金缺口带来的融资需求迫使企业与资金提供方寻求能够将未来资产变现的途径，而供应链金融的预付账款融资业务模式、存货质押融资业务模式、应收账款融资业务模式等满足了企业在真实交易中产生的流动资产融资需求。

### 1. 预付账款融资模式

预付账款融资是发生在采购阶段的供应链融资模式，可以理解成是"未来存货的融资"，是指在供应商承诺回购的前提下，融资企业向银行申请以卖方在银行指定仓库的既定仓单质押的贷款额度，并由银行控制其提货权为条件的融资业务。这一模式使用于卖方回购条件下的采购，主要包括保兑仓、信用证等模式。

预付账款融资模式实现了下游采购商中小企业的杠杆采购和上游供应商核心大企业的批量销售。中小企业通过预付账款融资业务获得的是分批支付货款并分批提货的权利，其不必一次性支付全额货款，从而为供应链节点上的中小企业提供了融资便利，有效缓解了全额购货带来的短期资金压力。另外，对金融机构来说，预付账款融资模式以供应链上游核心大企业承诺回购为前提条件，由核心企业为中小企业融资承担连带担保责任，并以金融机构指定仓库的既定仓单为质押，从而大大降低了金融机构的信贷风险，同时也给金融机构带来了收益，实现了多赢的目的。

2. 存货融资模式

存货融资是发生在生产运营阶段的供应链融资模式。存货融资是指融资方将自己的存货向金融机构进行质押，借助第三方物流或仓储公司对抵质押商品进行监管，金融机构得以向融资方提供流动性支持，从而降低融资方库存商品的资金占用成本和使用成本，通过库存融资可以实现生产销售稳定与流动性充裕两者之间的平衡。主要包括质押担保融资模式和信用担保融资模式。

质押担保融资模式。质押担保融资的参与主体包括作为资金需求方的中小企业、资金提供方（融资租赁公司、银行等）以及作为第三方的物流企业。中小企业需要将用于质押的相关存货存入第三方物流企业的指定仓库，并接受第三方物流企业的价值评估。资金提供方根据验收结果发放贷款。中小企业可以出售第三方物流企业仓库内的部分存货，但需要有第三方物流企业的担保，同时需要偿还对应于出售存货数额的贷款。当中小企业发生违约时，资金提供方享有存货处置的优先受偿权。

信用担保融资模式。资金提供企业对第三方物流企业的相关状况进行评价，包括信誉状况、业务范围、经营成果等，根据评价结果给予第三方物流企业一定的信贷额度指标。第三方物流企业自行分配信贷额度给资质不同的企业，并对资金需求方存储于指定仓库内的存货价值进行信用担保。该模式对于第三方物流企业的资质要求较高，要求企业业务内容广泛，并具备一定的经营规模和良好的信用状况。

3. 应收账款融资模式

应收账款融资是指资金提供方受让卖方（客户）向下游销售商品所形成的应收账款，并在此基础上为卖方提供应收账款账户管理、应收账款融资、催收等一系列综合服务。通过转让应收账款，卖方可以获得销售回款的提前变现，加速流动资金周转。

应收账款融资是目前国内开展的主要的供应链金融业务种类，应收账款融资的主要形式为保理业务。保理业务主要涉及保理商（资金提供方）、卖方、买方三个主体。一般操作流程是保理商首先与客户即卖方签订一个保理协议。一般卖方需将所有通过赊销而产生的合格的应收账款受让给保理商。卖方将赊销模式下的相关凭证及文件提供给保理公司，作为受让应收账款的依据。签订协议之后，保理商对卖方及买方资信及其他相关信息进行调查，确定信用额度。下游买方对保理商作出付款承诺，在此基础上，保理商向卖方提供流动性支持。应收账款到期日，买方负责偿还应收账款债权。保理池融资、正/反向保理、融资租赁保理等是保理业务几种常见的类型。

4. 融资租赁模式

融资租赁是指出租人根据承租人对租赁物件的特定要求和对供货人的选择，出资向供货人购买租赁物件，并租给承租人使用，承租人则分期向出租人支付租金，在租赁期内租赁物件的所有权属于出租人所有，承租人拥有租赁物件的使用权。租期届满，租金支付完毕并且承租人根据融资租赁合同的规定履行完全部义务后，对租赁物的归属没有约定的或者约定不明的，可以协议补充；不能达成补充协议的，按照合同有关条款或者交易习惯确定，仍然不能确定的，租赁物件所有权归出租人所有。

依据注册资本、监管机构和经营范围等的不同，我国的融资租赁公司主要分为三类，即金融租赁公司、内资租赁公司和外资租赁公司。我国融资租赁业务形式主要包括直接租赁、售后回租、杠杆租赁、委托融资租赁、转租赁、风险租赁等。目前，主要以直接租赁、售后回租和杠杆租赁业务为主。

## 三、供应链金融的风险来源及管控

### （一）供应链金融的风险来源

分析供应链金融的风险来源，需要注意两个问题，首先，供应链金融拥有产业和金融两大属性，使得供应链金融具有来自产业和金融领域的双重风险；其次，由于供应链金融参与主体众多、涉及的产业链条比较长、各垂直细分产业链条具备不同的属性和特点、业务操作流程复杂，而且各个环节之间环环相扣、彼此依赖，任何一个环节出现问题，都可能涉及其他环节，从而影响整条供应链的正常运行。因此，这些因素决定了供应链金融的风险具有传染性、聚集性和周期性等特征。具体来看，供应链金融的风险来源主要有以下六个方面：

1. 市场风险

市场风险是指因利率、汇率、股市和商品价格等市场要素波动而引起的，使金融产品的价值或收益具有不确定性的风险。市场风险主要包括利率风险、汇率风险、股市风险以及价格风险。我国利率市场化机制并未完全形成，银行供应链融资产品在定价上仍然采取与传统流动资金贷款方式一样的固定利率方式，一旦利率发生变化和调整，银行不能及时对贷款利率进行调整，只能等到基准利率变化的下一年度之初进行调整，在这期间则要承担利率变化带来的风险。在供应链金融业务中，有很多业务是涉及国际贸易的，在国际贸易融资实务中，无论是单一的进出口业务还是背对背信用证交易，除非是使用本地货币，或主证和背开信用证均使用同种货币，否则都将面临汇率变动的风险。在供应链金融业务中价格风险体现最明显的是作为质押物的存货的价格波动给商业银行带来的风险，这种风险在存货类融资模式下体现得尤为明显。

2. 核心企业信用风险和道德风险

在供应链金融中，核心企业掌握了供应链的核心价值，担当了整合供应链物流、信息流和资金流的关键角色。商业银行正是基于核心企业的综合实力、信用增级及其对供应链的整体管理程度，而对上下游中小企业开展授信业务。因此，核心企业经营状况和发展前景决定了上下游企业的生存状况和交易质量。一旦核心企业信用出现问题，必然会随着供应链条扩散到上下游企业，影响到供应链金融的整体安全。

3. 上下游融资企业信用风险

虽然供应链金融通过应用多重信用支持技术降低了银企之间的信息不对称和信贷风险，通过设计机理弱化了上下游中小企业自身的信用风险，但作为直接承贷主体的中小企业，其公司治理结构不健全、制度不完善、技术力量薄弱、资产规模小、人员更替频繁、生产经营不稳定、抗风险能力差等问题仍然存在，特别是中小企业经营行为不规范、经营透明度差、财务报表缺乏可信度、守信约束力不强等现实问题仍然难以解决。与此同时，在供应链背景下，中小企业的信用风险已发生根本改变，其不仅受自身风险因素的影响，而且还受供应链整体运营绩效、上下游企业合作状况、业务交易情况等各种因素的综合影响，任何一种因素都有可能导致企业出现信用风险。

4. 贸易背景真实性风险

自偿性是供应链金融最显著的特点，而自偿的根本依据就是贸易背后真实的交易。在供应链融资中，商业银行是以实体经济中供应链上交易方的真实交易关系为基础，利用交易过程中产生的应收账款、预付账款、存货作为抵押、质押，为供应链上下游企业提供融资服务。在融资过程中，真实交易背后的存货、应收账款、核心企业补足担保等是授信融资实现自偿的根本保证，一旦交易背景的真实性不存在，出现伪造贸易合同，或融资对应的应收账款的存在性与合法性出现问题，或质押物权属与质量有瑕疵，或买卖双方虚构交易恶意套取银行资金等情况，银行在没有真实贸易背景的情况下盲目给予借款人授信，就将面临巨大的风险。

5. 业务操作风险

操作风险是当前业界普遍认同的供应链金融业务中最需要防范的风险之一。供应链金融通过自偿性的交易结构设计以及对物流、信息流和资金流的有效控制，通过专业化的操作环节流程安排以及独立的第三方监管引入等方式，构筑了独立于企业信用风险的第一还款来源。但这无疑对操作环节的严密性和规范性提出了很高的要求，并造成了信用风险向操作风险的转移，因为操作制度的完善性、操作环节的严密性和操作要求的执行力度将直接关系到第一还款来源的效力，进而决定信用风险能否被有效屏蔽。

6. 物流监管风险

在供应链金融模式下，为发挥监管方在物流方面的规模优势和专业优势，降低质押贷款成本，银行将质物监管外包给物流企业，由其代为实施对货权的监督。但此项业务外包后，银行可能会减少对质押物所有权信息、质量信息、交易信息的动态了解，并由此诱发了物流监管方的风险。由于信息不对称，物流监管方会出于自身利益追逐而作出损害银行利益的行为，或者由于自身经营不当、不尽责等致使银行质物损失。如个别企业串通物流仓储公司有关人员出具无实物的仓单或入库凭证向银行骗贷，或者伪造出入库登记单，在未经银行同意的情况下，擅自提取处置质物，或者无法严格按照操作规则要求尽职履行监管职责导致货物质量不符或货值缺失。

（二）供应链金融风险管控的对策及建议

针对以上供应链金融风险来源，对其风险管控需从以下六个方面着手。

1. 加强对市场风险的识别预防管理

对于市场风险的管理，首先需要从风险识别入手，鉴别风险的来源以及哪些项目可能面临此风险，并分析其成因。然后，对风险因素进行定量分析，摸清情况，综合考量作出判断。控制利率风险最根本的方法是在中国实现利率市场化，在利率市场化改革完成之前，商业银行可以采取的风险控制方法主要有缺口管理和套期保值两大类。用套期保值的方法管理利率风险有很多不同的方案，其中最主要的是远期利率协议、利率期货合约、利率互换和利率期权。对于汇率风险的管理主要可以采取对汇率风险敞口进行管理、对外汇持有期限进行管理和对汇率波动程度进行管理三类。

2. 强化整个供应链相关授信主体的综合准入管理

供应链融资是从整个供应链角度出发对链上各个交易方开展的综合授信业务，因此需要结合供应链总体运营状况对授信企业的主体准入和交易质量进行整体性的评审，需要从供应链关联的角度对链上各主体业务能力、履约情况以及与对手的合作情况作出客观、全面的评价。

要注重强化对核心企业的授信准入管理。供应链融资各种业务模式直接或间接都涉及核心企业的信用水平，核心企业在对上下游企业融资起着担保作用的同时，其经营风险也对供应链上其他企业具有直接的传递性，直接决定着供应链业务整体的荣损，对其准入管理尤为重要。要真实反映供应链上下游中小企业的信用风险。在供应链融资业务中，银行通过交易结构的设计一定程度上将企业的授信风险与主体信用分隔开了，但债项授信与主体授信的分隔并不意味着银行就能忽视授信主体自身的信用风险，银行也不能单纯凭借借债项目自偿性和核心企业的信用增级，而盲目地降低对中小企业的信用准入要求，而应将主体信用与债项评级相结合，通过综合考察授信申请人的综合实力、财务报表、经营效益、交易活动、自偿程度，全面客观地评价中小企业的信用风险，重点选择与核心企业合作紧密度高、生产经营正常、主业突出、主营产品销售顺畅、应收账款周转速度和存货周转率以及销售额和现金流量稳定，历史交易记录和履约记录良好的合作主体。

3. 规范业务操作流程和环节

供应链金融操作流程环节众多、操作风险复杂多变，商业银行应根据供应链融资业务特点重新设计业务流程，合理划分岗位职责，通过设置专业的业务部门、制定专门的业务操作指引、建立有效的内控管理制度、健全相应的操作风险管理机制，实现对各流程环节操作风险的有效控制。

要细化各流程操作指引，建立起明确而又细致的操作规范要求。在贷前调查阶段，考虑到信息要求比一般企业授信更复杂，银行应建立专业的调查、审查模板和相关指引，调查人员应按照模板要求的框架进行信息收集，有效降低调查人员主观能力对调查结果有效性的影响；在授信业务落地环节，应细化与授信主体及其上下游企业之间合同协议签订，印章核实，票据、文书等的传递以及应收类业务项下通知程序的履行等事项的操作职责、操作要点和规范要求；在出账和贷后管理环节，应明确资金支付、质物监控、货款回笼等事项的操作流程、关注的风险点和操作的步骤要求，使得操作人员有章可循，严格控制自由裁量权。要针对业务管理需要，明确职责。建立起专业的管理部门、设置专业的管理岗位、明确流程环节中各岗位的职责分工，并细化到岗、到人，实现由专人专岗负责业务推动、业务管理、价格管理、核库、巡库、合同签署、核保、资金支付和回笼监管等相关工作，使得各岗位之间能够做到既相互衔接配合又相互监督检查，真正实现通过流程化管理落实对供应链金融业务的封闭操作和全程监控，实现供应链金融业务的专业化运作和集约化运营。

4. 提升对抵质押资产的动态管理

抵质押资产作为银行授信的物质保证，其变现能力是授信安全的重要指标。为确保抵质押资产的足值性和有效性，银行要落实好以下两方面管理要求：一方面注重对抵质押资产的选择。在选择抵质押物时，应选择市场需求广阔、价值相对稳定、流通性强、易处置变现、易保存的产品。为明确抵质押物的权属关系，要让质权人提供相关的交易合同、付款凭证、增值税发票、权属证书以及运输单据等凭证，通过严格审查相关凭证，有效核实质物权属，避免质押物所有权在不同主体间流动引发权属纠纷；在选择应收账款时，应选择交易对手实力强、资信高，双方合作关系稳定、履约记录好、交易内容和债权债务关系清晰的应收款，应确保应收账款所依附的基础合同真实有效，应收账款处于债权的有效期内且便于背书转让等。另一方面，加强对抵质押资产的价值管理。要建立质物价格实时追踪制度，完善逐日盯市操作和跌价补偿操作要求，依据各商品的信贷条件设置价格波动警戒线，一旦价格跌至警戒线以下，及时通知经销商存入保证金或补货。与此同时，要建立起对授信主体销售情况、经营变化趋势的监控机制，定期跟踪其销售情况、财务变化、货款回笼等影响银行债权的信号，严格要求其根据销售周期均匀回款，有效控制抵质押资产的价值变化风险。

5. 完善针对物流监管方的监督检查机制

在供应链融资业务中，物流监管方起到"监管者""中间者"和"信息中枢"的作用。物流监管方不仅受银行委托对客户提供的抵质押物实行专业化的监管，确保质押物安全、有效，而且掌握了整个供应链上下游企业货物出存、运输和入库等信息的动态变化。银行正是通过物流监管方对质押物的监管来实现物流和资金流的无缝对接。但当前物流监管方中存在缺乏专业技能、诚信度不高等问题，甚至与贷款企业合谋欺诈银行等现象，使得对物流监管方的准入管理和监督检查显得尤为重要。

为防止物流监管方操作不规范、管理制度缺陷给银行带来损失，应重点选择经营规模大、知名度高、资信情况好、仓储设备专业、管理技能先进、操作规范完善、监管程序严谨以及员工素质高的监管方开展合作。要建立起对物流监管方不定期的检查制度，加大巡查频度，重点检查监管方是否严格按照流程进行质物保管及出入库操作，出入库台账是否齐全，手续是否完备，质押货物是否足值、货物储存方式和库容库貌是否符合要求、日常管理是否到位等，对于不符合管理要求的监管方，要及时督促改进，整改不力的要坚决退出。

6. 加快信息系统建设

通过加快建立电子化信息平台，实现对供应链金融业务总量、业务结构、融资商品、监管企业合作情况等相关要素的电子化统计，实现日常融资货物质押及解押操作、报表统计、风险提示信息、库存和赎货情况分析等工作的电子化，使业务操作流程化、透明化，降低业务操作对人员的依赖，减少人为的随意性。

## 四、我国供应链金融发展方向与前景展望

近几年来，我国供应链金融市场规模实现了跨越式增长。从未来发展看，作为金融机构、互联网企业以及与其密切相关的新型业态，金融机构服务于实体经济的重要载体，供应链金融继续拥有广阔的发展空间。未来，互联网企业以及与其密切相关的新型业态金融机构在拓展供应链金融方面也将发挥重要作用。这将倒逼传统金融机构不断创新，并推动我国供应链金融的长远发展。

### （一）银行供应链金融的发展

电子供应链金融在技术手段、系统完备性、结算速度、融资效率、服务质量等方面有着极大的优势，能够有效缩短银行和企业在供应链中的响应速度，提高资金透明度和信息完备度，减轻财务管理负担和成本，提高企业财务运营和控制能力，是供应链金融服务的未来发展方向。

1. 银行供应链业务从线下到线上的转型

在传统的线下模式下，银行根据核心企业的信用支撑，对其上下游的中小企业进行融资。对于银行来说，传统供应链融资缺乏客户信息，需要银行人员在贷前、贷中、贷后各个环节做大量调查、审核，由此，银行的风险主要体现在对核心企业的上下游企业信息的真实性把控不足，以及银行在经营过程中存在的操作风险等。而线上模式则实现核心企业与银行数据对接，银行可以随时获取上下游企业的真实经营信息。对于在线融资的中小企业而言，实现贷款申请、审批、合同签订等全流程线上操作。因此，线上模式不仅提高了服务效率，风险防控能力也有了很大提升。

2. 银行与电商在供应链金融领域的合作

近年银行顺应互联网时代企业电子商务转型趋势，在领先的供应链金融服务体系和强大的信息系统基础上开始提供电商综合服务解决方案，致

力于协助企业打造完善的电子商务经营生态圈。银行电子化供应链金融实践首先从电商开始是因为电商企业主导的供应链金融，更容易采取一些系统化的手段。银行原本只注重资金流，而电商实现了三流合一，其中的信息流和物流正是银行所迫切需要的。我国电子商务市场仍将维持稳定的增长态势，银行拥有良好的线下供应链金融业务基础和强大的信息系统支撑，力图以电商供应链金融业务为突破点，助力核心企业及其上下游企业实现供应链的高效整合。

3. 银行搭建在线供应链综合服务平台

银行将由供应链金融的主角转型为平台搭建者，即将中小企业的订单、运单、收单、融资、仓储等经营性行为置于线上，同时引进物流和信用信息提供商，搭建服务平台为企业提供配套服务。由此，供应链金融的核心将由"融资"转向"企业交易过程"。未来银行应进一步紧密围绕以客户为中心的服务宗旨，以实体供应链和金融供应链的融合为出发点，以电子化和绿色低碳作为主要发展方向，通过跨境供应链融资、绿色供应链融资等多种服务模式，为企业发展和战略转型提供全方位的电子化供应链金融服务。

## （二）互联网供应链金融的发展

随着 IT 进步，为应对互联网金融的调整，商业银行明显加大了科技投入，在强化传统电子银行优势的基础上，积极介入互联网金融领域。互联网金融发展伊始推出的主要是针对互联网理财工具以及针对个人之间的 P2P 贷款与众筹。由于供应链末端的小微企业融资需求强烈，市场巨大，且传统金融服务覆盖尚不足，因此互联网企业结合行业经验进行风控，并利用其直接对小微企业端借款业务需求的专业水平，直接服务于实体经济，以此摊薄成本，提高盈利能力。随着发展，互联网金融逐步面向中小企业客户，结合其业务优势，整合供应链中蕴藏的资金管理、票据服务、银企直联、融资、理财等多元化金融需求。

供应链金融的关键词是"协同、效率、成本"，结合自身业务优势，互联网金融针对集团大客户供应链上中小企业提供产品后不能及时收到销售款的问题，一些互联网金融公司建立了保理模式，当集团客户上下游的中小型供货商销售商品给集团企业时，平台便会绑定银行保理来实现货到付款，帮助这些中小企业快速获得急需资金，从而提升供应链的竞争能力。而对于客户而言，不仅解决了中小企业的回款现金流问题，同时也提高了资金使用效率，还可通过互联网金融投资理财扩大收益，提高资金使用的规范性。从长远看，有利于推动中小企业的良性发展。总之，互联网企业在未来的供应链金融中发挥的作用将越来越明显。关于互联网带给供应链金融的新变化、新表现以及新的风险和管控等方面的内容将在下一节中详细探讨。

# 第三节　互联网供应链金融新模式

进入到互联网时代，供应链金融有了新的发展。这一阶段主要的变化可以总结为线下业务虚拟化，转移到线上。供应链成员利用互联网工具和Internet，对供应链中的物流、信息流、资金流进行虚拟化。物流、信息流与资金流的虚拟化带来了信息整合与分配，提高了供应链各方的效率。同时，通过这种整合与归集，能够衍生出为特定用户的融资、结算和理财等综合服务需求。

## 一、互联网带动供应链金融的新变化

在互联网浪潮的带动下，我国供应链金融取得了快速的发展，并呈现出新的发展模式和特点，这些新变化主要体现在以下几个方面：

### （一）传统供应链金融向在线供应链金融转变

在互联网的推动下，线下流程线上化成为趋势。电商平台的兴起和供应链信息化程度的提高，使得供应链金融业务的发展速度和受重视程度与日俱增，从而诞生了在线供应链金融新的表现形式。伴随着电商平台的崛起和大数据发展的趋势，在线供应链金融的发展，将逐步由传统的模式向互联网化的"供应链协同平台＋线上供应链金融服务平台"和"产业电商平台＋线上供应链金融服务平台"这两种模式演变。

电商平台在交易关系掌握上独具优势，在供应链金融领域，掌握真实的交易关系是开展后续金融服务的基础。在传统模式下，企业的核心数据大多存储在企业自身的系统中，在新兴起的电商模式中，电商平台的供需双方的交易数据被电商平台所拥有，天然具备掌握真实交易关系的能力。从这点可预判，电商平台在在线供应链金融领域具有领先优势。

## （二）信用增强和结果优化

平台交易数据沉淀衍生新的信用描述。在线上供应链金融模式下，电商的交易链中大量的交易数据在交易实现的过程中得以有效沉淀。同时，交易达成的本身，涉及交易双方线上资金流的转移支付和线下物流的流转，这些三流合一的交易关系也逐渐由以前的票据描述过渡到现阶段的数据描述，传统的线下交易流程逐渐被线上化。在此基础上，依据数据对融资方实现信用评估进而实现过程的风险定价成为可能。新的风险定价模式改变了传统只依赖三张表对企业的财务描述，综合了三流合一更全面的动态信息，实现了对企业本身的信用增强。

对企业的信用增强提供了新的风险定价基础。电商平台由于掌握了平台商家完整的信息流、资金流和物流信息，就具备了一定的衡量商户还款能力和还款意愿的能力。在这个过程中，实现了融资方的信用增强，从而为金融业务中核心的风险定价提供了良好的支撑。同时，对企业本身更多方面的信用衡量也使得金融服务范围大幅扩大，传统模式下信用无法准确衡量的小微企业因此存在被纳入服务范围的可能，从而使得更多的融资需求得到满足，金融服务的结果得到优化。

## （三）成本降低和效率提升

线上供应链金融带来成本的大幅降低。传统供应链金融以核心企业为中心，只授信核心企业资金额度。在业务开展过程中，需要以核心企业与银行之间、核心企业与上下游企业、上下游企业与银行之间，与仓库、担保公司、监管之间合作沟通。每次业务发生，还要根据大合同再次签署单笔销售合同，重新走单笔业务贷款流程，过程烦琐。而在线供应链金融，完成第一次流程后，在业务周期内，每次借款还款均通过线上完成，手续简便，随借随还，极大地降低了中小企业的融资成本，提高了企业资金周转率，降低了经营成本。

线上供应链金融提升核心企业的管理效率。一方面，它解决了银企双方系统升级更新速度不匹配问题，一般来说银行升级慢，企业升级快，匹配程度差。通过在线供应链金融平台可以实现双向连接，双向匹配；另一方面，在线供应链金融打破了传统金融机构生硬组合产品的模式，可按需将金融服务渗透到商务活动各环节，在提高服务水平的同时，缩短了服务响应时间。

### （四）供应链金融是信用不完善的阶段产物

对传统模式来说，在线供应链金融不是革命而是提升。这体现在资金利用效率的提升、对企业服务模式和服务理念的提升和核心企业供应链管理水平的提升等方面。在线供应链金融不仅实现了服务在线化、营销互联网化、工作流程标准化以及风控自动化，更深远的意义在于为银行、核心企业及其上下游构筑了一个开放的、交互的、信息共享的电子商务平台，推动了供应链运作方式的极大提升，进而大大拓宽了传统供应链金融的范围边界。

而当前的供应链金融模式更多是抵押贷款向信用贷款的一种过渡。反观当前的供应链金融模式，更多是传统抵押模式的一种提升，但本身并没能摒弃掉抵押的本质。尤其是对于大宗商品领域的供应链金融而言，如果不能有效掌握线下物流仓储的真实信息，那么风险定价也就是水上浮萍，无基可依。而这一切问题的本质还在于我国无论是个人征信还是企业征信都很不完善，使得风险定价模式始终摆脱不了抵押的强资产依赖。但随着互联网的兴起、第三方征信的蓬勃发展和成熟，相信未来信用融资会成为更为主流的方式。同时，当前的业务模式也将与时俱进，通过流程的设计实现成本更低、效果更好的风控策略。

## 二、互联网供应链金融实现的整体框架

互联网供应链金融作为产业互联网下的金融创新，其实现需要从客户的价值系统入手，只有实现了客户价值，才能使金融更好地与现代供应链融合，产生产业与金融的综合收益。这里所谓的"价值"，既涵盖了互联网供应链金融要实现的目标，也指互联网供应链金融的具体实现路径。从目标上看，互联网供应链金融是要沿着"价值层级"不断向上发展，实现生态中所有利益和客户能得到的价值有三个层面：第一层也是最基本的层次，供应链金融的服务提供者不仅能提供高性价比的产品和服务，同时还能通过金融性行为，为客户提供充足的资金，满足其正常生产经营所需的资金要求，这时需求方得到了使用价值，亦即以合理的代价获得了相应的产品、服务或资金；第二层是供应商能实现供应链成本降低，即能够帮助客户降低供应链运营前、中、后整个系统的综合交易成本，并且能够帮助客户加速现金流量运转周期，合理使用和配置资金，这种状况下客户得到的是情感价值，即与供应链和金融服务提供商形成了紧密的战略合作关系，形成了较为稳定的供应链体系；第三层也是最高的层次，服务商不仅能够降低

供应链所有权成本，而且还能帮助客户降低各种机会成本，在创造市场和订单的同时，为客户带来新的价值创造和资金，此时需求方得到的是发展价值，即实现了客户自身很难实现的状态，获得了超额收益，这是互联网供应链金融运营的宗旨。从互联网供应链金融的实现途径看，要想促进金融活动的创新和发展，需要从以下六个方面作出努力和变革（见图 5 – 1）：

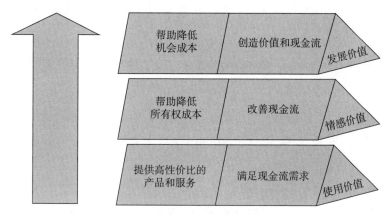

图 5 – 1　互联网供应链金融的三个层面

## （一）通过丰富的服务实现互联网供应链金融创新

发展丰富的供应链服务，并且这种能力能够很好地实现线上线下融合。通过形式多样、高度融合的线上线下流程和供应链服务，促进供应链向智慧供应链或网络链发展，并且通过高度的供应链整合能力，实现互联网供应链金融创新。

## （二）通过渗透到供应链运营的底层实现客户归属并带动金融活动的创新

作为互联网供应链金融服务的主体需要具备渗透到客户供应链底层服务的能力，并且透过底层服务产生服务的价值和渠道，从而为互联网供应链金融活动的开展奠定基础。

## （三）通过不断的创新创业行为，拓展供应链价值回路，为相应的利益相关者在提供增值服务的同时创新供应链金融

供应链业务强调的是价值的流动和创造，通过创新创业不断扩展的供应链网络，不仅能够创造产业供应链的价值空间，而且也为互联网供应链金融的开展提供了更多可能。

（四）运用大数据还原产业供应链运营的场景，为互联网供应链金融提供良好的支撑

通过供应链运营和其他各种渠道获得相应的结构和非结构、静态和动态、生产和生活数据，有效推动供应链运营，并开展金融活动创新。

（五）建构共同进化的产业生态，为互联网供应链金融形成坚实的产业场域

聚合多样性的智慧供应链中的参与主体，特别是三大产业供应链中的直接和间接参与者，形成共同发展、共同创造的产业互动场域。

（六）形成产业生态、金融生态和创客社区生态多种生态互动迭代、融合发展的智慧供应链

上述六个方面相互影响、相互作用，共同形成互联网供应链金融创新的基础和途径，并且使得产业与金融活动紧紧地结合在一起，既使得金融活动的创新仅仅依托智慧供应链的运行而展开，推动产业发展和产业企业的价值创造过程，也使得金融活动风险可控，在创新产业价值的同时实现金融的巨大价值。

## 三、互联网供应链金融风险管理原则和评估

互联网供应链金融是互联网和供应链金融的深度融合，其风险管理需要从供应链和金融两个方面强化风险意识和管理，这势必涉及对互联网供应链金融风险管理原则的深刻理解，以及基于这些原则的风险评估。基于互联网供应链金融的特性，其风险管理的规律和评估围绕着"六化"展开，即"业务闭合化""交易信息化""收入自偿化""管理垂直化""风险结构化"以及与互联网供应链金融活动相对应的"声誉资产化"。

（一）业务闭合化及其评估

业务闭合化指的是供应链运营中价值的设计、价值的实现、价值的传递能形成完整、循环的闭合系统，一旦某一环节没有实现有效整合，就有可能产生潜在的风险。值得指出的是，业务闭合不仅指的是作业活动如技术、采购、生产、分销、销售等作业活动的有效衔接，而且也涵盖了价值的完整结合、循环流动，亦即各环节的经济价值能按照预先设定的程度得

以实现，并有效地传递到下一个环节，产生新的价值。这一要求也就意味着在设计和运作互联网供应链金融中，需要考虑所有可能影响业务闭合的因素。

具体来讲，影响业务供应链闭合性的因素有来自宏观层面的问题，这包括宏观系统风险，也就是说由于宏观经济、政治法律环境的不确定性导致的供应链运营中断，难以实现可循环的供应链运营。影响业务闭合性的另一类因素是行业或区域性系统风险。互联网供应链金融是依托于一定的行业供应链而开展的金融创新活动，因此，供应链服务的行业和区域特征必然对供应链能否稳定持续运行产生作用，如果对于限制性的行业或夕阳型行业，实施互联网供应链金融就会具有较大的风险。同理，一些区域性的因素，如地区的经济发展前景、市场透明度、政府服务水平以及区域环境的稳定性等都会对业务闭合化产生挑战。

## （二）交易信息化及其评估

交易信息化原本指的是能及时、有效、完整反映或获取企业内部跨职能以及企业之间跨组织产生的商流、物流、信息流、人流等各类信息，并且通过一定的技术手段清洗、整合、挖掘数据，以便更好地掌握供应链运营的状态，使金融风险得以控制。在互联网供应链金融阶段，交易信息化的含义进一步得到扩展，为了实现金融风险可控的目标，不仅能够获取和分析供应链运营中直接产生的各类信息和数据，而且能实现信息全生命周期的管理，实现有效的信息治理。

要实现交易信息化，在风险评估时需要考虑的要素有：第一，确保供应链业务的真实性。即所有在供应链中发生的业务是真实、可靠的，并且产生的价值是持续、稳定的。第二，确保合作方供应链物流能力。即在从事供应链物流服务过程中，物流作业的质量、数量、时间、地点、价格、方向等明确、清晰。第三，确保供应链中资金财务风险清晰可控。交易信息化管理一个很重要的方面是能清晰地了解供应链中资金流和财务的状态，否则该信息的缺失就会直接导致供应链金融风险。

## （三）收入自偿化及其评估

收入自偿化是指互联网供应链金融中所有可能的费用、风险等能够以确定的供应链收益或者未来收益覆盖，否则一旦丧失了自偿原则，就很容易出现较大的金融风险。而决定自偿原则的因素就包括了供应链运营中相应的货物、要素的变现能力。需要指出的是，在供应链金融运营网络化的条件下，对收入自偿产生影响的可能性因素，不仅仅是静态地考察货物、要素的变现，还要动态地分析影响变现和收益的时空要素。

具体来讲，在收入自偿化的评估过程中，需要从静态和动态的视角分析几个因素：第一，供应链产品业务的价格风险，即要根据不同的产品业务的特点和趋势，考察价格波动的稳定程度。第二，产品业务的价值风险。价值风险是产品业务内在的风险形态，包括变现能力、标准化水平、易损易腐程度，以及产品业务配套服务程度。第三，产品业务的销售风险。供应链销售端的风险会直接影响到收入自偿性，这些需要考虑的因素有销售渠道的稳定性、客户的稳定性、市场容量以及销售账期的合理性等。

### (四) 管理垂直化及其评估

管理垂直化意味着为了遵循责任明确、流程可控等目标，而对供应链活动实施有效的专业化管理，并且相互制衡，互不重复或重叠。为了实现这一原则，需要在管理体系上做到"四个分离"，即业务审批与业务操作相互制约、彼此分离；交易运作和物流监管分离；金融业务的开拓、实施、监管分离；经营单位与企业总部审议分离。从供应链金融在我国的发展现实看，还需关注两个问题，第一，组织结构和职能的完备和清晰；第二，战略和管理的稳定与协调。

基于以上认识，要做到管理垂直化需要管理和评估几个方面的要素：一是对产业或行业的认识是否到位，战略是否清晰；二是服务于特定的供应链金融战略，其相应的管理资源、体系是否匹配；三是公司的管理机构是否完整，责任义务是否明确，各个部门或机构之间的流程是否清晰；四是在组织管理互联网供应链金融活动中，"四个分离"是否实现。

### (五) 风险结构化及其评估

风险结构化指的是在开展供应链金融业务的过程中，能合理地设计业务结构，并且采用各种有效手段或组合化解可能存在的风险和不确定性。在理解风险结构化的过程中，需要考虑两个方面的问题：一是针对不同的风险来源，控制和降低风险的手段和途径是具有差异性的；二是尽管存在着各种化解、分散风险的手段，但是应当看到不同手段和要素的重要程度和风险分散能力不尽一致，也就是说风险手段存在着优先级。

因此，风险结构化的评估需要考虑的要素有：①合规风险评价，包括法律风险、政策风险和执行状态；②模式风险评价，包括商业模式评估、抵质押方式、监管方式、财务评估报告；③流程风险评价，包括流程标准化程度和流程信息化程度；④操作风险评价，包括金融操作风险和供应链业务操作风险；⑤风险措施结构化和组合化评价，包括各种相应的风险手段是否有效、具有针对性，各个风险控制手段的重要程度以及优先级是否明确，各个参与主体的信用差异是否加以区分等。

### （六）声誉资产化及其评估

声誉资产也称为声誉资本，声誉长期以来一直被认为是一种稀有的、有价值的、可持续以及难以模仿的无形资产，因而是实现战略性竞争优势的有用工具。在供应链金融创新中，声誉代表了企业在从事或参与供应链及其金融活动时的能力、责任和担当。这一状态是促进金融活动稳定、持续发展，防范风险的重要保障。声誉的丧失意味着企业具有较高的道德风险，可能会因为恶意的行为破坏供应链金融所必须要求的生态环境和秩序，从而产生巨大危害。

从目前我国供应链金融活动实践看，有四种恶意的融资行为非常典型，即"三套行为""重复或虚假仓单""自保自融"以及"一女多嫁"。"三套行为"指的是为了获得金融收益而实施的套利、套汇和套税行为；"重复或虚假仓单"是指借款企业与仓储企业或相关人员恶意串通，以虚开或重复开立的方式，就他人货物或者同一货物开立多张仓单，以借款企业重复质押给不同金融机构获取大量仓单质押贷款，并从中牟取暴利；"自保自融"是在从事供应链融资过程中亲属、朋友或者紧密关联人为借款企业进行担保，或者由同一人或关联人实际控制的物流仓储进行货物质押监管，套取资金的行为；"一女多嫁"是近年来供应链金融风险中非常突出的一种现象，是指借款企业凭借自身的资产或业务从多方骗取资金，增大融资风险的行为。显然，以上四种典型的恶意融资行为都是借款人主观意识所为，属于机会主义和道德风险的范畴。因此，为了防范可能出现的这类行为，就需要在声誉资产评估过程中更加全面、系统、客观地反映对借款企业的综合声誉和信用，包括对借款企业基本素质、偿债能力、营运能力、盈利能力、创新能力、成长潜力、信用记录以及行业状况等影响因素的综合考察评价。

## 四、互联网供应链金融风险管理趋势

在互联网环境下，供应链金融的风险管理要真正实现全过程、全方位、全天候的管理，就需要在制度环境、管理要素、技术手段以及企业内部和企业之间产生互联网系统的全面整合，从而更好地服务于供应链运营和服务场景，推动产业运行和金融的有效融合。

## （一）整合化的供应链风险管理系统

要建立真正意义上的互联网供应链金融风险管理体系，需要在前端和后端两个层面实现系统整合。前端指的是与供应链价值直接相关的流程管理，后端是保证和支持供应链顺利运营的要素。第一，从供应链运营保障体系看，首先需要解决的问题是仓单的电子化交易，即将供应链运营中模块化、标准化的业务单元以及产品，实现制单、提单无纸化，实现所有信息的自动记录和安全的电子签章，这是供应链物流运营的基础保证。没有这一要素，供应链中的物流业务就可能因为各种主观和客观原因产生风险。第二，交易、物流的标准化。这里的标准化并不仅仅指电子仓单格式规范的标准，而是当业务单元或产品置于一个网络链中，需要各主体之间就同一业务单元和产品的规定是一致的。第三，标准电子化的仓单、单据等能在整个供应链网络中流转。第四，与可流转化相对应，建立统一标准化的信息公示平台，这是互联网供应链金融风险控制的关键。

除了上述保障因素，制度层面也需要相应的系统整合和调整，这主要表现在两个方面：一是相关法律、法规和国家标准的完善。供应链金融活动中存在着大量新型的创新手段和风险控制途径，然而这些手段的有效性取决于法律、法规或者国家标准的制度保证，否则即便实现了上述供应链管理要素，也会由于制度的缺失丧失效率。二是政府层面的整合数据和信息平台。供应链金融风险的管理需要有社会层面的整合数据和信息平台，目前尽管政府管理机构都在建构信息和数据平台，但相互之间不能有效整合，更不用说与行业和企业平台的整合，因此，适度开放各个政府部门的数据平台，实现数据和信息整合也是未来互联网供应链金融风险管理体系建立的重要保障。

互联网供应链金融风险管理除了在制度层面和运营保障要素层面结合外，还需要供应链网络中的参与者实现一切业务数据化，即建立数字化的供应链。供应链金融的健康发展离不开大数据，而大数据的核心不仅仅在于利用各类技术获取现存的网上或其他渠道的信息或数据，更在于如何将随时随地发展的业务活动数据化，并且通过对数据的归集、识别、清洗、分析和挖掘，发现其中的机会，并将机会更好地转化为新的业务。要实现这一目标就需要建立起覆盖整个网络的基于云计算的产业互联网体系。

如果上述前端和后端的所有要素具备，系统得以建立，真正实现前端、后端以及产业和制度层面系统的全面整合，互联网供应链金融的风险才有可能从根本上得以遏制，并且逐步从目前中心化的风险管理走向去中心化的风险管理，亦即实现基于供应链区块链的风险管理体系。

### (二) 互联网供应链金融风险管理的未来：区块链

区块链是比特币的一个重要概念，它是一串使用密码学方法相关联产生的数据块，每一个数据块中包含了一次比特币网络交易的信息，用于验证其信息的有效性和生成下一个区块。区块链提供了一种去中心化的、无须信任累积的信用建立范式，本质上是去中心化且寓于分布式结构的数据存储、传输和证明的方法，用数据区块取代了目前互联网对中心服务器的依赖，使得所有数据变更或者交易项目都记录在一个云系统之上，理论上实现了数据传输中对数据的自我证明。区块链的核心要素有交易、区块以及链。交易是被存储的区块链上的实际数据；区块是记录确认某些交易是在何时、以何种顺序成为区块链数据库的一部分；链就是盖上时间戳，不可伪造。

区块链技术在金融创新中的优势在于分布式去中心化、无须信任系统以及不可篡改和加密安全性，其应用的最终目的是建立起完善的去中心化的信用体系。目前，供应链金融业务的开展，最基础的考量是借款主体本身所具备的金融信用。为了实现这一目标，就需要通过各种途径获得相应的信息，刻画借款人的信用状态。传统银行借贷采用的征信，可能会存在信息不完整、数据不准确等一系列问题。而供应链金融则是通过把握供应链运营中的商流、物流和资金流信息，加之通过渠道获取的大数据，反映借款人的信用状态。然而，这种方式也会因为各种原因存在信息获取不完整、成本高、周期长等问题。而区块链的优势在于依靠程序算法自动记录海量信息，并存储在区块链网络的每一台计算机上，信息透明、篡改难度高、使用成本低。各种机构以加密的形式存储并共享客户在本机构的信用状况，供应链金融服务提供者通过调取区块链的相应信息数据即可完成全部征信工作。显然，对于互联网供应链金融风险的管理，区块链是一个有前景的方向。

**思考题**

1. 现代供应链的内涵和重要意义是什么？

2. 如何理解供应链金融的功能？供应链金融的业务模式主要有哪些？

3. 供应链金融有哪些潜在的风险？如何控制和预防供应链金融风险？

4. 结合我国供应链金融的发展现状，谈谈我国供应链金融未来发展方向与前景。

5. 在互联网浪潮的推动下，供应链金融出现了哪些新变化？

6. 请谈谈互联网供应链金融的总体实现框架以及风险管理机制。

# 参考文献

［1］柳斌杰．学习十九大报告：经济50词［M］．北京：人民出版社，2018．

［2］王国刚，曾刚．中外供应链金融比较研究［M］．北京：人民出版社，2015．

［3］宝象金融研究院．互联网＋供应链金融创新［M］．北京：电子工业出版社，2016．

［4］王雷．供应链金融："互联网＋"时代的大数据与投行思维［M］．北京：电子工业出版社，2017．

［5］深圳发展银行课题组．供应链金融：新经济下的新金融［M］．上海：上海远东出版社，2009．

［6］宋华．供应链金融［M］．北京：中国人民大学出版社，2016．

［7］宋华．互联网供应链金融［M］．北京：中国人民大学出版社，2017．

［8］汤曙光，任建标．银行供应链金融［M］．北京：中国财政经济出版社，2014．

［9］李诗华．供应链金融风险预警与防控［M］．北京：中国商务出版社，2017．

# 第六章　共享经济与共享金融

📖 **本章概要**

近年来，伴随着信息技术及其创新应用步伐的不断加快，共享经济呈现出井喷式发展态势，并对社会经济发展产生了深刻的影响。金融作为现代经济的核心，共享经济的发展必然渗透金融领域，从而推动共享金融的快速发展。共享金融有助于实现金融资源更加有效、均衡、公平地配置，驱动社会经济特别是共享经济更好地发展。共享金融借助基础设施共享、众筹、网贷、供应链金融、相互保险、财富管理以及区块链金融等发展模式，依托金融终端资源与功能共享、金融媒介与渠道共享、金融消费与需求共享、金融风险与监管共享、金融与实体共享等发展路径，正在获得前所未有的快速发展，并对强化监管提出了越来越高的要求。

## 第一节　共享经济概述

### 一、认识共享经济

2008 年国际金融危机之后，伴随信息技术及其创新应用进入迸发期，共享经济快速成长，2014 年以来呈现出井喷式发展态势。

（一）共享经济的内涵

共享经济是指利用互联网等现代信息技术，以使用权共享为主要特征，整合海量、分散化资源，满足多样化需求的经济活动的总称。

共享经济这个术语最早由美国得克萨斯州立大学两位社会学教授于 1978 年发表的论文中提出。这一定义至少包含以下三个方面的基本内涵：

1. 共享经济是信息革命发展到一定阶段后出现的新型经济形态

互联网、宽带、云计算、大数据、物联网、移动支付、基于位置的服务（LBS）等现代信息技术及其创新应用的快速发展，使共享经济成为可能。

2. 共享经济是连接供需的最优化资源配置方式

面对资源短缺与闲置浪费共存的难题，共享经济借助互联网能够迅速整合各类分散的闲置资源，准确发现多样化需求，实现供需双方快速匹配，并大幅降低交易成本。

3. 共享经济是适应信息社会发展的新理念

工业社会强调生产和收益最大化，崇尚资源与财富占有；信息社会强调以人为本和可持续发展，崇尚最佳体验与物尽其用。共享经济集中体现了新的消费观和发展观。

### （二）共享经济的基本特征

作为互联网时代全新的经济形态，与传统经济模式相比，共享经济具有以下典型特征：

1. 技术特征：基于互联网平台

互联网尤其是智能终端的迅速普及，使得海量的供给方与需求方得以迅速建立联系。互联网平台并不直接提供产品或服务，而是将参与者连接起来，提供即时、便捷、高效的技术支持、信息服务和信用保障。离开互联网，现代意义上的共享经济将不复存在。

2. 主体特征：大众参与

足够多的供方和足够多的需方共同参与是共享经济得以发展的前提条件。互联网平台的开放性使得普通个体只要拥有一定的资源和一技之长，就可以很方便地参与到共享经济中来。同时，共享经济属于典型的双边市场，即供需双方通过平台进行交易，一方参与者越多，另一方得到的收益越大，两个群体相互吸引，相互促进，网络效应得到进一步放大。在共享经济中，参与者往往既是生产者又是消费者，个体潜能与价值得到最大限度发挥。

3. 客体特征：资源要素的快速流动与高效配置

现实世界的资源是有限的，但闲置与浪费也普遍存在，如空闲的车座、房间、设备、时间等。共享经济就是要将这些海量的、分散的各类资源通过网络整合起来，让其发挥最大效用，满足日益增长的多样化需求，实现"稀缺中的富足"。

4. 行为特征：权属关系的新变化

一般而言，共享经济主要通过所有权与使用权的分离，采用以租代买、以租代售等方式让渡产品或服务的部分使用权，实现资源利用效率的最大化。从实践发展看，共享经济将渗透更多的领域，股权众筹等业态的出现已经涉及所有权的共享。

5. 效果特征：用户体验最佳

在信息技术的作用下，共享经济极大地降低了交易成本，能够以快速、便捷、低成本、多样化的方式满足消费者的个性化需求。用户评价能够得到及时、公开、透明的反馈，会对其他消费者的选择产生直接影响，这将推动平台与供给方努力改进服务，注重提升用户体验。

6. 文化特征："不求拥有，但求所用"

共享经济较好地满足了人性中固有的社会化交往、共享和自我实现的需求，也顺应了当前人类环保意识的觉醒。

## （三）共享经济的发展驱动力

共享经济的兴起与发展是技术、经济、文化等多种因素综合作用的结果，其背后的驱动力表现为：

1. 用户需求的提升

随着消费者需求层次不断提升，生存理念发生了重大变化，人们越来越注重个性化的消费体验和自我价值实现。传统方式无法满足用户日益增加的多样化需求，出现了诸多痛点，如供需对接不畅、成本高、效率低、效果差、诚信缺失等。共享经济能够有效地化解这些痛点，带来更好的体验，受到用户青睐，并带动产业的发展。

2. 提高收入的意愿

共享经济的发展使得人们能够将多样化资源或碎片化时间利用起来，通过提供服务获得一定收益，有了更多创造价值、增加收入的机会。最初在来福车（Lyft）或爱彼迎（Airbnb）上登记出租自己汽车和房屋的人，主要是由于对深陷经济危机的绝望，人们不得不寻找其他赚钱的途径以补贴家用。

3. 信息技术的推动

互联网与生俱来的开放协作特质，适应并推动了一个乐于创造和共享时代的到来。移动互联网发展以及智能终端的普及实现了参与者的泛在互联，移动支付和基于位置的服务让共享变得简单快捷。网络与大数据分析技术实现了资源供需双方的精准高效匹配，极大地降低了个体之间碎片化交易的成本。社交网络及信用评价机制日渐成熟培育了新的信任关系。信息技术创新成为共享经济发展的最强推动力。

### 4. 消费理念的转变

在被物质化、被隔离的工业时代，社会化交往及自我价值实现等精神需求被长期压抑。共享经济借助信息技术赋予人们以社交化的方式进行交流、共享和创造价值的能力。环保意识、节约意识的增强让人们逐步放弃对过度消费的追求，更加重视节约资源、创造社会价值。在网络中成长起来的年青一代有着与其父辈大不相同的消费理念，乐于共享的性格特质使他们成为共享经济的重要推动力量。

### 5. 灵活就业的追求

工业时代使人像机器一样工作，信息时代使机器像人一样工作。现在的年轻人已经无法适应高度紧张、机械化的工作方式，越来越多的人加入了自由职业者的队伍。有报告称，2017 年美国的自由职业者已经超过总劳动力的三分之一。在中国，众多共享经济平台的出现也培育了规模巨大的自由就业群体。相比于正规就业而言，共享经济可以让从业者比较自由地进入或退出社会生产过程，减轻了个人对社会的依赖。人们对灵活就业的追求大大加速了共享经济的发展。

### 6. 资本市场的热捧

近年来，共享经济创业企业成为全球资本市场的投资热点。根据人群公司（Crowd Companies）的统计，2010—2013 年全球流向共享经济的投资额累计 43 亿美元，2014 年和 2015 年两年的投资额分别为 85 亿美元和 142.06 亿美元（合计 227 亿美元），两年内流入共享经济的风险资金规模增长了 5 倍多。在中国，近几年共享领域获得风险投资的企业数量和融资金额也出现了爆发式增长。2017 年我国共享经济融资规模约 2 160 亿元，比 2016 年增长 25.7%。

## （四）共享经济对社会经济的影响

共享经济对社会经济发展产生了诸多影响，主要表现为：

### 1. 新动能：助力大众创新

创新是生产要素的重新组合，通过共享、协作的方式搞创业创新，门槛更低、成本更小、速度更快，能够让更多的人参与到进来。一方面，共享经济的发展使得生产要素的社会化使用更为便利，企业和个人可以按需租用设备、厂房及闲置生产能力，在更大范围内实现生产要素与生产条件的最优组合，让创新变得更容易。另一方面，共享经济的发展降低了创新创业风险。对于很多创业者来说，借助共享经济平台进行低风险的"微创新"是实现更大创新的第一步。

### 2. 新业态：打造新增长点

从理论上看，共享经济通过刺激消费、提升生产效率、提高个人创新与创业能力，对经济增长和社会福利都有积极作用。2016 年爱彼迎（Airbnb）在旧金山的一项调查显示，房屋共享带来了 14% 的新客户；在日本的一项调查表明，独特的旅游体验让游客会有再次旅游和重复旅游的欲望，28% 的游客表示如果没有房屋共享将会缩短在当地的停留时间。从中国的实践看，共享经济是新的经济增长点，各领域共享经济的发展均有大幅提升。2017 年仅交通出行领域共享经济保持稳步发展，市场交易规模达到 2 010 亿元，融资额达到 1 072 亿元。

### 3. 新模式：扩大有效供给

在传统模式下，企业无法准确把握消费者需求，产能过剩、库存高压普遍存在，而在共享经济模式下凡是"下单"的都是有需求的，需求变得清晰可见。同时，共享经济可以快速调动各类社会资源，提高供给的弹性和灵活度，能够较好地适应不断变化的消费需求。基于网络的互动评价系统可以及时反映供需双方的意见和要求，有利于提高供给的有效性。

### 4. 新组织：激发创新活力

共享经济使得人们可以在边际成本趋于零的条件下通过协作进行生产、消费和共享自己的商品和服务，这就会带来经济生活组织方式的新变化。在共享经济模式下，越来越多的个体可以通过平台直接对接用户，不必再依附于传统专业机构，这种新的组织方式被称为"大规模业余化"。同时，越来越多的企业、机构也会参与到共享经济中来，通过众包、众创等方式组织整合社会资源，参与到创新活动中来，大大提升创新效率，并大幅降低成本。比如企业可以通过共享经济模式让全球最合适的人参与到产品的设计营销等活动中，政府部门也可以通过众包方式提供公共服务。

### 5. 新理念：实现低碳生存

美国共享经济协会数据显示，每共享 1 辆汽车，可以减少 13 辆汽车的购买行为。在中国，滴滴出行仅快车拼车和顺风车两个产品一年下来能节省 5.1 亿升汽油燃烧，减少 1 355 万吨碳排放，相当于多种 11.3 亿棵树的生态补偿量。

### 6. 新生活：促进灵活就业

共享经济打破了传统的"全时雇佣"关系，在使就业方式更加灵活的同时，也增加了就业渠道与岗位。在中国，整个家政行业的共享经济都是以灵活就业群体为主，全国家政行业大约有 65 万家企业，从业人员超过 2 500万人。共享经济给富有创造力的个人提供了一种全新的谋生方式，人们不必依托组织即可供应自己的劳动力和知识技能，使得拥有弹性工作时间的个人和缺乏弹性劳动力的企业、机构均能利益最大化。

7. 新治理：走向多元协同

共享经济为社会治理体系创新提供了机会窗口。一方面，共享经济的发展对创新治理体系提出了新要求；另一方面，共享经济也为构建新的治理体系提供了经验和支撑。如出行、住宿、网络金融、在线教育等领域的共享实践面临诸多制度空白或制约，原有的法律法规和政策需要进一步修改完善。同时，共享平台在发展过程中也逐步建立起基于大数据的治理机制，在保证平台正常运行的同时，也为社会治理积累了宝贵经验，为推动社会治理向多元化、开放性协同治理转型创造了良好条件。

## 二、共享经济全球发展态势

目前共享经济浪潮正席卷全球，平台企业持续增加，共享领域不断拓展，市场规模高速增长，涌现出一批"独角兽"企业，行业竞争越发激烈，竞争格局快速变化。

### （一）共享经济成为热点

金融危机后，全球共享经济快速发展，从欧美不断向亚太、非洲等地区的上百个国家扩张。如截至 2015 年底，爱彼迎（Airbnb）已经在全球190 多个国家和地区开展业务，覆盖 34 000 多个城市，拥有 200 多万个房源，超过 6 000 万名房客从中受益，市场估值 255 亿美元。领先企业的成功吸引了大量创业者加入共享经济领域，平台企业不断增加，投资共享经济领域的机构数量也迅速增加。据人群公司（Crowd Companies）统计，在美国 2010 年只有不到 20 家机构投资于共享经济，而截至 2015 年 4 月底已增加到 198 个。同时，风险投资金额呈爆发式增长。共享经济的崛起对现有的法律、政策以及传统行业的发展都产生了巨大影响，使其成为政府及社会各界关注的焦点。

### （二）共享领域不断拓展

全球共享经济正进入快速扩张期，从最初的汽车、房屋共享迅速渗透到金融、餐饮、空间、物流、教育、医疗、基础设施等多个领域和细分市场，并加速向农业、能源、生产、城市建设等更多领域扩张。未来一切可共享的东西都将被共享，人们的工作和生活方式将因之发生深刻变化。

### （三）初创企业快速成长

共享经济的崛起催生了大量市场估值超过 10 亿美元的"独角兽"企业。根据调研公司 CB Insights 的数据，截至 2016 年 2 月 4 日，全球价值在 10 亿美元以上的私营公司有 151 家，更重要的是，这些公司创业时间多数不到 5 年就达到上亿美元甚至上百亿美元的市场估值。随着共享领域的拓展以及商业模式的不断创新，更多的巨无霸企业将接踵而来。

### （四）竞争格局尚不稳定

全球共享经济尚处在起步阶段，成长迅速，竞争激烈，尚未形成稳定的格局。目前来看，只有在个别领域，少数起步较早的企业获得了一定的先发优势，初步形成相当用户规模和较高市场占有率，开始建立起成型的盈利模式。一般而言，共享型企业的收入来源渠道主要有中介收费、搜索排名、流量广告、金融收益等。但对于更多的领域和初创企业而言，还处在探索过程中，尚未形成可持续发展能力。从地区发展的角度看，美国是共享经济发展的领头羊，但欧洲、亚洲各国的平台企业也在迅速崛起，全球竞争格局仍处在快速变化中。

## 三、中国共享经济发展概览

近年来，中国共享经济快速成长，创新创业蓬勃兴起，本土企业创新凸显，各领域发展动力强劲，潜力巨大。整体上，如果说 2015 年中国共享经济是处于由发展初期转向高速发展阶段的话，那么到 2017 年中国共享经济正从起步期向成长期加速转型。未来具有更大发展空间。

### （一）有利条件

近两年，中国政府高度重视互联网产业发展，坚持以开放的姿态拥抱互联网，用市场的思维培育互联网经济。从现实情况看，中国发展共享经济存在四大有利条件：

1. 转型发展的强大需求

对于中国而言，要用传统的方法实现未被满足的大量刚性需求已不可能。共享经济在承认产权私有的前提下，又能够让整个社会资源被共享，这是解决人均资源供给不足的有效途径。当前我国正处于发展动力转换的关键时期，加快发展共享经济将有利于培育新的经济增长点、化解转型期阵痛，实现发展动力转换。

2. 网民大国红利

中国互联网络信息中心发布《中国互联网络发展状况统计报告》显示，截至 2017 年 12 月底，我国网民规模达 7.72 亿人，普及率达到 55.8%，超过全球平均水平 4.1 个百分点，超过亚洲平均水平 9.1 个百分点。其中我国手机网民规模达 7.53 亿人，网民中使用手机上网人群的占比由 2016 年的 95.1% 提升至 97.5%，与此同时，使用电视上网的网民比例也提高了 3.2 个百分点，达 28.2%。庞大的网民和手机用户群体，使得中国共享经济发展拥有得天独厚的优势条件，在众多共享领域都可以轻易在全球排名中拔得头筹。

3. 节俭的文化

中国传统文化向来崇尚节俭，编撰于战国初年的《左传》所引用之古语就认为："俭，德之共也；侈，恶之大也。"《论语》中也记载了孔子的言论"奢则不孙，俭则固"。对于共享经济的发展而言，节俭这种根深蒂固的消费理念是很重要的文化背景。

4. 成功的实践

百度、阿里巴巴、腾讯、京东跻身全球互联网企业市值排行榜前十位，有足够的经验供互联网创业公司借鉴。滴滴出行、猪八戒网等企业的崛起也吸引了大量创业者涌入共享经济领域。领先企业的成长路径和成功经验为共享经济领域初创企业的发展提供了借鉴。

## （二）发展现状

我国共享经济继续保持高速发展态势，新业态、新模式持续涌现，技术创新应用明显加速，在培育经济发展新动能、促进就业方面发挥了重要作用，国际影响力显著提升，成为新时期中国经济转型发展的突出亮点。

1. 共享经济继续保持高速增长，结构不断完善

初步估算，2017 年中国共享经济市场交易额约为 49 205 亿元，同比增长 47.2%。非金融共享领域（包括生活服务、生产能力、交通出行、知识技能、房屋住宿等）市场交易额约为 20 941 亿元，同比增长 66.8%。金融共享领域市场交易额约为 28 264 亿元，同比增长 35.5%。

共享经济结构继续改善，非金融共享领域市场交易额占总规模的比重从上年的 37.6% 上升到 42.6%，而金融共享领域市场交易额占总规模的比重则从上年的 62.4% 下降到 57.4%，下降了 5 个百分点。从各领域增速看，2017 年知识技能、生活服务、房屋住宿三个领域市场交易额增长最快，增

速分别为 126.6%、82.7% 和 70.6%。从投融资市场情况看，初步估算，2017 年共享经济融资规模约 2 160 亿元，同比增长 25.7%。2017 年全球规模最大的 10 笔风险投资中，有 5 笔投向中国企业。其中，单笔规模最大的是滴滴出行 55 亿美元的融资。截至 2017 年底，全球独角兽企业共有 224 家，其中中国企业达到 60 家，占总数的 26.8%；具有典型共享经济属性的中国企业 31 家，占中国独角兽企业总数的 51.7%。

2. 共享经济拉动就业成效显著，助力实现包容性增长

据估算，2017 年我国参与共享经济活动的人数超过 7 亿人，比上年增加 1 亿人左右；其中参与提供服务者人数约 7 000 万人，比上年增加 1 000 万人。2017 年我国共享经济平台企业员工数约 716 万人，比上年增加 131 万人，约占当年城镇新增就业人数（1 354 万人）的 9.7%，意味着城镇每 100 个新增就业人员中，就有约 10 人是平台企业新雇用员工。

3. 共享经济是最活跃的新动能，是创新驱动发展的时代缩影

截至 2017 年底，全球共享单车投放量超过 2 300 万辆，注册用户接近 4 亿人，累计订单量超过 115 亿单，覆盖全球 20 多个国家的 304 个城市，先后有 74 家企业进入共享单车行业，融资额超过 200 亿元。共享单车发展有力地带动了自行车行业技术升级，包括轻便的一体化车身设计、真空鞍座、铝合金培林花鼓、NB – IoT 物联网智能锁、独特的太阳能电池板以及双密度结构的特殊车胎等。据不完全统计，共享单车企业累计申请专利数超过 300 项。

4. 制造业产能共享悄然崛起，运营模式创新取得积极进展

2017 年制造业产能共享市场交易额约为 4 120 亿元，较上年增长 25%，平台上提供服务的企业数超过 20 万家。一些传统制造型企业开始实施转型发展战略，积极开放研发、设计、生产、营销、金融等资源，加速推进基于平台的个性化、网络化、柔性化制造与服务化转型，打造上下联动、内外协同的创新创业生态系统，如沈阳机床厂推出了 Isesol 平台，海尔推出了"海创汇""Hope"以及"COSMO"三大平台，航天科工打造了"航天云网"平台等。

5. 大数据应用不断深化，推动形成数据驱动型创新体系和发展模式

大数据、云计算、人工智能（AI）等新一代信息技术应用不断深化，引领共享经济创新发展，在优化产品服务、保障交易安全以及智能化辅助决策方面发挥了重要作用，推动形成数据驱动型创新体系和发展模式。滴滴交通大脑是兼具云计算、人工智能（AI）技术、交通大数据和交通工程的智能系统，通过机器自我学习的方式，搭建出能够支撑类脑推理的核心

算法模型，帮助实现更准确的预测能力、智能的调配能力，实现最优的交通组织。2017年，滴滴出行平台为全国400多个城市的4.5亿用户，提供了超过74.3亿次的移动出行服务，为出租车司机链接了11亿次出行需求。美团"智能O2O实时调度系统"的应用，使得单均配送时长缩短至28分钟，准时率超过98%；相比过去，人均日配送单量增长46%，单均配送成本下降20%。

6. 领先企业生态化步伐加快，积极打造全链条生态系统

平台企业积极利用掌握的用户资源、数据优势、技术优势，通过与用户、金融机构、政府、高校及其他企业等不同主体的协同互动，打造全链条生态系统。美团点评业务覆盖餐饮、电影、酒店旅游、社区服务、家政、美容等多个领域，2017年4月上线榛果民宿，先后推出保洁服务、智能门锁等配套功能，不断迭代与完善服务体系，旨在一体化满足用户"吃喝玩乐行"等需求。猪八戒平台在知识技能共享服务之外，还推出了办公空间共享业务，为会员提供工作台、会议室预订和其他办公设施服务，也为创业公司提供商标注册、版权申报、财税管理等一系列创业孵化服务。截至2017年底，全国已有20多个办公共享社区开放运营，入住率达75%。

7. 政策创新积极推进，"鼓励创新、包容审慎"成为主基调

2017年，国家明确了以"鼓励创新、包容审慎"为核心的共享经济发展原则和政策导向。2017年7月，国家发展改革委等八部门联合印发《关于促进共享经济发展的指导性意见》，围绕市场准入、行业监管、营造发展环境等进行了全面部署，这是共享经济发展过程中一个里程碑式的文件。该文件的出台表明，"鼓励创新、包容审慎"成为共享经济监管主基调，"放宽准入、底线思维"成为共享经济监管新要求，"多方参与、协同治理"成为共享经济监管大方向。随后重庆、浙江、天津、江苏、甘肃等地区也出台了鼓励共享经济发展的指导性意见。

8. 中国成为共享经济创新者和引领者，引发全球关注

中国共享经济在市场规模、创新应用、国际影响力以及制度创新探索等方面都走在了世界前列。新模式应用领跑全球，过去5年，中国共享经济已经渗透到交通出行、住宿餐饮、文化创意、教育培训、医疗诊断、制造服务等多个细分领域，产生了丰富多彩的新产品新模式，对全球共享经济起到了创新引领效果。以共享单车为例，国外共享单车市场多是插卡缴费、固定位置，而我国的单车则利用移动支付、GPS定位、APP扫码功能，打造了一个全新的商业模式。企业全球竞争力明显提升，在全球十大独角兽榜单中，中美两国各领风骚，滴滴出行、美团点评、今日头条、陆金所4家中

国共享经济企业位列其中。共享单车在短短一年时间内，已经在全球 20 多个国家布局，成为"中国智造"新型代言人。

## （三）重点领域发展概况

共享经济主要在交通出行、房屋住宿、金融、知识技能、生活服务和生产能力六个重点领域发展。

### 1. 交通出行

2017 年交通出行领域共享经济保持稳步发展，市场交易规模达到 2 010 亿元，领域融资额达到 1 072 亿元；参与人数 4.8 亿人，其中提供服务人数达到 2 115 万人，平台员工约 14 万人。

一是网约车领域。领先企业积极开拓海外市场。在近三年时间里，滴滴出行通过投资或产品技术合作等形式，将全球合作网络延伸至北美、东南亚、南亚、南美等 1 000 多个城市，覆盖全球 70% 以上的市场。另外，交通大数据应用水平不断提升，交通大数据分享成为城市智慧交通真正落地的有效抓手。

二是共享单车领域。行业竞争激烈，部分"问题平台"退出市场。2017 年国内共享单车保有量超过 2 000 万辆，融资总额超过 200 亿元。行业竞争日益加剧，部分共享单车品牌陷入经营困难，成为"问题平台"，一些企业甚至倒闭退出市场。2017 年从中央到地方都陆续出台了一系列相关政策措施，引导共享单车行业健康发展。

三是共享汽车领域。共享汽车业务初具规模，交通运输部公布信息显示，2017 年 6 月我国共享汽车企业 40 余家，车辆总数超过 4 万辆。新能源共享汽车占总数的 95% 以上并以自购（租）为主。共享汽车业务在国内兴起的时点恰恰是国内新能源汽车快速发展期。目前共享汽车中 95% 以上为新能源车辆。

### 2. 房屋住宿

2017 年房屋住宿领域交易规模为 145 亿元，同比增长 70.6%；融资额约为 37 亿元，比上年增长约 180%。2017 年下半年以来，主要平台企业纷纷完成新一轮融资。10 月中旬，途家网宣布途家完成 E 轮融资 3 亿美元，不到一个月，小猪短租也宣布完成 1.2 亿美元新一轮融资，步入独角兽行列，之后木鸟短租也传出新一轮融资消息，表明资本市场对住房共享仍然抱有很大热情。为了能在激烈的住房共享市场竞争中获得优势，主要住房共享平台纷纷创新举措扩大影响。小猪、爱彼迎（Airbnb）、途家以及新入局的美团榛果民宿都有不俗表现。小猪短租上半年宣布推出针对商务场景使用的短租产品，深圳、北京、上海、广州、成都、杭州等 20 个重点城市也陆续开放商旅短租，并建立服务体系。爱彼迎在中国的房源超过 15 万户，同比增长 100%，过去 12 个月里有 225 万户中国用户使用，同比增长 287%。美团点评于 2017 年 4 月正式推出民宿业务，旗下榛果民宿 APP 上线，首批房源覆盖北京、上海、广州、深圳、杭州、成都等近 200 个城市。

3. 共享金融

从 2011 年到 2015 年上半年，共享金融的平台数量、借贷和融资的成交量，以及参与人数都经历了爆发式增长。从 2016 年开始，由于问题平台的大量出现，以及有关部门对共享金融平台的强力监管，正常运营的网贷平台数量连续两年大幅下降，众筹平台的数量也在 2017 年出现大幅下降。

2017 年是共享金融在调整和动荡中发展的一年，网贷交易规模的增速有所放缓，网络众筹的筹资额比 2016 年出现了小幅下降。随着国家对互联网金融整治工作的不断强化，以及相应监管政策的发布实施，合规规范成为共享金融发展的主基调。

4. 知识技能

继 2016 年知识付费、网络直播异军突起后，2017 年知识技能共享继续保持快速发展的态势。初步估算，2017 年知识技能共享的市场交易额达到 1 382 亿元，比上年增长 126.6%；企业融资额约为 266 亿元，资本市场对知识技能共享的发展潜力保持高度认可；服务提供者人数大约为 3 550 万人，其中知识付费平台、服务众包平台的服务提供者分别为 700 万人和 2 400 万人左右；参与用户数大约为 7 亿人，其中喜马拉雅等一批知识技能共享平台的用户均达到亿级规模。

服务众包平台推动线上线下服务融合，创新创业孵化服务不断完善。近年来，猪八戒网、一品威客等服务众包平台逐渐从线上走向线下，积极打造线上线下融合的创新创业孵化服务。以猪八戒网为例，平台上集聚了来自 25 个国家和地区的 1 300 万个知识工作者和 700 万家雇主，为企业提供立体式全生命周期服务。同时，猪八戒网还在全国范围内建设"互联网 + 产业共享服务"中心，打造实体园区与"八戒城市"。2017 年下半年以来，猪八戒网打造现代化联合办公空间，为全球知识工作者提供线上线下整合的高效办公社区，实现"一地办公，全球服务"的目标。

5. 生活服务

2017 年，我国生活服务领域共享经济市场规模持续扩大，共享经济新业态的发展深刻地改变着人们的生活方式。生活服务领域共享经济市场规模持续扩大，2017 年市场交易额达 13 214 亿元，比上年增长 82.7%，提供服务者人数约 2 200 万人。生活服务平台用户规模持续扩大，目前美团外卖用户数超 2.5 亿户，活跃配送骑手超过 50 万人，覆盖城市 1 600 个，日完成订单破 1 800 万单。新达达拥有 400 多万名众包配送员，服务超过 100 万个商家用户以及近 5 000 万名个人用户。家庭厨房共享平台"回家吃饭"已有注册家厨 28 万多人，审核通过家厨 2.65 万人，先后服务超过 230 万个用户；并在实践中形成了一整套的培训体系、数据监控体系、家厨成长机制与退出机制，为用户提供高品质的美食体验。

6. 生产能力

制造业产能共享是深化制造业与互联网融合发展的重要内容，受到高度重视，发展前景广阔。2017 年生产能力共享有了进一步的发展。随着云计算、工业互联网等技术的发展，共享经济在制造业的渗透率逐步提升，参与企业不断增加，一些传统制造企业和互联网企业开始利用产能共享探索打造制造业新生态。2017 年制造业产能共享市场规模约为 4 120 亿元，比上年增长 25%。一方面，一些传统制造企业开始利用共享经济开放资源和产能，打造协同生产或服务平台，尝试实现制造业转型，如沈阳机床厂、海尔、航天科工等；另一方面，互联网企业开始进入制造业领域，搭建第三方平台实现制造业供需匹配，如淘工厂、硬蛋科技、优制网等。此外，制造业产能共享领域的创新活力不断增强，创业公司不断涌现，部分共享平台开始崭露头角，在短时间内取得了较大的成绩。虽然制造业产能共享已经有了一定的规模，但相比于整个制造业产值来说规模非常小。同时与生活服务领域相比，制造业共享经济的渗透率还比较低，整体依然处于导入期。

# 第二节　共享经济面临的挑战与对策

共享经济的快速发展带来了许多机遇，同时也面临诸多挑战。本节以我国共享经济发展中存在的问题为主要研究对象，分析共享经济发展中面临的挑战与对策。

## 一、共享经济面临的挑战

当前，共享经济的发展面临诸多挑战，如法律法规不适应、公共数据获取难、统计监测体系亟待建立等共性问题依然存在，用户权益保护难题进一步凸显，新业态发展与传统的属地管理、城市管理以及理论研究滞后间的矛盾更加突出。

## （一）用户权益保护难题进一步凸显

共享经济的快速渗透和广泛普及，引发个人信息安全、押金风险、社会福利等用户权益保护难题。

### 1. 用户隐私保护与信息安全面临挑战

平台企业发展过程中会收集到越来越多的用户个人信息，积累起大量的日常行为数据，这些反映用户隐私的信息一旦发生泄露，或被不正当利用，将威胁到用户权益甚至人身财产安全。2017 年 6 月 1 日，我国《网络安全法》正式实施，对加强个人信息保护等提出了具体要求，对平台企业提出了明确规定，在具体落实上还需各方共同努力。

### 2. 押金风险集中爆发，引起社会广泛争议

押金制度是信息不对称、诚信缺失、信用体系不健全的产物。在共享单车行业，平台企业往往将押金作为解决信用难题的主要手段，目前行业累计押金总额上百亿元。2017 年下半年，随着酷骑单车、悟空单车、町町单车、小蓝单车等企业纷纷停止运营或倒闭，用户的押金退还出现困难，涉及民众数百万、押金总额数十亿元。押金"退还难、退还慢"等问题，引发公众对共享单车行业，乃至整个共享经济新业态的担忧，用户参与积极性受到冲击，在微博、微信等网络媒体中引发了一些负面评论，不利于营造良好的外部环境。共享经济通过网络平台整合资源，许多产品和服务需要线上线下结合，但线下的法律条文很难直接适用于线上业务。在平台责任界定不清、诚信体系不健全以及先行赔付机制缺乏等情况下，共享经济面临"监管难、取证难、维权难"的挑战。如何有效保护用户权益，成为未来共享经济健康发展迫切需要解决的问题。

## （二）新业态与传统属地管理之间的矛盾更加突出

共享经济时代，条块分割的治理组织架构亟须优化。传统监管体系强调属地管理、行业管理、科层管理，与共享经济的跨区域、跨部门、跨行业等发展实践的现实需求不匹配，"一个平台、服务全国"的运营特点与传统的属地管理制度之间的冲突日益凸显。在网约车管理方面，各地出台的网约车管理措施基本都延续了传统出租车管理体制和做法，所有的网约车平台企业都要适应出租车的属地管理要求，要求在本地设立分公司并取得行政许可。以滴滴出行为例，要获得全国 300 多个地级市的行政许可，需要

携带几乎相同的材料跑遍这些城市，因材料中包含营业执照、法人身份证、线上能力认证函和公章的原件，又不能异地同步办理，即使马不停蹄地逐个城市递送材料，300多个地级市至少需要3年才能办完，若全国2 800多个县级单位也要求办证，周期可能长达20多年。打破属地管理制度对共享经济业态发展的桎梏，显得尤为重要。

## （三）　新的共享模式给城市治理带来新挑战

在共享单车领域，平台企业为了迅速抢占市场，导致短期内单车投放数量急速增加，甚至超出城市可承受范围，再加上现有城市规划中在慢行交通系统管理方面存在的规划建设不足、智能化管理水平不高等短板，以及用户自觉有序停放意识薄弱等原因，导致车辆乱停滥放问题严重。在共享汽车领域，城市规划前瞻性不足导致公共停车位、公共充电桩等配套设施难以满足市场需求，烦琐的审批程序导致平台企业自建电站的周期长、成本高，使得汽车共享难以在城市快速普及。在生活服务领域，快递外卖、上门取送件、共享停车位等新业态离不开线下场景的开放，与部分小区封闭式管理规定出现明显冲突并引发许多纠纷。如何把握新业态培育和城市综合治理的平衡点，考验着城市管理者的智慧。

## （四）　快速创新实践与理论研究滞后之间的矛盾更加突出

尽管共享经济引发的社会关注越来越多，政府、平台企业、研究机构对共享经济的理论思考也更加理性与深入，但与快速发展的实践相比，理论研究仍显滞后，难以有效支撑政府的政策制定、行业监管以及企业创新实践的需要。如何界定平台企业责任是理论研究的一个难点。近年来，社会各界围绕平台企业主体责任、市场竞争行为、用户社保与税收抵扣等一系列问题，展开了广泛讨论，但一直没有形成共识。

如何界定平台企业的垄断行为是理论研究的另一个难点。近年来，越来越多的行业参与者、消费者、监管部门，开始关注共享经济平台的并购和定价等行为可能存在的垄断问题，平台企业也面临反垄断合规的风险和挑战。共享经济统计监测和价值衡量体系亟须建立。现有的依行业、地域、法人（机构）分类采集数据和抽样统计的核算体系，无法一一对应共享经济业态，无法反映共享经济平台跨行业、跨地域、大量自然人参与的特点，也就难以准确地反映共享经济发展的规模、速度、结构、贡献等状况。

## 二、共享经济发展的趋势展望

党的十九大明确中国特色社会主义进入新时代，对新的发展阶段作出了战略规划和全面部署。未来几年，在理念创新、技术创新、模式创新和制度创新加速推动下，我国共享经济将呈现出新的发展趋势。

1. 共享经济将从起步期向成长期转型

预计未来五年，随着信息技术创新应用不断加速，人们认知水平的明显提升，以及政策法规的日趋完善，我国共享经济有望保持年均30%以上的高速增长。共享经济将从起步期向成长期转型。共享产品和服务的领域越来越广，从生活消费领域向生产制造、公共服务、社会民生等领域渗透融合；平台企业间的竞争将日趋激烈，行业并购越来越多，精细化运营成为企业竞争焦点；与起步期相比，未来将更注重共享经济整体发展质量的提升。

2. 农业、教育、医疗、养老有望成为共享经济的新"风口"

面对人民日益增长的美好生活需要，党的十九大报告提出了一系列具体目标和举措。未来一个时期，努力解决人民最关心最直接最现实的利益问题，保障和改善民生，满足人民群众"幼有所育、学有所教、劳有所得、病有所医、老有所养、住有所居、弱有所扶"的迫切需求，将成为我国经济社会发展的重要任务。在此背景下，农业、教育、医疗、养老等领域都可能成为共享经济的"风口"，这些领域的共同特点是：民生关切、痛点明显、市场需求大、商业模式正在积极探索中但尚未成型。从现实需求看，城乡差距依然较大，提高农民收入、改善农民生活水平、建设美丽乡村的需求迫切；优质教育资源、优质医疗资源供给不足与需求不断增长之间的矛盾依然突出；人口老龄化趋势明显，养老服务需求不断攀升，亟须引入共享经济模式，实现优质资源的再配置。从发展基础看，我国农村有大量的土地、水利设施、农机设备以及劳动力等资源，共享农业发展有着良好的物质基础；在医疗、教育、养老等领域，已经出现了一批共享经济平台，形成了比较成熟的商业模式，如名医主刀、好大夫在线、微医集团、VIP-KID 等。随着相关政策的陆续出台以及资本市场的密切关注，民生领域共享经济有望成为爆发式增长的新"风口"。

3. 共享经济发展将逐步走向规范化

多方参与的协同治理体系建设将加速推进。未来政府将围绕营造公平有序的市场环境，积极创新监管方式，推进公共数据开放共享，加快完善法制建设，大力推动试点示范。平台企业将更多地以"用户为中心"，依靠价值创造来构建可持续发展能力，并通过与监管部门的互动和数据共享，推动平台的健康发展。社会组织将在标准化建设和行业自律等方面发挥积极作用。用户将更多地通过评价、反馈机制参与平台治理，真正达到共享共治。

4. 信用体系建设与共享经济发展的双向促进作用将更加凸显

共享经济是典型的信用经济，具有陌生人之间"缺场"交易的显著特征。一方面，共享经济的快速发展对社会信用体系建设提出了新的更高要求；另一方面，共享经济与信用体系的双向促进作用将更加凸显，为信用体系建设提供数据和技术支撑。

信用免押机制效果显著。芝麻信用平台数据显示，相比缴纳押金客户，免押客户租金欠款率低52%，违章罚款欠款率低27%，丢车率低46%。从信用免押机制实施效果看，未来信用免押金服务将成为解决信任问题的重要手段，大幅降低公众参与共享经济活动的成本，激发了人们参与共享经济活动的积极性，减少用户违约行为，也将有效避免沉淀押金带来的潜在风险。有关部门将积极推进各类信用信息无缝对接，打破信息孤岛，推动建立政府、企业和第三方的信息共享合作机制，积极引导平台企业利用大数据技术、用户双向评价、第三方认证、信用评级等手段和机制，健全相关主体信用记录。同时，也将加快建设守信联合激励和失信联合惩戒机制、设立诚信"红黑名单"，形成以信用为核心的共享经济规范发展体系。

5. 国际市场拓展与治理合作趋势明显

我国已经成为全球共享经济引领者，在移动支付、创新模式、用户量、市场规模、运营经验等多个方面都走在了世界前列。未来，中国共享经济企业国际化步伐将会越走越快，将有更多的企业"走出去"，更好地适应当地法律、制度、文化以及用户习惯等，进一步深耕国际市场。在"走出去"的同时，我国也将更多地引入国外成功模式，推动形成全面开放新格局。全球互联网治理体系变革进入关键时期，构建网络空间命运共同体日益成为国际社会的广泛共识。面对不同国家、不同文化、不同规章制度的巨大差异，在国际化步伐不断加快的强劲趋势下，共享经济的治理需要全球共同努力。各国将不断拓展和深化在共享经济领域的交流与合作，加强在创新平台治理模式，推进消费者权益保护、税收征管、劳动保障、制度创新、法律服务和案例研究等方面的经验交流和成果共享，促进建立更加常态化的工作机制，携手共建网络空间命运共同体。

### 三、促进共享经济发展的对策思考

为促进共享经济更快更好地发展，有必要对共享经济未来的发展途径进行分析和研究，构建科学有效且具有针对性的对策措施。

#### （一）构建包容开放的经济环境

共享经济这一新兴商业模式的出现势必会与当前现状产生冲突和矛盾，利益受到影响的相关者也必定不会坐以待毙。为此，政府主管部门应对共享经济要主动接触积极研究，对该商业模式的运行机制深入研究，对正当的市场需求和权益诉求要足够重视，对其发展持宽容的态度，创造一个开明、包容的管理氛围，而绝不是对共享经济企业一味地封杀。以打车软件领域为例，网约车在一定程度上刺激了用车需求，由于私家车主通常会乐于乘坐网约车而不是出租车出行，私家车主自己驾车出行的次数因而会大幅减少，所以网约车模式事实上对治理拥堵与污染问题都产生了积极作用。

#### （二）创新监管方式

共享经济的成长速度远远超过此前任何一种商业模式。市场见证其跳跃式地发展，指数级地增长，从而可以获得一种广泛的青睐，可以非常富有渗透性地向各个区域进行扩展。如果在这个时期政府监管部门不能够去尊重这样一种新的经济形态，不能为这种新业态留出发展空间，而是用过去的管理模式和方式"旧瓶装新酒"，就很有可能扼杀确实具有创造能力的企业。

法律的完善速度远远不及共享经济的发展速度，这使在共享经济的监管过程中出现了一些模糊地带。针对这种情况，各国政府也都在积极探索合适的监管方式。在对监管方式进行创新的过程中，下述几条原则值得有关部门加以考量。

1. 差异化监管

根据被监管对象的特点探寻与之相适应的监管方式，不能强迫将旧的监管框架套在新的经济模式之上。对伦敦的出租车司机来说若想取得营业执照则需要参加一项被称为世界上最难的考试——"知识考试"。相关统计显示，参加考试的司机平均需要在应考准备上花费 4 年时间，而最终考试通过率只有不到 20%。然而，网约车司机却无须通过该考试就能获取执照，这一规定遭受了出租车司机的不满和抗议，认为这样的监管政策没有做到一视同仁。伦敦交通局并不认为上述规定存在不公，他们认为借助手机上具有导航功能的 APP，网约车对城市道路的识别能力并不逊于通过"知识考试"的出租车司机，因此此类考试对网约车司机没有强制通过的必要。

**2. 适度性监管**

监管机构在监管力度的把握方面要保持适度的监管，对市场中出现的创新行为可以更多地通过市场规律自行处理。共享经济弱化了商业组织的地位，市场中的主要参与者将向分散经营的个人经营者转变，这在技术层面上给监管方增添了不少困难，监管部门的现有力量难以实现对众多个人经营者进行全方位的监管，因此市场以及各企业与平台需要相应地承担更多的责任。

**3. 避免陷入泛安全化误区**

泛安全化现象严重存在于共享经济的监管过程之中。其实各个行业都不可避免地存在安全问题，如交通行业涉及道路交通安全，餐饮行业涉及食品安全。针对共享经济中各种形式的商业创新，总有人会拿安全问题当作借口竭力否定，但是自己没有站得住脚的理由。不可否认，共享经济同其他传统经济模式一样，不可能实现绝对意义上的安全，但在针对共享经济的安全问题进行讨论时，为了避免陷入泛安全化的误区需明确以下两方面内容：一方面，相比于传统行业而言，共享经济的商业创新是否会带来更多的安全隐患；另一方面，由共享经济产生的安全隐患，能够在相关配套机制的作用下得以解决。例如，"回家吃饭"为了切实保障餐饮行业中最受关注的食品安全问题，其平台通过采用"信用机制＋惩罚机制保险"的综合手段打消顾客的疑虑。在网约车领域中，通过审查司机、车辆等综合措施来消除潜在的安全隐患。

## （三）建立健全信用体系

共享经济是一种信用经济，信任是交易的根基，没有信任便无法建立完整的交易链。共享经济对信用具有高度依赖性，因为在共享经济模式中的交易双方都是互不相识的陌生人，如果没有信用的保障，消费者不会轻易地放心乘坐陌生人的车或者住在陌生人的家里，只有在市场中建立完善的信用体系，才能使供需双方之间产生互信关系，共享行为才会发生。

为了加快信用体系的建设，共享经济企业需要主动将拥有的共享经济平台与社交网络平台等各类信息平台进行深度对接，同时和征信机构结成合作关系，加强征信记录的共享和违法失信行为的披露，有效减少各种失信事件的发生。此外，政府拥有海量的社会信用信息，这些信息如果能够得以恰当使用，对共享经济的效率将具有促进作用，因此政府需要加强信用信息的开放共享，降低共享经济企业获取此类信息的费用和门槛，减少交易过程中因信息不对称而产生的矛盾，使信息通过共享实现价值最大化，促进信用体系的不断改善和健全。

健全的信用体系可以将共享经济中的安全隐患尽可能地排除在外，同时，由共享平台所记录的用户违约违规等失信行为，也可以为信用体系评估个人信用级别提供重要参考依据。社会诚信水平与共享经济的发展大致正相关，提高社会诚信度将有利于共享经济的持续发展。在信用体系的构建过程中，政府部门和企业需要统一目标，齐心协力，辅以积极的舆论导向，从而为共享经济构建一个健康和谐的发展环境。

### （四）建立需求方利益保障机制

共享经济对人和人之间信用的促进是一个层层递进的阶段，增进社会信用的效果需通过"重复博弈、信息积累、优胜劣汰"的过程逐步实现，因此在共享经济商业模式中并不是每时每刻的交易都是安全可靠的。在实践中，打车、租房业务中时常会有需求方利益遭受侵犯的事件，这些恶性事件暴露了需求方在共享经济模式中处于缺乏保护的弱势地位，也印证了构建需求方利益保障机制所具备的重要意义。

在新型共享经济商业模式中，至少应从以下两方面努力构建需求方利益保障机制。

1. 完善平台互评机制，约束供给方行为

以打车软件为例，无论是优步（Uber）还是滴滴出行，在行程结束后都有一个双方互评环节。通过该环节，乘客可对司机所提供的服务进行匿名评价，评价较高的司机在累积到一定程度的好评数后可以获得一定奖励，而评价一般或较差的司机则可能会受到延迟派单等惩罚。美国的一家互联网P2P技能交易平台——技能共享，也充分运用了互评机制。技能共享是一个网络教学共享平台，人们在平台中可以在线学习或者传授技能。在每堂课结束后都会有一个课程评价环节。老师和学生都能在该环节中进行互评，而互评的内容则将显示于每个课程简介的下方，供以后的学生作为课程评判标准，老师也会根据学生的反馈，及时对所授课程进行相应调整。如果某位老师所教授的课程评价较高，平台便将会把这位老师的相关课程调整至网站中靠前的位置。通过这种互评机制，平台中的供给方就会从自身利益的角度自觉地对自身行为进行约束，从而使需求方可以接受更加高质量的服务。共享经济企业应向市场中已有的优秀共享经济企业借鉴经验，学习如何建立合理有效的平台互评机制。

2. 完善制度层面建设

目前，各国的消费者权益保护法在共享经济领域方面普遍缺少和顾客利益保障相关的制度条款。制度条款作为一种硬性规定，能够对需求方的利益提供强有力的保障。因此，政府部门应从基于保护需求方合法权益的角度出发，建立并完善相关制度，规范供给方行为，从而保障共享经济健康发展。

# 第三节　共享金融及其发展探索

## 一、共享金融的内涵

共享金融，是通过云计算、大数据、物联网、移动互联网等构筑的现代信息技术平台和金融制度、产品、服务创新，构建以资源、要素、功能、利益共享为特征的金融发展模式。共享金融能够实现金融资源更加有效、公平的配置，从而在促使现代金融均衡发展和彰显消费者主权的同时，更好地服务于共享经济模式壮大与经济社会可持续发展。

金融作为现代经济的核心，共享经济的发展潮流必然渗透到金融领域，从而使传统金融向共享金融发展。共享金融主要分为三个层面：一是居民、非金融企业、机构等金融资源的供求个体间的金融共享；二是居民、非金融企业、机构等金融资源的供求个体与金融机构间的金融共享；三是金融机构间的金融共享，包括同业和跨业。

共享金融是资金供求双方的直接交易系统，具有去媒介、去中心的特点，共享金融能够解决现代金融内部的问题，从而部分解决外部的问题。共享金融有助于缓解甚至根除金融体系中的主要弊端，共享金融在本质上是整合线下金融资源，优化金融资源供求双方匹配，实现其直接交易。作为一个金融资源供求双方的直接交易系统，共享金融在实现普惠金融，以及缓解现代金融体系的脆弱性等方面具有独特的优势。

## 二、共享金融的发展驱动力

共享金融的发展驱动力是多重的，其中最主要的是：技术与制度。

1. 技术驱动力

技术驱动力就是金融运行的硬件设施，无论是信息技术（IT）还是数据技术（DT）的变革，都在很大程度上改变着金融资源的生产（产品设计与制造）、分配（风险收益的归属与控制）、交换（直接或间接的金融交易）、消费（客户对产品的使用及反馈），虽然也引起了某些新型的潜在风险积累，但在许多方面都带来效率的大幅提升、成本和费用的下降、系统可控性的强化、不确定性的减少。技术变革使得原有金融运行中的"百慕大三角"地带变得不再神秘。例如，在面对小微企业融资这一全球性难题时，可以更好地运用大数据来解决信用融资中的"信息不对称"困局。也可使金融活动的门槛进一步降低，使得每个投资者可以用众筹的方式更容易地体验到大财富管理时代的精彩，并且使相应的风险可控。再如，通过大数据支撑的复杂算法，优步（Uber）等新型租车模式能够更好地对相关服务进行定价，使得交易价格能够充分反映服务供给增加所带来的成本下降，从而达到新的市场均衡，也使平台各方都有所受益。有鉴于此，大数据和新技术完全可能对金融资源的定价带来冲击，通过更加准确地挖掘金融产品或服务中的潜在风险，使得风险补偿与定价变得更易具有个性化特征，金融资源价格也能够更贴近于其内在价值而减少波动幅度。应该说，所有这些遵循"摩尔定律"或建立在"开放式脑洞"基础上的新技术，将从根本上改变制约金融活动的信息不对称、相关不确定性及监管成本问题，使个体信息在金融交易定价中的作用逐渐提升，可以更好地展现个体话语权，使越来越脱离实体的"供给创造需求"式的单向金融服务，逐渐转化为公开规则与信用约束下的供求双向、多维金融互动，实现共赢、共助的共享金融目标。

2. 制度驱动力

在各国的互联网金融发展中，无论使用的概念如何，其价值除了关系到对金融交易自身的影响之外，更是对可持续协调发展与实现经济金融伦理作出了贡献，这些则属于制度层面的驱动力。例如，美联储在2012年的一份报告中指出，美国消费者中有11%享受不到银行服务，另有11%享受的银行服务不足，而伴随着智能手机的普及化，这些人群更容易也愿意运用移动设备来享受电子银行或支付服务。我们看到，这就是新技术带来的普惠金融功能的实现，有助于弥补现有金融体系的功能"短板"。再如，现代金融活动或多或少都离不开央行对于信用的最终支撑，这也带来了巨大的监管成本和风险责任归属。而在基于互联网的分布式支付方式挑战下，分布式的货币与金融交易变得更具可行性。例如，当前比特币及其"后继者"开始更加关注货币的支付功能，如同瑞波币（Ripple）等对于分布式清算协议的探索，长远来看有助于推动新兴电子支付效率的提升、交易成本的下降。尤其在小额零售支付领域，将通过促进电子商务与居民消费发展，带来新的经济增长动力。在比特币的背后，区块链技术的价值远大于比特币本身，其能够有效促进智能交易、分布式股权发布和资产转移。美联储在 2015 年初发布的《美国支付体系提升战略》报告中，就谈到要创造条件，便于金融机构间基于使用通用协议和标准发送和接收支付的公共 IP 网络直接清算。回到我国，无论是现有金融体系在制度层面仍有许多"跛脚之处"，还是期望在全球竞争中获得金融功能的"追赶式"超越，都需要有效甄别和关注与技术并行的制度因素，剔除只是披上技术外衣的、金融市场化转轨大潮中的"沙砾"与"泡沫"。

### 三、共享金融的表现形式

从形式上看，主要有基础设施共享、众筹、网贷、供应链金融、相互保险、财富管理，以及未来区块链主导的共享金融模式。

1. 金融基础设施的共享

金融基础设施是指金融运行的硬件设施和制度安排，主要包括支付体系、法律环境、公司治理、会计准则、信用环境、反洗钱以及由金融监管、中央银行最后贷款人职能、投资者保护制度组成的金融安全网等。法律环境、信用环境、会计准则等基础设施从当前的金融运行来看已经基本上实现共享，但支付系统这一关键基础设施目前还是封闭的，居民、企业等之间的支付还需要通过银行等金融中介才能实现，而不能直接共享其支付系统。因此，金融基础设施共享的关键点还在于支付系统的共享，居民、企业等非金融机构可以直接使用当前的支付系统，实现各经济主体间的直接支付。

2. 众筹

众筹融资是典型的共享金融模式，它是资金的供求双方通过融资平台直接实现资本融通的有效形式，从具体形式上看，主要有商品众筹、股权众筹，还有其他的如奖励型众筹、捐赠型众筹等。我国互联网众筹起步较晚，2011 年 7 月我国第一家众筹融资平台"点名时间"开始上线；2013 年中国版的"众筹网"上线，现在成为中国影响力最大的众筹网站；2014 年京东也涉足众筹，到目前有淘宝众筹、影视众筹、创意鼓等数十家众筹网站。据统计，2013—2016 年，全国众筹额一直处于超高增长率，从 3.35 亿元暴涨到224.78亿元。但在2017年，全国众筹额首次出现负增长，筹资额为216亿元，较上年减少了9亿元。据世界银行预测，到2025年全球众筹融资将达到3 000亿美元，发展中国家为960亿美元，其中中国为500亿美元。

### 3. 网贷

网贷是指不以银行等金融机构为媒介，借贷双方直接通过互联网进行交易的无担保贷款。网贷起源于英国，Zopa作为全球第一个P2P网络借贷平台，我国从2007年开始引入网贷，拍拍贷是国内首家注册成立的P2P公司。虽然市场进入得比较晚，但发展迅速。2010年我国网贷平台仅有10家，到2015年达到最高峰，数量近3 500家。之后由于问题平台的大量出现，以及有关部门持续推进行业整改工作，正常运行的网贷平台数量开始下降，2016年下降到2 500家左右，2017年再次下降到1 931家。与网贷平台数量持续大幅下降不同，网贷成交量依然保持较快的增长。2017年网贷成交量达28 048亿元，同比增长约35.9%。参与者人数，2017年网贷投资人数为1 713万人，比上年增长了24.6%，借款人数为2 243万人，比上年增长了156.1%。

### 4. 供应链金融

供应链金融是银行根据特定产品供应链上的真实贸易背景和供应链主导企业的信用水平，以企业贸易行为所产生的确定未来现金流为直接还款来源，配合银行的短期金融产品和封闭贷款操作所进行的单笔或额度授信方式的融资业务。从供应链金融发展的实践来看，主要有三种模式。一是银行供应链金融2.0。如民生银行的保理即供应链系统，将保理业务和非标准化仓单业务实现了从"线下手工处理"到"线上多系统集成"；中信银行的新一代电子供应链金融，提供电子化、网络化、自动化的供应链金融服务，功能涵盖供应链管理、订货计划管理、收款及发货管理、融资管理、资金管理、质物管理、信息共享、风险预警等众多方面。二是电商供应链金融，如自2010年起，阿里巴巴、苏宁、京东先后获得小贷牌照，并先后成立浙江阿里小贷、重庆阿里小贷、重庆苏宁小贷、京汇小贷等小贷公司，逐步拓展供应链金融业务。三是基于电商平台的银行供应链金融，中国银行通过聪明购平台向消费者订单融资。

### 5. 相互保险

相互保险是指由一些对同一危险有某种保障要求的人所组成的组织，以互相帮助为目的，实行"共享收益，共摊风险"。集团成员缴纳保费形成基金，发生灾害损失时用这笔基金来弥补灾害损失。相互保险是保险人之间共享保险收益与风险的共享金融形式，实现了保险人与被保险人的一体化，可以解决保险人与被保险人利益不一致的问题，由于信息不对称产生的道德风险也将不存在，可以实现更低成本的运行。1956年成立于英国的公平保险公司被认为是现代相互保险公司形态的起源。2014年，按照资产规模排名，扣除再保险公司，排名前50位的保险公司中共有9家相互型保险公司，其中位于日本的有2家，位于美国的有7家。相互保险组织在我国处于起步阶段，目前只有阳光农业相互保险公司经营财产险，以及慈溪市龙山镇伏龙农村保险互助社和慈溪市龙山农村互助保险联社相互保险组织。

### 6. 财富管理

财富管理主要是针对高净值客户的定制化服务，是指以客户为中心，设计出一套全面的财务规划，通过向客户提供现金、信用、保险、投资组合等一系列金融服务，对客户的资产、负债、流动性进行管理，以满足客户不同阶段的财务需求，帮助客户达到降低风险、实现财富增值的目的。财富管理范围包括：现金储蓄及管理、债务管理、个人风险管理、保险计划、投资组合管理、退休计划及遗产安排。在银行、证券、保险等金融机构向客户提供立体化服务的过程中，实现人才、技术、服务等的共享，是以客户为中心构筑的金融机构间以及金融机构与个人之间的金融共享形式。近年来，中国财富市场快速发展，财富市场总值已超过16.5万亿美元，位居全球第三，并以25%的年均复合增长率快速增长，远远超过世界平均增长率13.4%，中国财富人口达1 746万人，面向高净值客户的全方位财富管理服务成为必然。

### 7. 区块链主导的共享金融

区块链主导的共享金融是交易各方信任机制建设的一个完美的数学解决方案，而比特币就是区块链技术的第一个伟大的应用。区块链的基本结构是，把一段时间内的信息，包括数据或代码打包成一个区块，盖上时间戳，与上一个区块衔接在一起，每下一个区块的页首都包含了上一个区块的索引，然后再在页中写入新的信息，从而形成新的区块，首尾相连，最终形成了区块链。以区块链为基础，再加以一系列建立在区块链上的辅助方法，人们正在互联网上建立一整套互联网治理机制，包括工作量证明机制、互联网共识机制、智能合约机制、互联网透明机制、社交网络的互动评分机制、密码学公私钥匙等。在这些技术成熟后，未来区块链金融可能具有下面的特点：一是智能化，金融交换载体由数据变为代码，传统金融成为可编程的智能金融。二是去中心化的组织结构，点对点、端到端。三是算法驱动，摩擦系数接近于零。四是一体化特征，身份识别、资产登记、交易交换、支付结算都在区块链一个系统上一账打通。五是实时化、场景化、7×24 小时、现实世界与虚拟世界、物理世界与数字世界无缝衔接。

## 四、共享金融发展的五大路径

对于共享金融来说，技术的"突飞猛进"为商业模式创新"插上了翅膀"，制度（包括正式规则和非正式规则）的变迁则创造了良好的金融新生态环境。展望未来，共享金融将呈现如下五大发展路径。

1. 金融终端的资源与功能共享

从国家资金流量表（金融交易）来看，在非金融企业、金融机构、政府、住户这四大部门中，其中住户部门是典型资金净流出，也是金融资源交易链条的起点。在主流金融运行模式下，住户资金只能通过间接融资市场（银行为主）、直接融资市场（股票和债券市场为主）、结构性融资（复合型的证券化产品）等，进入到一国的"金融血管"之中。在此过程中，住户部门往往缺乏有效的话语权，只能作为金融机构"厂商"的"原材料"提供者。在共享金融发展模式下，首先意味着作为金融产业链上游的住户部门，应该在金融产品和服务的提供中发挥更大的作用、拥有更高的地位。因为，住户部门可以借助于互联网技术、开放的平台、众律性的规则，低门槛地直接成为金融资源的供给者，使得金融产业链进一步"前移"，从而对主流金融部门的"谈判权"形成制约。这就意味着对于住户部门来说，实现了与金融部门的责权"共享"。

2. 金融媒介与渠道的共享

互联网的发展带来了一个全新的大平台经济时代，平台的参与主体越多，对于供给、需求、中介各方的利益和价值就越大。平台经济的开放特征，与传统金融部门的封闭式发展，本来就形成鲜明的对比。平台经济与金融的发展，恰恰反映了共享金融的核心思想。一方面，传统的金融与非金融部门的边界进一步模糊，主流金融机构面临更加明显的"脱媒"，越来越多的主体参与到金融产品与服务的提供中，成为重要的金融资源流转中介。另一方面，越来越多的"金融厂商"转换成为"金融平台服务商"，平台经济效应使得"自金融"模式在效率和风控上成为可能。所有这些变化虽然仍处于萌芽阶段，但是对于传统金融中介与新兴金融中介围绕渠道的共享，对于金融供给者、需求者、中介依托合作平台的共享，都创造了令人振奋的发展基础。

### 3. 金融消费与需求的共享

对于金融消费和需求来说，面临的是日益复杂多样的金融产业链，而新技术和制度变化将有助于其"拨云见日"，更充分地参与到金融运作之中。一则对于需要金融资源流入来维持的企业部门来说，其中的小微企业是最为"饥渴"的需求者，有限的金融资源支撑着其在就业方面的巨大贡献。共享金融的理念和模式，必须着眼于为其创造可持续的金融"输血"模式。二则正如我们前面所言，金融资源的流动并非单向，而是双向甚至多向，在众多维度上同时交织在一起。例如，居民也是消费金融的资金需求者，企业可能是资产管理的资金供给者，在此过程中，既需要着力实现不同角色功能的共享与转移，也应促进以共享理念来提升不同定位中的企业和居民对于金融中介的"谈判权"。三则推动金融创新更加重视需求导向，在技术可行的支持下，实现"流水线"式的标准化"金融快餐"与"口味各异"的"金融风味小吃与大餐"并行发展。

### 4. 金融风险与监管的共享

一方面，现代金融体系之所以存在许多功能缺失，原因之一就是风险的不可控或弥补的高成本。例如，在小微金融和普惠金融领域，信息的不确定、信用基础的缺乏等加重了金融服务困难，而如果实现不同组织与主体的信息系统交互、风险合理共担，则有助于介入那些传统的金融"空白区"。再如，系统性风险与非系统性风险的边界，其实并没有教科书中那样分明，在"动物精神"与"冰冷技术"共存的现代金融市场上，风险预期提升、普遍恐慌、羊群效应、以邻为壑等现象的存在，都容易助推风险的积累。因此，随着新技术使得微观金融行为的甄别能力上升及不确定性分析的愈加准确，通过某种技术与制度安排对风险进行合理分担和分散，而非"游牧民族"式的驱离或被投机利用，则成为共享金融有助于金融稳定的重要尝试。另一方面，共享金融的探索可以推动社会信用体系的完善，尤其是对于难以进入到传统金融体系来积累信用的主体来说，介入共享金融实践可以为其奠定金融信用基础。同时在"人人参与"的新模式中，自律与他律成为能否继续参与的前提，这也使得传统金融监管难以覆盖的"盲区"受到公共金融规则的约束，从而实现新旧监管模式的共存。

### 5. 金融与实体的共享式发展

无论在经济还是统计意义上，金融与非金融部门，在本质上都是相依相存的，金融部门的利润很大程度上是与实体部门交易完成的，只是随着金融部门权力的扩张和衍生金融产品创新失控，才出现了某些"自我游戏"式的交易。共享金融强调的是与实体部门的共赢发展，包括：使多数微观主体充分共享经济增长与金融发展的成果；有利于实体部门规模和结构的完善，而非强化已有的矛盾；避免内部结构失衡和金融创新的失控；解决好金融部门与实体部门之间的分配问题；减少行政性干预，强调市场化运行机制和自律环境优化。可以看到，在共享金融理念的引导下，现代金融发展将从"脱实向虚"转向"以实为主、以虚为辅"。

总之，大数据、云计算、平台经济、移动支付改变着我们的经济与生活，也使过去"乌托邦"式的经济金融梦想成为现实。虽然仍面临众多外在挑战和障碍，也有内在的缺陷和不足，但共享金融完全能够探索出一条通往"金融与美好社会"的梦想之路。

# 第四节　构建共享金融监管体系

随着共享金融的不断发展，其风险日益显现，构建共享金融监管体系，强化共享金融监管也就势在必行。

## 一、共享金融监管的必要性

共享金融发展中最具吸引力的创新领域，就在于金融资源的供需个体通过云计算、大数据、物联网、移动互联网构筑的现代信息技术平台实现金融资源与服务的直接撮合和交易。因此，共享金融的理想状态应该是以资金供需双方为代表的市场参与者是理性的，市场信息是高度透明的，个体自利行为能够通过"看不见的手"自动实现市场均衡，期限、风险、收益等因素均能够在市场均衡价格里得到充分反映，充分竞争和市场纪律会自动淘汰不创造价值、与金融需求脱节的金融组织和创新，信息充分的消费者和投资者会选择与自己需求相匹配的产品。在这种理想状态下，共享金融可以采取自由放任的理念，减少不必要的规章制度和干预，让市场机制充分发挥资源配置作用。但在共享金融未达到理想状态之前，仍可能会存在个体和集体非理性、平台道德风险等非有效因素，使得对共享金融的监管仍有其必要性。

1. 个体行为的非理性

根据行为金融理论，个体行为并不一定满足经济人假设，而存在一些非理性表现。一是过度自信，即在投资过程中，投资者往往对自己的理念和能力过于自信，对现状和未来的评估过于乐观，这一心理因素会导致过度投机和过度交易的行为。二是判断偏差即个性投资者常常会受到错觉的愚弄，使其对实际上并不具有控制力的局面，错误地以为具有一定控制力。三是羊群效应，即当有很多人承认一个实际并不正确的结论时，会有更多人跟随，甚至推翻自己以前作出的判断和结论。四是损失厌恶，即投资者的普遍心理是喜欢盈利，厌恶损失，前者能带给投资者心理上的满足和愉悦感，后者则会带来心理上的痛苦和懊悔感。由于有上述非理性行为存在，有必要通过投资者适当性管理、金融消费者保护等监管机制上的安排，应对个体行为的非理性及其可能带来的风险损失。

2. 集体理性与个体理性的非一致性

集体理性是以群体利益为出发点，追求高效率、内部稳定和成员间公平，力求以尽可能小的代价获取尽可能多的效用。在个体理性的情况下，也并不意味着集体理性。一个简单的例子是，当资本市场价格出现大幅波动时，投资者为控制风险而选择赎回基金，从个体行为看，其行为是完全理性的。但是当多数个体遵循理性选择，就会出现大规模赎回，资本市场将可能出现更大的波动，从集体行为看，则是非理性的。共享金融涉及网络上的大量投融资个体，集体理性和个体理性的非一致性，可能通过网络的扩散和放大效应以及交叉性金融产品的传导效应，蔓延至整个金融系统，从而引发系统性风险。因此，有必要通过监管的介入，防范可能出现的系统性风险。

3. 平台的道德风险

在去中心化和脱媒化的共享金融领域，中介平台作为共享金融交易网络的节点，将汇集投融资双方大量的基本信息、交易信息、结算信息等。在缺乏足够的信息披露机制和市场约束机制情况下，中介平台可能利用信息相对优势，出现自融、为关联方融资、刻意隐瞒产品风险、延迟信息披露等行为，存在一定的道德风险。此外，在多平台竞争的过程中，为了率先突破平台经济"临界点"，可能会出现诸如提供免费服务、提供投资补贴、过度降低投融资门槛等恶性竞争情况。因此，有必要把中介平台纳入监管视野，明确平台必须履行的义务和禁止性行为清单，防范平台的道德风险。

4. "大而不能倒"问题

中介平台竞争的结果容易产生"赢者通吃、强者恒强"的局面，最终导致少数平台占据绝大部分市场份额。这类平台已达到一定的资金规模，通过网络接入的投融资主体众多，而且更多是处于"尾部"市场的客户群，存在一定的系统重要性影响。平台一旦出现问题，难以完全通过市场出清的方式解决。因此，应该通过强制性信息披露、第三方评级等手段，加强对平台相关业务的事中、事后监管。

5. 技术依赖性问题

共享金融的实现依赖于发达的互联网和信息通信技术，因此也面临着较为突出的技术风险。比如，对于中介平台而言，硬件设备、网络、操作系统、数据库、应用系统的内在缺陷、漏洞，以及操作上的差错，都将影响平台的运行效率和安全。此外，大数据风控和征信是共享金融的重要基础，涉及大量投融资双方的各类信息，一旦管理不善，容易出现信息泄露、指令差错等风险。因此，必须加强对共享金融相关业务和参与主体的信息技术监管，防止在技术依赖的情况下，出现信息泄露、信息灭失等问题。

## 二、共享金融监管的目标

共享金融模式没有改变金融本质和基础功能，但在技术、产品、服务、渠道、商业模式上产生了革命性的影响，对监管体系提出了更高的要求。结合共享金融的技术特点、风险特质，共享金融监管应围绕以下几个目标展开。

1. 完善制度安排，维护公平的市场秩序

共享金融力求推动分布式、规范式、自律性、公开透明的金融"软规则"建设，建立低成本、高效率的新型金融交易市场。在这个过程中，共享金融监管应致力于维护公平竞争的市场秩序，为规则建设、交易活动提供具有良好适应性的制度环境。

2. 促进共享金融发展，服务实体经济

共享金融是金融发展理念、运营模式上的重大创新，在具体实现方式上还有待进一步探索和完善，在"渐进试错"的过程中，可能会出现脱离实体经济需求、金融产品和链条过度复杂化的创新。通过共享金融的适度监管和创新监管，能够更好地引导共享金融创新向服务实体经济、服务金融消费需求的健康方向发展。

3. 促进平台规范化发展，保护金融消费者合法权益

中介平台在共享金融发展过程中扮演着十分重要的节点角色，其运作流程、商业模式、盈利模式需要在完整的经济金融周期中逐步探索、调整和完善。在这个过程中，需要通过有效的激励约束机制，严格防控平台的道德风险，避免出现平台欺诈、设资金池、自融等损害金融消费者合法权益的行为。

4. 维护金融稳定，防范系统性风险

共享金融强调基于中介平台的金融资源的直接撮合和交易，有助于解决资金错配、流动性短缺等问题。但随着网络节点的增多和接入客户范围的扩大，资金风险在网络的扩散与技术风险在若干平台的集中两种情况同时存在，平台一旦出现问题，将产生较强的负外部性。共享金融监管应该以维护金融稳定为职责，防止出现系统性风险。

## 三、共享金融监管体系建设

共享金融监管体系应以中介平台为监管抓手，以金融消费者保护为制度核心，强调投资者适当性管理和行业自律管理，并及时引入第三方评级机制。

1. 加强平台监管

中介平台是共享金融市场的重要组织者以及共享金融交易网络的节点，也是共享金融监管的重要切入点和工作抓手。加强平台监管，一是要制定平台准入标准。对平台的注册资本、组织结构、经营条件、信息技术水平、业务流程、风险防控等设定准入标准。二是对平台业务范围进行限定，严格控制股东、管理者与平台之间的关联交易，防止损害平台本身和客户的合法权益。三是要求平台制定和完善内控规定，在投融资主体信息核实、募投资金监控方面承担相应责任。四是强化平台作为交易信息掌握者和使用者在信息保护方面的主体责任。五是加强平台的信息披露机制建设，充分进行风险提示，使投资者和筹资者了解自身权益义务和风险收益关系（包括但不限于借款金额、期限、利率、还款方式、服务费等），充分保障客户的知情权和选择权。六是建立资金统一托管机制。为了避免平台擅自动用客户资金，平台需将客户资金与自有资金和平台资产相隔离，存放在独立账户中，并定期接受外部审计或监管部门的审查。

2. 投资者适当性管理

投资者适当性一般是指金融机构所提供的金融产品或服务与客户的财务状况、投资目标、风险承受水平、财务需求、知识和经验之间的契合程度。在共享金融领域，由于交易的网络性、涉众性和直接性，投资者适当性管理的必要性更加凸显。应建立多元化的投资者适当性指标（包括但不限于资金指标、投资知识指标、交易经验指标、风险偏好指标、投资目标指标、诚信记录指标等），对投资者的个体情况、投资目标及风险承受能力进行判断并区分投资者的类别，据此向其提供具有针对性的"定制服务"。

同时，应根据交易进展、活跃程度、履约情况等，对投资者进行适当性评估或重新评估，形成对投资者的动态管理机制。

**3. 强调行业自律**

共享金融通过对技术的充分运用，进一步打破金融供给与需求之间的"薄膜"，使得金融产品和服务更加便利和智能化，充分贴近和融入产业链、生活链中的节点，具有很强的自我适应性和自我调整功能。因此，应更加注重发挥行业自律的作用。通过自律公约、会员章程等方式，建立自律规范和约束惩戒机制，推动行业自律。组织制定各类产品、技术和服务标准，完善信息披露、风险管理、合同文本等标准化规则，促进行业的信息共享和业务交流，完善行业纠纷协调与解决机制。

**4. 加强金融消费者保护**

金融消费者保护是共享金融监管的制度核心。加强金融消费者保护，一是开展金融消费者教育，提高金融消费者保护知识水平，改变不良偏好，将风险有效控制在消费行为之前，最大限度地降低金融消费者风险。二是强化中介平台在经营中进行信息披露和风险提示的义务，用普通消费者能够理解的语言加以表述，保证消费者知情权的实现，对收益和风险得以全面评判。三是建立多元化纠纷解决机制，尤其是建立独立于中介平台和消费者的第三方争议解决机制。四是充分利用互联网的传播效应和扩散效应，扩大金融消费者维权投诉的扩散宣传效果，形成社会化、网络化的金融消费者保护体系。

**5. 建立第三方评级机制**

第三方评级机制是市场化约束机制的重要组成部分，是共享金融监管体系的重要补充，对促进共享金融的理性健康发展具有重要作用。第三方评级机制可以针对中介平台，也可以针对金融交易双方。评级目标和对象不同，相应的评级维度、指标也有所不同。第三方评级机制应遵循客观性、时效性、可比性的原则，采取合理的权重设定、科学的指标合成方法、充分的数据来源，保证评级结果的真实性和可靠性。第三方评级的结果应该通过互联网向社会大众公布，加大评级结果运用的范围。

### 思考题

1. 共享经济对社会的影响有哪些？
2. 共享经济的发展驱动力有哪些？
3. 中国共享经济发展面临的挑战有哪些？

4. 共享金融的表现形式有哪些?

5. 共享金融监管的必要性有哪些?

# 参考文献

[1] 李宏诚. 共享经济 [M]. 北京: 企业管理出版社, 2017.

[2] 姚余栋, 杨涛. 共享金融 [M]. 北京: 中信出版集团, 2016.

[3] 倪云华, 虞仲轶. 共享经济大趋势 [M]. 北京: 机械工业出版社, 2016.

[4] 张玉明. 共享经济 [M]. 北京: 科技出版社, 2017.

[5] 罗宾·蔡斯. 共享经济 [M]. 杭州: 浙江人民出版社, 2015.

[6] 国家信息中心分享经济研究中心中国互联网协会分享经济工作委员会. 中国共享经济发展年度报告, 2016, 2017, 2018.

# 第七章 绿色经济与绿色金融

▣ 本章概要

　　世界经济的增长和全球生态环境的恶化使世界各国开始关注绿色经济，并将发展绿色经济作为解决生态问题和促进经济可持续发展的一个重要解决途径。而绿色经济的发展需要大量的资金投入，为解决绿色经济发展过程中的资本约束和结构挑战，各国需建立一个积极高效的绿色金融体系，动员和激励更多的社会资本投入绿色产业，创造新的经济增长点，提升经济增长潜力，促进经济社会的绿色化转型。我国的绿色金融在理论和实践中虽然已经有了快速发展，但仍面临着诸多问题与挑战，需要建立健全相应的体制机制，借鉴国际绿色金融先进经验，更好地发挥绿色金融在经济发展中的积极作用。

　　随着气候变化、能源危机、环境污染和食品安全等环境问题的日益严峻，人类已经意识到自然环境对人类生存空间的严重威胁。各国也充分认识到在发展中要兼顾生态环境，有了"绿色经济"的意识，并展现出行动的决心。与绿色经济相比，绿色金融是一个更新、更专业的命题。作为经济系统的重要组成部分，金融通过发挥资本积累和资本流动的基本作用、资本配置的核心作用以及宏观调控和风险管理的保障作用推动了经济的长足发展。在中国推动下，2016 年 G20 杭州峰会首次纳入了绿色金融议题，并发布了《G20 绿色金融综合报告》。自此，绿色金融成为一个主流的全球化议题。

## 第一节　绿色经济及其本质

　　1970 年以来，全球褐色经济的发展导致地球资源环境压力持续加大，地球生态足迹大大超过负载能力，这种资源环境压力的加大不可能依赖现有的经济发展模式来改变。联合国环境署的《迈向绿色经济》报告中提出："最近对绿色经济概念的关注，很大程度上是由于人们对现行经济模式的失望，以及对新千年第一个十年中的诸多并发危机及市场失灵产生了疲惫感，尤其是 2008 年的财政和经济危机。"

## 一、绿色经济提出的国际背景与发展趋势

自 2008 年国际金融危机以来，绿色经济逐步成为学术界和实业界的关注热点。联合国环境规划署、联合国开发计划署、世界贸易组织、世界银行等诸多国际组织多次发表绿色经济相关研究报告，号召全球向绿色经济过渡。与此同时，在 2012 年墨西哥洛斯卡沃斯 G20 峰会、里约热内卢联合国可持续发展大会中，绿色经济也都成为大会热议的主题词之一，绿色经济已成为一股席卷全球的变革浪潮。

### （一）绿色经济概念的演变

随着时间的推移，经济社会的发展变化以及人们对绿色经济的认知加深，绿色经济的概念也在不断地丰富和发展，绿色经济概念的演变可以概括为三个阶段：

1. 第一阶段（1989—2006 年）：生态系统目标导向的绿色经济

绿色经济这一词汇最早见于英国环境经济学家大卫·皮尔斯（David Pierce）1989 年的著作《绿色经济的蓝图》中。他在书中没有对绿色经济进行明确定义，仅对其蓝图进行了模糊的阐释。总体来看，这一阶段绿色经济在概念上处于模糊时期，没有明确的定义，相关研究多与生态保护等绿色议题相关，主要采用文义性定义的方法。这一阶段绿色经济概念的关注点集中于污染治理的经济手段，强调生态系统的财富价值，目标是生态系统的保护，本质上属于传统环保手段的进一步延伸。

2. 第二阶段（2007—2010 年）：经济—生态系统目标导向的绿色经济

2008 年前后爆发的国际金融危机为绿色经济的崛起提供了历史性机遇，经济危机迫使世界各国重新思考经济政策，并将绿色低碳理念引入刺激经济和就业增长的财政计划之中，绿色经济也由此获得空前关注。2007 年，联合国环境规划署等国际组织在《绿色工作：在低碳、可持续的世界中实现体面工作》的工作报告中首次定义了绿色经济，即"重视人与自然、能创造体面高薪工作的经济"。这一时期绿色经济重点关注经济系统的整体转变，倾向于将绿色经济解释为"经济绿色化"的一个过程，即"利用绿色

发展的想法去转变生产、建设、分配和消费的全过程"，也是经济系统和环境系统相互联系的一种经济模式，让经济增长和环境责任在一个相互加强的模式中共同运作。

与前一阶段相比，此阶段绿色经济概念的创新主要有三个方面：一是突破传统环境经济学范畴，强调经济整体的绿色化和低碳化，将经济增长和解决生态环境危机相结合。二是从被动治理和防治迈向主动投资，强调以经济投资推动生态资产增长。三是丰富了绿色经济概念的内容，实证阐释了绿色经济的产业部门，进一步实体化了绿色经济。总体上，这一阶段的绿色经济将生态系统目标和经济目标相结合，已经开始触及经济发展方式的中心。

3. 第三阶段（2010 年至今）：经济—生态—社会系统视野的绿色经济

2010 年，联合国开发计划署提出了绿色经济的定义，即"带来人类幸福感和社会的公平，同时显著地降低环境风险和改善生态缺乏的经济"，这一定义成为目前被广泛接受的对绿色经济的解释。与前一阶段相比，绿色经济的显著变化是发展目标涉及社会公平和人类发展领域。这一时期的概念研究已不再将绿色经济局限在生态治理和经济增长方面，而是将其视为一种生态—经济—社会三方面的支柱缺一不可的革命性经济模式，这也重新契合和回应了早期可持续发展战略中所强调的生态、经济、社会三者协同可持续发展的本意。

相比前一阶段，绿色经济概念的突破主要体现在三个方面。一是将绿色经济的目标扩展至社会系统，希望促进人类幸福与社会公平的发展，将经济—社会—生态复合系统的发展作为共同的目标。二是在第一阶段所关注的绿色核算方式的基础上，从生态—经济—社会的综合目标出发，进一步完善了包含自然资本和社会资本在内的生产函数，要求绿色经济在提高人造资本的资源生产率的同时，将投资从传统的消耗自然资本转向维护和扩展自然资本，并通过教育等方式积累和提高有利于绿色经济的人力资本。三是绿色经济概念已经形成了以经济—生态—社会复合系统共同发展为总体目标的全面经济发展概念，要求革新现有发展方式，达到经济高效、生态和谐、社会包容的目标，具有革命性的意义。

从最早的生态环境治理手段，到应对经济危机的系统经济改革，再到最后成为具有革命意义的经济—社会—生态复杂系统的人类发展模式变革，绿色经济的概念变迁经历了一个对人类发展方式反思而不断深入的过程。

### (二) 全球经济格局中的绿色经济发展

21 世纪以来，全球经济格局最显著的变化是世界经济重心从发达经济体向新兴经济体偏转，以及发达国家再工业化引起的全球产业分工格局的重塑。全球经济格局的变化为绿色经济发展提供了机遇和挑战。从全球范围来看，绿色经济发展前景是光明的，但道路是曲折的。

1. 新兴经济体的崛起与绿色经济发展

当今的时代，全球经济格局最显著的变化是新兴经济体的日益崛起，新兴市场和发展中国家已经成为全球经济增长的主要"发动机"。21 世纪以来，以"金砖国家"和"新钻 11 国"为代表的新兴经济体，经济增长显著快于发达经济体。从对全球经济增长的贡献来看，2008 年之后，中等和低收入国家对全球经济增长的贡献率超过了高收入国家。从中国、印度、巴西等国正在进行的工业化过程来看，这些国家的工业化是压缩式的工业化，将在一个较短的时间内（50～100 年）完成发达国家 200～300 年走过的工业化进程，这对全球气候、能源、资源、环境等各方面正造成前所未有的压力；与此同时，这一发展也对人类社会生活方式、科技进步、可持续发展等各方面带来前所未有的机遇。如果新兴经济体和发展中国家继续沿着发达国家传统工业化道路发展，那么对资源环境造成的压力是难以想象的。研究表明，2008 年占世界总人口 14% 的 25 个发达国家消费了全球 41% 的一次能源、43% 的铜、42% 的铝以及 29% 的钢；发展中国家人均消费一次能源、钢、铜和铝分别仅为发达国家人均消费量的 24%、40%、21% 和 21%。如果发展中国家继续沿着发达国家的工业化老路走下去，恐怕需要几个地球才能满足人类工业化对巨量能源和矿产资源的需求。

当今新兴经济体和发展中国家的工业化再也不能外部化其工业化的负面效应，而必须内部化，出路只有一条，就是转变传统工业社会的增长模式，大力发展以降低环境风险和生态稀缺性为目标的绿色经济。

2. 发达国家再工业化与绿色经济发展

为摆脱国际金融危机和应对全球经济重心向新兴经济体偏转，发达国家纷纷推行再工业化，全球分工格局正被重塑。再工业化是指重新重视和发展工业，包括改造提升现有工业和发展新工业的过程。在这个过程中，发达国家再工业化的着力点在绿色、低碳，因而发达国家的再工业化将有力推动全球绿色经济发展。例如美国将重振制造业作为刺激经济、恢复竞争力的重要内容，先后发布了《重振美国制造业框架》《美国制造业促进法》《先进制造业伙伴计划》和《先进制造业国家战略计划》，从国家战略层面提出促进先进制造业发展的政策措施。德国、英国、法国也相继出台了产业或制造业的战略发展规划。随着发达国家再工业化进程的推进和对制造业扶持力度的加大，具有比较优势的汽车制造、装备制造、电子信息、生物医药等行业出现国际投资回潮现象。

2008 年国际金融危机后，奥巴马政府提出了绿色新政，加大对新兴产业的支持力度，力图在新能源、基础科学、节能环保和智慧地球等领域取得突破。欧盟在《欧盟经济复苏计划》中提出实施绿色伙伴行动、能效建筑伙伴行动、未来工厂伙伴行动、欧洲绿色汽车行动等一系列计划来发展绿色经济。英国将低碳经济作为第四次技术革命和未来发展的支柱产业，公布了《英国低碳转型计划》和《英国低碳工业战略》；德国在《2020 高科技战略》中，重点推出包括电动汽车发展在内的 11 项"未来规划"。

可以看出，在发达国家再工业化过程中，发展新能源产业、重视节能环保产业和再制造业发展成为关注重点；从各国采取的措施看，绿色、低碳是发达国家再工业化的主要色调，绿色、低碳成为振兴制造业的主要方向。

## 二、生态文明建设背景下的中国绿色经济

在党的十八大和十九大报告、十八届三中全会通过的《中共中央关于全面深化改革若干重大问题的决定》以及《中共中央国务院关于加快推进生态文明建设的意见》《生态文明体制改革总体方案》《中华人民共和国国民经济和社会发展第十三个五年规划纲要》中，有关生态文明建设、生态文明制度的论述，为研究和讨论生态文明下的中国绿色经济提供了框架性的内容。2018 年 3 月 11 日，十三届全国人大一次会议第三次全体会议通过了《中华人民共和国宪法修正案》，将生态文明的内容纳入其中，把生态文明写入宪法为推动绿色经济的全面发展奠定了制度基础。

### （一）中国发展绿色经济的现实意义

1. 缓解国家粮食安全和转变经济增长方式的矛盾

对于拥有 13 亿人口的大国来说，粮食安全始终是头等大事，2030 年人口高峰到来以前，我国粮食产需缺口有加大之势，未来粮食供给压力将有增无减，在这种情况下，中国必须在保证粮食供应和转变经济增长方式之间寻找到一个最佳的结合点来缓解经济增长和经济效益之间的矛盾。而绿色经济不仅有助于通过精耕技术和生物技术的结合实现农作物的保质保量，

还通过减少经济生产和加工过程中化肥、农药、添加剂等有毒有害化学物质的使用和对废弃物的回收再利用，降低投入成本，提高产出效率，减少环境危害，最终实现整体利益与局部利益、当前利益与长远利益的有机结合。

2. 实现生态环境与收入增长的双赢

一国经济发展与生态环境有着不解之缘，经济发展的效益和持久性依然取决于自然界的作用方式，而自然界的作用与反作用则来自生态环境的变化。通常地区生态环境稳定良好，经济发展态势就好，人们收入就有保障；反之亦然。所以，要想真正解决经济问题，生态环境这一关是绕不过去的。绿色经济介于传统经济和有机经济之间，以绿色、无污染、保护环境为宗旨和目标，同时又能最大限度地保证产品产量，是经济生产实现生态和效益相结合的一条捷径。

3. 有利于应对绿色贸易壁垒

我国加入世贸组织（WTO）以来，国际贸易快速发展，但出口阻碍也越来越多。近年来，美国、日本、欧盟等发达国家凭借其在科技、环保等方面的优势，设置以技术标准、检验检疫制度、包装和标签为主要内容的绿色贸易壁垒，极大地阻碍了我国商品的出口。在这种情况下，要提高中国商品的国际竞争力，最直接的方法就是大力发展绿色经济。工业发达国家设置绿色壁垒，是因为其国内对绿色产品需求量大，且大部分要依赖进口。而我国只要发挥大气、水体、土壤、生物等方面的生态优势并在原料来源、加工生产等关键环节提高环保水平，再利用很多未开发地区的生态资源和劳动力价格优势，就可以突破国际贸易中的绿色壁垒，把绿色产品推向国际市场。

4. 获得跨越式发展和可持续发展的双重动力

马斯洛的需求层次理论和发达国家的经验都表明，随着经济发展水平的提高，人们对健康安全的关注、对情感和社会尊重的需求（如休闲、体验、教育）、对较高经济效益的追求等，将会迅速增加，这正是绿色经济和休闲经济发展的大好时机。在发达国家，绿色食品被誉为"21世纪的主导食品""餐桌上的新革命"，许多国家绿色食品消费年增长率达到20%～30%，甚至50%。我国城市中高收入阶层对货真价实的绿色产品具有较强的购买力，因此，我国要顺应这一时尚潮流和国际趋势，加快发展绿色产业，争取抢占先机。绿色经济不仅能充分利用我国的地域、生态和人文优势，而且符合当前中高收入阶层的消费倾向和国际商品市场的发展规律，同时有利于我国调整和优化产业结构的客观要求和利用外资、扩大出口的战略取向，不失为我国实现跨越式发展的一条快捷通道。此外，绿色产业强调人与自然的和谐相处，重视环境保护，视经济效益、生态效益和社会效益为一体，因而又具有持续发展的可能性，能够实现国家短期利益与长期利益的有机统一。

### （二）生态文明建设背景下的中国绿色经济——低碳经济和循环经济

低碳经济和循环经济作为中国绿色经济的具体形式和实现路径，两者具有不同的物质作用对象和重点，低碳经济是用绿色经济理论与方法解决经济社会发展中的能源流以及各种碳排放问题，循环经济是用绿色经济的理论与方法解决经济社会发展中的物质流及废物流问题。

1. 低碳经济

低碳经济是指经济社会发展与二氧化碳排放趋于脱钩的经济，其目标有两个，一是保持必要的经济增长和社会发展，二是减少能源消耗和二氧化碳排放。从生态文明和绿色经济的角度看，低碳经济既不是有经济、无低碳的传统的褐色经济，也不是有低碳、无经济的纯粹的节能减排，而是要通过投资于提升碳生产率和新能源促进经济增长与能源资源的脱钩发展。

（1）低碳经济所要求的脱钩在不同的发展水平有两种不同的表现。一种是绝对脱钩，即二氧化碳排放随着经济增长表现为负增长，这是发达国家当前需要采纳的低碳经济方案；另一种是相对脱钩，即二氧化碳排放仍然是正增长，但是排放的速率低于经济增长或低于不采取政策措施的所谓基准情景。由于发展阶段的差异，中国当前发展低碳经济，重点是要在经济高速增长的进程中，降低单位 GDP 的能源强度和二氧化碳强度，实现经济社会发展与二氧化碳排放的相对脱钩。

（2）从能源流的全过程看低碳经济的操作内容和行动领域。从能源在经济过程中的输入、转化和污染物输出的全过程来看，低碳经济包含三方面的内容，一是在经济过程的输入环节，用太阳能、风能、生物能、水能等非碳的可再生能源替代煤、石油、天然气等碳基能源，从能源结构上减少二氧化碳；二是在经济过程的转化环节，提高工业、交通、建筑三大耗能领域内能源利用效率，减少碳基能源的消耗；三是在经济过程中的输出环节，通过保护森林和发展绿色空间吸收二氧化碳，提高碳汇及发展碳捕捉能力。

（3）中国低碳发展的重要领域。研究中国低碳经济的行动领域，需要研究影响二氧化碳排放的因素，比较中国低碳发展与发达国家低碳发展的异同，在此基础上制定和实施有针对性的政策。1989 年日本学者卡亚（Yoichi Kaya）在经典的 IPAT 公式基础上，提出了有关二氧化碳与经济发展关系的卡亚公式，按照这个公式，二氧化碳的排放量取决于人口、经济增长等规模因素和能源结构（说明能源类型中的高碳与低碳）、能源强度（说明节能减排）等技术因素。对中国二氧化碳排放影响因素的计量研究表明，人口增加、（人造）资本或 GDP 增加等总量因素是增加二氧化碳排放的，而且贡献率很大，这与中国劳动和资本驱动型的传统增长方式有关，应该是碳减排的重点领域。

2. 循环经济

循环经济是 20 世纪 90 年代在德国和日本等发达国家兴起的，然后在中国作为绿色经济新模式得到政府大力推动。循环经济与线性经济不同的是它的"减量化（reduce）、再利用（reuse）、资源化（Recycle，也称再循环）"，即 3R 原则，把经济活动组织成一个"自然资源—产品和服务—再生资源"的反馈式流程，所有的物质和能源要能够在这个不断进行的经济循环中得到最合理和最持久的利用，从而把经济增长对资源及环境的影响降到最低限度。对于循环经济有两种不同的理解，一种是传统的垃圾经济的理解，即在经济模式不变的情况下，从末端治理的环境管理角度循环利用废弃物；另一种是强调绿色经济的、积极正面的概念，通过全生命周期的绿色化，提高经济增长的资源生产率。

（1）中国循环经济的发展状况。中国循环经济发展的起步是从末端治理到废物循环，废物的循环立足于资源化处理生产与消费中的废弃物，废物循环在实践中主要包括单个企业内部的企业循环经济、工业园区里的生态产业园区和区域规模的循环经济城市三种模式。随着中国循环经济的进一步深化，开始从废物循环发展到产品循环。产品循环主要是指在产品使用过程中，通过尽可能多次使用以及尽可能以多种方式使用来取代过去一次性使用的做法，从而延长产品的使用寿命。产品循环立足于通过延长产品寿命预防废弃物产生，通过降低物质流动速度进而达到规模控制的目标。根据企业在产品循环方面的实践，可分为维修使用、旧货再用和拆卸再制造三种类型。产品循环的最终目标是实现最后填埋的废弃物排放量的最少甚至趋近于零。

（2）中国循环经济的目标。随着工业经济时代向服务经济时代的过渡，中国循环经济的目标也从产品经济过渡到服务经济，服务经济可视为服务化的工业形式，所有这种变化相对应的是资产循环模式的兴起或者现在所说的产品服务系统或者分享经济。可以说，资产循环是循环经济的终极目标，是循环经济 3R 原则中最具有源头预防意义的减量化原则的深化，也是实现从产品经济向服务经济转变的重要推动力量。

所谓资产的循环，主要是指企业把其制造出来的产品视为资产加以经营和管理，推行"从销售产品到提供服务"的发展理念，通过建立产品服务系统来实现资产的循环。其基本前提是"产品的价值根植于其给消费者带来的收益和效用"，即产品的真正价值应该是"使用价值"而非"交换价值"。产品与服务的组合有三种类型：纯粹的产品、产品服务以及纯粹的服务。纯粹的产品实际上不可避免地带有一些服务，是基于产品的服务；纯粹的服务也离不开产品的支持，是基于服务的产品。只有产品与服务的最合理组合才能构建所谓的产品服务系统。从实践来看，目前主要是通过维修服务、租赁服务、功能服务这三种产品服务来实现企业的经济利益、消费者的需求满足和较低的环境影响这三大目标。

## 三、绿色经济指标的国际经验与中国方案

为了对绿色经济在特定历史时期、特定区域环境条件下的发展现状和趋势作出客观评定，许多国际机构都推出了绿色经济指标的不同测定方法。

### （一）主要国际机构的绿色经济指标

1. 联合国环境署

联合国环境署对指标选取时，把指标工作的重点放在运用现有指标来指导绿色经济的政策制定方面，相应地，环境署发表了一份"绿色经济指标指导手册"，并在加纳、毛里求斯和乌拉圭等国家试用。这一手册以"综合型政策制定过程"为基础，指标设计上分为问题识别指标、政策制定指标、政策评定指标和政策监测及评估指标四大类型。

2. 经济合作与发展组织的绿色增长指标

经济合作与发展组织（OECD）的绿色增长指标框架包括四个大类：自然资本存量、环境和资源生产率、环境生活质量以及经济机会和政策反应。此外，还有反映总体社会经济情况的一些指标，在分析中作为背景来使用。经济合作与发展组织在此框架下提出了 25～30 个指标（见表 7–1）。

表 7 – 1　　　　　经济合作与发展组织的绿色增长指标主题及指标

| 1 | 经济的环境和资源生产率 | ● 碳和能源生产率<br>● 资源生产率：原材料、营养、水<br>● 多因素生产率 |
|---|---|---|
| 2 | 自然资本存量 | ● 可再生资源存量：水、森林、鱼类资源<br>● 不可再生资源存量：矿产资源<br>● 生物多样性和生态系统 |
| 3 | 环境生活质量 | ● 环境健康及风险<br>● 环境服务及设施 |
| 4 | 经济机会和政策反应 | ● 科技和创新<br>● 环境产品和服务<br>● 国际资金流动<br>● 价格和资金转移<br>● 技术和培训<br>● 法规和管理方法 |
| 社会经济维度及增长特征 | | ● 经济增长和结构<br>● 生产率和贸易<br>● 劳动市场、教育和收入<br>● 社会人口形态 |

资料来源：OECD，Towards Green Growth：Monitoring Progress：OECD Indicators，2011.

## （二）绿色经济指标的中国方案

中国的绿色经济指标体系最有代表性的是北京师范大学开发的"中国绿色发展指数"（CGDI）和"人类绿色发展指数"（HGDI）。

### 1. 中国绿色发展指数

从 2010 年开始，北京师范大学依托国家统计局、多学科专家团队和其他公开权威的统计数据，发布年度《中国绿色发展指数报告》，建立了一套绿色发展监测指标体系和指数测算体系，用于测试中国 30 多个省（自治区、直辖市）和部分大中城市的绿色发展状况与进展。CGDI 的编制理念突出绿色与发展的结合，尤其强调生产过程中不能忽视绿色，并突出政府在促进绿色发展中的责任。

2017 年底，由国家统计局、国家发展改革委、原环保总局、中央组织部会同有关部门共同发布了我国各地区的绿色发展指数，这是中国官方首次发布绿色发展指数。此次官方公布的绿色发展指数，包括各地区资源利用、环境治理、环境质量、生态保护、增长质量、绿色生活、公众满意程度 7 个方面的变化趋势和动态进展，共 56 项评价指标。根据国家统计局网站发布的《2016 年生态文明建设年度评价结果公报》，2016 年绿色发展指数排名第一的是北京，其次是福建、浙江、上海、重庆、海南等地，名次靠后的几个地区分别是辽宁、天津、宁夏、西藏、新疆。

官方公布一国各地区的绿色发展指数，这在中国是首次，在全世界各国也是领先的。目前仅有英国、加拿大政府相关部门或官方网站发布了可持续发展指标，但这是以国家为对象而缺少国内各区域的测评与比较。中国绿色发展指标体系的特点是：既强调把绿色与发展结合起来的内涵，强调了资源、生态、环境、生产与生活等多方面，更突出了各地区的绿色发展的测评与比较。

2. 人类绿色发展指数

人类绿色发展指数（HGDI）是在联合国的人类发展指数（HDI）基础上，根据全球自然与人类发展的新形势所构建的一个综合性指数。HGDI 基于社会经济可持续发展和资源环境可持续发展两大维度，将人类绿色发展概括为"吃饱喝净、教育卫生、资源长享、天蓝气爽、地绿河清、生物共存"，确立了 12 个人类绿色发展领域，每个领域中选择了最典型、最具有代表性的 1 个元素指标进行测度。人类绿色发展指数编制的思路和特征是希望通过简明且易达成共识的指标，突出人类与地球的双重持续发展，反映各国提高人类福祉和显著降低环境风险两方面的努力程度（见表 7 - 2）。

表 7 - 2　　　　　　　　　　　人类绿色发展指数框架

| 人类绿色发展指数 | 人类绿色发展两个维度 | 人类绿色发展 12 个领域 | 元素指标名称 |
|---|---|---|---|
| 人类绿色发展指数 | 社会经济的可持续发展 | 贫困 | 低于最低食物能量摄取标准的人口比例 |
| | | 收入 | 不平等调整后收入指数 |
| | | 健康 | 不平等调整后预期寿命指数 |
| | | 教育 | 不平等调整后教育指数 |
| | | 卫生 | 获得改善卫生设施的人口占一国总人口的比重 |
| | | 水 | 获得改善饮用水源的人口占一国总人口的比重 |
| | 资源环境的可持续发展 | 能源 | 一次能源强度 |
| | | 气候 | 人均二氧化碳排放 |
| | | 空气 | $PM_{10}$ |
| | | 土地 | 陆地保护区面积占土地面积的比例 |
| | | 森林 | 森林面积占土地面积的百分比 |
| | | 生态 | 受威胁动物占总物种的百分比 |

资料来源：李晓西等. 人类绿色发展指数的测算 [J]. 中国社会科学，2014 (6).

## 第二节 绿色金融及其在全球的发展

绿色经济的发展离不开绿色金融的支持。从国际上来看，绿色金融的发展已有多年历史，形成了成熟的发展体系，其中一些经验做法具有重要的参考借鉴价值。

### 一、绿色金融的发展演进

在 2016 年 G20 绿色金融研究小组给出较为权威的定义之前，国际上对绿色金融并没有形成统一的意见。相关文献中使用"绿色金融"一词不多，"环境金融"的说法比较多见。在《美国传统词典》（第四版，2000）里，环境金融的定义是"使用多样化的金融工具来保护环境"。在西方文献中，第一次出现"绿色金融"的说法是在 1994 年英国的环境律师 Hugh Devas 撰写的一篇名为《绿色金融》的期刊文章中，该文从法律角度出发，指出环境对金融部门造成的几种影响，包括：借款人承担的环境损害责任、环境法规升级造成金融部门的损失、污染罚款导致公司股价下跌等。Devas 进而指出当时国际上的几种绿色金融实践，如绿色评级、养老基金投资绿色产业等。尽管该文没有对绿色金融给出系统性的完整定义，却指出了绿色金融和环境风险、法律责任之间的联系，为绿色金融概念提供了一些重要的内容。

1. 绿色金融的概念

国际上对绿色金融的理解可以分为两类：第一类把绿色金融看作改善环境的投融资活动，即绿色投资。这种理解的出发点来自"弥补投资缺口"。根据联合国政府间可持续发展融资专家委员会的报告，为实现 2030 年联合国可持续发展目标，全球每年需要 5 万亿~7 万亿美元的投资，发展中国家在基础设施、清洁能源、水资源利用、公共卫生以及农业领域则面临每年 2.5 万亿美元的投资缺口。绿色金融应聚焦在能够吸引私人部门资金投向绿色产业的机制，特别是一系列能发挥财政资金杠杆作用的工具。

第二类理解则侧重在金融投资中纳入环境因素，包括环境成本、风险和回报。Mark A. White 将"绿色金融"定义为运用多样化金融工具来促进环境保护，并将环境风险作为决策评价因素之一的金融系统。如普华永道认为绿色金融包括在金融服务中纳入环境因素，如银行的投资或借贷决策、贷后监测、风险管理过程中参考环境风险评估。

以上两类理解既有区别又有联系。绿色投资缺口的存在，原因之一是金融部门忽视环境回报和风险，或者缺乏对绿色项目的风险和回报进行量化的能力，因此对高污染高环境风险的行业投资过多，而对具有良好环境效益、财务回报周期较长的项目投资不足。因此，只有解决金融决策中的环境信息不对称问题，在决策过程中充分考虑环境因素，才能引导私人部门资金充分注入绿色行业。

2. G20 对"绿色金融"的定义

2016 年，在中国的倡议下，G20 将绿色金融纳入 G20 议题，并成立了 G20 绿色金融研究小组。该小组提出的在全球发展绿色金融的倡议得到了 G20 领导人的支持，写入了 G20 杭州峰会公报。在 2016 年 9 月发布的《G20 绿色金融综合报告》中，提出了国际上最为权威的"绿色金融"定义："绿色金融指能产生环境效益以支持可持续发展的投融资活动。这些环境效益包括减少空气、水和土壤污染，降低温室气体排放，提高资源使用效率，减缓和适应气候变化并体现其协同效应等。发展绿色金融要求将环境外部性内部化，并强化金融机构对环境风险的认知，以提升环境友好型的投资和抑制污染型的投资。"

3. 中国官方对"绿色金融"的定义

2016 年 8 月，中国人民银行、财政部等七部委联合发布《关于构建绿色金融体系的指导意见》（以下简称《指导意见》），首次给出了中国官方对绿色金融的定义："绿色金融是指为支持环境改善、应对气候变化和资源节约高效利用的经济活动，即对环保、节能、清洁能源、绿色交通、绿色建筑等领域的项目投融资、项目运营、风险管理等所提供的金融服务。"这个定义至少包括以下几层含义：一是绿色金融的目的是支持有环境效益的项目，而环境效益包括支持环境改善（如减少污染排放）、应对气候变化（如降低碳排放）和各种资源高效利用（如节能和各种资源循环利用）；二是给出了绿色项目的主要类别，这对未来各种绿色金融产品（包括绿色信贷、绿色债券、绿色股票指数等）的界定和分类有重要的指导意义；三是明确了绿色金融包括支持绿色项目投融资、项目运营和风险管理的金融服务，说明绿色金融不仅仅包括贷款和证券发行等融资活动，也包括绿色保险等风险管理活动，还包括多种功能的碳金融业务。明确界定绿色金融，并在这些基础上对绿色金融产品贴标，有助于绿色企业和绿色投资者获得应有的"声誉效应"，并以此激励更多的绿色投资。

## 二、国际绿色金融产品概览

绿色金融发端于西方发达国家，发达国家普遍较早面临化石能源消耗和工业化带来的环境问题，过去几十年中在绿色产品创新方面积累了许多经验，绿色金融产品种类非常丰富。

1. 绿色贷款

绿色贷款政策通常是指银行用较优惠的利率和其他条件来支持有环保效益的项目，或者限制有负面环境效应的项目。绿色贷款包括针对个人的房屋贷款、汽车贷款、绿色信用卡业务，以及面向企业的项目融资、建筑贷款和设备租赁等。

2. 绿色私募股权和风险投资基金

目前国际上大规模绿色直接投资的主导方是国际知名的金融集团，同时也有一些专业投资参与方。1999 年，世界资源所（World Resources Institute）发起的"新风险投资"（New Ventures）项目并得到花旗集团的资金支持。该项目专注于投资新兴市场经济体环境行业的中小企业。1999 年到 2012 年，该项目共帮助 367 家"产生明显环境效益"的中小企业获得风险投资 3.7 亿美元，累计减排二氧化碳 330 万吨、保护耕地 450 万公顷、节水净水 57 亿升。气候变化资本集团（Climate Change Capital）从事全方位的绿色产业投融资业务，其私募股权部门只投资于 500 万~2 000 万欧元规模的公司，行业集中于清洁能源、绿色交通、能源效率、垃圾处理和水务。其他国际上专门开展绿色私募/风投的公司还有环境资本（Environmental Capital Partners）等数十家。

3. 绿色 ETF（Exchange Traded Funds）和共同基金

国外金融市场上已有相当数量具备较好流动性的绿色金融产品，其中以 ETF 指数和基金类产品为主，也包括碳排放权类的衍生品等，这些产品吸引了包括个人在内的广泛投资者。目前，国际上的绿色指数主要包括：标准普尔全球清洁能源指数（包含全球 30 个主要清洁能源公司股票），纳斯达克美国清洁指数（跟踪 50 余家美国清洁能源上市公司）、FTSE 日本绿色 35 指数（环保相关业务的日本企业），这些指数都催生了跟踪该指数的相应投资基金。此外，特色指数和基金还包括：德意志银行 x - trackers、标普美国碳减排基金、巴克莱银行的"全球碳指数基金"等。

4. 绿色债券

绿色债券是国际金融组织和政府支持金融机构发行的债券。由于发行者的信用级别较高，能享受政府担保或免税，可以较低利率融资支持绿色项目。目前，国际上已发行绿色债券的机构包括世界银行、亚洲开发银行、英国绿色投资银行、韩国进出口银行等。绿色债券的承销商通常是国际投资银行，投资者包括大型机构投资者和部分高净值个人投资者。绿色债券的平均期限为 5 ~ 6 年。

5. 绿色银行

英国绿色投资银行是英国政府全资拥有的政策性银行。政府出资 30 亿英镑作为银行资本并拥有一个董事席位，但银行独立于政府运营。绿色投资银行的作用是解决英国绿色基础设施项目融资中的市场失灵问题。英国政府希望通过调动私人投资加快向绿色经济的转型。绿色投资银行按三个准则评估项目：稳健性、杠杆效应、绿色效应。投资重点是具有较强商业性的绿色基础设施项目。该银行可通过股票、债券和担保等方式进行投资，但不提供软贷款、风险投资或补贴。

6. 绿色保险

绿色保险又叫生态保险，是在市场经济条件下进行环境风险管理的一种手段。一般来说，环境责任保险以被保险人因污染水、土地或空气，依法应承担的赔偿责任作为保险对象。绿色保险的意义在于：如果没有保险，许多企业在发生意外的污染事件之后将无力提供赔偿和修复环境，而且对某些行业采取强制保险能将环境成本内化，减少环境风险过大的投资行为。

## 三、国际绿色金融面临的挑战

根据 G20 绿色金融研究小组的研究成果，绿色金融在全球层面面临着五大挑战。

1. 绿色项目外部性的内生化问题

举个例子，一个清洁能源项目的效果是降低空气污染，因此周边 300 公里之内的居民都能够受益。但这些受益的居民没有给这个项目付钱，所以这个项目的正外部性就没有被完全内生化，使得这个项目的收益率不是很高，很可能低于私营部门所要求的收益率。因此，私营部门不太愿意参与这种正外部性没有被内生化的绿色项目。

2. 绿色项目的期限错配

绿色行业中很多是中长期项目，如污水、固废、新能源、地铁、铁路等，很多项目的还款期都是十年甚至二十年。很多国家依赖银行体系为绿色项目提供融资，但银行系统会受到期限错配的制约。比如，中国的银行系统平均负债期限只有六个月，所以其能够提供中长期贷款的能力非常有限，这就制约了中长期绿色项目融资能力，或者说使得中长期绿色项目容易产生融资难、融资贵的问题。

3. 缺乏绿色定义

由于对绿色金融产品缺乏界定，投资者不知道哪些是绿色项目或绿色资产，即使想投资这个领域，也很难识别投资标的。全球仅有三个国家有绿色信贷明确的定义。绿色债券方面，全球目前只有几个定义，一是 Green Bond Principles，二是 CBI 的定义，三是中国金融学会绿色金融专业委员会的《绿色债券支持项目目录（2015 年版）》，我国发展改革委最近也制定了一个 12 个类别的绿色项目名录。但是许多国家的绿色债券市场还没有自己的定义，也没有明确要采用 GBP 等国际标准。

4. 信息不对称

有些投资者想找到有明显环境效益的绿色企业进行投资，但问题在于缺少对相关企业和项目绿色程度的判断依据，因为这些企业往往不披露如二氧化碳、二氧化硫、污水等排放和能耗信息。如果有量化数据，资本市场就有能力识别哪些项目或者企业是深绿、哪些是浅绿、哪些是棕色、哪些是黑色的。另外，只有企业披露了这些数据，资本市场才能用各种方法对这些企业的环境效益或绿色表现进行评估、排序。所以，必须通过强化环境信息披露来应对信息不对称的挑战。

5. 环境风险分析能力的缺失

比如一些金融机构过低地估计对污染性行业的投资可能带来的对自身的风险。比如对钢铁、水泥、化工、玻璃等行业的投资，由于没有估计到未来几年其不良率可能超出预期，从而导致一些金融机构为污染行业过度地提供贷款。另外，由于没有估计到《巴黎协议》所要求的全球碳减排目标将导致石油公司拥有的石油储备的价值大幅下降，一些机构投资者可能过度地投资于石油公司等碳强度很高的企业。再比如，一些机构投资者和银行没有充分估计到投资在绿色行业可能带来的长远的好处，反而高估了这些绿色项目面临的风险，因此对绿色项目有过度的风险厌恶，不愿意投资。面对这些问题，有必要加强环境风险分析方法的研究和推广。

## 四、绿色金融的国际新发展

国际绿色金融界越来越关注一些新的议题，包括环境信息披露、环境风险量化分析、绿色基础设施融资及互联网技术的应用，与传统议题相比，这些新议题还处在早期发展阶段，有的甚至还在孕育阶段，议题中某些要点可能会在不久的将来得到快速发展。

## （一） 环境信息披露

投资人被认为是推动绿色经济转型、社会可持续发展的重要动力。信息是金融市场资源配置的重要基础，环境信息披露则是绿色金融发展的基石。2016 年中国人民银行等七部委联合印发的《指导意见》中就指出，绿色金融体系要"解决项目环境外部性问题"，还要"解决绿色投融资所面临的信息不对称等问题"。《G20 绿色金融报告》（2016）也指出"信息不对称（如投资者与资金接受者之间的信息不对称）"是绿色金融发展面临的挑战之一。在 2017 年 G20 汉堡峰会上，G20 绿色金融研究小组提出将推动金融机构开展环境风险分析和改善环境数据可获得性的倡议写入《G20 汉堡行动计划》。

充分的企业环境信息可以帮助投资人评估投资标的环境风险，全面评估公司的价值；同时也有助于判断投资标的绿色与否、绿色程度如何，从而有依据地通过绿色信贷、绿色债券、绿色股票指数、绿色保险、绿色基金、碳金融等工具，将更多的资本引向绿色企业、绿色项目，减少对污染企业与项目的投资。

为推动企业环境信息披露，各国政府及第三方机构出台了相关规则，包括在法律法规中纳入强制环境信息披露的要求、制定企业环境信息披露标准和框架，如全球报告倡议组织制定的框架、国际标准化组织出台的社会责任指南 ISO 2600 等。近年来，面向金融机构的环境信息披露呈现三大趋势：综合报告、投资人的信息披露、大数据的应用。

## （二） 环境风险量化分析

发展绿色金融，一个关键的问题就是要为绿色投融资提供环境风险量化的工具，一些国际机构、金融监管、金融中介等开始对环境风险量化方法进行探索。2015 年 9 月，英格兰央行审慎监管局发布了环境和气候因素对英国保险业影响的压力测试报告，将气候变化带来的风险分为三类：极端自然灾害导致的自然风险、产业结构的绿色化导致的转移风险和第三方为寻求规避前两种风险对保险业带来（间接）压力，并按照损失发生的程度设置了不同的情景，利用灾难风险模型评估其对保险业的影响。

此外，德国国际合作机构（GIZ）、苏黎世大学、中国工商银行等机构都开始对环境风险进行量化分析。其中，中国工商银行开展了环境风险对商业银行信用风险的压力测试研究，主要考虑国家政策变化、环保标准提高和企业技术改造等因素对高污染行业的企业带来财务成本及利润的变化，从而对企业还款能力和商业银行信用风险的影响开展压力测试。

（三）绿色基础设施融资

绿色基础设施建设为全球进入低碳和可持续发展的增长轨道提供了基础的支撑框架，绿色基础设施融资的发展主要体现在以下几个方面：

1. 可持续发展的全球合作框架初步形成

2015 年，联合国第三次发展筹资问题国际会议的成果文件《亚的斯亚贝巴行动议程》包括一系列旨在彻底改革全球金融实践并为解决经济、社会和环境挑战而创造投资的大胆措施。联合国还发布了《可持续发展目标》，"发展高质、可靠、可持续和弹性的基础设施（包括区域和跨境基础设施）支持经济发展和社会生活，以为所有人提供可负担的和平等的接入为核心"。在 2015 年的 COP21 上，近 190 个国家同意共同解决全球气候变化的问题，会议达成的《巴黎协议》将全球气候治理的理念进一步确定为低碳绿色发展，奠定了世界各国广泛参与减排的基础格局。

2. 国际金融机构和多边开发银行搭建协作平台，提供增信机制、推动能力建设和经验分享

为了更有效地调动和吸引私人资本、缓解政府融资约束和风险承担、促进全球包容性增长，区域性国际金融机构和多边开发银行将在全球绿色基础设施建设中承担关键角色并发挥作用。目前，约有 20 家国际金融机构活跃在全球基础设施投资领域。

"一带一路"绿色基础设施建设对于区域内的绿色发展起着基础性作用。中国主导的亚洲基础设施投资银行致力于为"一带一路"沿线基础设施提供资金支持和搭建协作平台，对于满足未来十年亚洲 8 万亿美元的基础设施投资需求有着极为重要的作用。

3. 动员私人资本投入绿色基础设施是弥补融资缺口的关键

当前，各类机构投资者成为全球流动性的主要来源，多元化的绿色基础设施投资主体正在出现，例如挪威主权财富基金通过投资于绿色债券和其他金融工具以支持可持续基础设施。

以动员社会资本为目的，PPP（Public – Private Partnerships，是公私合作合伙关系的简称，即政府和社会资本合伙，为公众提供基础设施等公共产品的一种合作机制）是全球基础设施项目普遍采用的建设、运营和融资模式。对于绿色基础设施项目，PPP 的融资安排不仅需要对各种风险进行最优

配置，也要确定恰当的绿色治理框架、绿色标准体系，确保项目的绿色特征和可持续特性。因此，在绿色基础设施 PPP 中，服务于提高合约执行效率、提供增信机制、执行绿色标准的第三方机构的作用日益重要。

4. 通过能源互联互通和能源组合互补性改善风险—收益均衡

促进能源互联互通和发挥能源组合互补性是提升绿色基础设施项目经济性和改善投资者风险感知的前提条件。能源互联互通能够取得能源开发利用的规模经济性，实现能源资源优化配置，提高清洁能源、可再生能源的利用效率。而利用不同能源形式存在的技术经济互补性构建能源组合，能够发挥协同作用，提高能源系统整体的可靠性、安全性、经济性。

（四）互联网企业在绿色金融中的作用

近年来，互联网企业正在积极参与绿色经济的发展，包括如下几个层次：第一，用绿色方式发展新金融和新经济；第二，通过创新金融工具推动绿色经济发展；第三，通过连接数亿用户的能力，调动大量普通用户参与低碳行动，推广绿色生活方式和推动绿色意识普及。

中国的蚂蚁金服集团积极参与了国家绿色经济和绿色金融的发展。2016年5月，蚂蚁金服制定了绿色金融发展战略。通过 4.5 亿个实名用户体系，以及旗下支付、信贷、理财、保险丰富的金融产品和金融场景，及云计算、大数据等方面强大的技术能力，不仅可以通过 B 端参与来推动绿色金融体系建立，更可以调动 C 端众多用户参与，来推动绿色生活方式和绿色意识的普及。

# 第三节　绿色金融的中国实践与创新发展

经过 40 年的改革开放，中国经济取得了令人瞩目的成绩，然而，传统的高消耗、高污染的粗放经济发展方式对环境的影响越发严重，不仅对经济的可持续发展形成威胁，更造成难以估量的生命、健康损失。随着对绿色发展重要性认识的深入，环境生态保护等也逐渐成为中国政府关注的重点。在实践中，强力推进供给侧结构性改革，在全面推动传统产业向低耗、环保方向转型升级的同时，正大力促进节能环保等新兴产业的加速发展。根据权威部门最新研究，中国绿色产业在"十三五"期间每年至少需要3 万亿 ~4 万亿元的投资，考虑到中国的财政状况和发展规划，这笔资金的85% ~90% 需要由社会投资，即需要从国内外金融市场和资本市场筹集，这意味着，绿色金融的市场前景极为广阔。

## 一、中国绿色金融发展的背景与成就

2013 年 11 月，党的十八届三中全会将生态文明建设提升到了前所未有的高度，为中国绿色金融的发展赋予了新的战略机遇。2015 年以来，中国绿色金融进入了发展的快车道，在顶层设计、政策体系、市场实践、外部环境等方面，都取得了长足的进步。

1. 中国经济绿色转型对绿色金融的需求

中国经济过去 40 年的粗放型发展方式越来越受到资源和环境的约束，如果继续延续旧的发展模式，只会出现"越发展、越污染"的局面。环境破坏带来了巨额的环境污染成本，环境污染损失已经成为经济社会发展的严重负担。早在 2004 年，原国家环保总局和国家统计局就在《中国绿色国民经济核算研究报告》中指出，利用污染损失法核算的总环境污染退化成本占当年全国 GDP 的 3.05%。研究表明，中国严重的环境污染在很大程度上与高污染的产业结构、能源结构和交通结构有关，要实质性地改善中国的环境，不仅要靠更强有力的末端治理措施，还必须采取一系列财税、金融等手段改变资源配置的激励机制，让经济结构、能源结构、交通结构变得更为清洁和绿色。在资源配置中，资金（即金融资源）配置的激励机制将发挥其关键作用。只要资金从污染性行业逐步推出，更多地投向绿色、环保行业，其他资源（包括土地、劳力）将随之优化配置。

多项研究估计，为实现中国环境部门预计的环境改善的目标，绿色产业在"十三五"期间每年至少需要 3 万亿~4 万亿元的投资。根据最近几年政府财政支出数据和财政收支增长逐步减速的趋势，预计在未来全部绿色投资中，政府出资占比只能是 10%~15%，社会资本投资比重必须占 85%~90%。中国金融体系在遵循金融行业本身发展的特征和趋势的现时，通过金融资源的配置作用，有效引导金融资源的流向，促进产业结构的调整，加速经济增长模式的转变，化解产能过剩，减少资源环境约束，为整个经济的转型发展提供强有力的支撑。同时，金融体系自身也需要寻找有别于传统金融的绿色发展模式，有效识别和防范环境因素导致的金融风险。因此，使金融向着绿色可持续发展的改革变得十分必要，绿化中国的金融体系已迫在眉睫。

2. 中国绿色金融发展取得的成就

当前我国绿色金融呈现出全面提速的良好发展态势，并在多个方面走在了国际前沿。

从国内看，绿色金融体系初步建立。一是绿色金融顶层设计和基础性制度安排逐步健全。人民银行等七部委联合发布了《指导意见》及其分工方案，在浙江、广东等五省（区）设立国家级绿色金融改革创新试验区，探索可复制可推广的经验，绿色金融体系建设实现有章可循。绿色债券、绿色信贷、认证评级、环境信息披露等基础性制度安排稳步推进，主要产品的市场交易实现有据可依。商业银行绿色信贷和绿色债券业务绩效逐步纳入宏观审慎评估（MPA）考核，人民银行再贷款已经开始支持地方法人机构发放绿色信贷，部分地方政府对绿色信贷和绿色债券提供了财政贴息和担保，绿色金融的政策激励手段不断丰富。二是绿色投融资渠道不断拓宽，创新型绿色金融工具大量涌现。2017 年，我国绿色债券发行量达 2 500亿元，是全球最大的贴标绿色债券发行国之一。绿色信贷规模稳步扩大，截至 2017 年末，21 家主要银行绿色贷款余额超过 8 万亿元。绿色基金、绿色资产证券化产品、绿色 PPP 等多元化工具较好地满足了各类绿色项目的投融资需求。三是绿色金融理念深入人心，绿色投资者队伍不断壮大。在政府推动、政策宣传的共同作用下，绿色投资和责任投资理念逐渐成为社会共识。截至 2017 年末，地方政府发起或参与发起了至少 50 只绿色投资基金，在基金业协会备案的绿色基金已达 250 余只。四是地方绿色金融改革创新试点稳步推进，为国家绿色金融体系建设积累了大量有益经验。

从国际看，我国绿色金融发展已经走在国际前沿，成为全球绿色金融发展的引领者和示范者。一是在 G20 框架下有力推动了绿色金融全球共识的形成。人民银行担任共同主席的 G20 绿色金融研究小组连续两年完成《G20 绿色金融综合报告》，相关政策建议分别写入《G20 杭州峰会公报》及《G20 汉堡行动计划》，并将以绿色金融为核心的可持续金融成功列入2018 年 G20 阿根廷峰会议题。二是中国、法国等八个经济体的央行和监管机构共同发起成立了"央行与监管机构绿色金融网络"，致力于共同研讨央行和监管机构推动金融机构披露环境信息、开展环境风险分析以及支持绿色投融资的有效举措。三是双边、多边及"一带一路"倡议等框架下的绿色金融国际合作取得丰硕成果。绿色金融是中英、中法高级别财金对话的重要议题；中美合资设立了绿色基金；《中国对外投资环境风险管理倡议》的发布有力推动了我国对外投资绿色化进程。

## 二、中国的绿色金融产品

《指导意见》中指出，绿色金融工具主要包括绿色信贷、绿色债券、绿色股票指数和相关产品、绿色发展基金、绿色保险、碳金融等。

1. 绿色信贷

绿色信贷是指银行业金融机构对具备环境正效应或能够降低环境负效应的项目提供优惠利率和贷款支持。绿色信贷的本质在于把环境与社会责任融入到商业银行的贷款和管理流程之中，甚至提升到商业银行绿色治理和绿色贷款文化的层次。其目的是以信贷等金融资源推动经济和社会的可持续发展，同时优化银行业金融机构信贷结构、降低环境和社会风险、提高服务水平。

根据绿色信贷统计制度，绿色信贷包括两部分：一是支持节能环保、新能源、新能源汽车三大战略性新兴产业生产制造端的贷款；二是支持节能环保项目和服务的贷款，包含：绿色农业开发项目，绿色林业开发项目，工业节能节水环保项目，自然保护、生态修复及灾害防控项目，资源循环利用项目，垃圾处理及污染防治项目，可再生能源及清洁能源项目，农村及城市水项目，建筑节能及绿色建筑项目，绿色交通运输项目，节能环保服务项目，采用国际惯例或国际标准的境外项目，共 12 大项目类型。另外，绿色信贷统计制度还包括环境效益指标的统计，具体包括：标准煤节约量、二氧化碳减排量、化学需氧量、氨氮、二氧化硫、氮氧化物、节水共 7 项指标。

原中国银监会发布的数据显示，我国绿色信贷规模稳步增长，国内 21 家主要银行绿色信贷规模从 2013 年末的 5.2 万亿元增长至 2017 年 6 月末的 8.22 万亿元，平均每年增加将近 8 000 亿元。国内 21 家主要银行机构绿色信贷呈持续健康发展态势，主要有以下特点：一是绿色信贷规模保持稳步增长。在超过 8 万亿元的绿色信贷中，绿色交通、可再生能源及清洁能源、工业节能节水环保项目贷款余额较大并且增幅居前。二是绿色信贷的环境效益较为显著。以节能减碳环境效益为例，根据绿色信贷统计制度确定的环境效益测算规则，截至 2017 年 6 月末，节能环保项目和服务贷款预计每年可节约标准煤 2.15 亿吨，减排二氧化碳 4.91 亿吨。三是信贷质量整体良好，不良率处于较低水平。例如，2017 年 6 月末，国内主要银行节能环保项目和服务不良贷款余额 241.7 亿元，不良率 0.37%，比各项贷款不良率低 1.32%。下一步，将每半年通过网站披露国内 21 家主要银行绿色信贷的整体情况，形成常态化绿色信贷统计信息披露机制。未来信息披露的内容主要包括：绿色信贷余额（含节能环保及服务贷款余额和节能环保、新能源、新能源汽车三类战略性新兴产业制造端贷款余额）、节能环保及服务贷款的七项环境效益指标。

2. 绿色债券

绿色债券是募集资金专项支持绿色产业项目的一类债券，绿色债券的发行人可以是中央或地方政府、跨国开发银行、商业银行或公司，购买者为机构投资者或散户投资者。绿色债券是一种适合中长期、有稳定现金流的绿色项目融资模式，是一种新型的绿色融资渠道，主要解决期限错配问题，提高中长期信贷投放的能力，以及降低融资成本。

自2015年12月中国人民银行在银行间债券市场推出绿色金融债券、中国金融学会绿色金融专业委员会（绿金委）发布《绿色债券支持项目目录》以来，我国的绿色债券市场取得了快速发展。2016年中国跃升为全球最大的绿色债券市场，截至2017年末，中国境内和境外累计发行绿色债券184只，发行总量达到4 799.1亿元，约占同期全球绿色债券发行规模的27%。两年来，一些绿色债券领域的创新产品如绿色资产担保债券、绿色资产支持证券等不断涌现，绿色债券市场监管和服务逐步完善，国际交流与合作不断增强，我国的绿色债券市场正在从起步逐步走向成熟。

虽然我国的绿色债券市场取得了快速发展，但是绿色债券市场仍然面临着激励机制较弱、投资者缺乏绿色投资理念、产品工具不足等问题和挑战。

3. 绿色股票指数

绿色股票指数指根据特定标准对绿色股票进行评选，选取综合评分较高的上市公司为样本，根据其股票价格所设计并计算出来的股票价格指数，用于衡量绿色股票市场的价格波动情形。绿色股票指数具有如下特点：（1）广泛性。绿色股票指数涵盖水、碳、核能、清洁能源、可替代能源、再生能源、可持续发展、社会责任等众多主题板块。（2）风险分散。指数通常是一组上市公司的组合，有利于避免投资者对单个环保类项目投资的风险。（3）大众参与。绿色股票指数是具有互联网精神的绿色金融方式，可以帮助投资者选择绿色企业，并通过指数投资产品，引导更多市场资本投资绿色产业。

我国股票市场上的绿色环保指数主要分为三类：（1）可持续发展指数（ESG），主要是对企业在环境、社会责任、公司治理等方面的综合评价，可被细分为ESG、公司治理、社会责任等类别。（2）环保产业指数，主要涵盖资源管理、清洁技术和产品、污染管理等范围，可被细分为新能源、新能源汽车、环境治理等类别。（3）绿色环境指数，目前只包含了碳指数，该类指数通过计算上市公司的碳足迹（二氧化碳排放量/主营收入），来选取碳排放量比较低的上市公司。

中证指数公司数据显示，截至 2017 年 3 月 1 日，我国股票市场上已成功推出 19 只绿色股票指数，占其编制的 A 股市场指数总数的 2.5%。其中，可持续发展（ESG）有 5 只，环保产业类 12 只，碳效率有 2 只。这 19 只绿色股票指数覆盖的范围或者是局限在环保、电力、新能源、汽车制造、石化等领域，对绿色交通、绿色建筑等行业鲜有涉及；抑或是覆盖上市公司的全部领域，而没有具体的针对性。目前的绿色股票指数还未能将绿色金融定义所涵盖的环保、节能、清洁能源、绿色交通、绿色建筑五个方面的范围全部覆盖。

### 4. 绿色发展基金

绿色发展基金的特点在于将该基金资产总值的 60% 以上投资于绿色环保领域，绿色发展基金属于股权融资，有政府背景的绿色基金投资可撬动更多的社会资本。目前，我国已在内蒙古、山西、河北、山东、四川等十几个地方建立了绿色发展基金。

《指导意见》首次提出中央财政整合现有节能环保等专项资金设立国家绿色发展基金，同时鼓励有条件的地方政府和社会资本共同发起区域性绿色发展基金。这就向社会各界发出了政策层面支持绿色投资的风向标，有利于激励更多金融机构和社会资本开展绿色投融资，同时更有效地抑制污染性投资。绿色发展基金的政策落地也会有助于提振投资者信心。

### 5. 绿色保险

中国的绿色保险主要是指环境污染责任保险。环境污染责任保险是指以企业发生污染事故对第三者造成的损害依法应承担的赔偿责任为标的的保险。据统计，2016 年我国环境责任保险收入约 2.8 亿元，风险保障 260 亿元。2017 年我国环境污染责任保险为 1.6 万余家企业提供风险保障 306 亿元。

环境污染责任保险的作用体现在：一是能够分担环境污染损害赔偿责任，保护市场主体生产和再生产的顺利进行；二是能够抑制对污染项目的过度或盲目投资，强化环境污染风险事前和事中管理，从源头上提高企业防止和避免环境污染事故发生的能力；三是能够提供环境污染损害经济赔偿，确保环境污染事故受害群体能够及时得到补偿。

我国环境污染责任保险发展面临的主要问题有：一是环境污染责任保

险的推广实施缺乏强有力的法律支持；二是侵权责任追究执法不严导致环境污染违法成本低，弱化了企业投保环境污染责任险的意愿；三是环境污染损害赔偿标准尚不明确和统一，直接影响环境污染保险的制度设计和产品开发；四是环境污染责任险的配套政策支持不足，缺乏有效推行的激励机制；五是环境污染责任保险领域的道德风险和逆向选择问题突出，少数高危企业投保导致大数法则失灵，使保险公司面临较高承保风险。

6. 碳金融产品和服务

所谓碳金融，是指由《京都议定书》而兴起的低碳经济投融资活动，或称碳融资和碳物质的买卖。即服务于限制温室气体排放等技术和项目的直接投融资、碳权交易和银行贷款等金融活动。

碳交易市场自 2013 年起，先后在全国七省市（北京、上海、天津、重庆、湖北、广东和深圳）开展碳排放权交易试点。2017 年七个碳交易试点省市和福建的一、二级现货市场配额累计成交量 2.11 亿吨，成交额 48.1 亿元。其中，二级市场成交量 0.73 亿吨，成交额 12.2 亿元，成交均价 16.71 元/吨。一、二级市场成交量较 2016 年分别上涨 7.10% 和 7.07%。2017 年 12 月 19 日，国家发展改革委发布了《全国碳排放权交易市场建设方案（电力行业）》，标志着全国碳市场建设正式启动落实。全国碳市场首批仅纳入电力行业，覆盖企业 1 700 多家，总排放规模 35 亿吨，占全国碳排放总量的 39%，超过 EU – ETS（欧盟碳市场）成为全球最大碳市场。其他高耗能行业将逐步纳入。

目前试点碳市场面临的问题主要有：第一，碳交易体系初步搭建但各项机制仍不完善。表现在缺乏政策连续性，法律约束力较弱，碳排放统计核算数据基础差，碳市场信息不透明和市场监管体系尚未健全。第二，配额分配所面临的困局。配额分配是碳交易体系中的第一大难题，其代表的是控排单位在履约年度的排放权利，是交易的主要标的物，如何分配决定了控排单位的减排和履约成本。七大试点中，除重庆采取自主申报的分配方法外，其余六个试点针对三大主流配额分配方法，即历史法、基准法和拍卖法，各自进行了有益的尝试和创新。历史法的公平问题，基准法易受主观因素影响，拍卖机制设计又不够灵活。第三，市场规模和价格区间形成但流动性严重不足且碳价信号不准确。第四，企业逐渐认识到减排的紧迫性但碳资产管理意识依旧薄弱。

### 三、中国绿色金融政策发展历程

绿色金融政策是指通过包括贷款、私募基金、发行债券和股票、保险等金融服务将社会资金引导到支持环保、节能、清洁能源和交通等绿色产业发展的一系列政策和制度安排。从经济学角度看，绿色金融政策就是通过政策和体制安排，纠正在市场价格体系下绿色投资的（正）外部性或污染投资的（负）外部性无法被内化的缺陷。

根据我国绿色金融政策颁布和实践的特点，绿色金融政策的发展大致可以分为三个阶段。

1. 第一阶段：绿色金融政策初建阶段，重点在于推出各种绿色信贷政策

在初建阶段，主要通过颁布"差异化"的信贷政策来调整产业结构、加强环境保护。1995 年 2 月，中国人民银行颁布《关于贯彻信贷政策与加强环境保护工作有关问题的通知》，要求各级金融部门在信贷工作中落实国家环境保护政策，国内部分商业银行开始发放绿色信贷，中国的绿色金融制度正式诞生。随后国务院、中国人民银行、原国家环保总局、原中国银监会相继出台了多项政策，这些政策都明确要求优化信贷结构、突出金融支持节能减排和淘汰落后产能工作，绿色信贷政策得到较快发展。这一阶段，除了绿色信贷政策，绿色证券、绿色保险和碳市场政策也开始启动。2007 年原国家环保总局下发《关于进一步规范重点污染行业生产经营公司申请上市或再融资环境保护核查工作的通知》，上市公司环保审核制度基本成形。同年出台的《关于环境污染责任保险工作的意见》启动了环境污染责任保险的政策试点，2011 年国家发展改革委提出七省市碳排放权交易试点。

2. 第二阶段：绿色金融政策快速发展阶段，政府从战略高度推动绿色金融发展

2012 年原中国银监会发布的《绿色信贷指引》，明确绿色信贷的支持方向和重点领域，对国家重点调控的限制类以及有重大环境和社会风险的行业制定专门的授信指引，绿色金融政策体系开始快速发展。2015 年 1 月国务院发布《关于推行环境污染第三方治理的意见》，明确要求研究支持环境服务业发展的金融政策。2015 年 9 月，中共中央、国务院首次明确要建立中国绿色金融体系的顶层设计。2016 年初的"十三五"规划则明确提出了大力发展绿色金融的重大决策部署，提出要"建立绿色金融体系，发展绿

色信贷、绿色证券，建立绿色发展基金"，标志着绿色金融体系建设上升为国家战略。2016 年 8 月，人民银行等七部委联合发布《关于构建绿色金融体系的指导意见》对绿色金融的发展作出了顶层设计，提出大力发展绿色信贷。这一期间，绿色证券和保险也处于继续探索建设中，2014 年原国家环保部发布《关于改革调整上市环保核查工作制度的通知》以及国务院出台《关于加快发展现代保险服务业的若干意见》等政策分别对绿色证券和绿色保险改革发展提出意见，进一步构建、丰富绿色金融体系框架。与此同时，绿色证券、绿色保险的实践也在快速发展，2016 年我国海内外发行绿色债券共计 2 300 亿元人民币，成为全球最大绿色债券发行市场，占全球绿债发行量 40% 左右，碳市场规模也在不断壮大。在这一阶段，绿色金融政策主要为绿色金融体系建设服务，对绿色信贷结构调整和发展方向给予指引的同时兼顾绿色证券、绿色保险和碳市场的改革。

3. 第三阶段：绿色金融政策差异化发展阶段，具体表现为建立绿色金融试验区

2017 年 6 月，国务院决定在浙江、江西、广东、贵州和新疆五省（区）建设各有侧重、各具特色的绿色金融改革创新试验区。这一举措，是我国政府继 2016 年 8 月出台《关于构建绿色金融体系的指导意见》后，推动绿色金融发展的又一重大国家行为，标志着地方绿色金融体系建设进入实践阶段。试验省区在地理位置、自然资源以及经济基础等方面有明显差异，面临的经济转型挑战不同，这意味着每个试验区的绿色转型需求与绿色金融的供给对象都存有差异。

一年来，绿色金融改革创新试验区建设取得了显著的成绩。一是建章立制，完善推进绿色金融改革创新试点的体制机制。二是依托市场，不断激发绿色金融创新内生活力。三是多管齐下，推动绿色金融基础设施建设见到成效。四是防控风险，确保试验区改革创新工作行稳致远。特别是，试验区在加强绿色金融标准体系建设、多渠道多资源推动绿色金融可持续发展、构建绿色金融正向激励机制和风险防范机制等方面形成了可复制可推广的经验。

下一阶段，五省（区）试验区要紧紧围绕提升绿色金融可持续发展这一核心目标，推动试验区工作向纵深迈进。一是先行先试，大胆探索。积极开展构建绿色信贷业务管理系统、统一绿色信贷统计标准、探索环境权益抵质押融资以及金融支持清洁供暖试点和金融支持畜禽养殖业废弃物无害化试点等方面研究，成熟一项，推出一项。二是多措并举降低绿色项目融资成本，提升绿色金融市场吸引力。三是注重风险防范，牢牢守住风险

底线。四是完善体制，共同形成推动绿色金融发展工作合力。五是加强评估，总结推广成熟的经验。

## 四、中国绿色金融发展面临的问题与挑战

在政府大力推动和市场主体积极参与下，中国绿色金融体系已取得显著发展，但总体来看仍处于起步阶段，绿色项目融资难、融资贵等问题依然突出，绿色金融体系发展面临着诸多问题和挑战。

1. 绿色金融相关部门间协调机制有待进一步完善

绿色金融涉及金融、财政、环境、农业、国土、交通、能源等多个领域，部门间在相关认定标准、配套政策、业务监管等方面很容易产生政策上的差异和重叠。绿色发展作为中央直接推动的国家战略，相关业务主管部门和地方政府在推动绿色金融发展上存在脱离实际"一拥而上"甚至盲目攀比的倾向，对部门间、地区间以及地区内部的协调提出了挑战，同时也很容易诱发各类型套利和"洗绿"行为。

2. 绿色金融体系构建过程中"重资金和资源争夺、轻技术升级和环境优化等配套跟进"问题突出

发展绿色金融作为国家重大发展战略和金融领域的重要改革举措，在当前经济增速放缓、去产能持续推进、金融去杠杆压力加大等背景下，通过发展绿色金融、加大绿色投资，可以起到"响应国家绿色发展战略＋形成地方经济增长新引擎"的双重目标。然而地方政府绿色发展的热情往往更看重对资金、资源、项目、政策试点的争夺，更加偏重短期利益，对于绿色产业升级、环境质量改善等软 GDP 方面重视不够，绿色金融体系在推动经济绿色发展效率及可持续性等方面仍有待提高。

3. 绿色金融体系激励约束机制仍有待完善

中国绿色金融仍处于起步阶段，构建完善高效的绿色金融体系仍需作大量工作。一方面，相关正向激励机制还不健全，金融机构在公司治理方面尚未建立与绿色金融发展配套的制度，满足中长期绿色项目融资需求的工具还比较缺乏，企业环境信息披露不充分，投资者和资金需求方信息不对称问题仍比较突出，再贷款、财政贴息、政府绿色发展基金、专业化担保机制等安排在降低绿色融资成本、提升绿色项目投资回报率和商业可持续性、引导撬动更多的社会资本参与等方面的作用尚不充分；另一方面，以 GDP 增长率为纲的地方政绩考核体系根深蒂固，尽管国家在不断加大环境执法处罚力度，但地方政府出于增加 GDP、税收和就业等目的对污染企

业和项目仍暗中纵容和变相保护，导致企业环境违法成本明显偏低，也变相提升了绿色企业和绿色项目的成本。

4. 绿色发展理念仍有待持续推进

绿色金融体系的构建和发展离不开全社会绿色发展理念的推广和普及，尽管政府在推动绿色金融体系发展方面已取得积极成效，但是境内金融机构、企业和居民等市场主体在开展绿色金融业务、践行绿色发展理念等方面仍存在较大差距。

金融机构自身环保和社会责任意识与其经济效益目标、内部经营考核压力及外部监管要求存在冲突，中小金融机构面临绿色金融人才储备短缺、绿色金融产品开发和绿色金融工具推广应用能力不足等难题，尚未建立与绿色金融发展相匹配的环境风险评估技术和公司治理机制，环境风险管理经验缺失。生产型企业绿色转型发展面临去产能、去库存的生存压力和资金、技术及人才短缺双重制约。此外，受制于经济发展水平和地区差异等因素影响，境内居民环保意识和绿色消费理念与发达国家仍存在较大差距，支持绿色金融体系发展的微观基础有待进一步培育和巩固。

## 五、中国绿色金融体系的配套措施建设

针对中国绿色金融体系面临的各种问题和挑战，还需进一步加强相关配套措施的建设。

1. 遵循"自上而下"与"自下而上"有机结合的绿色发展理念

一方面，绿色金融体系的构建和完善离不开国家层面"自上而下"的统筹协调、积极推动和科学规划，这是中国绿色金融体系能够迅速走在全球前列的重要制度保证和政策支持。另一方面，积极调动地方政府、金融机构、企业和其他市场主体参与绿色金融体系构建的积极性，发挥其在绿色金融政策和试点的执行、绿色金融产品和服务的创新、绿色金融相关规则和标准的制定、绿色金融成功经验的推广运用等方面的能动作用，实现"自下而上"与"自上而下"的有机衔接和合力。

2. 坚持政府引导与市场主导相结合，立足于服务实体经济

绿色金融体系的构建应坚持市场化和商业可持续性原则，通过建立有效的激励约束机制，更好地发挥市场机制在绿色资源配置中的主导作用。尽快明确财政资金对于社会资金引导和撬动作用的总体功能定位，从制度设计上打破市场对财政资金的过度依赖以及政府对绿色项目风险的隐性担保甚至兜底的预期，防范地方债务规模进一步膨胀，提高财政资金的使用

效率和绿色项目的可持续性及盈利能力。

中国绿色金融体系从构建之初就坚持服务于国内绿色产业发展和经济结构转型升级的基本原则，将绿色金融体系纳入国内宏观调控及财政金融改革发展的整体框架下协同推进，通过发展绿色金融推动国内产业结构转型升级，助推去产能、去杠杆等目标的实现。此外，绿色金融体系的发展应与地方特色紧密结合，避免过度炒作"绿色"概念和一哄而上。

3. 完善适应绿色金融体系发展的激励约束机制

鉴于绿色项目存在显著的正外部性、投资规模大、周期长、资金期限错配矛盾突出等问题，单纯依靠市场自发力量难以弥补绿色发展巨大的资金缺口，中国在推进绿色金融体系的过程中应始终重视相关正向激励机制的作用，发挥差别存款准备金率、再贷款、再贴现等政策工具对绿色信贷的支持和引导作用，积极构建政府和市场相结合、互为补充的绿色金融风险补偿机制，通过财政贴息、税收优惠等措施降低绿色金融发展的风险，综合降低绿色融资成本，将绿色金融和绿色发展纳入地方政府考核指标体系。

此外，不断加大对高污染行业和落后产能的监督处罚力度，引导金融资源更多地投入绿色产业，实现激励与约束机制协同发力、经济效益与社会效益的统一。

4. 注重绿色金融体系发展的基础设施建设

中国绿色金融体系的发展离不开良好的金融基础配套设施和金融发展生态。不断推动绿色金融产品与服务、绿色金融统计与监管等行业标准的规范统一，实现绿色金融差异化、多元化发展与行业标准规范的有机结合，是中国绿色金融体系快速发展和有序运行的成功经验。

例如制定科学统一的绿色信贷、绿色债券、绿色保险等金融产品标准，防范因标准不统一产生的各类套利行为；强化相关主体环境信息披露要求，提高绿色项目市场透明度，确保募集资金真正用于绿色项目；建立健全绿色信用体系和企业环境信息共享平台，构建完备的绿色金融标准化体系，完善绿色评级和认证，建立环境压力测试体系等，为绿色金融可持续发展提供相配套的金融基础设施。

5. 稳步推进绿色金融能力建设

绿色金融体系的构建离不开整个社会绿色金融能力水平的提高，需要不断增强金融机构绿色金融产品开发、环境风险管理、绿色责任投资等方面的能力与推广力度，培育更多绿色金融领域专业人才，更好地满足企业绿色项目融资需求和相关服务、降低绿色融资成本。

此外，还需提升绿色金融第三方机构在绿色评估、评级、认证等方面的专业知识和经验，加强对地方政府官员、金融监管从业者监管能力和普通百姓绿色金融知识的普及教育，将绿色发展理念内化为市场主体的普遍行为准则，加强与国际组织绿色金融能力建设合作，更好地服务于国内绿色金融体系的发展。

6. 牢固坚守防范绿色金融风险的底线

绿色金融体系的构建应兼顾绿色金融创新与金融风险防范的有机结合，不断完善政府和金融监管部门外部监管与金融机构内部风险控制相结合的多层次风险防范体系，推动绿色相关信息和统计数据的共享，加强对绿色金融业务和产品的监管协调，重点加强对绿色资金用途的监管和评估，提高资金使用透明度，防止出现"洗绿"、资金挪用和空转等问题。严格落实和强化责任追究制度，为绿色金融规范、健康、可持续发展建立良好的制度屏障。

7. 借鉴国际发展经验

中国绿色金融体系是在借鉴发达国家成功经验基础上起步的，始终坚持高标准和与国际接轨的原则，并未因国内经济发展水平和转型难题而降低相关标准和门槛，从而确立了绿色金融体系的国际先进性和影响力。

此外，中国绿色金融体系始终遵循开放式发展模式，对内不断创新绿色金融产品和服务、完善各类绿色金融市场及金融基础设施，对外不断借鉴吸收国际先进经验和成果、加强国际合作与沟通，使得绿色金融体系的内涵日益丰富。

## 思考题

1. 简述绿色经济概念的演变过程。
2. 中国绿色经济指标体系是如何建立的？
3. 国际绿色金融产品都有哪些？
4. 从国内外看，绿色金融发展面临的问题与挑战有哪些？
5. 中国绿色金融发展的成就有哪些？
6. 中国绿色金融体系的配套措施建设包括哪些方面？

# 参考文献

［1］盛馥来，诸大建. 绿色经济——联合国视野中的理论、方法与案例［M］. 北京：中国财政经济出版社，2015.

［2］张洪梅. 绿色经济发展机制与政策［M］. 北京：中国环境出版社，2017.

［3］中国21世纪议程管理中心，可持续发展战略研究组. 全球格局变化中的中国绿色经济发展［M］. 北京：社会科学文献出版社，2017.

［4］马骏. 构建中国绿色金融体系［M］. 北京：中国金融出版社，2017.

［5］马骏，周月秋，殷红. 国际绿色金融发展与案例研究［M］. 北京：中国金融出版社，2017.

［6］张承惠，谢孟哲. 中国绿色金融经验、路径与国际借鉴［M］. 北京：中国发展出版社，2017.

［7］唐啸. 绿色经济理论最新发展述评［J］. 国外理论动态，2014（1）.

［8］安国俊. 绿色基金如何驱动绿色发展［J］. 银行家，2016（10）.

［9］卜永祥. 构建中国绿色金融体系的思考［J］. 区域金融研究，2017（6）.

［10］陈凯. 绿色金融政策的变迁分析与对策建议［J］. 中国特色社会主义研究，2017（5）.

［11］管晓明. 绿色金融体系的构建与中国经验［J］. 浙江金融，2017（9）.

［12］孙璐璐. 银监会披露21家银行绿色信贷情况［N］. 证券时报，2018－02－10.

［13］王超逸. 绿色股票指数有十倍成长空间［N］. 中国经营报，2017－08－16.

［14］王璐. 全国碳市场建设一揽子政策酝酿［N］. 经济参考报，2018－04－19.

# 第八章  金融科技与监管创新

**本章概要**

当前，全球范围内迅速兴起的金融科技（FinTech）及其在金融领域的广泛应用，对金融机构的业务运营模式、金融产品创新、支付清算体系等金融基础设施建设都产生了重大的创新推进作用。但同时也形成了新的金融风险种类即金融科技风险，产生了新的影响我国金融稳定和金融安全的风险因素。尤其需要强调的是，对传统的金融监管体制机制更是形成重大的挑战。这一现象，已经引起了我国金融机构和金融监管当局的高度重视。进入新时代，在金融科技深度融合发展背景下，正确处理加强金融科技监管与规范创新发展的关系大有文章可做。管理层将要着力在加强金融科技监管尤其是监管科技（RegTech）的应用方面进行创新性变革。

## 第一节  金融科技及创新发展

近年来，金融机构越来越重视人工智能、区块链、云计算、大数据等新兴技术相关研究与应用，通过技术与场景、业务与科技的融合，推动金融产品与服务实现综合化、智能化、移动化发展。通过金融科技的应用，实现从"凭经验判断"到"用数据说话"的转变，进而优化业务管理模式，提高金融产品设计和供给能力，更加精准地画像客户和识别风险，提升为客户服务的体验性、获得感和满意度，从而有效保障金融业转型发展。

### 一、金融科技及其特征

按照国际权威机构金融稳定理事会（FSB）的定义，金融科技是指技术带来的金融创新，因技术变革创造出新的模式、业务、流程与产品，从而对金融市场提供的服务和模式造成重大的影响。金融科技既包括前端产业也包含后台技术。金融科技的本质是金融与科技深度融合的产物，是从技术研发与应用的角度对金融业进行全方位的优化、升级和重塑，旨在降低行业成本，提高行业效率的技术，更好地服务于实体经济。近些年来的国际国内实践表明，金融科技的出现，正在改变金融行业的生态格局，对金融市场、金融机构或金融服务的提供方式造成重大影响。

金融科技的具体载体就是金融科技公司。从我国的现实情况看，金融科技公司分为从事金融活动的金融科技公司（比如建信金融科技有限责任公司，简称"建信金科"）和为金融服务的金融科技公司（比如蚂蚁金融服务集团，简称"蚂蚁金服"）。那么，通过对金融科技公司的考量，就会发现金融科技所呈现出来的特征主要有如下方面：

## （一）低利润率

低利润率是金融科技公司的重要特征之一。金融科技公司普遍采用互联网平台商业模式（Platform mode）改造、提升传统金融服务及产品以获得强大的网络效应（Network effects），然而在此之前，公司必须经历一个高投入、低增长的阶段（见图 8-1），即在平台商业模式下，平台的用户规模必须达到一个特定的门槛（Y 点），才能引发足够强度的网络效应（Network effect）吸引新的用户加入，在网络效应的正向循环作用下，用户规模有望实现内生性的持续高速增长（只需突破 Y 点，用户规模即可自动达到 Z 点），从而使得整个平台能够自行运转与维持，该用户规模门槛被称为"临界数量"（Critical mass）。由于平台在前期（X 点到 Y 点）需承担较高的沉没成本，如规模庞大的广告营销、用户补贴、研发创新等各项"烧钱"，其通常在用户规模突破临界数量（Y 点）才能后实现大量盈利。同时，由于用户的多边属性导致平台的各类服务及产品的生命周期都较短（Z 点以后即进入新的瓶颈期），只有平台持续创新，持续"烧钱"，推出新的所谓"爆点"产品，才能形成有效的、持续的用户锁定（lock-in of users）。因此，金融科技公司不得不更多重视资源投入的效率，而不是将考核重点放在企业的收入或盈利水平上，整体上只能维持相当低的利润率。

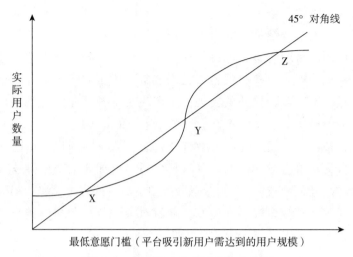

**图8-1　平台用户市场成长生命周期**

### (二) 轻资产

因金融科技公司利润率低，故其只能选择轻资产的规模增长路径。这里的"轻资产"不仅指金融科技公司只需要很低的固定资产或者固定成本就能展业，还指其成本对于业务规模的边际递减使得其能够以低利润率支持大规模的发展。与此同时，金融科技公司充分利用技术优势，在其展业初期，普遍使用现成的基础设施，如银行账户体系、转接清算网络、云计算资源等，甚至发挥其独特的平台商业模式优势将业务成本转嫁到第三方，从而最小化其运营成本。另外，也正因为其资产轻，不像传统金融那样"笨重"，使得其战略选择、组织架构、业务发展更加灵活，易于创新创造。

### (三) 上规模

金融科技公司一般起步门槛较低，需要毫不保留地发挥网络效应以获得快速增长的能力，并且由于其采用的创新技术使得其业务规模爆炸性增长但不必付出对应的成本，反而其边际成本在递减，进一步促使其规模快速增长。值得注意的是，金融科技公司所使用的技术必须是能够支持业务快速增长的技术，哪怕这项技术足够创新，如不能或者需要长时间的培育才能形成快速增长的潜力，这项技术也不会被金融科技公司采纳，故而金融科技公司的创新本质上是"拿来即用"，是应用层面的资源整合，很少会主动进行基础层面上的创造，因此从观感上让人普遍感到所谓的"浮躁"。

## （四）高创新

不论哪一种金融科技公司，在"基因"上都继承了互联网公司"不创新则死"的特征，其低利润率和轻资产的特性在客观上也为其营造了易于创新的土壤。它们将各种前沿技术与理念拿到金融领域去试验、试错，快速迭代产品，急于推出具有破坏性创新（Disruptive innovation）的产品，这已经超越了传统金融语义下的金融市场与产品层面的金融创新。

**案例 1**

### 中国建设银行设立金融科技公司

2018 年 4 月 18 日，建信金融科技有限责任公司（以下简称"建信金融科技"）在上海举行开业仪式。

建信金融科技为建设银行全资子公司，注册资本全 16 亿元人民币，总部位于上海浦东新区，初期规模 3 000 人，是迄今为止中国商业银行规模最大的科技公司，国有大型商业银行设立的第一家金融科技公司，也是国内商业银行内部科研力量整体市场化运作的第一家。

建信金融科技由建行体系内直属的 7 家开发中心和 1 家研发中心整体转制而来，经营范围包括软件科技、平台运营及金融信息服务等，以服务建设银行集团及所属子公司为主，同时开展科技创新能力输出。

建设银行集团将建信金融科技定位为赋能传统金融的实践者、整合集团资源的链接者以及引领银行转型的推动者，通过构建新的组织架构、运营机制及人才战略，真正实现以科技激发金融供给侧输出能力，进而推动银行商业模式乃至发展方式的变革，支持实体经济高质量发展。

中国建设银行党委书记、董事长田国立表示，成立建信金融科技，是建设银行集团迎接新一轮科技和产业革命带来的崭新机遇，结合建设银行实际情况而主动谋划实施的一次战略性、系统性和全方位的自我变革，通过打造完全市场化的金融科技创新力量，开拓未来金融新蓝海，推动传统商业银行变革，助力实体经济高质量高水平发展。

开业仪式上，建信金融科技与上海市金融服务办公室、中国科学院计算机网络信息中心签署了共建金融科技创新实验室的战略合作备忘录，三方将发挥各自优势，对未来有望重塑金融业务模式的核心技术，如云计算、大数据、区块链、人工智能、互联网、物联网、虚拟现实、生物技术等主流和热点技术应用开展前瞻性、创新性的应用研究，着力打造中国金融科技创新的"贝尔实验室"。

## (五) 易合规

高创新赋予金融科技公司快速上规模的技术优势，但因其资产轻，抵御风险的能力弱，所以，还必须面对如何在创新收益与合规成本之间权衡的问题。于是，通过技术创新满足合规要求，从而降低法律合规与风险管理的成本就成了金融科技公司的不二选择。也就是说，好的金融科技公司不仅有业务增长的技术优势，还应有易于监管合规的技术优势并且这种技术也能够边际递减合规管理的成本，这将是金融科技公司不同于传统金融的重要方面，即合规不再源自金融机构的外部约束压力，而是真正内生为金融机构的发展动力，这将是金融科技所作出的重大制度创新。

## 二、金融科技分类

金融科技广泛应用于支付清算、借贷融资、财富管理、零售银行、保险、交易结算等领域，为此，巴塞尔银行监管委员会将其划分为四大类（见表 8-1），在参与主体、发展规模、市场成熟度等方面不同，对金融体系的影响各异。

表 8-1　　　　　　　　　　金融科技的分类

| 支付结算 | 零售类支付 | 移动钱包 | 存贷款与资本筹集 | 借贷平台 | 借贷型众筹 |
| | | 点对点汇款 | | | 线上贷款 |
| | | 数字货币 | | | 电子商务贷款 |
| | 批发类支付 | 跨境支付 | | | 信用评分 |
| | | 虚拟价值交换网络 | | | 贷款清收 |
| 市场设施 | 跨行业通用服务 | 客户身份数字认证 | 投资管理 | 股权融资 | 投资型众筹 |
| | | 多维数据归集处理 | | 电子交易 | 线上证券交易 |
| | 技术基础设施 | 分布式账本 | | | 线上货币交易 |
| | | 大数据 | | 智能投顾 | 财富管理 |
| | | 云计算 | | | |

资料来源：巴塞尔银行监管委员会。

第一类，支付结算类。第三方支付业务发展迅速且日趋成熟，能够满足客户在互联网环境下小额、高频、实时、非面对面、低费用的非现金支付需求，与银行支付系统分工协作、优势互补。

第二类，市场设施类。属于针对金融机构提供的第三方服务，目前该领域业务投入较大，初步缓解了当前金融领域基础设施落后、效率低下、运维成本高昂等问题。

第三类，存贷款与资本筹集类。包括 P2P 网络借贷和股权众筹等，定位为满足传统金融服务覆盖不足的个人和小微企业的融资需求，发展较快但市场份额仍较低，部分业务在信用风险管理、信息披露、投资者适当性管理和网络技术安全等方面存在问题。

第四类，投资管理类。包括智能投顾和电子交易服务等，前者已在少数交易标准化程度高的发达经济体广泛应用，未来发展有赖于人工智能技术和市场接受度的提高；电子化交易在金融领域已经基本实现。

## 三、金融科技核心技术

每一个金融科技公司的创新与发展，每一项金融科技成果的产生，都是以人工智能（AI）、区块链（Block Chain）、云计算（Cloud Computing）、大数据（Big Data）即"ABCD"四项技术作为核心技术的。而这四项核心技术也是相辅相成的，假如将人工智能看作是一个火箭的话，那么区块链就好比是发射平台，云计算是引擎，而大数据则是燃料。这些核心技术将在未来行业发展中扮演极为重要的核心竞争力角色。

### （一）人工智能（AI）

人工智能是指研究、开发用于模拟、延伸和扩展人的智能的理论、方法、技术及应用系统的一门新的技术，是计算机科学的一个分支。人工智能的主要工作机理基于"人的思维活动可以用机械方式模拟替代"的假设，其最关键的要素是深度学习，这是机器学习的一个分支，旨在建立、模拟人脑进行分析学习的神经网络，专注于让计算机学习像人类一样"思考"，并生产出一种新的能以人类智能相似的方式作出反应的智能机器，该领域的研究包括机器人、语言识别、图像识别、自然语言处理和专家系统等。

人工智能从诞生以来，理论和技术日益成熟，应用领域也不断扩大。人工智能可以对人的意识、思维的信息过程进行模拟。人工智能不是人的智能，但能像人那样思考、也可能超过人的智能。所以，人工智能能够在以下三个方面"跑赢"时间：（1）快速吸收信息、将信息转化为知识的能力；（2）在领域建模和大数据分析基础上预测未来的能力；（3）在确定规则下优化博弈策略的能力。目前人工智能在金融科技中的应用，除了智能投顾、智能客服外，很多金融服务机构正在尝试将其应用到信贷审批、风险管控以及智能交易等领域，为金融行业的服务创新带来了新的想象力。相信将来随着人工智能的逐步成熟与普及，势必会为我国的金融科技发展提供全新的动力，并更加有效地推动普惠金融的健康发展。

### （二）区块链（Block Chain）

区块链是指一种按照时间顺序将数据区块以顺序相连的方式组合成的一种链式数据结构，并以密码学方式保证的不可篡改和不可伪造的分布式账本。

一般来说，区块链系统由数据层、网络层、共识层、激励层、合约层和应用层组成。其中，数据层封装了底层数据区块以及相关的数据加密和时间戳等基础数据和基本算法；网络层则包括分布式组网机制、数据传播机制和数据验证机制等；共识层主要封装网络节点的各类共识算法；激励层将经济因素集成到区块链技术体系中来，主要包括经济激励的发行机制和分配机制等；合约层主要封装各类脚本、算法和智能合约，是区块链可编程特性的基础；应用层则封装了区块链的各种应用场景和案例。该模型中，基于时间戳的链式区块结构、分布式节点的共识机制、基于共识算力的经济激励和灵活可编程的智能合约是区块链技术最具代表性的创新点。

区块链技术应用，最典型的代表就是加密货币比特币。区块链是比特币的底层核心技术。比特币系统 2009 年开始运行，短短几年的发展，全球各大金融机构迅速探知到其令人惊喜的网络健壮性，并在第一时间投入到其底层技术区块链的探索、研究之中。花旗银行、加拿大皇家银行、苏格兰皇家银行、法国兴业银行、德意志银行等纷纷成立区块链实验室，高盛、西班牙对外银行、澳大利亚西太平洋银行重点投资区块链金融科技初创企业，巴克莱、澳大利亚联邦银行、美国 CBW 银行、三菱东京日联银行则直接与区块链初创企业合作共同开发金融创新产品。显然，金融机构依然扮演着将区块链技术推向全世界的主导力量。

### （三）云计算（Cloud Computing）

云计算是指一种按使用量付费的模式，这种模式提供可用的、便捷的、按需的网络访问，进入可配置的计算资源共享池（资源包括网络、服务器、存储应用软件等），这些资源能够被快速提供，只需投入很少的管理工作，或与服务供应商进行很少的交互。云计算是低成本创新的产物和手段，其诞生的初衷是为解决原有信息技术高成本、高含量的问题。

2007 年以来，云计算得到了蓬勃发展。就云计算技术架构而言，其核心是云计算基础设施和云计算操作系统。其计算模式是大规模分布式计算，它将计算、存储、网络等资源以服务的模式提供给多用户，按需使用。可以说，正是云计算引领了互联网的蓬勃发展和跨域融合性的革命。

2017 年 4 月，我国工业和信息化部编制和印发了《云计算发展三年行动计划（2017—2019 年）》，提出到 2019 年，要将中国的云计算产业规模从 2015 年的 1 500 亿元扩大至 4 300 亿元，云计算在制造业、政务等多领域的应用水平显著提升，并成为信息化建设的主要形态和建设网络强国、制造强国的重要支撑。

## （四）大数据（Big Data）

大数据是指无法在一定时间范围内用常规软件工具进行捕捉、管理和处理的数据集合，是需要新处理模式才能具有更强的决策力、洞察发现力和流程优化能力的海量、高增长率和多样化的信息资产。大数据技术的战略意义不在于掌握庞大的数据信息，而在于对这些含有意义的数据进行专业化处理。换言之，如果把大数据比作一种产业，那么这种产业实现盈利的关键，在于提高对数据的"加工能力"，通过"加工"实现数据的"增值"。

随着大数据技术的应用，越来越多的金融企业也开始投身到大数据应用实践中。麦肯锡的一份研究显示，金融业在大数据价值潜力指数中排名第一。以银行业为例，中国银联涉及 43 亿张银行卡，超过 9 亿的持卡人，超过 1 000 万家商户，每天近 7 000 万条交易数据，核心交易数据都超过了 TB 级。而金融大数据的应用也是由金融行业的业务驱动而衍生出来的，主要分布在精准营销、风险控制、改善经营、服务创新和产品创新等方面。

2015 年 9 月，国务院印发《促进大数据发展行动纲要》（以下简称《纲要》），系统部署大数据发展工作。《纲要》部署三方面主要任务。一要加快政府数据开放共享，推动资源整合，提升治理能力。大力推动政府部门数据共享，稳步推动公共数据资源开放，统筹规划大数据基础设施建设，支持宏观调控科学化，推动政府治理精准化，推进商事服务便捷化，促进安全保障高效化，加快民生服务普惠化。二要推动产业创新发展，培育新兴业态，助力经济转型。发展大数据在工业、新兴产业、农业农村等行业领域应用，推动大数据发展与科研创新有机结合，推进基础研究和核心技术攻关，形成大数据产品体系，完善大数据产业链。三要强化安全保障，提高管理水平，促进健康发展。健全大数据安全保障体系，强化安全支撑。

## 四、金融科技推动金融业发展

### (一) 中国金融科技发展历程

迄今为止，中国的金融科技经历了三大发展阶段：

1. 金融科技 1.0 阶段

这个阶段金融行业通过传统的 IT 软硬件来实现办公和业务的电子化，提高金融业的业务效率。IT 公司并不参与金融公司的业务环节，IT 系统在金融公司体系内属于成本部门。代表性产品包括 ATM、POS 机、银行的核心交易系统、信贷系统、清算系统等。

2. 金融科技 2.0 阶段

这个阶段金融业搭建在线业务平台，通过互联网或者移动终端渠道汇集海量用户，实现金融业务中资产端、交易端、支付端、资金端等任意组合的互联互通，达到信息共享和业务撮合，本质上是对传统金融渠道的变革。代表性业务包括互联网基金销售、P2P 网络借贷、互联网保险、互联网众筹、移动支付等。

3. 金融科技 3.0 阶段

这个阶段金融业通过人工智能、区块链、大数据、云计算等核心技术，改变传统金融的信息采集来源、风险定价模型、投资决策过程、信用中介角色等，大幅提升传统金融的效率，解决传统金融的痛点。最具代表性的技术项目如大数据征信、智能投顾、供应链金融等。

### (二) 金融科技助推金融业升级换代

1. 金融科技带来金融发展新机遇

金融科技的发展伴随着科学技术的快速发展，能够实现支付清算、资金融通、风险防范和利用等多种金融功能，具有快速便捷、高效率、低成本的优势，可以打破金融垄断，实现消费者金融服务场景的有效提升。金融科技背景下的金融发展将会带来金融的混业发展，且这种发展趋势不可逆转。不论是银行、保险、信托还是证券，其存在的基础都是为了满足人们日益多样化的金融服务需求。而这个需求本身就是淡化金融分业模式的动因。除此之外，由于互联网技术互联互通的特性，打破了传统金融不同行业之间的壁垒，许多"全能型"金融机构或者类金融集团开始出现，为金融消费者提供了全方位多元化的金融服务。这种混业经营能够更为高效地整合信息、市场、技术、资金等各种资源，既可以满足规模效益也可以实现损益互补。而对于依托于科学技术创造的各种金融产品，往往具有层层嵌套的产品结构，这就使得这些新型金融产品很难归属于特定的传统金融门类中去，因此这一金融变革带来的混业发展将是创造性和颠覆性的。在这个过程中，金融业具有的模式也会不断变化，但其服务实体经济、服务广大金融消费者的本质并不会改变。

2. 改变了金融业传统规模扩张模式

人工智能、区块链、云计算、大数据等现代技术与金融融合，采取虚拟运作的模式，不依赖实体网点，只需网络终端设备与网络以及少量人员，就可以实现资金的存储、划转、借贷，催生了用户服务层面的创新和应用。客户不需要到营业网点去，只需要有一部智能手机终端或电脑设备，就可以随时随地完成资金的划转和信贷申请，对金融机构传统的规模扩张、粗放经营、赚取利差为主导的经营模式产生根本性影响。而且使金融服务提供者能够通过虚拟空间、用户画像、智能投顾、基于大数据的风险监控与管理等不断优化服务场景，扩大和丰富用户体验，大幅度提升金融机构的获客能力，并增强客户黏性。

3. 金融服务更具个性化、智能化

金融科技对金融系统的影响主要体现为数据处理、数据分析效率和质量方面的提升，进一步夯实了金融行业数据化运营的基础。从金融服务业务层面上，金融科技的具体应用对交易数据的实时监测及预测能力能够使银行的账户、交易、反洗钱等业务安全性大大提高。尤其是对银行业贷款这些核心业务，金融科技能够准确且快速地判断贷款的合理性，大大降低服务成本。在贷后监控方面，通过数据筛选、数据建模和预测打分，金融科技可以将不同的资产分类处理。不仅仅是银行业，金融科技的发展还普遍惠及保险业，包括险种的开发、销售、承包和理赔等都需要应用到大数据和人工智能技术，这可以使保险定价更个性化和动态化。

4. 促使征信市场商业化发展加速

近年来，随着国内经济社会的高速发展以及经济结构向消费转型，个人信用交易的应用场景及频率都有所提升，仅由央行征信主体主导的信用市场已经不能满足经济社会的需求，金融征信数据源的覆盖率和可获取性都存在着明显不足，强劲的市场需求引导新晋参与者加入到征信行业，并开始对非传统信贷数据进行收集和应用。比如：腾讯公司推出的反欺诈核查产品利用图像识别技术，将个人用户的身份证、视频照与居民身份证查询中心数据交叉验证，经过算法进行匹配校验以防止假冒身份情况的出现，该产品一经推出即得到银行、小贷和保险等行业机构的欢迎。可见，金融科技对互联网生活数据的处理能力，对征信行业商业化、市场化的迅速成长都具有强有力的推动作用。

5. 改善了金融机构的风险管理能力

当前金融服务市场已经进入了大数据时代，主流金融机构开始利用大数据实现风险管理，通过数据搜索和挖掘技术，在拥有海量的客户信息数据中，分析优质服务对象，并以此为基础为客户提供服务。这种技术使金融服务提供者能以更低的成本，更便捷地从广大人群中识别合格的潜在用户，减少客户遴选的时间成本和资金支出，并有效减少客户违约风险，进而有效提高风险管理能力。

## 五、未来我国金融科技发展趋势

### (一)"互联网+"向深度技术创新转变

目前，"互联网+"业务模式已经构筑了良好的运行框架，传统金融机构通过"触网"直面C端客户，提供跨地域、高效率、低成本的金融服务。而金融科技的核心就在于以深度技术创新改造和颠覆传统金融服务方式，重整行业价值链。一方面，以新技术应用全面取代传统的以人为媒介的规章和流程控制体系，在统一的数字化平台上依托"数据+技术"进行产品设计和运营管理，简化业务流程，降低成本，提升服务效率。另一方面，转变企业估值方式，在"互联网+"模式下，企业价值将取决于C端用户数目和在特定业务领域的市场份额；在深度技术创新模式下，价值将同时取决于B端和C端用户数目、因取代线下设备和人员配备以及效率提升导致的总体运营成本节约以及业务在全产业链中的价值占比等因素。

### (二) 技术驱动金融产业链纵向扩展

尽管目前我国金融科技的市场参与主体包括传统金融机构、金融科技公司（以技术手段提供创新金融服务）、金融科技投资机构以及商业模式孵化器机构等。多方主体在以技术为核心的金融产业链纵向扩展中开展竞争与合作，碎片化的行业竞争力结构决定了"科技+牌照"的深度融合将成主流。在此背景下，传统金融机构，如商业银行、证券公司等将加大技术创新应用，通过线上服务极大降低对实体营业部的依赖；部分大型商业银行和证券公司将集中优势布局场景端，增强对特定场景的把控和风险识别，实现目标客户群的低成本触达，形成竞争优势。大型金融科技公司则将通过收购、参股金融机构或直接申请业务牌照等方式在金融领域布局，参与传统金融机构竞争。

但是，从未来发展的视角看，所有的金融机构都将会发展成为金融科技公司，也就是说，每一个金融机构都应是用金融科技武装起来的金融企业；否则，这家金融机构将无法生存。而且，未来技术将在金融产业链纵向扩展中占据更大比重，科技将驱动金融深度变革。但是，金融科技的本质仍是金融，不管技术如何发展，技术与金融以何种方式融合，金融科技的发展都应密切围绕服务实体经济和切实为投融资交易提供资金匹配渠道、定价机制和风险控制。

### （三）金融科技将驱动金融体系发生重大变革

**1. 从渠道拓展到技术变革都将快速推进**

金融科技公司通过客户引流、移动终端拓展、线上线下相结合（O2O）等方式增强了金融产品及服务的营销渠道变革，实现了客户规模和业务覆盖范围的大幅提升。随着人工智能、区块链、大数据、云计算等新技术的广泛应用，线上、线下协同一体，以大数据分析实现客户分层及以此为基础提供智能化、多样化、针对性强的金融服务将趋于主流，渠道变革将逐渐转向金融技术变革。

**2. 传统信用流转架构将逐步被颠覆**

区块链技术具有去中心化、去信任、集体维护、不可篡改且可追溯的技术优势，交易双方能在无须借助第三方信用中介的条件下直接进行交易，实现低成本的价值转移。目前，该技术已在证券发行交易、数字货币、支付结算、征信、票据与供应链金融等领域有所应用。未来，区块链分布式共识机制将摒弃信任中介，颠覆传统信用流转架构。

**3. 信息技术将与金融深度融合**

一是金融科技通过全面重构金融业信息数据处理方式，提升金融服务效率，缓解投融资信息不对称。如区块链的分布式账本技术能够大幅提高证券公司在清算结算、经纪业务、风险管理、客户服务等方面的信息处理能力，提升服务效率。二是金融科技触发客户维护及服务方式变革。依托大数据技术进行客户画像，能够破译"千人千面"，实现客户分层；通过技术和数据分析制定针对性强的产品和服务策略，可提高投资收益匹配及客户满意度；依托券商虚拟化服务、移动端金融服务和O2O模式拓展，可增强客户体验，提高客户的黏性。

### 4. 技术深度创新将带来传统价值链重整

金融科技依托技术创新及应用将引发传统价值链瓦解。一是技术应用将逐渐取代线下网点、设备和人力，降低运营成本，分布式技术应用将减少物理节点和机构流转环节，降低中介成本，提高运营效率。二是技术供应商在连接客户和业务的基础上，成为事实上的业务运营商，盈利模式不再仅限技术和解决方案供应，而是能够参与资本分配。三是技术创新引发的资金导入便利和配置效率提升，能够进一步发掘、引入增量闲置资本并以智能化方式获取并应用。

# 第二节　金融科技风险及防范

金融科技发展突飞猛进，在给行业带来翻天覆地变化的同时，相关风险也日益显现。当前，一些金融风险事件背后，凸显的正是由金融科技创新带来的风险防范难题。对行业来说，在利用各项金融科技时，需加强防范内部和外部风险，将防范金融科技风险放在首要位置。

## 一、金融科技风险及其特征

金融科技风险是指金融科技的发展在带来金融创新的同时，由于科学技术和网络的介入而产生的各类金融风险。换言之，金融科技非常复杂，通过科技的手段创新出来的产品，跨界嵌套，业务模式复杂，由此也增加了风险的识别难度，一旦风险爆发，其影响力与传统金融风险不可同日而语。

一般而言，金融科技风险的特征主要体现在如下几个方面：

### （一）周期性明显

金融科技发展具有较强的周期性，而金融科技周期是金融周期和科技周期叠加的产物，但金融周期和科技周期长度不一致，通常科技周期比金融周期更短，这使预判金融科技周期变得尤为困难。这样一来，一方面，金融科技也将经历"异军突起—风险累积—集聚爆发—规范发展"的过程演变。另一方面，风险波动也具有比较强的顺周期性。在金融服务效率提升的同时，风险传导的速度也越来越快，金融市场参与主体的行为更加趋同，从而放大金融市场波动。以资管行业智能投顾为例，金融机构运用智能化系统为客户提供程序标准化资产管理建议的同时，如果采用相似的风险指标和交易策略，那么很可能在市场上导致更多的统买统卖，重涨重跌，这种现象同频共振，这也是一个系统性的风险。再比如智能交易虽然能够快速、准确地捕捉到市场的变化，但是这种典型的趋势跟随策略会强化市场当前的走势，从而放大市场波动。同时由于大量的程序化交易，采用算法较为类似，其交易行为也将表现出一种高度的一致性，特别是在极端情况下，这种在科技场景下的羊群效应将触发集中抛售，从而在极短的时间内给市场带来极大的冲击。

### （二）传播速度快

随着信息技术被广泛运用，可能由金融科技带来的风险比传统金融风险传播范围更广、扩散速度更快、溢出效应更强。在传统金融交易结算中，出现的偶然性差错或失误还有一定时间纠正，而在金融科技网络环境下，这种回旋余地就大为缩小，因为金融科技业务发展有赖于先进的科技信息技术和交易平台系统，而交易平台系统流动的并不仅仅是现实货币资金，更多的是数字化货币信息。一旦形成风险在短时间内突然爆发，进行预防和化解比较困难，加大了金融风险的扩散面积和补救成本，发生系统性风险的可能性增加。

### （三）监督管理难

金融科技使资金供给能够绕开现有的商业银行体系，直接输送给资金需求方和融资者，完成资金体外循环，交易和支付过程均在互联网或者移动互联网上完成，交易虚拟化使金融业务失去了时间和地理限制，交易对象变得模糊，交易过程更加不透明，金融风险形式更加多样化，金融交易脱离现有金融管制的情况越发严重，加大了发生金融风险的可能性。同时，金融科技公司在增加金融服务的可获得性的同时，有可能降低客户门槛，引入更多的高风险客户群体，由于金融科技还没有经过一个完整周期的检验，历史数据也并不完备，因此在监督管理过程中很可能造成金融风险的低估和错误的定价，把整个行业的风险水平提高了。

### （四）渗透面积广

在技术发展和创新的基础上，金融科技公司的业务范围逐渐渗透到传统金融的各个领域。在初期，金融科技公司的业务主要在支付、信息等领域，逐渐扩展到信贷、理财、保险、交易等领域。从目前来看，金融科技公司的业务形态已经基本涵盖了传统金融的多个领域，尤其是与个人密切相关的支付、信贷、理财等服务领域。同时，在业务形态多元化之后，起步较早的金融科技公司也逐渐由单一业务走向多元业务，形成综合金融业务，这其实突破了目前传统金融分业经营格局。恰恰是这样的形势，风险的渗透就与创新的渗透"如影随形"。也就是说，随着金融科技在金融业的广泛应用，在以第三方支付、P2P、大数据金融、众筹平台、信息化金融机构等为主要模式金融交易网络平台的数据风险与信息安全风险相互交织，由数据使用和保护不当带来数据风险与信息安全风险的可能性增加。同时，金融企业与客户之间相互渗入和交叉，使得各金融机构间、各金融业务种类间、国家间的风险相关性日益增强。

## 二、金融科技风险的类型

具体来说，金融科技风险的类型主要有以下几个方面：

### （一）技术风险

这可以说是金融科技风险中最重要、最突出的风险类型，有些时候也将其称之为金融科技安全隐患。今天，新技术的发展颠覆了整个时代，人工智能、区块链、云计算、大数据等新兴科技创造出新金融，金融与技术的深度融合促使金融科技进一步演变。与此同时，威胁、隐患、风险等高敏因素也随着技术革新跃升至新高度，金融安全事件频繁发生且愈演愈烈。而且，互联网和人工智能等科技手段在金融领域的应用，实现了各部门之间的跨界融合共享，也带来了一系列技术风险，进而引致网络和信息安全问题突出。比如信息失真、信息泄露、黑客攻击、数据毁损等风险。而且，网络的不断开放，使得 IT 风险高度聚集，单个网络节点出现安全问题就可能"牵一发而动全身"，从而增加了金融网络安全隐患，同时机构间的安全意识、防控水平参差不齐，风险洼地效应明显，可能会导致整体应对网络攻击威胁的猝不及防。此外，大数据技术与金融业深度融合，导致海量金融数据不断汇聚、高度集中，"鸡蛋都放在了同一个篮子里"，增加了数据集中泄露的风险，威胁个人隐私、损害机构信誉，甚至可能危及国家金融安全。

**案例 2**

### 平安金融安全研究院发布《2017 金融科技安全分析报告》

2018 年 3 月 29 日，由平安集团金融安全研究院、CISO 发展中心联合主办、绿盟科技协办的"金融安全 3.0"时代的安全生态圈构建暨《2017 金融科技安全分析报告》发布会在深圳召开，标志着平安集团自 2017 年成立平安金融安全研究院及首次提出"金融安全 3.0"理论以来，在"金融安全 3.0"推广落地及安全生态圈构建方面初获丰收。在会上，与会嘉宾积极探讨了金融科技新时代的安全发展，并共同见证由平安金融安全研究院及绿盟科技合作撰写的《2017 金融科技安全分析报告》的正式发布。鉴于 2017 年大规模爆发的一些网络安全事件，金融行业也遭到攻击，所以，《2017 金融科技安全分析报告》以 1 591 份覆盖到金融行业和安全行业的调查数据及真实案例分析了当前金融安全的现状以及态势，详细解说了金融科技主要面临的网络安全、数据安全、业务安全等方面的威胁，并最终得出了如下一些结论：

在网络安全威胁层面，金融行业主要受 DDoS 攻击、僵尸网络、网络勒索攻击、APT 攻击。2017 年的 DDoS 攻击总流量大幅上升，攻击总流量达到 64 万 TBytes。由于物联网的广泛应用，僵尸网络的数量和规模不断扩大，2017 年 8 月全球受控主机数量比上月的增长高达 320%。网络勒索呈攻击趋势，报告指出，平均每天有 4 000 起勒索软件攻击，危及金融机构网站安全，导致敏感数据泄露，亚洲则成为 2017 年遭遇勒索软件攻击最多的地区。

在数据安全威胁层面，主要涉及数据库漏洞、内部数据泄露和云上数据窃取。黑客常利用数据库暴露的漏洞勒索金融业，其中 MySQL 漏洞暴露最为严重，且漏洞数量增长较快。金融行业是数据泄露高发的行业，内部人员管控是重要成因。在调查中，有 35% 的员工认为如果筹码足够会考虑出卖公司数据。因此，数据泄露这方面已经不只是技术问题，需要安全管理团队采取控制机制的措施。此外，调查反馈有 61.3% 的人认为，数据及隐私保护是云计算安全最需要关注的安全问题。

实际上，自平安金融安全研究院提出"金融安全 3.0"理论以来，其实践落实到平安集团安全运营的保障、安全专家服务的赋能以及安全创新的研究三大层次中。安全运营支撑金融安全，实现技术平台与机制的无缝衔接，是保障金融信息安全的核心。在金融安全实践成果中，其最具代表性、最基础、最核心的是平安金融云。《2017 金融科技安全分析报告》表明，在金融行业中，60%的机构使用了各类云服务，大部分使用的是私有云，超过20%使用公有云或混合云。金融行业使用云业务时最关心的风险除了数据及隐私保护外，还有业务的访问权限控制。因此，云安全架构设计之时，需要综观考虑云平台自身安全和云平台服务安全。云平台自身安全涉及物理安全、虚拟化平台与管理层安全、应用安全、数据安全以及业务安全等层面，符合最高安全合规标准的平安金融云的安全能力全方位涵盖事前主动防御、事中态势感知、应急响应和事后全面检查，覆盖了云平台自身安全90%以上的安全层面。而云平台服务安全包括租户安全层面和网络安全层面，入驻的租户在平安金融云平台安全服务目录里可选择与其业务需求相适应的云安全服务。云安全建设以云安全架构为基础，最终是为租户输出云安全服务。网络安全层面的DDoS高防、主机安全层面的主机入侵检测（HIDS）、应用安全层的Web应用防火墙（WAF）、数据安全层面的云加密是平安金融云有效防控云业务风险的实践成果，且租户能够在安全态势感知平台掌握网络、主机、应用、数据等多层面的安全状态，切实把控金融业务安全。

2017年安全威胁规模持续扩大。比如勒索病毒具有目的性地攻击金融服务业务，且攻击时效越来越快，从感染到发出勒索赎金需求只需要15分钟，金融安全的外部环境正在恶化，而企业内部安全受人员、系统、业务等因素影响，在这种内外环境都存在威胁的局面中，企业安全运营面临严峻挑战。

安全运营整体架构的设计对信息安全、业务安全、企业安全的影响是直接性的，平安安全运营中心PASOC（Ping An Security Operation Center）整体框架设计从安全规划、建设运维、安全防护、监控分析以及响应处置等方面着手安全运营部门的人员配置，从实时监控威胁、防护阻断威胁、威胁发现时进行应急响应以及日常安全运维等方面进行流程规划，从数据采集、数据处理、数据综合分析、综合展现等方面要求技术保障。

## （二）操作风险

互联网最主要的特点之一是大数据，金融科技发展的核心在于数据与信息。传统的金融监管是被动的监管，要求交易主体进行信息披露。但在互联网金融的语境下，大量的数据无法被监管者触达，可能会出现数据造假、数据伪报、数据泄露等一系列安全问题。近年来，大数据以不同姿态和不同程度快速地渗透到各行各业，数据交易在金融领域变得尤其活跃。

而许多数据黑色产业、数据库被恶意攻击等问题也逐渐暴露，金融交易的数据安全已经受到了一定程度的威胁。

## （三）信用风险

金融的本质就是要解决信息不对称问题，在金融领域，金融资产价格以信息为最基本要素，并反映着信用风险。事实上，信息的可追溯、点对点信息的可追随，其重要性甚至超过了单纯的大数据的统计数据。相比于静态的大数据，不间断的数据流更具有价值。而信息对称正是重构人类社会生态体系的最关键因素。信息的传递，以金融媒介为载体。尽管金融媒介历经纸质信用媒介和金融中介机构，并因资金供求双方的直接交易而实现金融脱媒，但降低信息成本、实现信息对称并利用和控制信用风险的主旨并未发生变化。现实中的很多跑路事件就是由于信息披露不当，且监管者难以及时地发现信息披露中存在的问题而造成的，继而给广大投资者带来较大的损失，也给行业声誉带来恶劣的影响。这种传统金融风险在金融科技背景下，在技术的驱动下，变得更加分散且更具有传染性。

## （四）合规风险

由于在金融科技语境下，诸如区块链、大数据等技术的发展，对许多金融交易的习惯与方式进行了重构，传统的金融立法难以有效界定并进行监管。层出不穷的新型金融业态和新型金融交易行为难以在现有的法律框架内进行有效的规制，从而在一定程度上存在合规性风险。如区块链技术应用在智能合约中，现行法律规则无法明确界定智能合约的法律性质，对于智能合约是否适用《合同法》等已存的法律规范，学界尚无定论，对于出现的纠纷也就难以进行准确的定性与规制。这种合规性风险也是金融科技发展背景下的重要风险之一。

## （五）制度风险

金融科技的迅速发展壮大对立法者带来挑战。一方面，法律界对包括人工智能、区块链技术在内的理解和深入程度的不足使得立法进程推进缓慢，区块链技术的具体应用和未来的发展方向、适用范围目前仍未定性；另一方面借助云平台发展的金融科技企业的风险形态正在发生根本性变化，随着其风险节点的复杂化和风险传导能力的增强，以正态分布为基本方法论的金融风险管理体系或将不再适用于金融科技，急需新的监管理念和监管规范的制定。

### （六）跨境风险

互联网等科学技术的发展不仅将一国境内的金融机构打通，在全世界范围内都形成了互联互通的整体。这就导致金融风险的发生与扩散速度将急剧增加。以 2008 年国际金融危机为例，美国房地美、房利美公司的危机引发雷曼兄弟的破产倒闭，这种美国境内的金融危机迅速传递到其他各国。而随着科学技术的发展，信息的流通将更加顺畅，金融风险的扩散与蔓延也会更加迅速，资本运作方式的复杂链条将影响全世界范围内相关的金融机构。而随着混业经营的发展，各种不同类别市场之间的交易摩擦减小，对不同行业的不同监管规则会带来法律适用上的不确定，从而增加法律规制成本。

## 三、未来金融科技风险的防范措施

### （一）构建金融科技风险防控和安全保障体系

我们应该从维护国家金融安全的高度，在监管部门和从业机构等多个层面充分提高金融科技风险防范的理念，深刻了解金融科技风险防范的体制，建立产品测评、压力测试、应用试点等管理机制，构建适用、管用的风险防控体系和安全保障体系，让金融科技创新带来的风险始终处于可管、可控的范围内，从而维护我国的金融科技发展以及金融稳定的秩序。

### （二）建立金融科技风险防范的长效机制

强化"软硬件"风险控制保障，既要在设备、系统、技术等"硬件"方面加大投入，也要在金融科技监管、金融综合统计、存款保险、支付结算系统、金融科技安全等这些"软件"方面更新完善，着力形成人防技防相结合、体制制度相协调的风险防范长效机制。特别是对于金融科技安全的未来关注点将要聚焦在监管合规新要求、内部安全培训、新技术应用风险、开发安全管控、高危险网络攻击、数据安全六个方面。并且，金融科技的可持续发展必须注重安全建设，从安全意识教育、安全设备部署、安全服务引入、安全人才储备、安全预算等方面提升整体安全威力。

### （三）加强内部控制体系建设

金融科技公司要高度重视内部控制体系对提高风险防范能力的重要性，

要建立一套完整的内部控制管理制度体系，提高管理人员的风险意识、内部监督管理水平和风险管理能力。还要发挥好行业自律机制的引导作用，特别是在准入资质审核、行业标准制定、发展策略、约束市场行为、规范创新活动、维护消费者权益等方面发挥积极作用，从而引导金融科技行业健康发展。

### （四）加强金融科技风险识别和预警体系建设

金融科技创新应始终把防范风险放在突出位置，正确认识风险，准确识别风险，主动防控风险。要健全完善金融科技风险监测、预警和处置机制，构建相应的微观指标，并建立相应的风险监测机制，比如，人工智能服务客户数、人工智能业务及其占比等，加强跟踪监测，注重动态反馈，切实增强风险防范化解能力。更要依法打击利用金融科技名义进行的各类非法集资、诈骗等违法犯罪活动，促进金融科技市场健康稳定发展。

**案例3**

### 腾讯金融安全大数据监管平台的风险防控能力

腾讯金融安全大数据监管平台作为国内有影响力的金融监管平台，由腾讯金融科技业务依托腾讯安全反诈骗实验室的"灵鲲金融安全系统"搭建，专门打击以金融创新之名行诈骗之实的黑产行为。该平台由多个系统组成，主要从三个方面推动金融科技的规范和创新发展。

在金融创新方面，腾讯金融安全大数据监管平台对促进金融和科技同步发展，实现普惠金融具有重要意义。金融安全大数据监管平台结合腾讯的大数据、腾讯安全联合实验室反诈骗实验室 AI 技术优势，解决克服了风险防控历来存在的"数据（全网的底层数据）""算法（模型能力远超一般小公司）""计算力（服务器计算能力）"不足等痛点，成为金融创新典范。

在打击金融黑产方面，腾讯金融安全大数据监管平台能有效阻止或拦截网络黑产向线上业务运营的转移。金融安全大数据监管平台依托微信、QQ 等强大的社交平台，及腾讯安全与网络黑产势力对抗十多年积累沉淀的大数据平台，采用基于金融犯罪样本挖掘金融风险并进行数据化、可视化的方式方法，以及建立从监测、分析、模型拟定、欺诈定型的全流程管理，并搭建了较好的从数据源管理到风险展示的系统架构，让善于藏匿的网络黑产无处遁形，充分保护金融消费者权益。

在金融监管方面，腾讯金融安全大数据监管平台较大提升非法集资等涉众型金融犯罪"打早打小"的事前预警处置能力，实现对金融风险的识别和监测预警。腾讯公司董事会主席兼首席执行官马化腾曾表示，腾讯进行的是去中心化的赋能。腾讯秉承"一切以用户价值为依归"的经营理念，以"连接一切"为战略方向，在金融科技赋能之路砥砺前行。而腾讯金融安全大数据监管平台的推出，是腾讯在互联网＋业务中通过自身科技力量赋能于金融生态圈里的合作伙伴，并充分保障被赋能者安全地掌握自身命运，实现真正地去中心化赋能，积极促进普惠金融健康有序发展。

### （五）加强金融科技信息风险防范体系建设

1. 金融科技企业要重视并提升终端设备的信息安全风险防范能力与应对能力。要把科技的发展作为风险管理的重要手段，尽可能地使用国产的软硬件产品，减少对国外先进技术的依赖，努力建立网络安全防护体系，降低安全隐患。

2. 要提升金融业务交易环节的安全风险防范能力。要在业务交易环节，主要包括交易平台的登录和支付两大重要环节，提供足够的安全保障。

3. 要提升数据传输中的信息安全风险防范能力。数据的传输环节也是黑客的重要攻击目标，因此需要引入电子认证技术等多种措施提升数据在传输过程中的信息安全性。

4. 加强新兴技术在金融科技信息安全风险防范中的应用。随着新兴技术的不断发展和升级换代，金融科技企业要积极采用先进的信息技术软硬件设施来提升平台的安全性，甚至还可以积极创造条件开发拥有自主知识产权的信息技术设施，开发新型认证设备，提高金融科技系统的安全防御能力，保证终端平台的认证安全。

## 第三节　金融科技监管及改革

对监管机构来说，如何加强对金融科技的全方位监管，如何把握好监管的时机和力度，寻求监管与创新的平衡，也考验着监管者的智慧。进入新时代，需要创新金融科技监管模式，打破体制机制约束，实行全方位监管。尤其是要着力在加强监管科技的应用方面进行创新性变革，让监管科技作为金融科技监管领域的重要工具，通过前沿技术的应用，对监管行为辅以智能化、数字化的帮助，以更加高效的方式强化风险监测能力、降低风险监测成本、优化金融监管效率，从而达到防范金融风险的目的。

## 一、我国金融科技监管及其发展历程

金融科技监管是指金融管理当局对金融科技创新与发展所制定的监管政策、体制机制以及监管手段的总称。

党的十九大报告要求健全金融监管体系，守住不发生系统性金融风险的底线。2017 年中央经济工作会议要求打好防范化解重大金融风险攻坚战。在当前科技与金融深度融合、金融科技迅猛发展的形势下，必须更加重视金融科技创新发展与风险监管间的关系，通过建设多层次、全方位监管体系，确保金融科技发展过程中的风险可监测、可管控、可承受，促进金融科技为服务实体经济与普惠金融发挥更大作用。

回顾我国金融科技监管历程，大致分为如下几个阶段：

### （一）信息安全监管阶段

在中国金融业信息化建设起步时期，网络银行、网络支付技术大规模应用，金融科技监管主要聚焦于金融业信息基础设施的完善和信息安全。

### （二）风险警示阶段

在互联网金融发展初期，随着网络支付机构的大量增加，网络支付业务的风险开始得到关注，但并未出台有针对性的监管政策，只是通过发布风险提示与业界和公众沟通等方式，提出对网络诈骗、非法集资、非法吸收公众存款、违规设立资金池等行为的预警与防范。

### （三）监管规则初创阶段

随着国家"互联网+"战略实施，互联网金融新业务呈几何式增长，由于缺乏严密的监管规则，风险隐患逐步暴露。以《关于促进互联网金融健康发展的指导意见》为标志，国家开始对互联网金融业态进行界定，对监管职责进行划分，随后，各监管部门开始针对各自管辖范围内监管对象制定专项监管规定，金融科技监管治理架构开始建立。

### （四）风险排查和集中整治阶段

2016 年 5 月，互联网金融风险专项整治工作开始有序推进，原计划于2018 年 6 月底前完成最终整改验收工作，后由于种种原因使整改验收工作往后顺延。2017 年，各项监管细则密集出台，"监管合规"成为金融科技行业的首要工作任务。2017 年 5 月，中国人民银行成立了金融科技委员会，提出要强化监管科技，识别和防范新型金融风险。2018 年，人民银行着力建立完善互联网金融监管和风险防范长效机制，并将互联网金融纳入宏观审慎管理框架。

## 二、我国金融科技监管的原则

### （一）要实施穿透式监管

穿透式监管是按照"实质重于形式"的原则，透过金融科技产品、金融科技运行的表面形态看清业务实质，打破"身份"的标签，从业务的本质入手将资金来源、中间环节与最终投向穿透连接起来，甄别业务性质，根据业务功能和法律属性明确监管规则。穿透式监管的表现形式是一种功能监管、行为监管。不管一家金融科技公司的名称、标签是什么，模式有多创新，它的每一步行为都可以找到相应的监管条例去约束。

### （二）要实施一致性监管

无论何种类型的机构，只要从事金融业务，提供金融服务，就应根据其金融科技业务本质，对其中的金融活动实施监管，而且要求金融科技创新必须遵循有关金融监管基本原则，接受基本一致的市场准入政策和监管要求，以确保标准的一致性。

### （三）要实施持续性监管

完善金融科技统计监测和风险监测体系，持续动态跟踪金融科技的发展演进和风险变化。从最近情况来看，不但是我们国内，从国际上来看，各国的央行和金融监管部门，也包括国际经济金融组织 FSB、G20、BIS 等，它们都加强了这方面的组织建设和风险监测预警机制建设，就是要重视金融科技可能带来的新的风险和挑战，避免一些新机构、新模式从"小而被忽视（too small to care）"发展成"大而不能倒（too big to fall）"。

### （四）要实施创新性监管

金融科技监管必然要走向一种基于科技的监管，用技术制衡技术，以技制技。这就需要注重利用网络信息技术改进金融科技监管的流程、水平和能力，积极探索监管科技、"监管沙盒"（Regulatory Sandbox）等监管新手段、新模式在我国的适用性和可行性。

### （五）要实施加强国际合作

目前国际金融稳定理事会 2016 年 3 月正式将金融科技纳入其议程。巴塞尔银行监管委员会（BCBS）、国际证监会组织（IOSCO）以及国际保险监督官协会（IAIS）等行业监管国际委员会也都在关注金融科技发展，并着手对现行国际监管框架、指引和标准的内容进行专业权威的判断。由于金融科技创新自身较强的跨国界属性，因此，我们必须要加强与这些国际组织的合作交流。

### （六）要实施"双支柱"监管

所谓"双支柱"监管即我国金融科技监管要注重微观功能监管和宏观审慎管理相结合。微观功能监管采取穿透式监管，根据金融科技的金融特征，按照相关业务的类别由相关监管当局进行监管，实现监管全覆盖，避免监管空白。宏观审慎管理是把金融科技纳入宏观审慎管理框架当中去，完善支付机构客户备付金集中制度。而且更重要的是应当把具有系统重要性的金融科技公司纳入宏观审慎管理框架。

## 三、当前我国金融科技监管的体制框架

2017 年 5 月 15 日，中国人民银行金融科技委员会成立。作为人民银行的协调机构，金融科技委员会工作由分管科技的行领导牵头，成员单位包括科技、货币政策、金融市场、金融稳定、支付清算、征信等相关司局。

### （一）金融科技委员会成立的目的

中国人民银行金融科技委员会将组织深入研究金融科技发展对货币政策、金融市场、金融稳定、支付清算等领域的影响，切实做好中国金融科技发展战略规划与政策指引。进一步加强国内外交流合作，建立健全适合中国国情的金融科技创新管理机制，处理好安全与发展的关系，引导新技术在金融领域的正确使用。强化监管科技（RegTech）应用实践，积极利用大数据、人工智能、云计算等技术丰富金融监管手段，提升跨行业、跨市场交叉性金融风险的甄别、防范和化解能力。

### （二）金融科技委员会的工作职责

1. 深入开展金融科技研究。新技术与金融业务交叉渗透，深度融合，使金融业态复杂多变潜在风险不容忽视，如果对金融科技研究不深不透无法掌握业务的本质难以保证安全。因此加强金融科技关键领域的研究不仅非常必要而且十分紧迫，研究工作会坚持宏观、微观相结合，从宏观分析金融科技发展带来的影响，从微观聚焦金融科技的具体技术和产品，开拓创新灵活化的研究方法，按领域分条线地开展重点业务的研究。

2. 加快推动金融科技应用试点。开展金融科技应用试点，不仅可以帮助创新主体、低成本高效率验证创新效果，还能充分激发创新活力。引导需求迫切、影响面广、普世性强的创新。开展应用试点，如基于大数据、人工智能的金融风险防控，基于生物识别的身份认证和交易验证可以不断研究新情况、总结新经验，为金融科技发展打好基础探索新路。

3. 积极推进金融科技标准的研究。标准是金融产品安全和服务质量的保证，也是创新驱动的核心要素。金融科技发展应注重标准化建设，合理利用标准化的理论和方法，综合借鉴并优化良好的实践经验，研制具有前瞻性、科学性的金融科技标准，以标准促发展，以规范保安全。充分发挥标准先行的助推作用，积极推进云计算、大数据、生物识别、移动终端可信执行环境等标准的研制和完善工作，支撑和引领金融科技时代支付清算的有序发展。

4. 探索金融科技创新管理机制。金融科技为金融发展注入了新活力，也给金融安全带来了新挑战，没有良好的创新机制护航，金融科技发展就可能偏离正确的方向，因此要加快建立适合我国国情的金融科技管理机制，在金融科技的初创期借鉴国外经验，开辟新的试验田，在风险可控的前提下验证创新可行性合规性，在金融科技应用成熟推广期，按照实质重于形式的原则，通过创新表面的复杂形式看清业务的实质，甄别业务的属性，强化穿透式监管与功能监管，引导金融科技正确运用。

## 四、未来我国金融科技监管的改革趋向

### （一）构建金融科技监管体系

监管当局需要进一步促进金融科技监管规则和工具的发展，建立具有针对性和有效性的金融科技监管基础设施、基本原则、微观指标和监管工具等；加强监管机构与市场间的知识共享和沟通，特别是强化金融科技的

典型技术及其与金融体系的融合，以及对金融监管体系的影响；在现有分业监管格局下加强金融监管协调，特别是金融监管机构同非金融监管机构的协调；完善金融科技行业的风险监测、预警与处置机制，构建相应的微观指标，并建立相应的风险监测机制，比如人工智能服务客户数、人工智能业务及其占比等。

### （二）改革金融科技监管组织架构

未来我国金融科技的发展凸显了我国金融领域跨界经营和综合经营的重大发展优势，这将呼唤相对更加统一的金融监管架构，最为理想的方式是将中国人民银行金融科技委员会的成员单位在现有基础上再进一步将银保监会、证监会甚至科技部、工信部的相关机构扩容进来，协调"一行两会"对金融科技的监管。

### （三）建立健全金融科技的"监管沙盒"计划

我国目前已经具备了金融科技"监管沙盒"计划实施的基本条件，可以考虑进行"监管沙盒"机制的试点，具体实施计划如下：

1. 确认"监管沙盒"的责任主体。国内最为适合的责任主体是中国人民银行，同时金融科技发展相关的部委应该在"监管沙盒"的主体群中。

2. 制订"监管沙盒"的详细计划。将监管的流程透明化、标准化。

3. 完善金融科技"监管沙盒"的微观标准。必要时可采用负面清单模式来促进金融科技企业的创新发展。

4. 设立监管客体的标准。基于金融科技的金融属性和科技属性双重标准来遴选可能具有系统重要性的金融科技公司，并将其纳入"监管沙盒"计划之中，实现创新促进和有效监管的结合。

5. 设立"监管沙盒"的存量和增量处置安排。对于存量机构而言，采用设立标准方式将其纳入，对于增量机构则采取审批与准入结合的方式；吸收借鉴"监管沙盒"的限制性授权、监管豁免、免强制执行函等新型监管措施，以监管创新促进金融创新，同时又为风险及其应对留有制度空间。

**知识链接 1**

#### "监管沙盒"基本知识

"监管沙盒"（Regulatory Sandbox）的概念由英国政府于 2015 年 3 月率先提出。按照英国金融行为监管局（FCA）的定义，"监管沙盒"是一个"安全空间"，在这个安全空间内，金融科技企业可以测试其创新的金融产品、服务、商业模式和营销方式，而不用在相关活动碰到问题时立即受到监管规则的约束。英国 FCA 于 2016 年 5 月正式启动运用到金融监管实践中。

具体到"监管沙盒"的使用标准和流程看，首先，FCA 对拟参与"监管沙盒"的企业进行筛选，筛选的条件包括企业的规模、产品是否具有创新性、创新的产品或服务能否促进消费者福利提升等。其次，FCA 根据拟参与企业测试的创新产品和服务选取合适的消费者，并要求拟参与企业设定消费者保护计划，包括适当的赔偿等。最后，在筛选条件合格的前提下，FCA 允许参与实验的企业向客户推出创新产品和服务，测试期一般为 3～6 个月。FCA 将根据测试的结果进行监管政策的制定或完善，在促进 FinTech 等新兴业态发展的同时，防范金融风险。

本质上，"监管沙盒"是监管者为履行其促进金融创新、保护金融消费者职能而制定的一项管理机制。这种机制的特别之处在于，金融机构或为金融服务提供技术支持的非金融机构，可以在真实的场景中测试其创新方案，而不用担心创新与监管规则发生矛盾时，可能遭遇的监管障碍。概括起来就是，监管者在以保护消费者权益、严防风险外溢的前提下，通过主动合理地放宽监管规定，减少金融科技创新的规则障碍，鼓励更多的创新方案积极主动地由想法变成现实。在此过程中，能够实现金融科技创新与有效管控风险的双赢局面。

"监管沙盒"的主要目的是帮助金融创新在实际的生活场景中进行测试，而这种测试不能对消费者造成损害，且应遵守必要的法律规定。这与英国实行行为监管的内在要求是一致的，英国金融行为监管局认为，能够使金融消费者受益的颠覆性金融创新是提高市场竞争活力的重要内容。而在金融创新中发挥更具建设性的作用，并尽量减少监管对金融创新所造成的不必要障碍正是支持颠覆性金融创新的重要方式。放在更大的背景下，则是英国十分重视自身的国际金融中心地位，希望在金融科技领域也能世界领先。

"监管沙盒"计划在推出之时就受到国际上的广泛欢迎。2016 年初，澳大利亚和新加坡的金融监管机构就与英国金融行为监管局签署了合作协议，并各自对所制定的监管沙盒计划在国内征求意见。近来，中国香港、泰国、阿布扎比和马来西亚的监管当局也推出了自己的"监管沙盒"计划，加拿大、中国台湾等国家和地区的监管部门也正在对监管沙盒进行积极研究，以便进一步促进金融创新，提升金融产品和服务的效率与竞争力。

## （四）构建金融科技监管长效机制

金融科技对未来金融体系以及金融监管框架的影响存在较大的未知性和不确定性，需要构建一个具有长期、动态视角的金融科技监管长效机制。监管当局要完善金融科技监管的基础设施，比如建立金融科技相关金融业务的信息系统和检测体系。相关部门要逐步改革完善金融科技监管机制，缓释金融科技导致的跨界经营、混业经营与分业监管的制度性错配程度，不断完善金融科技监管的治理体系。监管当局要进一步完善金融监管体系的机构改革和组织架构，完善目前基于机构的监管范式，以功能监管作为支撑构建金融监管新机构体系。监管当局要强化监管科技在金融监管框架中的运用，以监管科技来"武装"监管机构，提升对金融科技监管的专业性、针对性和有效性。监管当局要借鉴国际经验，考虑构建适合中国金融科技发展和金融监管体系现实的监管沙盒计划，鼓励新兴技术与金融的融合创新同时又积极主动防范风险。

## 五、强化监管科技建设

### （一）监管科技及发展动力

监管科技是指积极利用人工智能、区块链、云计算、大数据等核心技术创新金融监管手段，优化金融监管模式，提升金融监管效率，降低机构合规成本，提升跨行业、跨市场交叉性金融风险的甄别、防范和化解能力。监管科技为监管提供技术解决方案，而监管合规的成本是推动监管科技发展的首要原因。

新时代我国监管科技的发展动力主要表现在如下几个方面：

1. 应对金融风险新形势。金融科技背景下服务方式更加虚拟、业务边界逐渐模糊，跨行业、跨市场的跨界金融服务日益丰富，不同业务之间相互关联渗透，金融风险错综复杂，风险传染性更强，风险隐蔽性更大，传统监管措施很难奏效。在此背景下，金融监管部门通过监管科技手段构建现代金融监管框架，研发基于人工智能、大数据、应用程序编程接口（API）等的金融监管平台和工具，采取系统嵌入、应用对接等方式建立数字化监管协议，有效增强金融监管信息的实时性、准确性、可追溯性和不可抵赖性，为及时有效识别和化解金融风险、整治金融乱象提供支撑。

2. 有效维护国家金融安全。强化监管科技在实践中的应用，利用人工智能、区块链、云计算、大数据等核心技术，丰富金融监管手段，可以实现数据的可触达，形成监管者与被监管者之间动态的反馈机制。而监管者一旦接收到异常的信息，便可以通过反馈机制快速地进行回应，从而在最初始阶段抑制可能产生的金融风险，高效地阻止金融风险的大范围传播与扩散。为此，监管科技有利于高效实现对国家金融安全的维护和对系统性金融风险的防范。

3. 解决金融监管瓶颈。监管科技借助技术手段对金融机构进行主动监管，通过对监管政策、合规性要求等的数字化表达，采用实时采集风险信息、抓取业务特征数据等方式，推动监管模式由事后监管向事中监管转变，有效解决信息不对称问题、消除信息壁垒，有利于解决传统金融监管存在的时效性、穿透性和统一性"短板"问题。

4. 降低机构合规成本。自 2008 年国际金融危机爆发以来，我国管理层积极进行以宏观审慎政策为核心的金融监管体制改革，对金融机构合规管理、创新管理提出了更高要求。而且，时至今日，金融机构也迫切希望借助数字化、自动化手段增强合规能力，减少合规工作的资源支出，在加快金融创新的同时及时跟进监管要求，提高自身的合规效率和市场竞争力。

5. 顺应大数据时代变革的需要。随着大数据时代的脚步渐行渐近，金融业作为典型的数据密集型行业，每天都在生成和处理海量数据资源，对以数据为基础的金融监管产生了深刻影响。最突出的表现就是数量巨大、来源分散、格式多样的金融数据已经超出了传统监管手段的处理能力。而监管科技有助于风险管理理念的转变和风险态势感知能力的提升，运用大数据技术及时、有效地挖掘出隐藏在金融海量数据中的经营规律与风险变化趋势，实现金融风险早识别、早预警、早发现、早处置。

### （二）监管科技的应用架构

为提升监管科技应用效能，应当建立以金融管理部门为中心、以金融机构为节点、以数据为驱动、具有星形拓扑结构的技术监管应用架构。

1. 监管规则数字化翻译。以文本形式呈现的监管规则要利用信息技术手段翻译成数字化协议，以提升金融监管的一致性与权威性。这里要重点做到：充分运用自然语言处理（NLP）等技术转译监管规则，精准提取量化指标，建立规则中所涉主体间的关联关系模型，实现监管规定数字化存储与展现；充分整合归集不同领域、不同业态的数字化监管规则，利用深度学习、多级融合算法等手段及时挖掘发现监管漏洞、分歧和新需求，增强金融监管自我完善、自我更新、自我提高的能力。

2. 监管应用平台化部署。监管平台是承载监管科技应用的关键信息基础设施。监管平台的建设既要有效整合不同架构的业务系统、处理多源异构的监管数据，也要具备服务敏捷部署、资源动态分配的支撑能力。利用微服务架构、容器技术等手段，将监管功能切分成粒度较小的微服务置于容器中运行，屏蔽金融机构业务系统差异；同时整合相关联的微服务形成微服务族，共同完成大型复杂的监管任务。

3. 监管数据自动化采集。金融监管就是数据监管，金融数据的采集汇聚是数据监管的基础，因此要建立完善监管数据采集体系，为金融监管提供有效支撑。还要综合运用数据挖掘、模式规则算法、分析统计等手段进行多层清洗，使采集汇聚的数据具有高精度、低重复、高可用优势，为风险态势分析等提供更为科学合理的数据支持。

4. 风险态势智能化分析。风险分析是金融监管的核心环节。要基于人工智能技术搭建合规风险评估模型，开展微观行为和宏观审慎分析，实现金融风险的智能化监测，提升金融风险态势感知能力和系统性、交叉性金融风险的甄别能力。

5. 合规情况综合化利用。针对风险态势智能分析得到的不同结果，合理运用、因事制宜、精准施策，提升金融监管的有效性。比如针对不同的风险类型触发最优的风险处置和缓释措施，如对欺诈交易采取自动中断，对系统性金融风险实行早期预警；利用可视化等技术将合规情况进行全方位、全要素展现，同时借助云平台等促进风险态势互通，实现风险信息在监管科技参与主体间的全局共享，最大限度隔离风险。

## （三）未来监管科技建设策略

1. 建立监管科技建设方案。监管科技建设方案是管理层绘就的我国金融监管科技的总蓝图和建设规划，按照建设方案执行下去，监管科技的发展方向就一定非常明确，监管科技的发展目标也就一定能够实现。2018 年 8 月底，中国证监会正式印发《中国证监会监管科技总体建设方案》（以下简称《总体建设方案》）。《总体建设方案》遵循"科技引领、需求驱动；共建共享、多方协同；统筹规划、持续推进；提升能力、创新机制"的总体原则，立足于我国资本市场的实际情况，着力实现三大目标：一是实现业务流程的互联互通和数据的全面共享。二是积极应用监管科技核心技术强化市场风险的监测和异常交易行为的识别能力。三是探索运用人工智能技术为监管提供智能化应用和服务，促进监管模式创新。《总体建设方案》还明确了监管科技 1.0、2.0、3.0 各类信息化建设工作需求和工作内容，提出了五大基础数据分析能力、七大类 32 个监管业务分析场景，提出了大数据分析中心建设原则、数据资源管理工作思路和监管科技运行管理"十二大机制"。证监会监管科技建设将充分发挥科技在监管工作中的作用，有效提升资本市场监管效能，防范系统性金融风险，切实保护投资者合法权益。

2. 建立监管科技标准体系。监管科技应用涉及大量的数据、系统和业务规则，标准作为"通用语言"是监管科技规范应用的前提和基础，是不可或缺的规则。因此，应加强监管科技标准化顶层设计，从基础标准、技术标准、应用标准、管理标准等方面健全监管科技标准化体系。积极推进监管规则数字化关键共性标准的制定和实施，统一监管科技数据元，制定贯穿监管数据采集、交互、存储、自动化处理等各个环节的标准规范。借鉴国际监管科技成果经验，遵循业界通常做法，在系统设计、场景应用、接口统一等方面做好安全与便利之间的有效平衡，确保监管科技应用规范的先进性与可操作性。

3. 开展监管科技应用试点。监管科技作为金融科技的重要分支，尚处于起步阶段，大规模推广应用的条件还不成熟，现阶段应用试点是一条很好的途径。因此应选择金融科技发展基础较好、具备一定条件的地区，在支付、征信、反洗钱等金融领域开展试点，验证监管科技在工作机制、政策措施、技术平台等方面的可行性与有效性，探索适合监管科技应用的工作协调机制，形成以点带面的示范作用。同时要做好监管科技试点经验总结，形成一批可复制、可推广的经验做法，在试点过程中不断研究新情况、解决新问题、总结新经验，为监管科技发展打好基础、探索新路。

4. 做好监管科技政策衔接。监管科技作为金融监管的新范式，并没有改变监管的本质，而是传统金融监管方式的有益补充。因此要在坚持依法合规、保持政策连续性的基础上，着力加强监管科技与现有金融监管体系的有效衔接。在法律层面，坚持立法与监管科技应用相适应，加快完善监管科技相关法律法规，通过立法明确监管科技应用基本原则，完善监管数据安全管理要求，为做好数据自动化采集、风险智能化分析等工作提供法律保障。在制度层面，围绕科技与监管深度融合的新特点，优化金融统计指标体系，分业态、分市场细化监管数据粒度、采集范围等，进一步完善金融监管框架。

5. 加强相关技术应用风险防控。监管科技作为新时代金融监管的科技武装，有助于提升金融监管效能、降低机构合规成本。但从实践经验来看，新技术在部署应用过程中往往会引入一些潜在风险，因此要牢固树立安全发展观，注意做好技术应用风险防控。这里包括稳妥部署监管科技应用，加强业务连续性管理，确保监管科技手段不影响现有金融信息系统、不改变金融业务流程、不降低金融服务效率；加快构建新兴技术在金融监管领域应用的成熟度、匹配度检验体系，综合实际监管场景深入研判技术的适用性和安全性，强化新技术合理选型，基于成熟、稳定的技术开展监管科技应用；紧密关注创新型金融科技公司的发展动态，及时调整具体规则，对新技术吸收、采纳和应用。

6. 深化监管科技协同合作。推动监管科技落地实施是一项系统工程，涉及金融业务、信息技术、公共管理等多个领域，需要政产学研用等各方的协调联动、通力合作。诸如监管机构可以与金融机构合作，共同构建监管科技联盟（平台），将金融机构的内部合规系统对接转化为监管机构的检测系统，或者将金融机构的内部合规框架修正拓扑到监管机构系统中。还可以参考"网联模式"，监管机构与金融机构共同组建监管科技公司，强化监管信息的互联互通，构建金融协同监管的数据生态圈，以更加积极的方式将科技投入成本外部化，优化金融机构的监管科技生态。在我国金融进一步开放的环境条件下，还可以加强与国际组织和其他国家的监管机构的紧密联系、沟通与合作，提升我国监管科技全球化水平。并通过签署备忘录实现跨国监管的一致步调与统一标准，防止出现"跨境式"监管套利。

## 思考题

1. 什么是金融科技？金融科技具有哪些特征？
2. 金融科技对金融业的发展有哪些促进作用？
3. 金融科技风险的类型有哪些？
4. 如何防范金融科技风险？
5. 中国人民银行金融科技委员会的成立目的及工作职责有哪些？
6. 什么是监管科技？监管科技的应用框架是什么？

# 参考文献

［1］徐忠，孙国锋，姚前等．金融科技：发展趋势与监管［M］．北京：中国金融出版社，2017.

［2］何大勇，张越，陈本强，刘月．银行转型2025［M］．北京：中信出版集团，2017.

［3］赵志宏．银行科技——构建智能金融价值网［M］．北京：中国金融出版社，2017.

［4］钟伟，魏伟，陈晓等．数字货币——金融科技与货币重构［M］．北京：中信出版集团，2018.

［5］李伟．监管科技应用的四大必要性与五大策略［J］．清华金融评论，2018（3）．

［6］孙国峰．发展监管科技构筑金融新生态［J］．当代金融家，2018（3）．

［7］胡滨，杨楷．监管沙盒的应用与启示［J］．中国金融，2017（2）．

［8］黄震，蒋松成．监管沙盒与互联网金融监管［J］．中国金融，2017（2）．

# 第九章 金融安全与金融稳定发展

![本章概要]

金融安全是国家安全的重要组成部分，是经济平稳健康发展的重要基础。维护金融安全是关系我国经济社会发展全局的一件带有战略性、根本性的大事。当前，维护金融安全，守住不发生系统性金融风险的底线，对于我国深入推进供给侧结构性改革，实现经济转型升级具有极其重要的意义。

随着金融创新与金融全球化的发展，金融安全的内涵与外延日益丰富，金融安全的决定因素也日益复杂。当前，国内金融运行总体安全、稳健，国际层面的不确定性因素也处于可控状态。但在地方债务、产能过剩行业、房地产业、非法集资、跨境热钱流动等方面尚存在金融风险隐患，需密切关注并积极防控，应以国家总体安全观为统领，以深化金融体制改革为基础，以完善金融监管体制为保障，以参与全球金融治理为依托，切实守住不发生系统性金融风险的底线。

## 第一节 金融安全概述

### 一、金融安全的概念

对于金融安全的概念，学界并没有严格统一的定义，文献中往往将金融安全作为经济安全的重要部分，放在国家安全战略和国家经济安全的框架下一并进行探讨和研究，认为金融安全即对"核心金融价值"的维护，随着经济金融体系的发展与"核心金融价值"的演化，金融安全的概念也不断拓展和丰富。一般而言，金融安全的内涵可以分为两个层次：第一个层次仅指金融体系本身的安全，主要表现为金融资产的安全和金融制度体系的稳定有序运行，是一个经济领域的概念；第二个层次是指特定国家的金融主权，表现为国家对货币流通、金融政策等方面的有效控制，是一个政治领域的概念。前者侧重于静态描述，后者侧重于动态描述，强调国家预防和应对国内外风险，维护本国金融安全的能力。可以看出，相对于金融稳定，金融安全的概念更为宽泛，更能从整体上反映一个国家金融体系运行的真实状况。很多时候，金融安全是同金融风险和金融危机放在一起被研究和讨论的，为了进一步厘清金融安全的内涵，有必要对金融风险、金融危机与金融安全的内在关联进行分析。

金融风险是指金融行为导致的结果偏离预期而带来金融资产损失的可能性。根据造成损失的原因可以分为流动性风险、信用风险、操作风险、市场风险等，金融活动的信息不对称性使得金融风险广泛存在于金融交易的各个环节，理论上讲，金融风险只能够防范和控制，而无法根本杜绝。一般来讲，单个机构或个人的金融风险影响有限，只要严加防范，并不足以威胁一国金融安全，真正威胁国家金融安全的金融风险是指系统性风险，也就是由于全局性共同因素导致金融体系出现剧烈震荡而给市场主体带来损失的可能性。

金融危机是金融风险积累到一定程度导致金融系统出现严重动荡和混乱的状况，往往表现为货币危机、金融机构危机和债务危机等，如果处理不好，金融危机会对实体经济乃至一国的政治安全产生灾难性影响。

总之，金融风险广泛存在于一国的金融体系当中，如果不加控制和防范，金融风险会对金融安全构成威胁，当这种威胁积累到一定程度，就演变为金融危机。反过来讲，很多时候，金融体系的风险状况和危机状况往往体现了一国的金融安全程度。

## 二、金融安全的决定因素

不同国家的经济实力和金融系统都或多或少存在差异，威胁金融安全的因素也不尽相同，但其中有一些因素具有共性，总的来讲，这些因素可以概括为内部因素和外部因素两类。

内部因素主要指国家整体经济实力和金融体系的发展状况。其中，国家经济实力包括经济发展的规模、速度、结构和质量等维度，经济实力是金融安全的基础，会为金融安全提供有力的保障；金融体系发展状况则是指金融机构、金融市场、金融服务和金融监管调控的完善程度及其与宏观经济运行相协调。

外部因素主要是指在金融全球化背景下，一国参与国际经济交往的过程中面临的风险因素，具体来讲主要包括两个方面，其一是其国际金融治理中的地位和影响力，比如本国货币的国际化程度、国际金融规则主导权和在国际金融组织中的话语权等，地位越高，影响力越大，维护本国金融安全的能力也就越强。其二是外部资本冲击因素。金融全球化的发展和越来越多国家资本账户的开放使得跨境资本流动规模越来越大，各国在享受全球化福利的同时，也不得不面对其中蕴含的风险，特别是国际投机性资本的流入流出会对资本市场造成严重冲击，成为威胁一国金融安全的巨大隐患。

## 三、金融全球化与金融安全

伴随着经济全球化的深入发展，金融的自由化与国际化程度也日益增强，资本跨国流动规模不断扩大，金融创新层出不穷，对金融安全的维护提出了新的挑战，概括来讲，主要表现在以下几个方面：

### （一）金融全球化使得金融系统脆弱性大大提高

在金融全球化背景下，金融系统的脆弱性主要源于两方面：其一是为规避风险和获取收益，金融机构创造了大量新的金融产品与金融工具，降低了金融市场透明度，加大了市场信息的不对称，最终提高了整个金融系统的脆弱性；其二是金融全球化发展大大提高了各国金融市场的关联性，资金可以在不同市场间迅速流动，为资金在全球范围内优化配置提供了便利，但同时也增加了风险的传播速度和传染范围，特别是在面对国际投机资本冲击时，极易引起整个市场的动荡甚至金融危机的爆发。

### （二）金融全球化为金融监管带来严重挑战

在金融全球化背景下，金融业务的多样化和金融产品的复杂化大大提高了金融监管难度，特别是资金的跨国流动，对国际监管合作与协调提出了更高的要求。此外，不同国家监管制度的差异性为国际投机资本进行监管套利提供了空间，一些监管制度相对薄弱的国家，往往会成为投机资本攻击的对象。

### （三）不合理的国际金融治理体系，成为威胁金融安全的体制源头

在当前国际金融治理体系下，以美国为代表的西方发达国家凭借货币

霸权地位和在国际金融组织垄断性的话语权，以损害发展中国家发展与国际金融稳定为代价来维持自身利益，成为众多危机性事件的制度根源。

# 第二节　我国金融安全形势

近年来，我国坚持稳中求进的总基调，经济增长保持在合理区间，质量和效益同步提高，缓中趋稳，稳中向好态势明显。金融工作也紧紧围绕服务实体经济、防控金融风险、深化金融改革三项任务，在改革与创新中，牢牢绷紧金融安全之弦，守住不发生金融系统性风险的底线，金融机构发展稳中有进，金融市场运行平稳健康，金融基础设施建设不断取得新进展，宏观审慎管理框架稳步推进，影响我国金融安全的外部因素也处于持续关注状态，金融运行状况总体安全、稳健。

## 一、金融机构的安全状况

### （一）银行业金融机构稳健运行

2017 年，银行业金融机构资产负债保持稳定增长，盈利能力持续提高，对经济转型与升级的支持力度不断增大，风险抵御能力不断增强。截至 2017 年底，商业银行资本充足率 13.65%，核心一级资本充足率 10.75%，一级资本充足率 11.35%，资本充足率水平与 2016 年基本持平；资本净额 16.78 万亿元，同比增长 13.8%，商业银行净利润 17 477 亿元，比 2016 年增加 987 亿元；资产利润率 1.02%，基本与 2016 年持平；商业银行杠杆率 6.48%，杠杆率水平较为稳定。同时，商业银行资产质量下行压力趋缓，信用风险总体处于正常区间。2017 年末，银行业金融机构不良贷款余额 1.71 万亿元，较 2016 年增加 1 935 亿元，不良贷款率为 1.74%，基本与 2016 年持平；截至 2017 年底，商业银行贷款损失准备金余额 3.09 万亿元，较 2016 年增加 4 268 亿元，拨备覆盖率为 181.42%，比 2016 年同期高 5.02 个百分点。可以看出，银行业资产负债规模、资产质量与抵御风险能力不断提高。

值得注意的是，部分行业和企业仍存在不稳定因素，影响银行业稳健运行，具体来讲，主要有如下两方面：首先，受"去产能"和"去库存"政策的影响，非金融企业债务风险还在持续暴露，风险不容忽视。例如银行授信总额在 10 亿元以上的企业，特别是在低端制造业与产能过剩行业，仍屡屡发生债务违约风险事件。非金融企业杠杆率总体水平有所抬升，部分企业依靠"借新还旧"，甚至"借新还息"来维持经营，新增融资周转效率较低。此外，还有为数不少缺乏竞争力、财务困顿甚至资不抵债的"僵尸企业"占用大量信用资源，增加了非金融企业部门债务消化难度，同时也使得信用定价体系扭曲，资金使用效率降低。其次，部分银行业金融机构存在操作风险与合规风险。由于公司治理、内控制度不完善，部分银行业金融机构在风险管理与合规经营等方面仍存在问题，特别在同业、表外业务等领域仍不时有重大案件出现，例如邮储银行的违规票据案、广发银行"假保函"案件等。

（二）证券期货业总体发展平稳

作为资本市场的重要参与者，证券期货业在优化融资结构、服务实体经济方面发挥着重要作用，随着资本市场改革的深入推进，上市公司与证券期货经营机构数量稳步增加，证券期货业资产规模总体呈扩张态势，沪、深两市机构投资者持股比重不断上升，在减少市场波动、维护市场稳定方面发挥着越来越重要的作用。此外，在国家相关政策法规的支持下，证券期货业创新稳步推进，《关于进一步推进证券经营机构创新发展的意见》《关于大力推进证券投资基金行业创新发展的意见》等政策文件的发布为证券期货经营机构创新发展提出了总体原则、主要任务和具体措施，并强调将合规管理与风险控制贯穿创新发展全过程。《证券公司融资融券业务管理办法》《货币市场基金监督管理办法》和《股票期权交易试点管理办法》等文件的发布，则使市场基础性制度建设不断深化。

但需要看到的是，当前某些行业由于产能过剩和需求结构升级，部分上市公司盈利水平不高，甚至出现亏损，这些行业主要集中在"化学原料及化学制品制造业""计算机、通信和其他电子设备制造业""专业设备制造业"等，并且随着经济转型升级不断深入，个别上市公司业绩可能进一步下滑，潜在的金融风险与社会风险值得关注。

（三）保险业发展稳中有进

人口老龄化进程的加快与居民消费结构的升级，为保险业发展提供了广阔的空间。近年来，保险业机构数量稳步增加，资产规模大幅增长，截至 2017 年末，保险业资产总额与保费收入分别为 16.75 万亿元和 3.66 万亿元，分别是 2013 年保险业资产总额与保费收入的 2.02 倍和 2.12 倍。保险业风险保障功能进一步完善，服务社会经济发展的能力逐步增强；城乡居民大病保险实现 31 个省（自治区、直辖市）全覆盖，兜底保障作用明显；商业保险品种不断增多，覆盖面扩大；医疗、环境污染和食品安全等领域的责任保险取得快速发展，多层次、个性化保险产品供给不断推出，保险服务质量大幅改善。同时，保险业继续发挥长期投资优势，通过发起设立各类债券、股权和项目资产支持计划等为"一带一路"、京津冀协同发展、重大基础设施建设等国家战略项目提供资金支持。

与此同时，保险业面临的风险压力也不可低估，复杂多变的市场环境和持续的经济下行压力使得信用风险、市场风险上升，保险资金投资空间受限，资金配置难度加大，相当规模的保险资金从存款和债券等低风险资产转向理财产品、信托计划、股权投资、不动产投资等高风险资产，潜在风险不容忽视。

## 二、金融市场的安全状况

近几年，金融市场整体运行稳健，市场主体日益多元化，产品种类不断丰富，市场制度建设扎实推进，金融市场在支持供给侧结构性改革、满足实体经济融资需求、降低社会融资成本等方面发挥了积极作用。

从债券市场来看，近年债券发行量保持快速增长，但增速有所放缓，2017 年债券市场发行各类债券规模达 40.8 万亿元，同比增长 12.9%，相比于 2015 年和 2016 年 103% 和 62% 的增长率，增速趋于合理。2017 年全国银行间同业拆借和质押回购成交总量 667.2 万亿元，基本与 2016 年持平。从利率波动情况来看，货币市场利率基本维持窄幅震荡格局，利率中枢呈稳步抬升趋势，2017 年末，7 天质押式回购加权平均利率为 3.86%，较 2016 年同期上升 76 个基点，上升幅度也与 2016 年相当。

从外汇市场来看，近年外汇市场成交量显著增长，人民币对外币挂牌币种增加。2017 年，外汇市场交易规模合计 24.08 万亿美元，比 2016 年增长 18.65%，人民币直接兑换币种进一步丰富，截至 2017 年末，人民币直接交易币种达到 23 个，币种结构持续改善。

从股票市场来看，受金融体系适度去杠杆的影响，股票市场在境内上市公司数量、股票市价总值和日均股票成交额等指标上，均保持稳中有升的走势。境内上市公司数量从 2014 年末的 2 613 家增加到 2017 年末的 3 485 家，基本保持 10% 的年增长率。股票市价总值在 2016 年经历小幅下降后，2017 年末增加至 56.75 万亿元，增幅为 11.65%。在股票市场交易量方面，受 2015 年股市异常波动影响，当年日均股票成交金额激增至 7 929.92 亿元，增幅达 161%，在一系列监管政策与规范措施的作用下，股票交易额逐渐回归正常水平，2016 年和 2017 年日均股票成交金额降幅分别为 43.7% 和 14.5%，基本接近 2014 年水平。

金融市场值得关注的是票据市场风险，鉴于近几年票据市场屡屡出现风险性事件，人民银行与原银监会联合发布《关于加强票据业务监管　促进票据业务市场健康发展的通知》，进一步规范了票据交易行为，强化了金融机构内控管理。同时 2016 年底又发布了《票据交易管理办法》，全面规范金融机构票据交易行为。此外，成立上海票据交易所，推动实现所有纸质票据和电子票据的信息集中、交易、登记托管、清算结算，对市场参与者各项交易行为进行全流程监控，大大提高了市场透明度和交易效率，从技术体制层面促进票据市场规范发展。

### 三、金融基础设施与我国金融安全

金融基础设施作为金融活动的核心支撑，是跨机构、跨市场、跨地域、跨国界开展金融活动的主要渠道与依托。近几年来，我国金融基础设施扎实推进，金融法律法规不断健全，支付体系建设不断完善，征信与社会信用体系建设规范发展，反洗钱与反恐怖融资工作深入展开，金融消费权益保护工作机制进一步加强，金融基础设施的日趋完备，为金融服务与管理提供了有力保障，同时也为金融体系的稳健运行提供了坚实的基础。

在支付结算体系建设方面，中国人民银行先后发布了《支付系统参与者监督管理办法》《人民币跨境支付系统运营机构监督管理办法》《非银行支付机构网络支付业务管理办法》和《银行卡清算机构管理办法》等法规文件，进一步规范了支付清算业务，为支付结算体系健康、高效运行奠定了坚实的基础。同时，对支付体系监督管理深入开展，近几年，人民银行先后同最高人民法院签订了《关于网络协助查询机制建设合作备忘录》，建立起"总对总"的网络协助查询机制，建设人民币银行结算账户对外服务系统。此外，中国人民银行会同公安部等相关部门建立紧急止付和快速冻结机制，与公安部搭建通信信息诈骗交易风险事件管理平台等，强化了对支付系统参与主体的监督管理，便于进一步维护支付系统的稳定运行。

在征信与社会信用体系建设方面，以《社会信用体系建设规划纲要（2014—2020 年）》为指导，中国人民银行会同相关部委相继发布了《征信业管理条例》《征信机构管理办法》和《征信机构监管指引》等系列法规文件，基本形成了包含征信机构许可备案程序、个人征信机构保证金管理、征信监管检查在内的监督管理框架，同时，信用信息共享机制建设持续推进，社会信用体系建设部际联席会议成员单位对信用信息公开的力度不断加强，初步形成了对市场主体失信行为的联合惩戒机制。不过，应当看到的是，国家金融信用基础数据库覆盖面有待进一步扩大，数量众多的各类非金融机构尚未接入该系统。此外，对金融信用信息基础数据库接入机构的管理也应进一步加强，建立健全接入机构的征信内控制度和追责制度，规范数据报送与使用，切实为金融市场运行提供良好的信用环境。

在反洗钱方面，中国人民银行会同相关部门制定了《金融机构反洗钱监督管理办法》，发布了《反洗钱行政处罚基准（试行）》，修订了《金融机构大额交易和可疑交易报告管理办法》，使得反洗钱制度、流程和业务系统等方面得到进一步发展完善，为反洗钱工作水平和反洗钱防控能力的提升提供了保障。但随着移动金融的发展和非柜台交易方式的普及，网上银行、手机银行、电话银行等业务办理方式为资金的管理与监控带来了新的挑战和新的风险点。此外，反洗钱工作涉及面广、工作链条长，需要分工明确、运转流畅的反洗钱协调机制与反洗钱国际合作机制与之配套，以便更加有效地防控洗钱风险，维护社会经济稳定。

## 四、宏观审慎管理与我国金融安全

近几年，我国在借鉴国际经验基础上，不断强化宏观审慎管理，健全金融监管协调机制，加强系统性风险监测评估，完善宏观审慎政策工具，实施逆周期宏观调控，加强对系统重要性金融机构的监管，牢牢守住不发生系统性风险的底线。

在完善金融监管协调机制方面，依托于金融监管协调部际联席会议与金融稳定发展委员会在金融监管政策、措施、行动等方面的协调作用，金融监管的有效性大大增强，特别是在防范系统性金融风险和促进金融更好地服务实体经济等方面发挥了积极作用。首先，推动构建了跨市场金融风险监测分析框架，健全了金融监管部门之间的风险通报机制，研究推进统筹金融基础设施监管和金融业综合统计管理。其次，推动规范保险机构跨行业跨市场发展，强化对万能险的监管，规范保险公司举牌行为，加强保险资金股票投资与境外投资监管。此外，还就金融控股公司的监管、新兴金融业态资产管理产品标准的规制等方面工作进行了统筹协调安排。

在加强系统性风险监测与评估方面，不断加强银行、证券、保险业金融机构和具有融资功能的非银行金融机构的监测评估和现场检查工作。组织商业银行与证券公司开展金融稳定压力测试，并不断扩大压力测试覆盖范围。持续加强对重点领域与突出问题的风险监测和排查，例如资产管理业务、股权众筹和私募基金风险，保险资金运用等。此外，根据宏观审慎管理要求，中国人民银行还推动完善了外汇流动和跨境资金流动的宏观审慎政策框架和对房地产市场的逆周期调节等工作。

通过建立健全金融宏观审慎管理框架，既可以防范金融体系内部相互关联可能导致的风险，同时又可以关注金融体系在跨经济周期中的稳健状况，从而确保整个金融体系的安全运行。

## 五、国际环境与我国金融安全

当前，经济全球化的发展以前所未有的深度与广度影响着各国金融的发展，金融安全的内涵、外延及其影响因素都有了新的特征。在开放经济条件下，一国金融安全既包括国内金融安全的维度，也包括国际金融安全的维度。具体来讲，一国的金融安全会对其他国家的金融安全以及整个国际金融体系的安全具有溢出效应，同样，其他国家的金融安全以及整个国际金融体系的安全也会对本国金融安全产生溢出效应。因此，在金融全球化条件下，一国要维护自身金融安全，既要考虑国内因素，也需要考虑国际经济金融运行状况对本国金融安全可能产生的影响。

随着中国金融体制改革的推进和金融对外开放的扩大，金融机构、金融市场全球化程度日益提高，金融安全的可控性在不断减弱，成为影响我国金融安全运行的重要变量。

首先，国内经济金融需要更多地考虑其他主要经济体的溢出效应，将其作为经济金融政策制定的重要参考因素。近几年，世界经济复苏缓慢，增长动能不足。美国与欧元区经济复苏势头相对平稳，日本经济复苏动力不足且通缩压力较大，新兴市场经济体增速企稳，但仍面临调整与转型压力。此外，受民粹主义、逆全球化和国际贸易及投资保护主义抬头等因素的影响，全球经济复苏面临较大的不确定性。这方面的潜在风险，是我们制定宏观政策，进行宏观调控时需要密切关注的。

其次，国际游资的流入成为影响我国金融体系运行的重要风险因素。伴随着中国改革开放，经济高速增长，外汇储备持续积累，由此而产生的人民币升值预期使得大量国际游资流入国内，这些资金极具流动性和逐利性，特别是一旦资金的流向发生变化，将对我国金融体系乃至整个经济运行带来巨大的冲击。

最后，人民币汇率波动风险不容忽视。2005 年汇率改革以来，我国开始实行以市场供求为基础、参考一篮子货币进行调节的、有管理的浮动汇率制度，在此基础上，不断完善人民币汇率中间报价机制，增强汇率弹性，这将导致国家对汇率稳定与资本流动调节的难度加大，各种不确定性因素将会对汇率和金融市场产生巨大冲击。

## 第三节　我国金融风险与金融安全隐患

准确判断风险隐患是保障金融安全的前提。当前，我国金融形势总体良好，金融风险是可控的，但同时应看到，在国际经济复苏乏力，国内经济转型升级的背景下，某些行业或领域存在的问题还比较突出，金融市场运行机制还不健全，金融体系的建设还有待完善，前期经济调整所形成的系统性和区域性金融风险还在不断积累，经济金融运行面临着诸多潜在风险和挑战，部分问题亟待解决，成为威胁我国金融安全的隐患。

### 一、地方隐性债务

地方政府事权与财权的不匹配导致了地方政府财力不足的问题长期存在，特别是 2008 年以来，为应对次贷危机的冲击，国家出台了巨额的经济刺激计划，鼓励地方政府拓宽融资渠道，为中央政府投资项目提供配套资金，地方政府债务由此走上快速扩张的通道。具体地，以 2014 年《预算法》和 43 号文的发布为分水岭，地方政府债务发展经历了两个阶段：在第一个阶段，地方政府主要通过投融资平台来募集资金。2009 年，中国人民银行与原中国银行业监督管理委员会联合发布了《关于进一步加强信贷结构调整促进国民经济平稳较快发展的指导意见》，明确提出"支持有条件的地方政府组建投融资平台，拓宽中央政府投资项目的配套资金融资渠道"，在此背景下，地方政府融资平台迅速发展，中国人民银行 2009 年统计数据显示，从 2008 年上半年到 2009 年末，融资平台数量从 3 000 多家激增至 8 221 家，融资平台贷款余额也相应地从 1.7 万亿元激增至 7.38 万亿元。2012 年起，为规范地方融资平台的无序发展，缓释地方融资平台的潜在风险，监管政策随之收紧，对地方融资平台的清理、整顿与规范成为监管的重点。

2014 年，随着新《预算法》和财政部 43 号文的实施，地方政府只能通过发行地方政府债券来举借债务，举债额度必须在国务院批准的限额内。这意味着地方政府将更多地采用发行政府债券的形式举借债务，并且对前期融资平台的存量债务进行置换。全国人大 2015 年度地方政府债务调研报告显示，2014 年末地方政府债务总额为 15.4 万亿元，借款形式包括银行贷款、信托贷款、企业债券、中期票据和短期融资券等，其中银行贷款占比约为 51%，地方政府债券占比仅为 8%。2015 年正式启动地方债置换工作以来，经过两年时间，置换债务超过 8 万亿元，截至 2016 年末，地方政府债券在地方政府债务余额中的比例已增至 68% 左右，成为地方政府债务最主要的组成部分。虽然中央政府对地方政府债务融资行为进行了规范和约束，但在财税体制未发生变革的情况下，地方政府的财务困境仍未消除，资金需求仍然存在，并且为了绕过现有的政策约束，地方政府与金融机构在融资模式上进行了诸多"创新"，政府投资基金、专项建设基金、政府购买服务、PPP 项目等成为地方政府越来越倚重的融资方式，这些融资方式使得地方政府筹资结构更趋复杂，筹资方式也更加隐蔽，更重要的是，这些债务既没有体现为政府的直接负债，也没有被纳入银行的资产负债表，风险敞口极不透明，可能造成地方政府过度融资，加大地方财政风险，同时也可能导致金融风险的积累，演化为危及金融稳定的"灰犀牛"。

## 二、去库存困境中的房地产业

随着我国经济进入新常态，房地产市场也发生了深刻变化，从供给方面来看，前期地产投资增长迅速，开工建设规模过大，市场供给量逐年上升；从需求端来看，不断抬高的房价拉升了房地产投资的门槛与投资风险，房地产销售去化率显著下降。房地产市场在相当一段时间内处于供给总量相对过剩状态。统计局数据显示，2009 年末房地产待售面积为 19 947 万平方米，短短 6 年时间，到 2015 年末全国房地产待售面积高达 71 853 万平方米，增幅高达 260.22%。众所周知，无论是房地产开发企业还是个人买房的资金主要来自银行信贷的支持，房地产待售面积剧增的背后是房地产信贷规模的迅速扩张。人民银行数据显示，人民币房地产贷款余额从 2010 年末的 9.42 万亿元，增长到 2018 年第一季度末的 34.1 万亿元，增幅达 262%，庞大的库存压力成为金融机构资产负债表稳定健康的重要威胁。

在此背景下，2015 年 11 月，中央财经领导小组第十一次会议首次提出供给侧结构性改革，将着力"化解房地产库存，促进房地产业持续发展"。此后不久的中央经济工作会议上，明确将"化解房地产库存"作为 2016 年经济工作的五大任务之一。此后，"去库存"政策强力施行，国家从房地产贷款首付比例、公积金存款利率、房地产交易契税、央行存款准备金率等方面释放政策利好，房地产市场成交量有所增长，但价格也相应走强，并且区域分化明显。一线城市和部分二线城市楼市迅速回暖，价格不断攀升，风险持续积累；而本来就存在巨大库存压力的三、四线城市则对库存消化有限，金融风险并未缓释。因此，针对市场分化情况，分类施策、因城施策，推动去库存的精准化，成为当下房地产市场调控的主基调。可以看到，房地产去库存具有长期性和艰巨性的特征，房价回归理性，房地产市场平稳健康发展长效机制的建立，有赖于地方政府土地财政、户籍制度等深层次改革的突破。当前，面对复杂严峻的风险防控形势，房地产监控部门应加强对房地产市场风险监测，构建与完善房地产金融风险防范预警与风险处置机制，严格防控房地产市场金融风险。

## 三、高杠杆的产能过剩行业

长期以来，投资一直是推动我国经济高速增长的主要动力，特别是2008年国际金融危机之后，扩张型的财政政策与货币政策掀起了新一轮高速信贷投放和投资扩张，而国际经济复苏乏力，市场需求远远消化不了快速增长的产能，特别是钢铁、煤炭等行业更是出现了全行业的总量产能过剩。数据显示，2015年我国粗钢产能利用率为67%，煤炭产能利用率为64.9%，水泥的产能利用率为73.8%。按照国际通行标准，产能利用率在79%~90%为正常水平，低于79%为产能过剩，低于75%为严重产能过剩，过剩产能形成的庞大无效供给成为威胁宏观经济运行的巨大隐患。

2014年中央经济工作会议就提出通过消化、整合、转移、限制、淘汰五个途径化解过剩产能，2015年11月中央财经领导小组第十一次会议提出化解产能过剩、推进供给侧结构性改革，并且于2016年初，将钢铁、煤炭作为去产能的重点行业，计划未来5年煤炭行业减少10亿吨产能，钢铁行业淘汰1亿~1.5亿吨钢铁产能。围绕这一目标，国家制定了控制新增产能，淘汰和退出落后产能，推进企业改革重组和行业调整转型等政策措施。但是在实际推进中，去产能面临诸多挑战：

首先，地方政府保护主义倾向明显，产能过剩行业与企业大多牵扯地方政府的财政收入、税收、就业和社会稳定等问题，在经济增长与社会稳定的政策目标导向下，地方政府缺乏去产能的动力。此外，产业转型升级、清理"僵尸企业"，安置下岗分流职工等都需要强大的财力支撑，地方政府即使有积极性，也往往力不从心。

其次，金融机构缺乏主动作为的动机。考虑到持续去产能会导致呆账坏账积累，引致不良资产的上升从而侵蚀利润，并且产能过剩企业具有丰富的抵押物或政府的隐性背书，使得金融机构在去产能上也缺乏主动作为的动机。

最后，企业去产能面临"囚徒困境"。在钢铁、煤炭等产能严重过剩行业，企业普遍面临"囚徒困境"，都期望其他地区与企业去产能而保全自己，并且由于这些行业边际成本相对较低，沉没成本高昂，继续生产，哪怕在市场价格下降时继续生产所承担的损失都要远小于停止生产。

总之，产能过剩是在当前体制下中国经济发展长期积累的结果，产能清理也非一朝一夕就可以完成。统计局数据显示，2017年全国工业产能利用率为77%，去产能歼灭战仍未结束，清理"僵尸企业"，推动产能过剩行业企业优化重组仍需深入推进。而去产能过程中可能带来的风险，仍不容忽视。具体来讲，主要的风险点有如下几种。首先，金融机构信贷风险抬升。产能过剩企业的关停、倒闭和重组会造成企业产量下降、利润压缩甚至亏损，抬升金融机构信贷风险。其次，大型企业去产能倒逼银行风险。部分产能过剩企业为大型国有企业或者地方骨干企业，就业人员众多，产业链宽泛，关联度高，债务额巨大，在去产能过程中一旦出现巨额亏损和流动性困难，将会影响社会稳定和区域经济金融的波动。

## 四、频发的非法集资乱象

非法集资是指公司、企业、个人或其他组织未经批准，违反法律、法规，通过不正当的渠道向社会公众筹集资金，并承诺在一定期限内给予出资人高额回报的行为。传统的非法集资主要涉及房地产项目、农林矿业开发、民间借贷、原始股发行等领域，随着金融科技发展，非法集资发展逐渐呈现网络化趋势，不断向新业态、新领域蔓延，出现了股权投资、网络借贷、众筹、ICO等新的形式，他们覆盖范围广、传播速度快，监管与查处难度更大，严重干扰正常经济金融秩序，特别是一些跨省特大案件，涉案金额巨大，集资参与人数众多，成为妨害金融体系运行与社会稳定的重大隐患。例如"e租宝"集资诈骗案，非法吸收公众存款762亿余元，集资参与人高达115万人之多；广东"邦家"集资诈骗案非法集资金额高达99.5亿元，涉及集资民众23万余人；"黄金佳"集团更是以诈骗方式非法吸收公众存款153.7亿元。

根据国务院处置非法集资部级联席会议办公室的数据，2017年全国新发涉嫌非法集资案件5 052起，涉案金额1 795.5亿元，案件总量仍在高位运行，参与集资人数持续上升，防范和打击非法集资总体形势依然严峻。

与以往相比，非法集资呈现出新的特点，从案发行业来看，除了房地产、农林矿业等传统重点领域之外，30%以上的案件集中于民间投资机构和互联网平台等非持牌机构；从区域分布上来看，非法集资大多数发生在人口密集的城市与地区，不过中小城市、城乡结合区域和农村地区由于民众风险意识和风险辨识能力较弱，非法集资案件数量也在不断增长；从非法集资的组织特点来看，非法集资借助于互联网技术，组织结构更加严密，运作方式更加专业，迷惑性更大，当然，一旦出现问题，风险的传染速度也更快，对经济金融体系和社会稳定的冲击也更大。

## 五、潜在的境外"热钱"冲击

热钱是为追求高额回报而在市场上迅速流动的短期投机性资金，其目的仅仅在于通过短期的套汇、套利以及资产溢价等方式获得投机利润，并不投入生产和增加就业。因此，汇率、房地产、股票、期货和大宗农产品等往往成为其炒作的目标。"热钱"在对这些资产大规模买进和卖出获得收益的同时也对市场秩序与金融体系产生剧烈的冲击。20世纪90年代以来，"热钱"在历次国际金融危机中，都扮演了重要的角色，因此，有效防范热钱流动对金融市场乃至宏观经济的冲击，成为各个国家宏观管理的重要内容。

中国经济长期稳定高速发展，是国际资本规避风险、获取收益的理想选择，对国际资本具有持久的吸引力，特别是2008年国际金融危机之后，美欧等发达国家不断下调基准利率，同时实施大规模的量化宽松政策，导致规模空前的短期国际资本流入以中国为代表的新兴市场国家。数据显示，2007年的热钱流入规模为717.5亿美元，2009年和2010年热钱流入量分别为1 429.9亿美元和1 103.5亿美元。热钱的大量涌入一方面扩大了外汇占款和央行的货币供应规模，引起巨大的通胀压力，并最终推高了股市、房市等资产价格；另一方面导致国家外汇储备短期内迅速增加，虚高的外汇储备会推高人民币的升值预期，而这将会进一步引起更多热钱的涌入，人民币由此将会陷入长期升值压力的困境。热钱的持续流入并不可怕，可怕的是这些资金处于逐利目的短时间流出所引起经济金融系统的震荡。2011年，随着美国经济温和复苏和美元加息预期的形成，国内热钱开始撤离。截至

2011 年 12 月 15 日，人民币对美元即期汇率连续第 12 个交易日触及当日交易区间下限，2011 年 10 月外汇占款结束了 46 个月的连续增长，当月净减少 249 亿元，11 月外汇占款进一步下降了 279 亿元，种种迹象表明国际热钱正开始流出中国。同时受国内经济结构转型和外部需求减少的影响，经济增长放缓，国外投资者对国内经济增长预期看低，也成为热钱大量撤离的重要原因。大规模的热钱流出，必将对中国金融体系产生剧烈冲击。首先是对银行系统的冲击，热钱无论进入股市还是房地产市场，最终都会以某种形式体现在国内银行账面上，热钱大规模流出会给商业银行造成巨大的提现压力，引发流动性危机。其次是对资本市场的冲击，热钱的迅速流出不仅会引起股市的震荡，还有可能抽走房地产市场资金，刺破房地产泡沫；最后是对人民币汇率的冲击，热钱流出意味着人民币升值预期减弱，对人民币汇率的看低预期会进一步导致人民币资产的卖出和热钱的加速流出，最终使得人民币贬值压力持续加大。

需要指出的是，整个经济金融系统是一个相互关联的有机整体，上述各个风险隐患并不是孤立存在的，而是相互影响、相互作用的，任何一个风险隐患的引爆都可能波及其他领域，引起金融风险的多米诺骨牌效应，导致整个金融系统的动荡和宏观经济的波动。

## 第四节　维护金融安全与金融稳定的对策

### 一、维护国家金融安全要以国家总体安全观为统领

总体国家安全观是习近平总书记在 2014 年中央国家安全委员会第一次会议上提出的。习总书记强调"我国国家安全内涵和外延比历史上任何时候都要丰富，时空领域比历史上任何时候都要宽广，内外因素比历史上任何时候都要复杂，必须坚持总体国家安全观"，并提出了包括经济安全、政治安全、军事安全在内的 11 个具体领域。其中，金融作为现代金融的核心，金融安全是国家安全的重要组成部分，是经济平稳发展的重要基础。2017 年在中共中央政治局集体学习时，习近平总书记进一步强调，"维护金融安全，是关系我国经济社会发展全局的一件带有战略性、根本性的大事"，必须"把维护金融安全作为治国理政的一件大事，扎扎实实把金融工作做好"。金融是现代经济的核心，作为一种财富管理手段和国家治理手段，已

经深深融入各个产业与各个市场，维护金融安全，要有系统思维和战略眼光，不仅要坚持底线思维，坚守不发生系统性金融风险的底线，还应充分利用金融在资源配置、管理风险等方面的作用，切实推进金融手段对军事国防、政治社会、科学技术等安全领域的支持作用。在现行国际金融治理体系下，通过金融手段掠夺全球财富，侵犯他国主权，遏制他国发展是新兴全球霸权的重要表现。因此，牢牢把握金融安全与金融控制权，对于维护我国金融主权，实现国家利益，体现国家意志，彰显国家核心价值都具有极其重要的意义。

总之，在民族复兴的道路上，金融大有可为，对金融的认识不能仅仅只停留在"金融行业"的层面与格局上。金融是重要的财富管理工具，更是现代国家的治理手段，是应对国际霸权，争取国际舞台话语权的重要抓手。金融强则国强，金融乱则国乱，应着眼于国家整体利益最大化，要用好金融武器实现中国国家安全与发展。

## 二、维护国家金融安全要以深化金融体制改革为基础

服务实体经济是金融的天职，也是防范金融风险实现金融安全的根本举措。2017 年全国金融工作会议指出"回归本源，服从服务于经济社会发展"是金融工作的首要原则，并指出，"金融要把为实体经济服务作为出发点和落脚点，全面提升服务效率和水平，把更多金融资源配置到经济社会发展的重点领域和薄弱环节，更好满足人民群众和实体经济多样化的金融需求"。当前，我国金融体制还存在诸多问题，比如金融市场结构不合理，间接融资比例过高，直接融资比例偏低，金融与实体经济发展不均衡，小微企业、"三农"等薄弱环节融资不畅等，这些问题既不利于实体经济的转型升级与持续发展，也不利于金融自身的稳健发展。为更好地发挥金融系统在价格发现、资金配置与风险管理等方面的功能，必须继续深化金融体制改革，提高金融服务实体经济的效率和水平。具体来讲，应从如下几方面着手：

### （一）继续深入推进利率和汇率的市场化改革

党的十九大报告提出，要深化利率和汇率市场化改革。这既是金融服务实体经济的本质要求，也是进一步推进金融改革开放的必然环节。

经过长期改革探索，我国在利率与汇率市场化方面取得了重大进展。2015 年人民银行取消对金融机构存款利率浮动上限的限制，标志着人民币

存贷款利率管制全面放开；在汇率市场化方面，人民币对美元中间价形成机制也在逐渐完善。但应该看到，利率与汇率作为资金的价格，市场化改革具有复杂性和长期性，在未来一段时间，深化利率和汇率市场化改革仍是金融体制改革的重要内容。

利率市场化改革方面，应继续探索利率走廊机制，完善央行利率为主导的价格型调控体系，增强央行引导和调节市场利率的有效性。在汇率的市场化形成机制改革方面，应增进人民币汇率弹性，进一步丰富外汇市场交易主体与交易币种，使汇率波动能更好地反映市场供求状况。

### （二）优化金融机构体系，丰富金融产品供给

由于历史和体制的原因，长期以来，大型商业银行都在银行体系中占主导地位，中小银行机构发展不足，远远不能满足中小企业和"三农"领域的融资需求，中小企业融资难、融资贵的问题长期得不到有效解决，本质上还是由于专注中小企业成长发展的金融机构与金融产品严重不足，金融供给端存在短板。"十三五"规划纲要中明确提出，要丰富金融机构体系，构建多层次、广覆盖、差异化的银行机构体系。当务之急，就是要补足短板，一方面，鼓励大中型商业银行组织创新，探索采用事业部、小微金融中心、子公司等形式，整合与倾斜对小微企业金融服务的资源配置；另一方面推动有条件的民间资本依法设立中小型银行等金融机构，围绕中小企业和"三农"领域提供金融产品与服务。此外，还应在加强监管的前提下，鼓励各种类型金融机构与金融服务机构有序发展，形成各种市场主体共同参与竞争的金融生态，不断激发金融体系的竞争活力与金融资源的配置效率，为经济结构调整和转型升级提供强有力的金融支持。

### （三）加快多层次资本市场建设

资本市场是经济要素进行配置的重要平台，立足市场主体日益多元化的投融资需求，发展与完善多层次资本市场体系与相关基础性制度，是现阶段资本市场支持供给侧结构性改革，服务实体经济的重要抓手。首先，应继续发展壮大交易所市场，深化创业板改革，完善上市公司再融资制度，改善融资结构。其次，进一步完善新三板制度，拓展民间融资渠道，缓解中小微企业融资难的问题。再次，规范发展私募股权基金。私募股权基金是构建完善多层次资本市场的重要内容，在支持中小企业融资，促进企业并购与资源整合等方面发挥着重要作用。应从健全制度、完善规则、优化环境等方面发力，支持私募基金行业规范健康发展。最后，积极推进债券

市场的品种创新和结构优化，鼓励发展公司债券，丰富债券投资品种，提升债券市场化水平，探索推进资产证券化，盘活存量资金，提高资金使用效率。

金融服务实体经济能力的增强，将极大地提升和增强经济运行的韧劲，为经济转型升级提供足够的潜力和调整空间，最终确保宏观经济健康可持续发展。

### 三、维护国家金融安全要以完善金融监管体制为保障

强化金融监管是维护金融安全的重要保障，当下金融运行中的某些风险因素的存在，或多或少可以在不完善的监管体系中找到原因。2017 年 7 月 15 日全国金融工作会议指出，"要以强化金融监管为重点，以防范系统性金融风险为底线"。这为我们完善金融监管体制，提高金融监管的有效性指明了方向。

### （一）健全货币政策和宏观审慎政策双支柱调控框架

党的十九大报告指出，要"健全货币政策和宏观审慎政策双支柱调控框架"，这是未来我国深化金融体制改革的重要目标。2008 年国际金融危机爆发后，各国央行普遍认识到，个体金融机构稳健并不意味着整个金融系统稳定，必须从宏观的、逆周期的视角运用审慎政策工具来防范和化解系统性风险，从整体上维护金融稳定。因此，国际金融监管改革逐步从微观审慎管理迈向宏观审慎管理。

我国早在 2009 年第三季度《货币政策报告》中就提出要"逐步建立起宏观审慎管理制度并纳入宏观调控政策框架"；2011 年，中国人民银行正式引入差别准备金动态调整机制，该机制配合利率、公开市场操作等货币政策工具，在限制金融机构信贷扩张，提升金融机构稳健性等方面发挥了积极作用。为了适应调控要求，人民银行在对原有政策框架进行完善的基础上，于 2016 年起将差别准备金动态调整机制升级为宏观审慎评估体系（MPA），从资本和杠杆、资产负债、流动性、定价行为、资产质量、跨境融资风险、信贷政策执行等七个方面对金融机构进行多维度的引导。宏观审慎评估体系极大地弥补了之前货币政策框架和微观审慎监管的空白。"货币政策＋宏观审慎政策"双支柱框架是我国在金融宏观调控政策框架实践方面取得的重要成果，货币政策与宏观审慎政策相互配合，大大增强了金融宏观调控的前瞻性和有效性，在防范与化解系统性风险，维护金融稳定

方面起到了十分积极的作用。

下一步，还要在借鉴国际经验的基础上，探索构建系统重要性金融机构的宏观审慎管理政策，同时加强与宏观审慎框架相匹配的金融基础设施建设与推进综合信息的统计与管理等工作。

### （二）转变监管理念，加强行为监管与功能监管

当前，国家对金融机构的监管框架仍为分业监管，即按照不同类型的金融机构设立相应的监管机构，对各类金融机构在市场准入、持续稳健经营、风险管控和风险处置、市场退出等环节进行监管，不同的监管主体无权干预其他类别金融机构的业务活动。在分业经营模式下，分业监管模式的优势十分明显，监管主体职责明确，监管专业化、科学化和精细化程度很高，长期以来，以分业为基础的监管格局对于壮大我国金融体系，培育银行、保险、证券等金融子产业起到了重要作用。

随着金融体制改革的深入推进，金融机构的业务范围与市场准入等方面的限制逐渐放宽，金融产品与金融服务日益呈现出多样化、复杂化和混业化特征，现行的以分业监管为核心的制度框架开始面临越来越大的挑战。其一，对不同金融机构经营的同一业务或类似业务进行监管时，不同监管主体的监管规则存在不一致的可能，这就为金融机构提供了监管套利空间，在一定程度上削弱了监管的有效性。其二，混业经营使得金融机构业务更加多元化，资金在不同行业、不同市场频繁流动，一旦发生剧烈波动，风险传播范围更广、更容易引起系统性金融风险。而分业监管框架下，监管主体缺乏并表监管能力，缺乏监测风险传播路径与风险积累程度的手段。其三，当前分业监管框架还存在监管空白，其中比较典型的是对金融机构控股股东的监管缺位。综合经营的金融机构的子公司或者分支机构具有相对明确的主营业务，因而会得到较好的监管覆盖，但对金融机构控股股东的监管却存在真空，如果多家金融机构同时被一个控股公司实际控制时，这种监管空白就存在巨大的风险隐患。

因此，基于现代金融发展水平和风险状况，构建以功能监管和行为监管为核心的新的监管模式，就显得十分迫切。功能监管是指以金融产品所实现的基本功能为依据来确定相应的监管机构和监管规则，行为监管是指监管部门对金融机构的经营活动及其交易行为实施监督管理。功能监管和行为监管可以有效地补齐监管短板，避免监管套利和监管空白，切实提高监管的有效性。

### （三）加强金融监管协调

从防范和化解系统性风险来看，构建货币政策和宏观审慎政策双支柱调控框架是重中之重，而加强监管统筹与协调则是实现宏观审慎管理的有效途径。长期以来，我国金融监管体系的作用不能充分发挥的重要原因在于缺乏一个能够统筹协调各监管机构之间、中央与地方之间关系的实体性机构。2017 年召开的第五次全国金融工作会议决定设立国务院金融稳定发展委员会，将原来金融监管协调部际联席会议的"部级水平协调"升级为"上下级垂直协调"，金融监管的格局也将因此而更加合理有效：金融稳定发展委员会负责顶层设计、重大决策和总体统筹协调；部委层面有"一行两会"，负责条线监管政策和制度，重在实施机构监管；在地方层面则由金融管理部门协助落实具体政策。随着监管协调性的提升，金融监管内涵也逐渐由分业监管向功能监管倾斜，这一方面有助于避免分业监管中存在的重复和交叉监管，减少监管标准不统一导致的"监管套利"；另一方面有助于总体判断金融机构资产组合的风险和资产配置情况，实现对被监管机构业务的全覆盖；此外，还有助于消除互联网金融等领域金融创新所造成的监管空白。

随着货币政策和宏观审慎政策双支柱调控框架的逐步完善，对金融基础设施的要求越来越高，加强对信息统计、风险监测、数据分析等方面的统筹协调，实现金融基础设施的互联互通，不仅是加强监管协调防控风险的基础，也是推动构建货币政策和宏观审慎政策双支柱调控框架的题中之意。

## 四、维护国家金融安全要以参与全球金融治理为依托

在经济金融全球化发展的背景下，金融早已跨过国与国的界限，在全球范围内配置资源与管理风险，金融安全也不再局限于国内，而是世界各国都必须面对的共同问题，任何地区出现的危机性事件都可能通过全球金融系统复杂的传导机制和衍生放大效应而最终演变为全球性的金融危机。国际金融危机巨大的破坏性客观上要求各国加强对金融活动的跨国监管与协调，积极参与全球金融治理。次贷危机爆发后，发展中国家占全球经济总量的比例显著提高，相应地在全球金融治理体系中的地位也有所改善，但远远不足以动摇原有的西方国家主导的国际金融治理框架。因此，积极参与全球治理，重塑现有的不合理国际金融秩序，是包括中国在内的所有

发展中国家继续争取的目标。

中国作为全球第二大经济体，最大的工业国、货物贸易国和外汇储备国，经济实力与国际影响力与日俱增，理应在全球金融治理中贡献更多的中国智慧和中国方案。

**（一）积极推动国际组织体系改革，主动参与国际规则的制定，不断提升话语权**

国际金融治理，本质上是各国利益与话语权的谈判与争夺。当前，以世界银行和国际货币基金组织（IMF）为代表的世界金融秩序，无论在国际金融合作的顶层设计、议题设定还是标准制定等方面，都集中体现了发达国家的话语权与国家利益，发展中国家在其中处于极其不利的地位。但经过中国的积极争取，中国在 IMF 中的份额占比由 3.996% 上升至 6.394%，成为 IMF 第三大股东，仅次于美国和日本，此后人民币正式加入国际货币基金组织特别提款权（Special Drawing Right，SDR）货币篮子，标志着中国在国际货币体系中的影响力与发言权显著提高。

**（二）积极倡导国家间合作，推动构建新的国际机制**

为满足自身发展需求，中国积极倡导国家间合作，开始探索建立新的国际机制，为推动国际金融体系的公平化与合理化，中国同印度、巴西、俄罗斯和南非等"金砖国家"共同成立了金砖国家开发银行；立足于推动"一带一路"深入发展，中国倡议成立了亚洲基础设施投资银行。这些国际金融组织的成立对于重塑全球金融治理模式，推动全球金融治理格局向公平、公正、合理的方向转变，起到了极其重要的作用。

**（三）积极推动国际货币体系改革，积极推动人民币国际化进程**

随着中国越来越多地参与国际金融事务，人民币国际化水平也在不断提高，在结算、计价、储备等方面均取得了重要进展。2016 年人民币正式被纳入国际货币基金组织 SDR 货币篮子，标志着人民币国际化进程进入了新的阶段。人民币国际化是金融危机后全球各经济体满足自身需求的现实选择，也是中国综合国力提升到一定程度后的必然结果。人民币国际化的深入推进，还有赖于跨境支付系统、人民币离岸市场等相关基础设施的建设和完善，有赖于"一带一路"建设的持续推进与国际金融合作的进一步加强，还有赖于本外币一体化的宏观审慎管理框架的完善。

## 思考题

1. 金融安全、金融风险与金融危机之间有什么关系?
2. 金融全球化会对我国金融安全带来哪些挑战?
3. 当前我国金融安全与金融稳定发展的主要隐患表现在哪些方面?
4. 维护我国金融安全与金融稳定的对策主要有哪些?
5. 为维护我国金融安全,应如何进一步完善金融监管体制?
6. 我国应如何参与全球金融治理以维护国家金融安全?

# 参考文献

[1] [美] 明斯基 (Minskg, H. P. ). 一种金融不稳定视角 稳定不稳定的经济 [M]. 北京:清华大学出版社,2005.

[2] 何德旭 等. 中国金融稳定:内在逻辑与基本框架 [M]. 北京:社会科学文献出版社,2013.

[3] 王元龙. 中国抉择:宏观经济与金融安全战略 [M]. 北京:中国金融出版社,2012.

[4] 马勇. 金融稳定与宏观审慎:理论框架及在中国的应用 [M]. 北京:中国金融出版社,2016.

[5] 罗斯丹. 中国金融安全问题研究 [D]. 吉林大学,2009.

[6] 赵清. 全球化视角下的金融开放与金融安全 [J]. 金融发展研究,2010 (12).

[7] 韩龙. 论防范国际金融风险和危机的制度体系建构 [J]. 苏州大学学报 (哲学社会科学版),2009 (3).

[8] 周小川. 深化金融体制改革 [EB/OL]. 2016 – 02 – 04.

[9] 习近平. 做好金融工作 维护金融安全 [EB/OL]. 2017 – 04 – 26.

[10] 金灿荣,金君达. 中国与国际金融体系:从参与到重塑 [EB/OL]. 2015 – 09 – 28.

[11] 中国人民银行金融稳定分析小组. 中国金融稳定报告 (2017) [EB/OL]. 2017 – 07 – 25.

[12] 中国人民银行金融稳定分析小组. 中国金融稳定报告 (2016) [EB/OL]. 2016 – 06 – 30.

[13] 中国保监会. 中国保险业发展 "十三五" 规划纲要 [EB/OL]. 2016 – 08 – 31.

# 第十章　新时代中国经济金融对外开放

**本章概要**

1978年以来，在改革开放的推动下，随着各领域对外开放的不断深化，我国社会经济实现了跨越式发展，人民生活水平日益提高，综合国力显著增强，经济社会发展取得了举世瞩目的成就。新时代，随着我国新一轮对外开放大幕的开启，各个行业、特别是金融业开放在更高层次和水平上的稳步推进，将有助于提高金融行业整体竞争能力、规范程度和国际化水平，增强金融体系服务实体经济能力，提升我国在全球经济治理中的话语权。

## 第一节　开放的中国经济进入新时代

1978年，我国实行开放政策，经过40年的实践，形成了全方位、多层次、宽领域的对外开放格局，实现了经济跨越式的发展。新时代，我国经济由高速增长阶段转向高质量发展阶段，扩大开放领域，优化开放结构，提高开放质量，完善内外联动、互利共赢、安全高效的开放型经济体系，成为推动我国经济持续健康发展的必然选择。

### 一、中国经济持续健康发展的开放实践

### （一）中国经济对外开放的历史进程

中国共产党在20世纪70年代末作出实行改革开放的重大决策是有深刻的国内和国际背景的。从国内情况看，"文化大革命"的十年，我国国民经济到了崩溃的边缘，经济基本处于停滞状态。从国际环境看，20世纪70年代世界范围内蓬勃兴起的新科技革命推动世界经济快速发展，而我国经济实力、科技实力与国际先进水平的差距日益加大，面临着巨大的国际竞争

压力。在科学分析国际国内形势、准确把握时代发展和人民愿望的基础上，1978 年 12 月，中国共产党召开了具有重大历史意义的十一届三中全会，实现了工作重心向经济建设的转移，实行改革开放政策，开启了中国经济发展的新篇章。

1. 探索阶段：1978—1991 年

1979 年初，国务院决定设立蛇口工业园区。同年 7 月，中央批准广东、福建两省的对外经济活动实行特殊政策和灵活措施。1980 年，全国人大常委会批准在深圳、珠海、汕头、厦门设立经济特区，按照市场取向进行改革探索，标志着中国对外开放正式起步。1984 年，国务院决定进一步开放大连、秦皇岛、天津、烟台、青岛、连云港、南通、上海、宁波、温州、福州、广州、湛江、北海 14 个沿海港口城市。1985 年，党中央、国务院决定把长江三角洲、珠江三角洲和闽南厦门、漳州、泉州三角地区开辟为沿海经济开放区。1988 年，设立海南经济特区。1990 年中共中央和国务院决定开发浦东新区。1991 年，开放满洲里、丹东、绥芬河、珲春 4 个北部口岸。国务院先后批准上海外高桥、深圳福田、沙头角、天津港等沿海重要港口设立保税区。

这一阶段，我国经济对外开放的特点是发展"外向型经济"，采取进口替代和鼓励出口并举的贸易政策，充分发挥比较优势，利用发达国家和地区劳动密集型产业外移的机遇，发展出口导向型和劳动密集型制造业，推动加工贸易的发展，使我国开始以要素和资源优势融入国际分工体系。吸引外资，引进先进技术和管理经验，弥补大多数发展中国家存在的储蓄和外汇的"缺口"，解决国内经济发展的资源瓶颈问题。

2. 成长阶段：1992—2000 年

1992 年，邓小平同志南方谈话之后，我国的对外开放进入全面加速推进的时期。以上海浦东为龙头，开放芜湖、九江、黄石、武汉、岳阳、重庆 6 个沿江城市和三峡库区，实行沿海开放城市的经济政策。开放哈尔滨、长春、呼和浩特、石家庄 4 个边境和沿海地区省会城市，开放珲春、瑞丽、凭祥等 13 个沿边城市，进而开放太原、合肥、成都、西安、银川等 11 个内陆省会城市。2000 年，国家实施西部大开发战略，对外开放由沿海地区向内陆腹地拓展。至此，我国全方位地对外开放地域格局基本形成。

这一阶段，我国对外开放的特点是采取更为便利优惠的政策，发展"开放型经济"，实现了从特区到沿海、沿江、沿边、内陆的全面开放。成功构筑了承接国际资本产业转移的平台，利用国内国际两种资源、两个市场，加快国内经济发展。在长江三角洲、珠江三角洲形成了国际先进制造业加工中心，"中国制造"风靡世界市场。我国工业化、现代化进程加快推进。

3. 深化阶段：2001 年至今

2001 年 12 月 11 日，我国加入世界贸易组织，成为我国对外开放进程中的一个重要里程碑。我国遵守世贸组织规则，逐步削减贸易和非贸易壁垒，推动商品和服务贸易、投资和金融等领域的自由化，按照多边自由贸易框架的规定开放市场。全面履行开放服务业的承诺，按照世贸组织分类，我国 100 多个服务贸易部门已向外资开放。2013 年 8 月，采用"负面清单"管理模式的上海自由贸易园区成立，到 2016 年，国务院相继批准设立广东、天津、福建、大连、舟山、郑州、武汉、重庆、成都、西安 10 个自由贸易试验区。以建设面向全球的高标准自由贸易网络，将中国的经济开放推向更高层次。

在这一阶段，我国的对外开放更加注重贸易平衡，注重贸易结构转型升级，由贸易大国向贸易强国迈进。利用外资与走出去投资并重，企业走出去投资规模扩大，我国进入双向开放的新时期。积极参与全球经济治理，开放更加主动，培育有利于自身开放的外部环境，"一带一路"倡议的提出、"亚洲基础设施投资银行"的设立、G20 峰会的召开都表明，中国在国际经贸体系中的地位愈加突出。

## （二）中国经济对外开放取得的成就

40 年的开放探索，推动我国经济取得了举世瞩目的成就，其突出表现主要有：

1. 对外开放成为国民经济和社会发展的重要支撑力量

据测算，2005 年以来，我国货物和服务净出口对经济增长的贡献度保持在 20% 以上，拉动经济增长平均在 2.4 个百分点左右，成为经济增长的重要引擎之一。2017 年底，货物和服务净进出口总额为 27.80 万亿元人民币，对我国经济增长的贡献率达 9.1%。从增加就业看，外贸直接或间接带动就业人数达 1.8 亿人左右，约占全国就业总数的 23%。截至 2016 年底，对外劳务合作业务累计派出各类劳务人员 850 万人。从税收增长看，目前关税和进口环节税占全国税收的比重达 15% 左右，再加上外资企业税，涉外经济税收占全国税收的比重达 40% 左右。2016 年，进口环节税收达 1.54 万亿元，占全国税收收入的 11.8%。

2. 对外开放推动对外贸易和外商直接投资快速增长

1978 年，我国进出口贸易额为 355 亿元，2017 年，我国货物贸易进出口总额达 27.80 万亿元，是 1978 年的 782.82 倍。外贸发展方式转变加快，结构不断优化，出口主导产业向装备制造业等资本、技术密集型产业转移的势头逐步显现，金融、保险、物流、咨询设计、广告等服务贸易发展加快。跨境电子商务、市场采购贸易、外贸综合服务企业等新型贸易方式蓬勃发展。利用外资水平不断提高，截至 2016 年底，我国累计实际使用外商直接投资达 1 260 亿美元，投资环境和外资结构不断优化。对外投资持续增加，2016 年底对外直接投资规模达 1 961.5 亿美元，占全球比重的 13.5%。连续 14 年保持快速增长。

3. 对外开放推动了我国社会主义市场经济体制的建立和完善

40 年的对外开放为国内改革和制度创新输入了不竭的外生动力。经济特区作为我国的改革试验田，在市场化探索方面发挥了先导、窗口和辐射作用。经济开发区等各类经济特殊功能区，推动了我国市场经济体制建设进程。加入世贸组织后，我国对外经济体制改革全面深化，政府职能加快转变，行政管理体制改革取得突破。

4. 对外开放推动经济社会全面进步

1978 年，中国的人均 GDP 只有 155 美元，为世界倒数第二位；2016 年中国的人均 GDP 达到了 53 817 元，步入中等收入国家行列。利用外商直接投资，引进先进技术、设备和管理，促进了我国技术进步和产业升级，提高企业管理水平和市场竞争力。加工贸易的发展壮大使我国劳动力比较优势得以发挥，加快了我国工业化和城镇化进程，形成若干外资密集、内外结合、带动力强的经济增长带。

5. 对外开放推动了我国国际地位和影响力的提升

外汇储备增长速度加快。1978 年，我国外汇储备仅有 1.67 亿美元。2018 年 7 月底，我国外汇储备规模达到 31 179 亿美元，稳居世界第一。我国货物进出口在世界贸易中的占比，从 1978 年排名第 32 位，所占比重不足 1%，到加入世贸组织十年后的 2010 年，我国货物进出口总额 29 740 亿美元，比 1978 年增长 143 倍，年均增长 16.8%。2016 年 10 月 1 日起，人民币成为"特别提款权"（SDR）货币篮子中仅次于美元和欧元的第三大货币，在人民币国际化方面迈出了重要一步。我国积极参与二十国集团、金砖国家等机制建设，坚定维护多边贸易体制在全球贸易投资自由化进程中的主渠道地位，积极推动制定多边投资规则；加快实施自由贸易区战略，为我国经济社会发展营造了有利的外部环境。

### （三）中国经济对外开放的宝贵经验

40年的改革开放，中国社会经济在取得了巨大成就的同时也积累了一系列的宝贵经验。

1. 改革开放进程中始终保持求真务实的态度，积极探索符合中国自身国情的开放道路

坚持从中国的实际出发，解放思想，解放生产力，以开放促改革、促发展，为中国经济发展注入了强大的动力和活力。在对外开放政策的指引下，明确树立参与国际分工，充分利用国际国内两个市场、两种资源为社会主义现代化建设服务的指导思想，为我国国民经济发展提供了前所未有的良好环境和客观条件。

2. 坚定不移地遵循全方位、多层次、宽领域完善的对外开放方针

建立规范成熟的对外开放体系和科学的宏观调控体系，实现从沿海、沿江、沿边到向内陆纵深发展的地域开放格局；发挥整体效益和比较优势，实现我国经济与世界经济的互补互利；循序渐进地扩大对外开放领域，有步骤、有管理地推进服务贸易领域的对外开放；在维护国际经济安全的基础上，坚持适度渐进地对外开放。

3. 坚持对外开放与维护经济安全相统一

坚持渐进稳妥的开放策略，树立开放的经济安全观，处理好开放的进度、经济发展的速度和社会可承受程度的关系，在社会稳定中推进改革、扩大开放，在开放中不失自主性和独立性，牢牢守住底线。注重解决经贸摩擦，开展反垄断和安全审查，有效维护产业安全。审慎开放资本市场，保持汇率基本稳定，有效防范金融风险，确保我国经济稳定健康发展，实现社会长治久安。

4. 健全涉外经济法律体系，为对外开放提供法律和制度保障

按照国际经济通行规则处理经贸关系，制定和完善对外经济贸易相关法律法规，形成稳定、规范、透明的涉外经济管理体制，创造公平和可预见的法制环境，确保各类企业在对外经济贸易活动中的自主权和平等地位，依法管理涉外经济活动，强化服务和监管职能。完善对外投资服务体系，赋予企业更大的境外经营管理自主权。

5. 坚持统筹国内发展和对外开放并重

40年的开放实践证明，坚持从长远发展出发，利用外部条件，利用外资，引进先进技术和管理经验，充分利用国内和国际两个市场、两种资源，统筹国内发展和对外开放，在加快引进外资技术的同时，注重依靠自己的

力量创新发展，中国和世界各国在互惠互利互赢中共同发展。

## 二、新时代我国推动经济对外开放面临的机遇与挑战

### （一）深刻认识推动形成全面开放新格局的重大意义

新时代推动形成全面开放新格局，是新的历史条件下实现中华民族伟大复兴重大使命的基本要求，是决胜全面建成小康社会、实现"两个一百年"奋斗目标，开启全面建设社会主义现代化强国新征程，迈向富强民主文明和谐美丽的社会主义现代化强国基本方略的重要支撑。

1. 满足人民日益增长的美好生活需要

新时代，我国社会主要矛盾已经转化为"人民日益增长的美好生活需要和不平衡不充分的发展之间的矛盾"。当前，我国存在部分中低端产品过剩和中高端产品供给不足并存、服务短板现象突出的问题。这对经济扩大开放提出了新要求，要求我们扩大服务业对外开放，增加高品质消费品和优质服务进口，丰富国内消费市场，更好地满足人民群众个性化、多元化、差异化需求。

2. 建设开放型世界经济的主动作为

近年来，世界经济发展动力不足，保护主义倾向抬头，经济全球化在形式和内容上面临新的挑战。我们在扩大开放时更加注重打造平等协商、广泛参与、普遍受益的区域合作框架；维护多边贸易体制主渠道地位；促进自由贸易区建设，提升贸易投资自由化便利化水平。主动参与和推动，引导经济全球化朝着更加开放、包容、普惠、平衡、共赢的方向发展，为建设开放型世界经济增添动力。

3. 构建人类命运共同体的重大贡献

当前全球发展失衡、治理困境、数字鸿沟、公平赤字等问题突出。我国日益走近世界舞台中央，要更好地统筹国内国际两个大局，奉行互利共赢的开放战略，帮助广大发展中国家参与并融入全球价值链，促进包容性增长和共享型发展，推动建设一个开放、包容、普惠、平衡、共享的经济全球化，为构建人类命运共同体作出中国贡献。

### （二）新形势下我国经济扩大对外开放面临的机遇与挑战

1. 我国推进经济扩大开放面临的机遇

（1）经济全球化深入发展是我国加快发展的重大机遇。随着对外开放

程度的提高，同国际市场的联系日益紧密，可以在更大范围内优化资源配置。参与全球化可以使我国直接利用较先进的成果来发展高新技术产业、改造传统产业，在较高的起点上发展经济，发挥"后发优势"，加快经济结构的优化和升级。

（2）以信息技术为代表的新一轮技术革命为我国产业转型升级提供了新契机。高端人才、高端产业活动加速向我国转移，我国正逐渐从"人口红利"转变为"人才红利"，为我国赶上新一轮全球产业调整发展步伐、缩小与发达国家的差距提供了良好契机。

（3）国际经济形势的变化为我国创造更广阔的扩大开放的空间和路径。国际金融危机后，全球经济低迷的情况下，我国可以通过低成本的并购，获取被并购企业的技术、研发能力、国际销售渠道，加快国内企业与国际的接轨步伐，为其在全球整合资源、提升核心竞争力提供一条捷径。

（4）我国国际影响力的进一步提升创造了良好的外部环境。世界经济格局变化将推动国际经济秩序朝着更加公正合理的方向转变，我国在世界经济和全球治理中的分量迅速上升，这有利于我国和其他发展中国家更好地维护自身利益，充分利用前期开放的经验和成果，加快提升用好国际国内两个市场、两种资源的能力，提升应对国际经贸摩擦、争取国际经济话语权的能力，提升运用国际经贸规则的本领，以更高水平的开放推动全面深化改革、促进高质量发展。

2. 我国推进经济扩大开放面临的挑战

（1）从国内形势看，经济新常态对我国对外开放战略提出新要求。经济新常态下，我国经济下行压力仍然较大，消费、投资、出口三大需求对经济拉动效应持续疲软，产能过剩的矛盾进一步加剧，面临着经济结构调整和产业升级转型的困难；随着劳动力成本的不断上升，环境资源约束的增强，创新短板日渐凸显，一些关键技术和核心技术仍然受制于人，缺乏拥有自主知识产权的产品和品牌，在世界产业链中处于中低端，继续创造新的竞争优势和经济增长推动力。

（2）从国际发展形势看，国际金融危机至今，全球经济增速、贸易增速持续走低，利率长时期保持低位徘徊，大宗商品价格低迷，新兴市场增速放缓等问题日益突出。影响经济增长的"三驾马车"之一的进出口形势较为严峻，我国经济环境不容乐观。新一轮科技革命和产业革命蓄势待发，技术和产业大变革对中国产生高压效应。大国在政治经济、文化安全等各方面角力博弈日益激烈，我国在推进"一带一路"，实施欧亚一体化和亚太一体化的进程中受到的阻力和风险加大。发达经济体为争夺国际贸易投资规则的主导权，引发了新一轮经贸格局的调整，包括中国在内的新兴经济体在全球经济治理中的话语权提升仍面临挑战。

## 三、完善开放型经济，推动形成全面开放新格局

中国开放的大门不会关闭，只会越开越大。中国将坚定不移实施对外开放的基本国策、实行更加积极主动的开放战略，坚定不移提高开放型经济水平。新时代的对外开放，全方位、多层次、宽领域的特色将会越见明显，陆海内外联动、东西双向开放的大格局将会更趋成熟。

### （一）完善对外开放的战略布局

坚持"引进来"和"走出去"并重的双向开放，促进国内外要素有序高效流动，资源合理配置、市场深度融合。一方面积极参与国际市场的产业竞争和资源交换，努力发展外向型经济，促进中国经济的全面发展。借助通信、高铁、核能等自主知识产权产品出口，在广泛的国际产能合作中大力推动中国资本"走出去"步伐，实现我国经济与世界市场更深层次的紧密融合与互动。另一方面，大力引进信息、资金、技术和人才，进行优势互补。推动形成全方位的区域开放新格局，支持发达沿海地区全面参与国际竞争、提高边境经济合作区、跨境经济合作区发展水平的全新布局，实施更加灵活的政策，促进产业向中西部梯度转移，赋予自贸试验区更大改革自主权，探索建设自由贸易港。

### （二）推进对外开放新体制建设

完善法治化、国际化、便利化的营商环境，健全服务贸易促进体系，全面实行准入前国民待遇加负面清单管理制度，有序扩大服务业对外开放，扩大金融业双向开放。推动更多国家签署高标准的多边协定，以推进多边和区域开放为依托，在更宽领域上提高开放型经济水平。继续推动双边、多边、区域次区域开放合作，支持世贸组织在全球贸易自由化中的主导地位；加快自由贸易区建设，不断扩大服务业开放，开展环境保护、投资保护、电子商务等新议题谈判，在更宽领域上提高开放型经济水平。

### （三）发展更高层次的开放型经济

国际环境和国内发展形势及条件的深刻变化，迫切要求我们把对外开放推向新的阶段和高度，必须"坚持内外需协调、进出口平衡、"引进来"

和"走出去"并重、引资和引技引智并举，发展更高层次的开放型经济"，在对外开放方面，如投资准入、完善贸易投资规则、健全贸易促进体系、自贸区推广复制、金融业双向开放、签署双边协定等方面推出重大举措，为我国打造高层次的开放型经济提供重要保障，为我国经济繁荣发展提供持续动力支持。

### （四）推进"一带一路"建设新格局

深入把握国际区域经济一体化发展大势，统筹国内国际两个大局，推进"丝绸之路经济带"和"21世纪海上丝绸之路"建设，推进同有关国家和地区多领域互利共赢的务实合作，实现我国与沿线国家联动发展。基础设施互联互通和国际大通道建设，以及加强同国际金融机构合作，发挥"亚投行""金砖银行""丝路基金"作用，使"一带一路"的综合运输通道、经贸合作平台、人文交流纽带等功能和作用进一步发挥。同时打造国内陆海内外联动、东西双向开放的全面开放新格局。加快内陆开放、向西开放的步伐，助推内陆沿边地区由对外开放边缘转为前沿，解决国内地区间发展不平衡的问题。

### （五）积极参与全球经济治理

积极承担国际责任与义务，推动国际经济治理体系改革趋向完善，促进国际经济秩序向平等公正、合作共赢的方向发展。加强宏观经济政策国际协调，促进全球经济平衡、金融安全、经济稳定增长。积极参与网络、深海、极地、空天等新领域国际规则的制定。积极参与应对全球气候变化谈判，落实减排承诺。维护国际公共安全，反对一切形式的恐怖主义。坚定不移推进全球贸易投资自由化便利化，提出更多中国方案。积极推进自贸协定谈判，提升自贸协定水平。

## 第二节　中国经济发展的金融对外开放支撑

改革开放后，我国经济开放水平越来越高，经济开放产生了对金融开放的需求，对外贸易需要得到金融机构的支持，获得贸易结算、贸易融资、金融咨询等金融服务；我国企业走向海外需要得到金融机构的金融服务；跨境资金流动要求金融市场对外开放等，这样的背景下，金融对外开放自然发展起来。经过40年的开放实践，金融对外开放对经济稳定快速增长起到了积极的促进作用。

## 一、金融对外开放及其对经济的推动作用

### (一) 金融对外开放的内涵

金融对外开放，从一定程度上说是一个国家的金融业（银行业、证券业、保险业）和金融市场的对外开放。但一个国家如果开放本国的金融市场，境外投资者和金融机构参与该国的金融市场交易活动，必然会引起资本流动，而跨境资本的流动又会对该国货币的供求关系造成影响，从而影响该国货币的汇率走势。因此，从广义角度来看，金融开放是一个系统工程，其内涵更为丰富，除金融业和金融市场开放外，还应包括一国的跨境资本流动、该国货币汇率等方面。

### (二) 金融对外开放对经济的推动作用

1. 满足我国经济发展的需要

金融作为现代经济的核心，它的完善与否直接决定了整个市场体系的完善程度。目前，我国金融市场存在着如体系不健全和效率低下等问题，我国必须要加快金融市场的发展，深化金融改革，加快金融对外开放步伐，促使我国金融机构在国际竞争中，改善管理水平，提高经营效率，更好地发挥金融对经济发展的核心作用。

2. 有助于构建多元化的金融体系

引进外资金融机构和金融创新工具，可以对一国的金融体系产生积极的外溢效应，如先进的制度、技术、规则可以助推本国金融机构的运营效率、管理标准，拓展金融服务渠道，有助于促进竞争，提高市场效率，建立高效的金融体系，提高金融业运行效率，提升金融的稳定性。

3. 为金融市场稳定发展提供强劲动力

一国金融市场国际化程度的提高，不仅可以更为顺利地获取经济发展所需的资金，而且便于资本的国际流动，促进国内资本参与国际资本运动的大循环，在更广阔的市场实现资本的优化配置，加强与世界各国之间的经济联系。开放金融市场，有助于加强金融法律法规的建设，建立公平竞争的市场环境，完善相关的金融监管体系，全面提升我国金融业的整体素质和市场竞争力，形成一个良好的金融环境。

4. 有利于分散风险，维护金融稳定

国际上历次金融危机的经验表明，金融业不开放反而容易造成风险累积，金融风险越集中杀伤力越大，越分散越容易化解。开放后参与主体增加，竞争更充分，风险不宜过于集中，出现问题也有更多主体分担。实践证明，对外开放比较彻底，积极参与全球资源配置的金融领域，也是发展较好、竞争力强、国际化程度高的领域。

5. 提升金融业的服务和竞争力水平

通过开放，引进先进的金融技术、金融服务方式和金融产品设计理念，推动国内金融业创新，促进国内金融组织体系、金融产品、金融交易工具和方式、外汇市场产品以及金融理念和手段创新，有利于金融从业人员吸收国外先进的金融技术，从而培养造就适应社会需要的金融人才，提升服务水平。

## 二、中国金融对外开放的历史演进

1978 年以来，我国金融遵循循序渐进的原则对外开放，大致经历了四个发展阶段。

### （一）起步阶段：1978—1993 年

1978 年是改革开放的起点，国内各行业百废待兴，资金与技术等生产要素严重缺乏，劳动就业压力大，极大地制约了我国经济的发展。因此，我国通过引入外资银行、引进外汇资金和改善对外资企业的金融服务，为经济发展创造良好的投资环境。

1980 年，日本输出入银行在北京设立代表处，标志着我国拉开了金融对外开放的序幕。同年 7 月，国家决定在深圳、珠海、汕头、厦门和海南创办经济特区，将其建设成为中国走向世界的试点窗口。从 1981 年 7 月开始，允许外资金融机构在经济特区设立营业性机构试点，开展外汇金融业务。截至 1993 年底，在我国的外资银行营业性机构共 76 家，资产总额达到 89 亿美元，经营地域也从经济特区扩展到沿海。其他金融业如保险业在 1992 年，美国友邦保险公司上海分公司开业，标志着我国保险市场的对外开放拉开序幕。1982 年，中国国际信托投资公司在日本东京发行私募债券，标志着中国企业走出国门，利用海外市场发债或发行股票进行融资，启动了证券融资的国际化进程。1990 年 12 月与 1991 年 7 月上海证券交易所和深圳证券交易所相继正式开业，为国内企业提供了直接融资的渠道。为了吸引国际资本，1991 年底我国推出了人民币特种股票（简称 B 股）试点，投资者为境外法人或自然人，标志着我国证券业开始对外开放。1993 年 6 月，境内企业开始试点在香港证券市场上市，海外上市拓宽了中国境内企业直接融资的渠道。

这一阶段的金融对外开放，引入外资金融机构，不仅为外资企业提供了配套的金融服务，而且对改革中的中资金融机构提供了学习外资金融机构的先进技术与管理理念的机会，加强了国际交流。在这一阶段，另一项与经济对外开放密切相关的是贸易结算、外汇与人民币汇率。这些问题都与人民币汇率制度安排相关。

在改革开放之初，中国的汇率制度采取的是盯住一篮子货币的固定汇率制度（权重按照贸易比重制定），1 美元大约能兑换 1.5 元人民币，币值被显著高估了。在这种汇率制度安排下，外资进入中国的动力不足，出口企业的经营热情也受到影响。因此，通过综合考量，我国对当时的汇率制度进行改革。于 1981 年宣布采取"官方汇率 + 贸易外汇内部结算价"的双轨模式，前者适用于非贸易收入，后者适用于贸易收入。这种双轨模式下的两种汇率带有计划经济的特征，没有发挥市场的作用，只是一种暂时性的过渡政策。1985 年，为鼓励企业出口，政府取消了贸易外汇的内部结算价，开始实施外汇留成制度（即企业可以保留约 10% 的外汇），建立外汇调剂市场。在外汇调剂市场上，保有外汇留成的企业或个人可在市场上按照双方意愿价格进行交易，形成调剂市场价格，从而形成"官方汇率价 + 调剂市场价""官方交易市场 + 民间调剂市场"的新双轨模式。在刚开始实施时，由于企业留成比例较低，私人部门持有的外汇资产有限，外汇市场主要以官方交易市场，运行较为顺畅。但随着外汇留成比例与出口创收的外汇资金规模不断提高，越来越多的外汇持有者选择在外汇调剂市场上进行交易，相比于官方市场价（1：3 到 1：5 之间），调剂价（一度低至 1：10）汇率更具有吸引力。这就导致调剂市场的交易量逐渐扩大并超过了官方交易市场，1993 年，外汇调剂市场的交易量占了全部外汇交易的 80%～85%，外汇市场基本脱离了政府的干预控制，政府无法从出口商或个人手中获取足够的外汇，形成了"国家外汇储备少，私人部门外汇多"的局面，这与国家吸引外资、技术装备发展国内经济的初衷逆向而行。且由于两个市场之间存在套利空间，在外汇管制的背景下，极易出现寻租腐败等问题。

总体来看，在这一阶段，金融业开放、人民币汇率改革、跨境资本流动都是为了发展经济、增加外汇储备为目的的。因为中国的金融市场在 20 世纪 90 年代初才开始建立，因此金融开放的另一层要义的金融市场开放，在这个阶段基本处于零的阶段。

实践证明，这一阶段的对外开放战略引进了大量外资企业和金融机构，有效地增加了中国的外汇储备，为国内创造了更多的就业机会，经济增速明显加快。截至 1993 年底，76 家在华外资银行营业性机构，经营对外资企业和外国居民的外汇业务，资产总额达 89 亿美元；中国企业境外上市筹资额为 60.4 亿元；外汇储备从 1979 年的 8.4 亿美元迅速增加到 1993 年的 21.2 亿美元。

## （二）成长探索阶段：1994—2001 年

1993 年底国务院发布《关于金融体制改革的决定》，对原有金融体制进行了深刻的变革。1994 年建立中央银行制度，成立货币政策委员会，增强货币政策制定的科学性，将原有的四大国有商业银行转变为国有独资商业银行。初步建立了"统一开放、竞争有序"的金融市场体系，为金融市场的发展提供了良好的政策环境，促进了金融业的对外开放。但同时，国内金融业和金融市场处于刚刚起步阶段，很多方面仍不完善，抵御风险的能力还较差，因此，这个时期我国金融业和金融市场的对外开放在探索中谨慎前行。

1. 人民币汇率体制改革

1994 年 1 月 1 日我国进行外汇体制的重大改革，将官方汇率与外汇调剂市场汇率并轨，实行以市场供求为基础的、单一的、有管理的浮动汇率制度。作为这一阶段我国金融对外开放的逻辑起点，这次汇率改革对其后十几年的我国货币政策、金融市场与汇率制度有着重要影响。取消外汇留成制度，要求进行强制性结汇。私人部门不能自行持有外汇资产，必须结汇，卖给外汇指定银行，外汇指定银行必须将高于外汇局批准的头寸额度在外汇市场卖出，央行在市场买入外汇，增加国家外汇储备，维持人民币汇率稳定，放出外汇占款。按照"居民—银行—央行"这一结售汇链条，央行的货币政策、基础货币的释放与外贸、汇率等外部因素关联。随着对外开放的进一步深入，企业外汇收入增多，央行结汇释放出的外汇占款增多，货币政策的灵活性受到一定程度的制约。1996 年，我国提前 2 年实现了经常账户的自由兑换，外资企业在国内的投资环境得到改善，利润汇出等一系列问题得以解决，外资进入国内市场的热情被进一步释放，以此为标志，贸易开放基本完成。资本账户的可自由兑换与跨境资本流动问题也由此提上日程。从其他国家发展的经验来看，一般在开放经常账户后，都会渐进开放资本账户。但 1997 年的亚洲金融危机敲响了警钟，当时实现跨境资本自由流动的泰国、韩国等亚洲国家的金融体系和经济受到了重创，出现了严重的金融危机。在国际经验和国内自身经济金融不稳定的前提下，我国跨境资本流动和资本账户开放被暂时搁置，政府政策的重心转向如何应对亚洲金融危机及其余波带来的冲击。宣布人民币不贬值，并采取重新盯住美元的临时性汇率政策，加速对国有商业银行的改造，加大对外资银行的监管力度，有效防范了外资银行的经营风险。

2. 银行业的对外开放

1994 年 4 月 1 日，国务院颁布实施《中华人民共和国外资金融机构管理条例》，这是全面规范外资银行的第一部法规，规定了外资银行在华设立外商独资银行、中外合资银行和外国银行分行的市场准入条件和监管标准。银行业开放更加透明，但在业务范围和经营区域上还是有所限制。1996 年 12 月，中国人民银行颁布《上海浦东外资金融机构经营人民币业务试点暂行管理办法》，允许符合条件的外资金融机构在上海浦东试点人民币业务，进一步向外资银行开放了对外资企业和境外居民的人民币业务，银行业开放进入了开放本币业务的新阶段。1999 年，我国取消设立外资银行的区域限制，外资银行可以在我国任何一个中心城市设立营业性机构，并被允许加入全国银行间拆借市场，增加外资银行人民币资金来源。

截至 2001 年底，在国内设立的外资银行经营性机构共 190 家，资产总额为 450.48 亿美元，外汇储备增至 2 121.6 亿美元。

3. 保险业、证券业与金融市场的对外开放

这一阶段的中国保险业开放相对快于银行业，1994 年，中国平安保险吸纳摩根士丹利和高盛两大国际财团参股，成为第一家引进外资入股的保险公司。1996 年，加拿大宏利人寿保险与外经贸信托合资设立中宏人寿保险公司，成为第一家中外合资保险公司。随着保险行业的迅速发展和开放步伐的加快，此时国内的保险法制建设和监管体系建设也在逐步完善，先后在 1996 年推出《中华人民共和国保险法》、1998 年设立保监会强化对保险业的监管。

由于此时间段内，我国证券机构刚刚成立，证券市场的功能与结构、市场机制、相应的法制建设还不健全，内幕交易等不规范事件频出，为防范金融风险，在国内证券市场还未健全完善之前，需谨慎引进外资。同时，由于外资进入国内金融市场，必然涉及跨境资本流动，而此时 1997 年爆发的亚洲金融危机警示我国，在金融市场体系还不完善，还没有足够能力抵御风险的情况下，过早地放开资本管制，容易对汇率、利率等造成较大冲击，影响国家经济安全。因此，我国的跨境资本自由流动和与之相关的资

本账户开放问题在这一阶段被暂时搁置，此时，我国的证券业与金融市场相对处于封闭状态。

步入 21 世纪的中国于 2001 年 12 月 11 日，正式加入世界贸易组织（WTO），成为其第 143 个成员国。

### （三）履行"入世"承诺阶段：2002—2006 年

中国在加入世贸组织后，履行承诺，有序推进金融业对外开放。

1. 银行业的对外开放

此阶段，国内银行业对外开放的方式主要有：引入拥有先进技术与管理经验的境外战略投资者参股或合股；走出国门，在境外融资上市；在境外设立分支机构等。截至 2006 年底，中资商业银行共引进境外机构投资者 29 家，投资总额达 190 亿美元，7 家中资非银行金融机构成功引进境外机构投资者，境外机构投资者的进入，增强了我国银行业金融机构的资本实力，改变了相对单一的股权结构，促进了公司治理水平的提高，推动了管理模式和经营理念与国际通行做法的逐步接轨。继交通银行、建设银行 2005 年境外上市后，2006 年，中国银行、工商银行先后在境内外成功上市，开创了我国银行业"A 股 + H 股"的上市模式的先河，成为国有商业银行股份制改革和当年资本市场发展的亮点。我国商业银行在这一阶段加快了海外发展步伐，截至 2006 年底，我国国有商业银行在 29 个国家和地区设立 47 家分行、31 家附属机构和 12 家代表处，海外机构的总资产为 2 267.9 亿美元。

2006 年 11 月 11 日，国务院修订颁布《中华人民共和国外资银行管理条例》，11 月 24 日，原银监会发布《中华人民共和国外资银行管理条例实施细则》，自 2006 年 12 月 11 日起，取消对外资银行经营人民币业务的地域和客户限制，取消外资银行在华经营的非审慎限制，信守了"入世"时的开放承诺，五年内向外资银行全面开放了人民币业务。截至 2006 年底，22 个国家和地区的 74 家外资银行在我国设立 312 家营业机构，115 家外资银行获准经营人民币业务。在华银行本外币资产总额为 9 279 亿美元，占我国银行业金融机构总资产的 2.1%。

2. 保险业的对外开放

在此阶段的开放路径与银行业基本相同：放开外资保险公司在设立形式、地域、营业许可证发放等方面的限制。中资保险公司引入境外战略投资者参股或合股；走出国门，在境外上市融资或开设分支机构。2004 年初，以保监会放开非寿险金融机构在华设立公司形式的限制为标志，保险业进入全面开放阶段。在此期间，中国人寿、中国人保与中国再保险完成股改重组在境外上市。截至 2006 年底，共有 15 个国家和地区的 47 家外资保险公司在华设立 121 个营业机构，135 家外资保险公司设立近 200 家代表处。

3. 证券业的对外开放

2002 年，原证监会颁布《外资参股证券公司设立规则》，允许外资机构参股证券公司。明确了外资参股与合资设立证券公司、基金公司的条件、程序及业务范围。加入世贸组织后，外国证券机构可直接从事 B 股交易。此后，外资参股证券公司、基金公司和期货公司开展相关业务的限制也逐步放开。2006 年，国内证券业基本完成"入世"时的开放义务，金融业正式进入全面开放时代。但在外资持股比例限制和业务牌照发放方面有着严格的监管控制。截至 2006 年底，我国批准设立了 8 家中外合资证券公司和 24 家中外合资基金管理公司。

4. 人民币汇率变动及跨境资本流动

为打通境内外资本市场投资渠道，2002 年初，央行和证监会联合下发《合格境外机构投资者境内证券投资管理暂行办法》，即境外合格机构投资者（QFII）制度，成为国内资本市场对外开放的起点。允许境外机构投资者进入交易所市场，投资债券、股票及其他金融资产，实行额度配给制，上限暂定为 7.75 亿美元。此后的几年时间内，QFII 的投资额度上限不断提高，至 2006 年底已达到 90.45 亿美元。随着 QFII 额度的不断提升，金融市场也在不断积聚风险。原因在于，"入世"后，我国进出口贸易规模迅速扩大，经常账户和资本与金融账户的顺差不断加大，人民币汇率面临较大的升值压力，为了控制汇率升值的压力，央行在外汇市场上买入外汇资产，但不断买入外汇资产意味着外汇占款增加，国内可能出现流动性过剩。在这种情况下，继续提升 QFII 额度，即金融市场进一步开放，跨境资本流动规模进一步扩大，资本与金融账户盈余继续增加，央行买入外汇资产不断增加，外汇占款进一步增加，加剧了国内流动性过剩，导致经济可能出现过热、通货膨胀等问题。因此，解决金融市场进一步开放问题，必然要求汇率改革协同并进。在各种因素的共同推动下，中国人民银行发布公告，自 2005 年 7 月 21 日起，我国开始实行以市场供求为基础、参考一篮子货币进行调节、有管理的浮动汇率制度，人民币汇率不再盯住单一美元，形成更富弹性的人民币汇率机制。汇率市场化程度提高，汇率升值压力得以释放，为跨境资本自由流动和金融市场进一步开放奠定了良好的基础。

从 2003 年底，人民银行相继发布公告，为香港和澳门的个人人民币业务提供清算安排，人民币跨境流通和使用进入到新阶段。2005 年 10 月，国际金融公司和亚洲开发银行在中国境内发行人民币计价的债券（俗称"熊猫债"），人民币国际化悄然步入试水阶段。

### （四）稳步推进阶段：2007 年至今

2006 年 12 月 11 日，中国金融业进入 WTO 后过渡期，全面履行加入世贸组织有关金融开放的承诺，金融业开放取得了较大进展，金融机构和金融市场开放程度进一步提升，坚持"引进来"和"走出去"相结合，人民币国际化取得显著成效，参与全球经济金融治理取得积极成果。互利共赢、共同发展的金融开放格局初步形成。

在银行业方面，2014 年 12 月，国务院修改了《中华人民共和国外资银行管理条例》，2015 年，原银监会修订印发《外资银行管理条例实施细则》，在加强有效监管的前提下，为外资银行设立营运提供更加宽松便利的政策环境。截至 2016 年底，14 个国家和地区的银行在我国 27 个省份的 70 个城市设立营业机构，形成了具有一定覆盖面和市场深度的总行、分行、支行服务网络，营业网点达 1 031 家，总资产达 2.93 万亿元，占国内银行业金融机构的比例为 1.29%。鼓励外资银行利用其全球网络、跨境服务经验等优势，为中资企业"走出去"、外资企业"走进来"、人民币国际化、自贸试验区、"一带一路"战略实施等提供了专业化金融支持。国内银行业金融机构围绕中资企业金融服务需求，通过多种途径和方式完善海外机构布局，提高国际化金融服务的广度和深度。截至 2016 年底，共有 22 家中资银行在海外 63 个国家和地区设立 1 353 家分支机构，非银行金融机构"走出去"，1 家金融租赁公司获批在境外设立子公司。

保险业方面，随着国内保险市场的扩大，外资保险机构或金融集团进入中国保险业的数量持续增加，尤其在 2012 年，中美两国发布《关于加强中美经济关系的联合情况说明》，对外资开放交强险后，外资保险集团在国内资产与保费收入等方面较此前都有了较大幅度的增长。截至 2016 年底，16 个国家和地区在中国设立 57 家外资保险公司，12 家中资保险公司在境外设立 38 家保险类营业机构。

在证券业方面，中国信守承诺进一步开放证券业，2007 年修订《外资参股证券公司设立规则》，外资参股证券公司可参与股票和债券的保荐。2015 年，根据《关于建立更紧密经贸关系的安排》及其补充协议，对外资持股比例进行了调整。但由于受到外资持股比例限制和业务牌照发放的监管限制，外资参与国内证券业的积极性并不高，截至 2016 年底，国内有 7 家合资券商，业务经营水平在行业内处于中下游水平。证券业开放依然任重道远。

伴随中国国力的提升，在"走出去"战略的推动下，人民币国际化程度也在逐步提高。为进一步加快金融市场开放水平与人民币国际化进程，2007 年，中国不仅将 QFII 额度提高到 100 亿美元，而且在国内开始推行境内合格机构投资者（QDII）制度，即合格的境内机构投资者可以投资境外的金融市场，有序放开。2011 年，又推出了 RQFII（人民币合格境外投资者，即允许境外机构投资人将额度内的外汇结汇投资于境内市场），2014 年，在 QDII 的基础上推出 RQDII（人民币合格境内投资者，即用境内人民币投资于境外人民币计价资本市场）。2014 年，连接港交所和上海交易所的沪港通开通，境内境外市场得以连通，跨境交易有了更多选择。2016 年 12 月，深港通开通，建立了深港股票交易互联互通机制。积极引进境外长期机构投资者，取消对 QFII、RQFII 资产配置比例的限制，便利国际机构投资者参与。截至 2016 年底，共有 305 家 QFII 和 217 家 RQFII。

促进投资融资跨境双向流动，截至 2016 年底，累计 262 家境内企业到境外上市，融资总额 3 152 亿美元。2015 年底启动境外公司在交易所市场发行人民币债券（俗称"熊猫公司债"）试点。截至 2016 年底，14 家境外公司参与试点，累计发行熊猫公司债 46 单，发行金额总计 836 亿元。

2015 年 8 月 11 日，中国人民银行宣布调整人民币对美元汇率中间价报价机制，做市商参考上日银行间外汇市场收盘汇率，向中国外汇交易中心提供中间价报价（以下简称"8·11 汇改"）。这一调整使得人民币兑美元汇率中间价机制进一步市场化，更加真实地反映了当期外汇市场的供求关系。此后，债券市场与外汇市场先后向境外央行、国际金融组织与境外私人投资机构开放，额度不受限制。2017 年，"债券通"推出，境外投资者可通过"北向通"来投资内地银行间债券市场，进一步开放债券市场。

作为世界经济第二大经济体，中国一直致力于人民币走向世界。2016 年 10 月 1 日，人民币纳入国际货币基金组织（IMF）特别提款权（SDR）货币篮子，成为继美元、欧元、日元、英镑后的第五种货币，其中人民币权重为 10.92%，位列第三，截至 2016 年末，60 多个国家和地区将人民币纳入外汇储备。2015 年推进央行间货币金融合作，与 33 家境外央行或货币当局签署货币互换协议，在全球 20 个国家和地区建立了人民币清算安排。人民币资本项目可兑换稳步推进。目前，人民币在 7 大类共 40 项资本项目交易中，已实现可兑换、基本可兑换、部分可兑换的项目共 37 项，占全部交易项目的 92.5%。

## 三、我国金融对外开放的现状

### （一）金融对外开放取得的历史贡献

经过 40 年的历程，中国金融对外开放取得了较大进展。特别是加入世贸组织之后，按照渐进式开放原则，我国金融机构和金融市场开放程度不断提升，随着境外战略投资者引进、客户对象和地域范围拓宽等开放措施的持续推进以及金融机构"走出去"步伐的加快，中外资金融机构互利共赢、共同发展的金融开放格局已经初步形成，人民币国际化取得显著成效，参与全球经济金融治理取得积极成果，全球影响力正在不断地扩大。

1. 促进了金融改革

随着经济全球化和加入世界贸易组织，我国坚持"引进来"和"走出去"相结合，金融业在更大范围、更广领域和更高层次上参与国际经济合作，使我国金融能够充分利用国际国内这两个市场，优化金融资源的配置，促进金融业的改革和发展。金融业的对外开放推动了我国的改革进程，使得金融企业改革向纵深推进，同时也推动了金融管理体制改革，对我国金融改革起到了积极的影响。

2. 促进了金融创新

对外开放促进了金融产品和交易工具及方式的创新，提供给投资者更多的选择。有助于促进金融服务理念和手段的创新，引进发达国家金融业的先进经验，为国内的金融服务和风险控制等提供新理念和新方法。加快了国内金融全方位的创新进程，极大地提高我国的金融创新能力和金融业的实力，促进了我国金融业的跨越式发展。

3. 提升了金融业的竞争力

通过对外开放，引入外部战略投资者、财务重组、股改上市等方式，提升了金融机构的竞争力和稳健性，降低了金融风险，有利于形成多元化竞争格局，推动它的经营模式转型，推动了金融企业产权和公司治理结构改革向纵深推进。引入竞争，优化资源配置，促进金融市场的结构优化和产品创新，服务实体经济的效率得到明显提升，实现金融业的进步与繁荣。

4. 营造了良好的发展环境

在金融对外开放过程中，我国引进了许多先进的经营理念、管理经验、专业技术和营销方式、规则，有利于中资金融机构更好地了解海外市场、海外的产品、海外的服务，拓展国际视野，有利于金融机构国际化，有利于金融市场专业人才的培养，增加中外金融机构之间人才和信息重要资源的交流，创造良好的金融发展环境，提升我国金融服务的整体水平。

## （二）当前中国金融对外开放存在的问题

相对于实体经济开放程度，以及市场对金融业的需求而言，我国金融业的开放水平相对偏低。根据经济合作与发展组织（OECD）发布的金融业开放指数，2016 年末我国金融业开放程度为 0.51，低于 OECD 国家和 G20 国家的平均水平。2016 年末，境内外资银行资产规模为 2.93 万亿元人民币，在银行业金融机构总资产中占比 1.29%，外资在中资银行机构的股权占比较低。从债券市场看，2017 年末，境外金融机构占国内债券总托管量的比例不足 2%，且托管的债券品种结构也较为单一，主要集中在国债和政策性金融债上。从资本市场看，2017 年末，我国 QFII、RQFII、沪港通和深港通合计持股占比不到 5%。从外汇市场看，境外投资者数量只占 10% 左右，交易量占比不足 1%，且参与者类型单一，均为商业银行；此外，非美货币对人民币交易占比不到 5%，且多为小币种、交易量低、流动性不足。从以上细分市场的相关数据来看，金融业开放还存在不足。

"入世"以来，在中资银行业和保险业快速发展的同时，外资机构的市场份额却一直维持在较低水平，在中国金融市场的竞争力表现差强人意。2007 年底外资银行资产为 1.25 万亿元，外资银行总资产占银行业总资产比重为 1.36%，外资银行在华总资产翻番达到 3.24 万亿元，外资银行总资产占银行业总资产比重仅 1.32%。而不论在英国、美国等发达金融市场还是在俄罗斯、印度、南非、巴西等其他金砖国家，外资银行资产份额均超过 10%。与此同时，外资保险公司的总资产份额和保费收入市场份额分别为 6.71% 和 5.85%，也维持在较低水平。外资银行、外资保险等外资金融机构在华经营的效果并不理想，其中很重要的原因是外资金融机构的经营环境受到限制，在持股比例、业务范围、牌照发放等准入门槛方面对外资金融机构有着限制性规定，一些基于量化指标的监管标准也使得外资金融机构受到许多"隐性"的不公正待遇，在一定程度上制约了外资金融机构发挥业务优势。

我国金融市场开发深度不够。股票市场的开放仍以"管道式"开放为主，并未形成系统性的开放。"管道式"开放是指境外机构投资者投资国内市场需要通过 QFII 和 RQFII 的渠道，境内机构投资者投资境外市场通过 QDII 和 RQDII 的渠道，个人投资者投资境外市场通过沪港通和深港通的渠道，但在这些渠道之外，境内外股票市场是不连通的。这种"管道式"开放仍属于起步阶段的开放模式，行政审批色彩较浓厚，开放程度较低。债券市场还存在部分程序烦琐，规定不透明，对市场参与者不友好等问题，其便利性还有待提高。我国会计、审计、税收等金融基础设施尚未与国际接轨等问题还不同程度地存在。

从国际比较来看，我国资本项目可兑换程度不仅远低于发达经济体，而且还低于新兴市场经济体的平均水平，在 G20 成员中排名倒数第 2，仅高于印度，开放程度仍然偏低。

总体来看，我国金融总体开放水平与自身经济实力和国际地位还存在一定差距，金融业为吸引外资和企业"走出去"提供服务的能力与实际需求相比还有很大不足。相对于其他行业的阔步开放，金融业开放进程相对滞后。受思维定式、制度惯性等因素的影响，金融业对外开放过程中还存在着诸多问题，对我国金融业的发展造成一定程度的影响。

# 第三节　推动构建金融开放新格局

新时代，在经济发展开始由规模速度型向质量效益型转变，人民币国际化、"一带一路"持续推进、发展更高层次的开放型经济大背景下，我国应更加主动地融入全球金融体系，扎实有序稳步推进金融业开放，不断提高开放质量，促进国内经济增长，维护金融稳定。

## 一、扩大开放，新时代金融发展的必然选择

### （一）新时代我国金融业扩大开放的必要性

1. 当前国内外形势发展的必然要求

当前，国内外形势对中国金融业开放提出较高要求。从国内看，我国经济发展进入新常态，经济转型升级进入攻坚期，金融发展的经济基础正在发生深刻变化，金融支持供给侧结构性改革的任务十分艰巨，各种潜在金融风险不容忽视。因此，我国亟须扩大金融业开放，以开放促改革，改善国内投资和市场环境，提升金融体系的稳健性。我国金融机构"走出去"步伐相对滞后，难以满足"走出去"企业的金融服务需求。因此，需要进一步扩大金融业开放，加快金融机构和金融服务"走出去"步伐，形成网络化布局，以此助力支撑实体经济。

从国际上看，受技术发展不平衡、生产率低迷、收入不平等加剧等因素影响，全球化面临较大挑战。美国等发达经济体采取了如吸引制造业回流、放松金融监管等一系列措施增强本国竞争力，冲击全球多年来形成的自由贸易体系和多边规则。各国在发展进程中都需要开放公平的国际经济环境来保护国际贸易和投资，因此我国应积极释放进一步开放的明确信号，与其他国家共同在全球化中发挥引领作用，通过开放的国际环境保护贸易、资源、资金、技术和人力的跨国自由流动，更好地维护我国利益。

2. 构建更具有竞争性富有效率的金融服务业体系

金融从本质上说是竞争性服务业，竞争对行业发展至关重要。扩大开放促进竞争，外资金融机构的进入促使国内金融机构在产品设计、市场建设、业务模式、管理经验等方面实现较大提高，先进的管理模式、技术和规则的吸收和运用，也提升了金融体系的竞争力和稳健性，市场竞争及淘汰机制能迫使金融机构更加重视资本充足率、杠杆率、流动性风险等方面的管理，激励其通过自我约束来防范和化解风险，充分竞争有助于缓解"大而不能倒"的道德风险问题，更好地守住不发生系统性金融风险的底线，进一步推进我国金融业的效率提升、产业升级。与此同时，越来越多的金融机构开始"走出去"，在世界舞台上参与国际竞争，在风险管理、产品定价、反洗钱方面都取得实质性进展，促进了企业自身的稳健经营和金融市场的健康发展。

3. 服务实体经济，推动供给侧结构性改革

我国经济结构转型升级需要鼓励中小企业和高科技企业发展，但我国金融机构在消费信贷、小额贷款、风险投资等领域发展相对缓慢滞后，真正服务实体经济的金融产品种类较少，投机和套利活动却层出不穷。相比之下，外资金融机构在治理结构、信贷管理、风险定价等方面的优势可对中资机构起到良好的示范作用，促进国内金融机构回归服务实体经济的本源，促进经济结构的进一步优化。

4. 深化金融改革，构筑公平发展的制度基础

从国际上看，中资金融机构在资金管理和衍生产品业务等方面仍与国际先进水平有较大差距。金融业开放程度与实体经济发展和整体开放程度不匹配，金融业为吸引外资和企业"走出去"提供服务的能力与实际需求相比还有很大不足，不仅影响行业竞争力，也对人民币国际化、"走出去"战略等形成较大制约。因此，需要进一步推动金融服务业对外开放，引入更多的外部竞争，扩大开放是实现金融体制改革和转型升级的必由之路。

促进金融市场基础性制度改革的深化，进一步改善外商投资商业环境，

放宽银行、证券、保险和基金管理行业的准入和业务限制，提高外汇政策的透明度、公平性，进一步减少许可壁垒，加大知识产权保护力度，放宽或取消数据流动限制，形成更透明、更公平的市场氛围，普通投资者的合法权益将得到更有效保护。

5. 推动人民币国际化，提升国际经济治理的话语权

国际储备货币地位对一国经济金融长远发展具有重大意义。国际储备货币地位的确立能够大大增强国内外对货币的信心，降低发生经济金融风险的可能，受到其他国家溢出效应的影响程度也会更低。储备货币发行国能更加独立地制定货币政策，有更多手段应对经济金融危机，也可以更多实用本币进行国际交易和投资，因此，我国应积极采取措施推动人民币的国际化，享有制度性权利，不断提升国际认可度和吸引力，提升自己在国际贸易和金融投资中的定价权和话语权。

## （二）金融扩大开放具备的条件

1. 我国经济持续健康发展，为金融扩大开放奠定了坚实的基础

经过 40 年的改革开放，中国国内生产总值已排名世界第二，中国经济保持了稳中向好态势，经济运行内在稳定性协调性增强，质量效益持续改善。中国的金融业已经取得了长足的发展，我国金融业逐步履行对外开放承诺，外资已广泛入股银行、证券、保险、基金等各类金融机构，较充分地参与到我国金融市场各类投融资活动中来。金融机构已初具规模，当前已具备实施更大力度开放的基础条件。

2. 金融市场体系日趋完善，为金融扩大开放创造了便利和安全保障

中国已基本建立外汇市场、货币市场、证券市场、期货市场、黄金市场等在内的金融市场体系，产品种类不断丰富，参与主体趋于多元，积累了一定的开放经验。人民币国际化进程加快，人民币加入特别提款权后将更多用于国际贸易、支付及储备，对金融对外开放提供了更好的货币环境，吸引境外投资主体持有人民币并投资境内金融市场。境内支付系统、账户管理系统、证券托管交易系统等金融市场基础设施高效稳健运行，征信体系的建立和完善，法律法规体系不断完善，也为防范和应对跨境风险传递提供了有力支持。

3. 强化的金融监管为主动防范化解系统性金融风险提供了制度支撑

我国的监管部门按照国际监管规则和国际监管标准进行了一系列的监管规范和监管实践，防范不出现系统性金融风险。确立了国务院金融稳定委员会作为最高金融监管部门的地位，为未来扩大开放后强化对外资入股

中资金融机构的监管提升了有效性和效力，强化人民银行宏观审慎管理和系统性风险防范职责，落实金融监管部门监管职责，并强化监管问责。推行穿透式监管、行为监管和功能监管，监管的强化和规范，金融业去杠杆效果显现，为扩大金融开放奠定了监管基础。

### （三）扩大金融开放面临的挑战

扩大金融开放在提高金融机构效率、促进经济发展的同时，也给金融安全带来隐患。

1. 凭借混业经营模式和全球经营网络，外资金融机构在跨境资产管理业务、高净值业务、精细化管理、风险控制、合规领域中具有先天优势，因此未来可能会导致中资金融机构部分核心业务和优质客户流失。外资金融机构在员工收入、培训机会、业务支持方面具有竞争优势，可能会导致中资银行的人才流失和竞争力下降。

2. 中资金融机构在跨境金融服务方面面临诸多的挑战。国内金融机构的海外布局与"走出去"企业的分布不匹配。金融机构"走出去"明显滞后于企业"走出去"，跨境金融服务的能力比较弱。对于银行体系来说，大型银行、政策性银行国际化布局比较多，相对而言涉足国际化的中小银行并不多。其中，我国金融机构海外布局主要集中在发达经济体，对海外投资较多的发展中国家和新兴市场国家布点比较少，限制了中国银行业在"一带一路"国家的快速布局与发展，提供完善支付结算功能的中心不多。

3. 我国金融市场在法律、制度、规则和监管等方面需要不断提高与国际接轨程度。第一，金融市场业务的安全高效运行需要稳健、清晰、透明、可执行的法律基础。第二，在会计和审计制度方面，我国还有待进一步与国际接轨。第三，子市场建设方面，我国金融市场上外汇和衍生产品不丰富，制约了市场开放的进程。我国各金融子市场发展程度差距较大，开放进程不一致，使得境外机构开展实际投资面临不少技术障碍。第四，税收方面，我国亟待建立透明、可预期的制度环境。此外，我国金融市场上实行的市场参与者准入备案，一级托管、集中交易模式，也与国际市场实行的合格投资者制度，多级托管、分散交易的市场结构有很大的差别，导致在投资方面面临不少技术性障碍。

4. 金融国际化对监管协调与合作提出挑战。随着中国金融体系开放程度日益加大，汇率市场化改革不断推进，资本项目逐步开放；人民币加入SDR，离岸人民币市场快速发展，人民币国际化进程稳步推进，我国与国际金融市场的联动效应加强。因此要求加强国际监管合作，对跨境资本流动进行审慎监管。另外如何有效监管国内外市场连通程度加大可能带来的套利行为；如何解决当前监管越位、缺位、不到位等问题都对金融监管提出了挑战。

5. 我国经济增速的放缓和经济转型，容易导致国际资本流出，在没有成熟的金融监管手段和配套的跨国资金流动法律的前提下，过快地放松对资本账户的管制，会增大国家经济的波动，影响经济的安全和稳定，因此需要对国际资金大量外流现象保持高度的警惕。但是，如果不能让资本账户自由流动，金融开放就是始终有限度的开放，这导致现在的自贸区"走不快"，经济发展缺乏后劲，这是我国当前面临的风险和挑战。

## 二、合理规划，开启金融开放新征程

金融开放是新的发展阶段我国构建全面开放格局的重要组成部分，应围绕我国经济发展的总体布局和战略扩大金融开放，在监管、步骤、市场等方面做好积极准备，遵循循序渐进、安全可控、竞争合作、互利共赢的方针，扎实有序稳步推进金融业开放，不断提高开放质量，助力国内经济增长，维护金融稳定。

国内宏观经济稳定是扩大金融开放的前提和基础，应处理好经济稳定与金融开放之间的关系。持续深化供给侧结构性改革，培育经济增长的新模式、形成新动能，扩大有效供给、提高全要素生产率，实现经济的高质量发展。大力发展多层次资本市场，优化融资结构，控制全社会债务水平，做好流动性、系统性金融风险的防控，降低金融市场的脆弱性，增强经济增长的稳定性。

按照自主、渐进和可控原则，根据金融市场短期和长期发展目标选择开放的领域，稳步推进金融开放，处理好金融市场短期和长期发展目标的关系。短期来看，采取放宽市场准入、促进资本项目双向流动的金融开放策略，逐步吸引外国资金投资我国的实体企业，降低企业资金获得成本，拓宽实体经济融资渠道，增强金融服务实体经济的能力，满足国内企业和居民跨境资产配置的需求，并让境外投资者也能共享我国发展的机遇。中期来看，应当进一步放开银行业、证券业以及保险业的市场准入限制，通过引入外资金融机构强化国内金融市场竞争环境，倒逼国内金融机构提升服务质量和效率。长期来看，实现资本账户开放和人民币自由兑换，推动人民币国际化，更加主动深入参与全球经济治理，进一步提高在国际金融体系中的话语权，推动经济金融全球化发展。

加强制度建设与机制完善，加快制定和完善与金融开放相适应的法律法规，营造健康有序的金融开放环境。建立适应国际准则的新监管体系，积极参与国际金融监管规则的制定，加强与各经济体监管当局的沟通合作，实现国内金融监管与国际监管的接轨，处理好金融开放与金融监管之间的关系，针对金融监管中存在的监管套利等问题，应完善资本监管、行为监管、功能监管，提升监管效率，加快补齐制度短板，确保监管能力与对外开放程度相适应，加强对外资的监管制度构建，防止热钱的变相流入，维护国内金融市场安全。完善准入前国民待遇和负面清单制度，完善会计准则和税收政策。

发挥金融开放对改革的促进和推动作用，协调推进人民币汇率形成机制改革、资本项目开放、人民币国际化等，确保各项改革之间相互配合、协调推进。资本项目开放允许国内外投资者自由进入国内金融市场，由此形成的利率、汇率能充分反映资金的内在和外在成本，为利率、汇率改革提供有效的价格信息。利率、汇率改革能消除或减弱金融市场上存在的扭曲现象，减少套利行为，缓解资本项目开放可能带来的资金流入或流出压力。短期内，无论是金融开放还是汇率改革都不可能一蹴而就，努力的方向是寻求两者之间最优解。进一步完善各项机制，包括继续推进利率和汇率市场化，强化跨境资金流动的宏观审慎管理，推动金融开放政策的有效落地，以确保金融安全总体可控。

围绕培育国际竞争新优势加快金融开放，以贸易和投资实际需要为导向，以优化资源配置为核心，增强我国企业在全球整合资源的能力。深化自由贸易试验区金融改革。推动金融市场和金融机构的双向开放，推动金融运行的市场化、专业化与国际化，配合"一带一路"建设，不断提升金融机构开拓国际市场的能力，满足中国企业和居民"走出去"及"一带一路"建设中对金融服务的需求，不断提高我国金融业的全球竞争力和影响力。

## 三、落实举措，提升金融开放水平

2015 年发布的《中共中央、国务院关于构建开放型经济新体制的若干意见》明确提出，提升金融业开放水平，稳步推进人民币国际化，扩大人民币跨境使用范围、方式和规模，加快实现人民币资本项目可兑换。

2017 年 7 月，全国金融工作会议上要求不断扩大金融对外开放，深化人民币汇率形成机制改革，稳步推进人民币国际化，稳步实现资本项目可兑换，同时要求推进"一带一路"建设金融创新。

2017 年 12 月举行的中央经济工作会议再次指出要"有序放宽市场准